"大发现"书系

中国地理大发现

（增订本）

胡阿祥 彭安玉/主编

齊魯書社

初版前言：中国的“地理大发现”

——旨趣与说明

地球的年龄大约有50亿年。到了700万年前，地球上开始出现人类。年轻的人类仅仅为了发现地球上古老的七大洲、四大洋，所花费的时间，就几乎与人类已有的历史共短长！

在茫茫宇宙中，地球显得非常非常渺小。而相对于地球上的个人、家族、民族以至民族群来说，地球又显得太大太大。这太大太大的地球，让渺小的人类一直走在探索与发现的途中！

探索与发现自身，探索与发现历史，探索与发现自身与历史赖以存在的地理空间，这些，对于号称“万物之灵”的人类，是过去、现在与将来的永恒使命！

地理空间之于人类，是生存繁衍的基础。人类离不开地理空间。拓展地理空间，探索地理世界，认识宏观与微观的地理事物，是人类与生俱来的本能。正是伴随着不断的地理发现，个人长大了，成熟了，民族进化了，聪明了。每一次的地理发现，都是人类历史长河里激荡的浪花，都是人类历史乐章中强劲的旋律。浪花一闪而过，旋律转瞬即逝，然而地理发现，却是值得我们以及我们的后人永远纪念的……

玉门关外汉烽燧墩

既往的地理发现的历史，最为人们津津乐道的，是欧洲人15世纪中后叶至

17 世纪末叶的所谓“地理大发现”。这持续了两个多世纪的“地理大发现”，是中世纪晚期至近代初期最重大的历史事件，对人类社会和世界历史产生了深远的影响，从此，南极洲以外的地球上的各大洲，以及各大洋、各地区，直接地、紧密地联系了起来；其间的风云人物，如迪亚士、哥伦布、达·伽马、麦哲伦、叶尔马克、哈得孙、巴伦支等，也都为人们耳熟能详。

在津津乐道、耳熟能详的同时，今天的中国人倍感遗憾的是，虽然中国的富裕、文明、发达，激起了欧洲探险家冒险远游的热情及开辟新航路的欲望，从而成为诱发“地理大发现”的直接动因之一；然而，毕竟中国人没有直接参与这场“地理大发现”，并且在很大程度上，中国因此而落后了，因此而被动挨打。对于这样的沉重话题，诸多学者进行了反思，如张箭先生认为，软弱而短暂的远航动因，狭隘的大地观，传统地图的缺陷，重陆轻海的观念和探险取向，地理条件和地缘政治的制约，优越的经济地理状况的负面作用，终于使得中国缺席了“地理大发现”。

读史明鉴。过去的苦痛与教训，我们必须记取；然而往昔的辉煌与现时的伟绩，我们也不能忘记与无视。在地理发现领域，无可讳言我们一度落后，但毫无疑问的是，我们不仅曾经居于先进的行列，而且也正在进入先进的行列。这是我们民族的荣光！这也是我们编写这本《中国地理大发现》的旨趣所在。

昆仑山冰塔林

旨趣既明，关于“中国地理大发现”，还有几点需要稍加说明：

其一，作为习惯的提法或术语，“地理大发现”一般特指15 世纪至17 世纪以欧洲人为主角、以新航路开辟为主要内容的世界“地理大发

沙漠考察队

现”；与此比附，则中国“地理大发现”是指以黄河流域为中心的华夏文明对自身与周边地理环境的探索和认知，指以中土为中心的中原文明对自身与域外地理环境的探索和认知，指文明社会对前所未知的地理世界的探索和认知。当然，这绝不意味着被“发现”的地理世界中文明的缺乏，也不意味着轻视或贬低新“发现”地区、新“到达”地区的文明或文化。

其二，在具体撰述内容的选择上，我们不拘泥于概念，而是将古往今来的中国人因军事行动、宗教追求、陆路开辟、航海活动、地理探险、科学考察、学术研究等种种原因所取得的与自然地理、人文地理有关的重要成果，都纳入“中国地理大发现”的范围之内。

其三，大约从明朝开始，特别是进入近代以来，一些西方人或出于个人兴趣的驱使，或出于宗教传播的需要，或出于殖民掠夺的目的，纷纷来到中国边疆地区旅行、考察、探险，在地理发现方面取得了颇多成果；但是由于种种原因，这些西方人的地理发现往往难以真正深入。继踵其后的中国学者、探险家，则大多最终获得了对它们全面的认识与正确的结论。

由上述认识出发，无论是在时间上还是在空间上，中国地理大发现的内容都极为丰富。本书形诸文字者，则远非中国地理大发现的全部。而为了方便阅读，我们将相关内容归纳成“地理视野的拓展”“地理认识的深入”“揭秘地质与地理现象”“回眸古老的地理世界”“地理发现的未解之谜”五篇，各篇又相互勾连，从而共同反映着那些事实彰显、影响广泛的中国地理大发现。

今四川广元境内的一段秦蜀古驿道

写作《中国地理大发现》，自始至终，我们有一种强烈的感受，仿佛我们自己正在跋涉的途中，我们充分体会到了发现者的无畏、发现过程的艰难和发现后的喜悦；我们也真诚地希望能与读者诸君一同分享这种特别的感受。因着这样的希望，我们努力追求清新、活泼、自由的文风，图文并茂，雅俗共赏，哲理、情感交融；而为了达到这些目的，我们在编写本书的过程中，参考、引用了一些前辈时贤的调查资料或研究成果，在此谨致衷心的感谢！我们也热切期待着来自读者的批评与建议。

亚历山大·冯·洪堡说过：“在现象和生命力的普遍波动中……我们每向自然世界前进一步，它就又把我们引向新的迷宫的入口。”显然，人类认识地理世界的路程是永无止境的，对中国地理的探索之路也将一直走下去，也许新的、更激动人心的地理大发现就在明天！补遗增新，我们期待着《中国地理大发现》在不久的将来能够再出续编……

目　录
CONTENTS

初版前言：中国的“地理大发现”——旨趣与说明 / *1*

First Edition Foreword: The “Great Geographic Discovery” of China——the Purpose and Description

第一篇　地理视野的拓展 / *1*

Chapter 1　Expansion of Geographic Vision

“其推论何等渊微”——战国邹衍的大九州说与“赤县神州” / *3*

“How Deep and Considerate Its Inference is” ——The Big Nine Continent Theory and “Chixian Shenzhou” of Zou Yan from the Warring States Period

大汉雄风播四边——两汉边疆和域外地理知识的扩展 / *13*

The Power of the Great Han Dynasty Spread to the Neighboring Countries——Expansion of Knowledge in the Frontier and Outside the Han Dynasty

西行佛国取真经——中土高僧寻经求法与地理发现 / *33*

Seeking the True Scriptures of Buddhism in the West——A Chinese Profound Monk Seeking Buddhism and Geographic Discoveries

漫漫古道西行频——蒙古帝国时代对西域的探索 / *52*

The Frequent Journey to the West——Exploration of the Western Regions in the Age of Mongolian Empire

“鲸舟吼浪泛沧溟”——明初郑和船队的远洋航行 / *66*

"Big Boats, Roaring Waves and Wild Ocean"——Ocean Voyage of the Zheng He Fleet in the Early Ming Dynasty

海上明珠——南海诸岛的发现与管辖 / *84*
Pearl of the Sea——Discovery and Jurisdiction of the South China Sea Islands

第二篇　地理认识的深入 / *93*
Chapter 2　In-depth Understanding of Geography

"中国科学史上的里程碑"——沈括《梦溪笔谈》的地理学思想与创见 / *95*
"A Milestone in the History of Chinese Science"——The Geographic Thought and Creative Ideas of Shen Kuo's *Brush Talks from Dream Brook*

啸吟山水天地宽——徐霞客与王士性的地理考察活动 / *103*
Expressing Emotions and Widen the Knowledge of Vast Landscapes——Geographic Exploration of Xu Xiake and Wang Shixing

"黄河之水天上来"——历代对河源的探寻 / *123*
"The Yellow River's Water Comes from the Sky"——The History of Exploring the Yellow River's Sources

"惟见长江天际流"——历代对江源的探寻 / *137*
"The Yangtze River is Seen at the Skyline"——The History of Exploring the Yangtze River's Sources

"蓄清刷黄保漕"的插曲——探寻淮源 / *150*
The Interlude of "Conserving Water, Clearing Sediment and Protecting the Canal"——Exploration of the Huai River's Source

"死亡之海"与"希望之海"——塔克拉玛干沙漠的探险与发现 / *158*
"Sea of Death" and "Sea of Hope"——Exploration and Discovery of the Taklimakan Desert

世界屋脊——走进青藏高原 / *174*
The Roof of the World——Walk into the Qinghai-Tibet Plateau

"地球的第三极"——珠穆朗玛峰探奇 / *192*
"The Third Pole of the Earth"——Exploring the Mount Everest

"地球上最后的秘境"——雅鲁藏布大峡谷的惊世发现 / *201*
"The Last Mystery on the Earth"——Stunning Discovery of the Yaruzampbo Grand Canyon

天下奇坑——诸多"天坑"的发现与探险 / *211*
The World's Strange Pit——Discovery and Exploration of "Tiankeng"

第三篇　**揭秘地质与地理现象** / *225*
Chapter 3　Demystifying Geology and Geographic Phenomenon

鬼斧神工塑大江——揭开史前长江的奥秘 / *227*
Delicate Craftsmanship Made the Great River ——Uncover the Mystery of the Prehistoric Yangtze River

中华油海——李四光地质力学理论与中国东部大油田的相继发现 / *236*
China Oil Sea——Li Siguang's Geomechanical Theory and Successive Discoveries of Large Oil Fields in Eastern China

风成还是水成——黄土高原成因探秘 / *244*
Wind-caused or Water-caused Formation——Exploration of the Genesis of the Loess Plateau

植物"活化石"——古老孑遗植物水杉等的发现与保护 / *255*
Plant "Living Fossil"——Discovery and Protection of Ancient Relict Plants Like Metasequoia

来自第四纪的地理信息——庐山第四纪冰川遗迹的发现与探索 / *263*
Geographic Information from the Quaternary——Discovery and Exploration of

the Quaternary Glaciers in Lushan

荒原上的奇湖——罗布泊之谜揭秘 / *273*

The Strange Lake on the Wilderness——Mystery of Lop Nur

沙海旋律——破解“鸣沙”之谜 / *289*

Sand Sea Melody——Uncover the Mystery of “Singing Sand”

第四篇　回眸古老的地理世界 / *299*

Chapter 4　Reviewing the Ancient Geographic World

寒武纪的圣地——揭开地球生命诞生的惊人秘密 / *301*

The Holy Land of the Cambrian——Uncover the Amazing Secret of Life on Earth

沧海几度变桑田——埋藏于黄海深处的地理发现 / *310*

The Sea Turned into Land——Geographic Discovery Buried Deep in the Yellow Sea

封闭的海面——太湖生成之谜 / *320*

Closed Sea Surface——The Mystery of Taihu Lake Formation

沧海变明珠——西湖形成的原因 / *330*

The Sea Produces Pearl——Reasons for the Formation of the West Lake

“母亲河”的身世——历史时期的黄河与谭其骧的重大发现 / *339*

Life of the “Mother River”——History of the Yellow River and the Great Discovery of Tan Qixiang

见证生命演变的历史——追寻中国珍稀动物历史变迁的足迹 / *350*

Witness the History of the Evolution of Life——Follow Footsteps of the Historical Changes of Rare Animals in China

第五篇　地理发现的未解之谜 / *369*

Chapter 5　Unsolved Mystery of Geographic Discovery

谜团丛生的故事——徐福东渡 / *371*

A Mysterious Story——A Journey to the East of Xu Fu

天涯何处“耶婆提”——是中国人法显发现了美洲? / *393*

Where is “Ye Po Ti”——Is it the Chinese Fa Xian that Discovered the America?

结语：寻找契丹——世界的“地理大发现” / *414*

Epilogue: Looking for the Qidan——the “Great Geographic Discovery” of the World

增订本后记 / *420*

Postscript (Updated Version)

第一篇

地理视野的拓展

“其推论何等渊微”

——战国邹衍的大九州说与“赤县神州”

在中国古代地理学的发展中，特别关系到地理视野拓展与政治地理实践的思想，是长期以来多被视为“异端”、及至近世才受到肯定的邹衍的大九州说以及其中的“中国名曰赤县神州”。关于大九州说，《史记·邹衍传》记载：

> （邹衍）以为儒者所谓中国者，于天下乃八十一分居其一分耳。中国名曰赤县神州。赤县神州内自有九州，禹之序九州是也，不得为州数。中国外如赤县神州者九，乃所谓九州也。于是有裨海环之，人民禽兽莫能相通者，如一区中者，乃为一州。如此者九，乃有大瀛海环其外，天地之际焉。

16 世纪初刊刻的《四海总图》

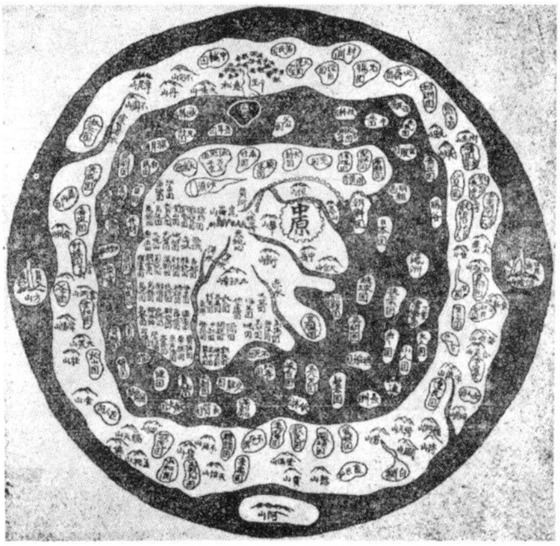

如何理解这段记载？我们看幅明朝刊刻的《四海总图》就清楚了：

按图中的“中原”，即居天下 1/81 的“中国名曰赤县神州”；“赤县神州内自有九州”，则指成书于战国时代的《尚书·禹贡》所见之大禹九州，即冀、兖、青、徐、扬、荆、豫、梁、雍。至于图中“中原”以外的大块陆地，又是“中国外如赤县神州者九”，其实应该是“如赤县神州者八”，加上“赤县神州”，“乃所谓九州也”。在这九州的外面，“裨海”与“大瀛海”亦即小海与大海之间

盖天说示意图

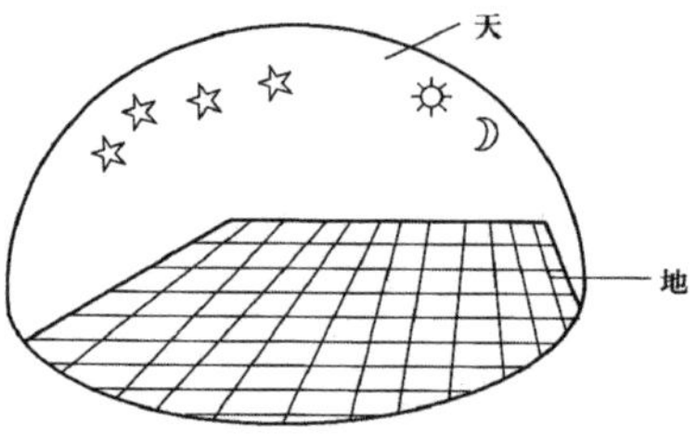

的陆地，又可以划分为八个大州。如此，中间的大州加上周边的八个大州，合计九个大州。再往外围，乃是无边无际的“大瀛海”，它们好像“天地之际”。这就是邹衍的“大九州说”。或再简单些归纳：在邹衍看来，“天下”是由四圈海陆构成的，居中的大陆是第一圈，环绕这块大陆的裨海是第二圈，裨海与大瀛海之间的八块大陆是第三圈，最外围的大瀛海是第四圈。

如所周知，按照中国古人的天地观，特别是其中的盖天说，“天圆如张盖，地方如棋局”，即把天穹看成像一口倒扣着的锅，笼罩着仿佛棋盘一样平直的大地；后来，人们又认为“天似盖笠，地法覆槃，天地各中高外下”，即天像一只斗笠，地像一个倒扣着的盘子，天盖着地，天、地都是中间高、外围低。换言之，中国古人的基本认识是：天穹覆盖着大地，大地又是四周为大海所环绕的一整块陆地，于是中国有了“四海”“海内”“天下”这个系列的名号。然而，邹衍大九州说的海陆世界与此有着明显的不同，因为这样的不同，中国又多了一个“赤县神州”的名号，而且这个名号的取名人或说版权所有人非常清楚，就是邹衍。

一、“谈天衍”的“海话”

大九州说可考的创始人、“赤县神州”的命名者，是战国时代的齐国人邹衍（约前306—约前240）。邹衍曾在齐国国都临淄（今山东淄博市）的稷下学宫讲学，这里学术氛围自由，是当时百家争鸣的中心园地之一。邹衍聪明睿智，能言善辩，特别擅长由小及大、由今及古，得出一些怪异宏阔、不合常理的结论，因此得了“谈天衍”的雅号。作为著名学者，邹衍不仅在齐国受到尊崇，而且周游列国。他到魏国，魏惠王亲自出城迎接，执宾主之礼；在赵国，平原君为他整理坐席；在燕国，燕昭王为他扫尘，替他建造学宫，听他讲学，拜他为师。如此高规格的礼遇，以致司马迁在《史记·邹衍传》中发出感叹：“其游诸侯见尊礼如此，岂与仲尼菜色陈、蔡，孟轲困于齐、梁同乎哉！”

那么，邹衍凭什么获得诸侯们如此的礼遇呢？凭他的“五德终始说”与“大九州说”，这样的学说与孔子的“成仁”、孟子的“取义”大相径庭。“成仁取义”是好，但儒家的德治仁政并不适合竞争激烈、追逐名利、波诡云谲的战国时代，所以儒家失去了往日的魅力，虽然仍为诸侯们所认同，却难为诸侯们所实施，反之，邹衍的学说或解释政治盛衰的自然奥秘，绕来绕去，令人眼花缭乱，或推论地理空间的广阔无垠，大话连篇，使人信以为真，这对于统治者们当然就特别富有吸引力了。

邹衍曾讲学于齐都临淄的稷下学宫

单言作为“赤县神州”名号来源的大九州说。分析“谈天衍”邹衍的大九州说，起码可以得到以下三点认识：

第一，从方法言，大九州说是从大禹九州推出来的。在《史记·邹衍传》中，司马迁评论邹衍的治学特点是，“其语闳大不经，必先验小物，推而大之，至于无垠”。如邹衍之推中国，“先列中国名山大川，通谷禽兽，水土所殖，物类所珍，因而推之，及海外，人之所不能睹”。至于大九州，也分明是邹衍从现成的大禹九州中推出来的。按照邹衍的推法，大禹九州的每一州仅占天下的1／729，这样的州太小了，所以“不得为州数”，我们姑且称为“小九州”；而包括了整个大禹九州的中国，亦即赤县神州，占了天下的1／81，可以称为中九州；中九州再推一次，放大九倍，就是“裨海环之”的

南宋《禹贡九州山川之图》

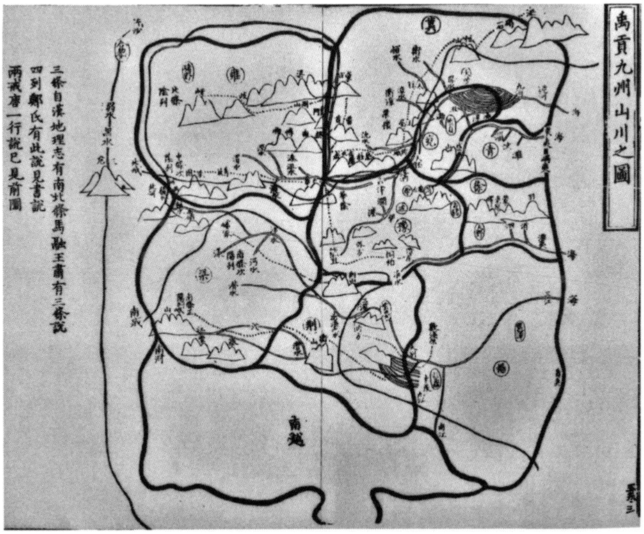

九州，这占了天下的1／9，可以称为大九州；大九州又推一次，放大九倍，就是“大瀛海环其外”的天下了。换言之，按照邹衍的推法，天下、海内、中国的比例关系是：天下九倍于海内，海内九倍于中国，中国分为九州，即儒家所谓的大禹九州。

第二，从思维言，大九州说是齐地文化的反映。为何齐人邹衍有大九州这么闳大无垠的思维呢？一方面，齐国滨海，齐人因此善说“海话”，就是特别会夸海口、说大话。如《庄子·逍遥游》所记大鹏寓言，引的即是齐人的海话：

> 北冥有鱼，其名为鲲。鲲之大，不知其几千里也。化而为鸟，其名为鹏。鹏之背，不知其几千里也；怒而飞，其翼若垂天之云。是鸟也，海运则将徙于南冥。南冥者，天池也。《齐谐》者，志怪者也。《谐》之言曰：“鹏之徙于南冥也，水击三千里，抟扶摇而上者九万里，去以六月息者也。”

这真是没有边际、极尽夸张的海话！邹衍的大九州也属于这类海话。当然，邹衍的大九州并非没有影子的“胡吹”。如邹衍说到在裨海与大瀛海之间，有“人民禽兽”，这种说法的“影子”，恐怕就是今天山东沿海一带还常常可见的海市蜃楼。海市蜃楼现象，今天有科学的解释，那是地球上的物体所反射的光，经过大气折射以后形成的虚像，但是我们的先人不知道这个原理，于是在齐人那里就有了一些相关的说法。如《史记·秦始皇本纪》记载：“齐人徐市等上书，言海中有三神山，名曰蓬莱、方丈、瀛洲，仙人居之”；《史记·封禅书》的记载更加具体：

2006年5月7日山东蓬莱出现的海市蜃楼景观

> 自（齐）威、宣、燕昭使人入海求蓬莱、方丈、瀛洲。此三神山者，其传在勃海中，去人不远；患且至，则船风引而去。盖尝有至者，诸仙人及不死之药皆在焉。其物禽兽尽白，而

黄金银为宫阙。未至，望之如云；及到，三神山反居水下。临之，风辄引去，终莫能至云。

换言之，对于齐人来说，海外有人、有国、有文明，可谓“眼见为实”，况且战国时代齐国的航海事业确实相当发达，齐人应该真的接触过海外文明。

第三，从影响言，大九州说促进了中国古代帝王的开疆拓土与中国古人的交通海外。先言交通海外，大九州说在当时虽然无法进行验证，但毕竟开阔了人们的眼界，所谓“世界那么大，我想去看看”，这持久激发了中国古人探索海外的热情与地理视野的拓展。再言开疆拓土，由《盐铁论·论邹》的一段辩论即可见出端倪。当西汉昭帝时，以桑弘羊为代表的西汉主政派认为：

邹子疾晚世之儒墨，不知天地之弘，昭旷之道，将一曲而欲道九折，守一隅而欲知万方，犹无准平而欲知高下，无规矩而欲知方圆也。于是推大圣终始之运，以喻王公，先列中国名山通谷，以至海外。所谓中国者，天下八十一分之一，名曰赤县神州，而分为九州。绝陵陆不通，乃为一州，有大瀛海圜其外。此所谓八极，而天地际焉。《禹贡》亦著山川高下原隰，而不知大道之径。故秦欲达九州而方瀛海，牧胡而朝万国。诸生守畦亩之虑，闾巷之固，未知天下之义也。

亦即认为邹衍的大九州说是大可借鉴的为政之道。至于“祖述仲尼”的贤良、文学一派则不以为然，他们指责邹衍的怪诞之论：

尧使禹为司空，平水土，随山刊木，定高下而序九州。邹衍非圣人，作怪误，荧惑六国之君，以纳其说。此《春秋》所谓“匹夫荧惑诸侯”者也。孔子曰：“未能事人，焉能事鬼神？”近者不达，焉能知瀛海？故无补于用者，君子不为；无益于治者，君子不由。三王信经道，而德光于四海；战国信嘉言，而破亡如丘山。昔秦始皇已吞天下，欲并万国，亡其三十六郡；欲达瀛海，而失其州县。知大义如斯，不如守小计也。

那么，历史事实又是怎样的呢？

就《盐铁论·论邹》所辩之秦始皇帝开疆拓土来说，嬴政兼并六国以外，既派蒙恬北取匈奴河南地（今内蒙古河套以南），置九原郡，因河为塞，筑城临河，又发兵越南岭，置桂林、南海、象郡，于是“其地西临洮而北沙漠，东縈南带，皆际海滨”，确实从地理层面超越了先秦儒家所设定的大禹九州的范围。虽然历来不少学者沿袭西汉贤良、文学一派的论调，批判“邹衍怪说，荧惑诸侯，秦欲达瀛海，而失其州县”，如南宋王应麟《困学纪闻》卷十即称“愚谓秦皇穷兵胡粤，流毒天下，邹衍迂诞之说实启之。异端之害如此”。但近世以来也有学者认为：“王氏指斥（邹）衍、（嬴）政，语近罗织。然谓由邹衍时之小中国，而生秦时之大中国，则与历史进化之说，无相背也。”（陈登原《国名疏故》“叙”）

再就作为《盐铁论·论邹》辩论背景之一的西汉武帝之开疆拓土来说，“武帝逐匈奴（武帝遣卫青等击走匈奴，取河南地，后又过焉支，逾祁连，取河西地，又绝大漠，匈奴远遁，而幕南无王庭……），平南越及西南夷，又通西域，开朝鲜，于是南置交阯，北置朔方，分天下为十三部”（顾祖禹《读史方舆纪要》卷一），这样的疆土，更是远远超越了传统儒家《禹贡》九州的范围。

然则由秦皇、汉武“欲并万国”“欲达瀛海”的武功，可以认为：邹衍大九州说在推进秦汉大一统国家开疆拓土的过程中，的确发挥过实实在在的作用；进而言之，邹衍大九州说对于海外世界的描述，又可谓为中国古代的疆域开拓提供了思想源泉与精神动力，至于对这种疆域开拓之是非功过的评价，那是另一个层面的问题。

关于大九州说，就先讨论到这里。而收缩到成为中国名号的大九州说里的“赤县神州”，又该如何解释呢？

二、“中国名曰赤县神州”

自从战国晚期大九州说出现以后，“中国名曰赤县神州”就一直被沿用下来，或者也称“神州赤县”；有时还分开来用，或称中国为“赤县”，或称中国为“神州”。那么，“赤县神州”到底是什么意思呢？

相对而言，“神州”比较容易理解。“神”有不可思议的、特别高超的意思，如神奇、神医、神通广大、神机妙算等，而“州”，本义为水中可居的陆地。如此，“神州”直接翻译过来，就是“神奇的陆地”之义。有趣的是，时至当代，“神州”名号又有了新的引申义。众所周知，中国自主研制的航天飞船被命名为“神舟”号。据中国航天科技集团公司透露：中国载人航天工程开始于20世纪90年代初期，当年有关部门曾提出飞船命名的几个方案，经过广泛征求意见，最后选定了“神舟”二字。而这主要基于两点考虑：首先，在汉语中，“船”又称“舟”，故以“神舟”命名遨游在神秘太空中的宇宙飞船，既形象又贴切；其次，“神舟”谐音“神州”，一语双关，寓意“神州大地”中国的腾飞。

2012年6月16日升空的神舟九号载人飞船

至于“赤县”，联系命名者邹衍所处的时代背景，似可这样理解：

首先，“赤”代表方位，指的是广义的南方。邹衍的学说，在历史方面是五德终始，在地理方面是大九州说。五德终始说后来的影响非常广泛、深刻，如在这种学说的指导下，从秦朝到宋朝的千余年里，每个朝代立国伊始，就要依据与前朝的关系，确定自己的朝代属于五德中的哪一德，具体来说，若是征服关系，就取金、木、土、水、火的相克次序；若是禅让关系，就取金、水、木、火、土的相生次序。五德终始说又来源于解释自然的五行观念。中国古代思想家认为，金、木、水、火、土是构成世界的五种最基本的物质，它们充盈天地之间，可谓无处不在。到了战国时代，邹衍等人更把五行观念与阴阳八卦、四季五方以及五色、数字等连成一体，我们习称为“阴阳五行说”。在这种学说里，南方为火，颜色为赤。赤色是青、黄、赤、白、黑五种正色之一，而“赤”的本义就是火，如小篆的赤（赤）字从大从火，是由大、火合成的会意字。简而言之，“赤县”就是南方的县。

五行生克图

其次，“县”又代表国土，指的是天子直辖的地方。“县”的繁体字写作“縣”，右边是个“系”字，左边是“首”字的倒写，《说文解字》：縣，“从系持首”，所以“縣”字本义是“首之所系”“首之所在”。

于是天子所在的京都，被称为“县”；天子住在京都、统治天下，所以天子也被称为“县官”；天子这位“县官”又是国家元首，于是连带着国家、朝廷也可称为“县”。

按照上面的讨论，“赤县神州”名号的字面意思，如果直译出来，就是“南方的国土，神奇的陆地”。然则从来都自认为位居天地之中的“中国”，怎么在邹衍这里就变成了“南方的国土”呢？

三、“若邹衍者，其圣矣乎”

在邹衍的大九州说里，“赤县神州”并不在中央，那么为何“中国名曰赤县神州”？其实，这正是邹衍大九州说的勇敢与解放之处，是邹衍对传统说法的伟大而求实的反动。

首先，从名号上看，邹衍是不承认“儒者所谓中国”的。在邹衍所构筑的宏大世界里，没有儒家所传的《禹贡》九州的位置，《禹贡》九州的每一州“不得为州数”。又合《禹贡》九州的“中国”，邹衍也不以为然，而另为“中国”起了一个“赤县神州”的名号。

其次，从方位上看，邹衍的“赤县神州”位于东南，这就打破了“中国”居于“天地之中”的传统定位。东汉王充《论衡·谈天》：“邹衍曰：方今天下，在地东南，名赤县神州。”也就是说，邹衍把“赤县神州”放在了位于中间的那个大九州的东南，而不置于正中，之所以如此，是因为邹衍看到事实本来就是这样：中国的东、南两面有海（所谓裨海），至于西海、北海，却不知道究竟在哪里！值得一提的是，据《史记·大宛列传》，西汉武帝时张骞出使西域，已经模模糊糊地意识到了“西海”“北海”的存在；又在张骞的大陆地理观中，汉朝位于东南，也不再是“四海之内”、“中国”居中。然而张骞的大陆地理观的命运，正仿佛邹衍的大九州说，即在传统时代大体不为后人所认同。

邹衍大九州说示意图（■神州）

“赤县神州”位于东南的客观定位，

充分反映了滨海文化中人邹衍那博大开放的地理观，它与儒家狭隘封闭的内陆地理观——“中国”最居天地之中，形成了鲜明的对照，但也因此产生了强烈的冲突。比如西汉武帝独尊儒术以后，邹衍的大九州说不仅不为普通学人所接受，而且被诟病为迂怪虚妄、荧惑世人的异端邪说，也是史不绝书；再如直到清朝，最高统治者们还仍然陶醉在“天朝上国”居于世界中心的蒙昧观念里，乾隆年间所修《清朝文献通考·四裔考》就说：“中土居大地之中，瀛海四环，其缘边滨海而居者，是谓之裔，海外诸国亦谓之裔。裔之为言，边也。”而更令人遗憾的是，哪怕等到外国人如天主教耶稣会传教士、意大利人利玛窦把与邹衍大九州说类似的地理观念传入中国以后，绝大多数中国人仍然不愿意接受或无意深究。

当然，随着中外之间的交流逐渐频密与深入，毕竟还是有少数“先进的中国人”的地理视野，不仅从中原拓展到边疆、从边疆拓展到域外，而且能以“文明”的评价看待仿佛邹衍“大九州”那样的宏大世界，甚至超越了邹衍大九州说存在的局限性。如邹衍“有裨海环之，人民禽兽莫能相通”云云，即各州之间有海阻隔，人民禽兽无法往来，从这个意义上讲，尽管邹衍认为中国以外还存在着同样发达的人类社会，但受限于当时的交通条件，对中国不具有现实的影响。与此相比较，晚明瞿式谷《职方外纪小言》指出：

> 邹子九洲之说，说者以为闳大不经。彼其言未足尽非也。天地之际，赤县神州之外，奚啻有九？……尝试按图而论，中国居亚细亚十之一，亚细亚又居天下五之一，则自赤县神州而外，如赤县神州者且十其九，而戋戋持此一方，胥天下而尽斥为蛮貉，得无纷井蛙之诮乎！

邹衍画像

及至晚清，俞樾更在《湖楼笔谈》卷七中给予邹衍以极高的评价：

> 《史记》载邹衍之说……当时斥为怪迂，莫信其说……佛氏书入中国，乃有四大部洲之说，更为学士大夫所不道。然自泰西诸邦交乎中国，海上往来捷于飓轮，于是始有五大洲之名……乃邹衍在战国时先有大九州之说，博览宏识，

杭州俞曲园（俞樾）纪念馆

更出大雄氏上。乌呼，先秦诸子若邹衍者，其圣矣乎！

也就是说，在俞樾看来，其实早在佛教正式传入中国之前300多年，早在西方地理学传入中国之前大约2000年，邹衍的海陆架构、大洲分布、对作为“赤县神州”的中国的方位判断，就已经总体接近于真实了，可谓代表着中国古代难得的、先进的世界观念。如邹衍以前的学者，都把世界想象成一块大陆，四围是海，而当时的中国几乎就是这块大陆的全部；等到邹衍超迈前人所建构出来的新世界，变成了海陆相间，亦即小海围绕着中间的大陆，“中国”是这块大陆的1/9，小海与大海之间还有八块大陆。若比照一下今天的地球表面，71%是海洋，29%是陆地，陆地包括了欧亚、非洲、美洲、澳大利亚、南极五块大陆，这与2000多年前邹衍想象的海陆世界，基本形势是不是相当一致？所以俞樾推崇邹衍，认为他担得起“圣”的称号，梁启超也在《论中国学术思想变迁之大势》中赞美邹衍：“其思想何等伟大，其推论何等渊微！”

（胡阿祥）

大汉雄风播四边

——两汉边疆和域外地理知识的扩展

白云在天，山陵自出；
道路悠远，山川间之。
将子无死，尚能复来？

三千多年前，在莽莽昆仑侧畔，渺渺瑶池之上，西王母为西周穆王摆宴话别。席间西王母吟唱此诗，向周穆王祝酒，以依依之情，殷殷相询再来之期。

周穆王感念西王母盛情，亦唱诗道：

予归东土，和治诸夏；
万民平均，吾顾见汝。
比及三年，将复而野。

许诺三年之后，待天下太平之时，当再来与之相会。宴罢，周穆王命御者造父，驾八骏，率六师，黯然东归。然而周穆王此去，终究未能如约再来。

这是先秦古书《穆天子传》中所述周穆王西巡的故事。虽然故事本身带有浓厚的神话色彩，不可尽信，但也在一定程度上反映了当时居于中原地区的华夏民族同外界的交往。中原同域外的交往，在战国之前是相当少的，当时华夏民族主要活动于黄河中下游（包括渭河）和江、淮、河、汉之间。自战国至秦代，由于生产的发展、

四川彭山出土的
汉石棺西王母画像石

商业的繁盛，交通亦随之发展，人们的地理视野逐步扩大了。然而中原地区人们地理知识的迅速扩展，还是在两汉时期，首先进入人们视野的，便是当年周穆王西巡的西域地区，而率先重新踏上周穆王西巡之路者，是西汉初年的张骞。

一、艰难西域行

公元前138年，张骞手持大汉使节，率堂邑父等一百余人，在一片惊叹声中，辞别汉都长安，西行而去。他们要去的地方，是在当时中原人眼中充满神秘色彩的茫茫西域。而张骞之所以成行，是出于汉朝对匈奴的战略计划。

时当西汉武帝建元三年。这时的汉朝，经过此前几代皇帝的“休养生息”政策，国力日趋强盛。而这时北部的游牧民族匈奴虽然与汉朝保持着“和亲”关系，却仍不断南犯。他们攻占边关郡县，杀害官长，掠夺畜产，有时甚至深入内地，威胁长安。

武帝即位后，决心一改昔日对匈奴的“和亲”政策，积极准备主动出击。恰巧在这时，武帝获悉了一个重要的情报。一个被俘的匈奴人谈道，在甘肃河西走廊一带原来居住着大月氏人。大月氏人多次受到匈奴的侵犯，其王被匈奴单于杀死后，头颅还被残忍地当作酒器使用。大月氏人被迫西迁，但他们时刻想着报仇雪耻，只是苦于力量薄弱，不敢轻举妄动。

这个情报使武帝确定了联合大月氏人共抗匈奴的战略计划，他下令募人出使西域，寻找大月氏人。在当时，这绝非一项简单的任务。由于被匈奴切断了和西域的联络，谁也不知道大月氏人究竟在哪儿，也不知道他们离中原内地究竟有多远，面对的一切都是那么茫然而不可知。担负这个任务的人，不仅需要极大的勇气，还需要具有外交家的辩舌和探险家的胆魄，更重要的，是要有坚定不移的信念。武帝考虑、物色了很久，都没有找到合适的人选，因此于建元三年下了一道诏书，公开招募出使西域的贤能之士。

汉武帝画像

下诏之后，第一个应募的人就是张骞。张骞，字子文，成固（今陕西省城固县）人。时为汉武帝郎官，即武帝的侍从官。张骞体魄健壮，为人性格开朗，富有开拓和冒险精神。张骞义无反顾地应募后，很快又有一百多名勇士应募了，其中有个长居长安的匈奴族人堂邑父，也志愿加入了张骞等人的行列。

受条件的限制，当时中原地区的人们对于西域知之甚少，有的

初唐敦煌壁画《张骞出使西域辞别汉武帝图》，持笏跪地辞行者是张骞

只是种种猜测与传说。有的说那里住着长翅膀的“苗民”；有的说那里有宛渠国，“国人长十丈”；更有的说那边有瑶池、瑶台、群玉之山，住着西王母之类的神仙。实际上古代的西域是指玉门关（今甘肃敦煌西北）和阳关（在玉门关之南，今甘肃敦煌西南古董滩附近）以西，包括今天新疆全境以及与之山水相连的葱岭（即今帕米尔高原）以西，直到中亚的巴尔喀什湖一带甚至更远的地区，其间分布着雪山、荒漠、戈壁与流沙，自然条件十分恶劣。“羌笛何须怨杨柳，春风不度玉门关”，“劝君更尽一杯酒，西出阳关无故人”，在古人无数诗篇的描绘中，这片广漠而神秘的土地似乎总是笼罩着一层凄凉、荒芜的面纱。如此说来，西域之行可谓一次充满未知的探险行动。

张骞一行人由陇西郡（郡治在今甘肃临洮南）出发，刚刚进入河西走廊即遭遇匈奴骑兵。经过一场众寡悬殊的战斗，张骞一行全部被俘，被押送到单于王庭。

这时匈奴统治者是军臣单于。对张骞，他先是欺骗与威胁。他傲慢地说：“月氏在吾北，汉何以得往使？吾欲使越，汉肯听我

内蒙古和林格尔汉墓壁画《牧羊图》

乎？”后来，他又采取利诱手段，为张骞娶了一个胡女，企图动摇他赴大月氏的决心，并派人严密监视他的活动。后来胡女为张骞生了一个儿子，单于认为张骞已在匈奴安家落户，这才渐渐放松了对他的监视。然而在张骞的心底，无时无刻不记挂着自己的使命。他“持汉节不失”，并暗地里联络自己的部属，等待机会逃离匈奴。

终于在公元前127年，张骞等人乘匈奴骑兵不注意，匆忙逃出了匈奴地区，继续向西进发。这时他们已经远远偏离了原来拟定的西行路线，于是取道位于天山南麓的车师（在今新疆吐鲁番盆地），然后从那里穿过沟通天山南北的交通要道，进入焉耆，又从焉耆溯塔里木河西行，过龟兹（今新疆库车东）、疏勒（今新疆喀什），翻越了葱岭，抵达了大宛（在今中亚细亚）。这一段行程非常艰难。他们冒着风沙烈日，还得时时提防匈奴的游骑、哨所。因为是匆忙逃出，他们常常缺粮断水，幸亏堂邑父箭法好，可以间或射猎些飞鸟、野兽充饥。

大宛王早就想与强大的汉朝建立联系，见张骞到来，于是着意接纳。他知道了张骞的使命，还派向导把他们送到了康居（约在今巴尔喀什湖和咸海之间）。张骞在康居稍事逗留，即前往大月氏。

大月氏国王对张骞等殷勤接待，但当张骞讲出自己来此的意图时，大月氏国王却婉言回绝了。原来大月氏自西迁锡尔河、阿姆河流域后，因这里土地肥沃，又远离匈奴，人民安居乐业，已经淡忘了当年的仇恨，“殊无报胡之心”。张骞万里而来，“竟不能得月氏要领”，出使的任务失败了。

但张骞并没有因此而气馁，他利用在大月氏休整的时间，对周围各国进行了实地考察，还渡过妫水前往大夏的蓝氏城（今阿富汗瓦齐拉巴德）。经过一年多的考察，他了解到关于西域的许多情况，当他于公元前126年返回时，已经对西域很熟悉了。

张骞东归时，为了避免被匈奴人再次俘虏，放弃了原来的路线，改沿塔里木盆地和柴达木盆地边缘，经羌族地区绕道而还。可是他没有料到的是，这时匈奴的势力已经达到了这一地区。他们经过莎车（今新疆莎车）、于阗（今新疆和田）、鄯善（今新疆若羌）等地，刚一进入羌人居住地区，即又遇上了匈奴骑兵，他们再次被俘并被送到单于王庭。

但这次张骞要比上次幸运得多。在被囚一年多后，匈奴军臣单于死，匈奴内部为争夺单于之位而大乱，张骞偕妻、子及堂邑父乘乱逃出了单于王庭，最终回到了汉朝。此番出使西域，历时13年之久，出发时的一百多人，只剩下了张骞和堂邑父两人。

二、张骞的报告

张骞归来后，据其亲身经历把西域各国的情况向汉武帝做了详细报告。在报告中，张骞不仅叙述了各国大致的地理位置，还就各国的山川形势、人口兵力、经济物产以及风俗习惯等，做了翔实的说明。在这些国家中，张骞亲身到过的有大宛、大月氏、大夏、康居，而采自传闻的有扜罙、于阗、楼兰、姑师、乌孙、奄蔡、安息、条支等国家。因其西行最先到达的国家是大宛，所以张骞在报告中叙述各国方位时，基本是以大宛为坐标的。张骞的考察结果大致如下：

(1) 大宛，在匈奴的西南，汉朝的正西，“去汉可万里”，是一个较发达的农业兼畜牧业国家，盛产稻、麦和葡萄酒，而且多良马。国内大小城邑七十余座，人口有数十万。军事方面，“其兵弓矛骑射”。

(2) 扜罙、于阗，在大宛的东面。于阗国内有河流贯通全国，盛产玉石。于阗再往东有两个城郭小国，即楼兰和姑师，都临靠盐泽（罗布泊），都在匈奴右方，是交通西域的重要孔道。

(3) 乌孙，在大宛东北方约两千里，是一个游牧国家，国内习俗与匈奴相同，兵力较强，有“控弦者数万”，羁属于匈奴。

(4) 康居，在大宛的西北方约两千里，是一个游牧国家，有“控弦者八九万”，南北分别羁属于大月氏和匈奴。

(5) 奄蔡，在康居西北方约两千里，民俗同于康居，游牧国家，有“控弦者十余万”，临北海（此处指里海）。

(6) 大月氏，在大宛以西约两三千里，即是张骞西行的目的地。其地南接大夏，西连安息，北邻康居。国内习俗同于匈奴，是游牧国家，兵力强大，“控弦者可一二十万”。

(7) 安息，在大月氏西数千里，是一个大国，农业和商业很发达，出产稻、麦和葡萄酒，其商人经常不远千里到别国贩卖货物，使用金属货币。国家疆域方圆数千里，大小数百城。安息人还有自己的文字，是写在干硬的兽皮上的，而且是横行书写的，与汉朝不同。

(8) 条支，在安息以西数千里，是安息的属国。其地临西海，气候暑热湿润，是农业国家，出产稻子。其国内有一种大鸟，卵大如瓮（即鸵鸟)。条支人还擅长魔术。国内人口很多，有许多小君长统治。

(9) 大夏，在大宛西南约两千里，妫水以南，臣属于大月氏。“有城屋”，与大宛同俗。国内人口众多，“可百余万”，但无统一君长，“其兵弱，畏战”。商业很发达，国都名蓝氏城，是个较大的商品集散地。

张骞的报告向人们展示了许多前所未闻的西域资料，故而司马迁称他的西域之行为“凿空”之举，意思是张骞打通了中原通往西域的通道。张骞虽然没有完成当初出使时的既定任务，但他了解到各国的国力及兵力情况，为汉武帝及其以后的汉朝统治者抗击匈奴、经营西域，提供了宝贵的资料。汉武帝也认为张骞功不可没，封张骞为太中大夫，同时封堂邑父为奉使君。

公元前123年，张骞以随军校尉的身份，参加了汉军进击匈奴的战斗。在沙漠中作战，找到水源至关重要，张骞因为长年在西域奔波，寻找水源很有经验。他常常能准确地找到水源，以及可供军队休息的地方，使将士们在作战后可以好好休息，为此立下了战功。战斗胜利后，张骞被封为“博望侯”。博望，意思是“广博瞻望”，“博望侯”这一封号表明张骞是以广见多闻的地理知识建立功勋的。

三、探路西南夷

张骞第二次出使西域，走了一条奇怪的路线，他没有直接西行，而是打算绕经西南后抵达西域。这种放弃“弓弦”走“弓背”的计划，源自张骞第一次到西域时在大夏遇到的一件事。张骞在大夏的市场上发现有产自四川的邛竹杖和蜀布，感到很惊奇，向大夏人打听才知道它们是来自身毒（印度)，大夏人还告诉他身毒是在大夏东南几千里的一个国家。于是张骞推测身毒距离四川一定不远，如果从四川取道身毒至于大夏，就可以避免被匈奴和羌人袭击的危险，同时路程还要近些。他回来后向汉武帝报告了这件事，汉武帝对此大感兴趣。元狩元年（前122)，汉武帝派张骞主持这次探路。

汉武帝时开凿博南山道，通澜沧江。图为距今已两千多年的云南永平段上的“九曲十八弯”。

张骞探路所要经过的西南部地区，当时被称为“西南夷”，在这里散居着夜郎、滇、邛、徙、莋、冉駹、白马等少数民族。早在汉代以前，这一地区就同中原有所联系，如战国时楚国曾设有黔中郡，郡治已涉及其地。楚威王时，楚将庄蹻曾率兵经略巴蜀、黔中以西，最后到达滇池一带，因归路被阻，遂辟地千里，于其地称王。在秦代时，秦始皇又派常頞开五尺道，进一步沟通了中原与蜀地和滇地的联系。

汉武帝即位之初也曾积极发展同西南夷地区的关系，他曾派唐蒙招服夜郎等部落，建立犍为郡，后来又派司马相如为使者出使邛、莋等地，于其地设一都尉十余县。只是后来因用兵匈奴，而且经营该地费用不菲，故不久就废弃了。

张骞的这个建议，勾起了汉武帝复通西南夷的想法。

张骞坐镇犍为，派遣王然于、柏始昌、吕越人等人分五路出发探路。第一路出駹（今四川茂县、汶川县一带），第二路出徙（今四川天全县），第三路出莋（今四川汉源县），第四路出邛（今四川西昌市），这四路大致方向是向西而行；第五路出僰（今四川宜宾市附近），是向南走的。但是不久五路使者就陆续回来了，他们探路的结果让张骞很是失望。原来他们在各自前进了一两千里之后，就分别被当地的少数民族阻挡住了。如南路使者抵达昆明后，听说其地部落“无君长”，“善盗寇”，经常杀人越货，就没敢继续前行。这样，张骞的第二次出使西域，还没有走出国门就失败了。

张骞的这个计划本身其实是可行的。他的推测在方向上是正确的，从他派遣的几路使者所走路线来看，如果没有当地部落的拦阻，他们或者可以经过今西藏地区，或者可以经过今缅甸、孟加拉国到达印度，然后再到达当时的大夏。只是张骞把其间的距离估计得近了些，这条路根本不比他第一次出西域时所走的路近，如果按照向南走的那条路线，甚至比第一次远得多。

新疆乌孙封土墓

开通西南夷之路失败了，但这一次探路，使汉朝进一步了解了西南夷地区的地形地貌及国家部族的分布情况，如南路使者到达了昆明，虽未能继续前进，却打听到有一个叫作滇越的国家，位于昆明西边一千多里的地方。张骞的这次行动，为以后通“西南夷”奠定了基础。后来，汉朝终于在西南夷地区建置了越嶲、沈黎、益州等郡，将这一地区纳入汉朝的版图之内，而这个结果与张骞的通西南夷是有关系的。

四、第三次出西域

张骞第三次出使西域时，情况与以前大不相同了。这时汉朝经过一连串对匈奴战争的胜利，已经迫使匈奴向西域转移，此前匈奴对汉朝的威胁已经基本解除，汉朝与西域之间的交通也基本畅通了。

为了防止匈奴在西域东山再起，从根本上解除匈奴的威胁，同时扬大汉威德于四海之地，汉武帝再一次决定联络西域国家共抗匈奴，于是他打算再次派张骞出使西域各国。

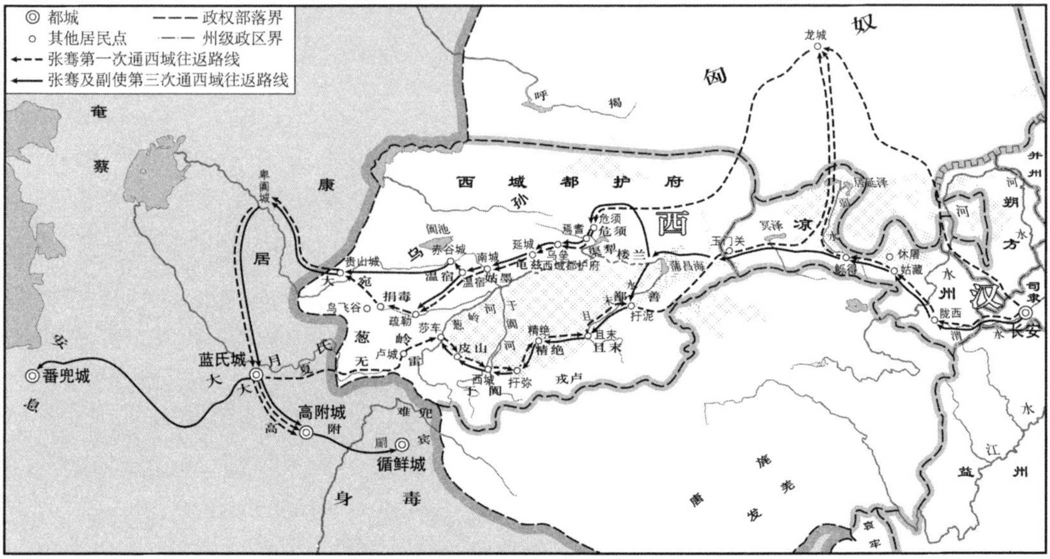

张骞通西域路线图

张骞配合汉武帝的意图，提出了“联合乌孙”的建议。他告诉武帝，乌孙原来在匈奴西边，曾臣属于匈奴，但在匈奴军臣单于死后，其国王昆莫率众远徙，不再朝会匈奴。匈奴曾派兵攻打，没有取胜，于是不再攻打，而乌孙从此也就保持中立了。张骞提出，如果赠送厚礼给乌孙国王，并让其迁回故地，然后再与之“和亲”，则等于断了匈奴的“右臂”，若这一联盟告成，则乌孙西边如大夏等西域国家也就都可以收为汉朝的外臣了。

汉武帝采纳了张骞的建议，任命张骞为中郎将，再一次把出使的重任交给了他。元狩四年（前 119），张骞率随从 300 人，携带“牛羊以万数，赍金币帛直数千巨万”，还带着许多持节副使同行，“道可使，使遗之他旁国”，又一次踏上了西行之路。这一次马踏熟途，又没有了匈奴骑兵的袭扰，因此极为顺利地到达了乌孙。

这时的乌孙国国内却正因王位之争而矛盾重重，对于张骞提出的联盟建议表现冷淡。张骞见是这番情形，知道任务无法完成，便把随行的副使分别派往大宛、康居、大月氏、大夏、安息及身毒等地，自己则返回了长安；乌孙国王也派遣了数十名使者，带着礼物，与张骞一起来到长安。

元鼎二年（前 115），张骞归来，拜为大行令，列于九卿之位，专门负责处理与各个国家之间的外交事务。次年，张骞因病去世。

张骞去世后还葬故乡——今陕西省城固县张家村，墓室外有马骨一堆，这可能是对他一生探险征战生涯的特殊纪念吧。张骞以后，汉朝派出的使者也都自号“博望侯”，以取信于人，由此可见张骞在异域的影响力。

张骞派往西域各国的副使在他死后一年多陆续回国了，陪同他们一起前来的是各国的使者。汉武帝同西域各国建立联系的愿望终于实现了，只是张骞没有等到这一天。

后来，汉朝与乌孙的联盟终于得以实现。汉宣帝时，匈奴在汉与乌孙的联合打击下损失惨重，后来又发生内讧，所以日益衰落下去，它对西域的控制也就渐渐瓦解了。神爵二年（前60），汉宣帝在西域设置西域都护府，正式建立了汉朝对西域的统治。经过张骞两次通达西域以及汉军对匈奴战争的胜利，加之河西四郡（酒泉、张掖、武威、敦煌）的设置，汉朝通往西域的道路完全打通。这之后，中西使者和商人的往来络绎不绝，中西交通出现了前所未有的盛况。

唐三彩骆驼载乐俑。驼背上的五人乐舞班子中，有三个中亚或西亚人、两个汉人。这生动说明了当时丝绸之路上文化交流的情形。

张骞通西域，在中国地理发现史上地位非凡。在《史记》中，司马迁以“张骞凿空”（凿空，打通孔道之意）四字，高度概括了张骞通西域的贡献。除了政治意义，张骞通西域，对于汉时的中原人来说，还具有巨大的发现价值。在此之前，中原的人们一直认为西域是鬼神出没之所，而张骞通过实地考察，向人们客观描述了西域的风土人情，既丰富了人们的地理知识，扩大了人们的地理视野，又彻底打破了中原人对于西域的迷信观念和恐惧心理，从而为后来者进一步走进西域、走向世界奠定了思想基础。

其次，张骞西行沟通了亚洲内陆的交通要道，直到15世纪海运兴起为止，这条交通要道直接促进了东西方的物质与文化交流。中土精美的丝绸、漆器、玉器、铜器、瓷器等传入西方，而各种域外土产或优良品种如苜蓿、葡萄、胡桃（核桃）、石榴、胡麻（芝麻）、胡豆（蚕豆）、胡瓜（黄瓜）、大蒜、胡萝卜等，各种毛织品、毛皮、良马、骆驼、狮子、鸵鸟等，也陆续传入了中土。此外，中土各类先进工艺如火药、指南针、造纸、印刷等的输出，西方的音乐、舞蹈、绘画、雕塑、杂技等技艺，包括佛教、景教、伊斯兰教乃至天文、历法、数学、医学等传入中土，都对世界古代东西方的文化艺术产生了积极的影响。古代中国文化、印度文化、希腊文化、波斯文化等被联结在一起，人类文明史由此留下了浓墨重彩的一笔。1877 年，德国地理学家李希霍芬（F. von Richthofen）在他所写的《中国》一书中，第一次给了这条始于张骞，随后在此基础上不断发展的通道一个诗意盎然的名字："丝绸之路"（德文作 Seidenstrassen，英文作 the Silk Road）；其后，德国历史学家赫尔曼（A. Herrmann）在 1910 年出版的《中国和叙利亚之间的古代丝绸之路》一书中，根据发现的文物考古资料，进一步把丝绸之路延伸到了地中海西岸和小亚细亚，并确定了"丝绸之路"的基本内涵：中国古代经由中亚通往南亚、西亚以及欧洲、北非的陆上贸易交往的通道。因为当时中国的丝织堪称举世无双，而大量的中国丝绸和丝织品经由此路西传，因此该路被称作"丝绸之路"。张骞，可称之为中国走向世界的第一人！

值得指出的是，正是"丝绸之路"这条联系着东西方的古道上传递着的关于黄金和财富的信息，刺激了后来西方的探险家们去寻找一条通向东方的更为便捷的通道，从而揭开了世界地理大发现的序幕。

五、班氏父子和《西域记》

自张骞通西域开始而逐步建立起来的中土与西域的交通，到新莽时代断绝了，这一断便是五十多年，直到东汉时汉明帝派窦固、耿忠出酒泉塞，占领伊吾卢（今哈密），设置宜禾都尉，才开始再通西域。东汉时交通西域的主要人物，是有名的班氏父子班超和班勇。

班超，字仲升，扶风安陵（今陕西咸阳东北）人，东汉著名的外交家、军事家。班超出生于一个书香门第，父亲班彪、哥哥班固、妹妹班昭都是有名的史学家，他们共同完成了《汉书》这部历史巨著。然而，班超却"投笔从戎"了，他不愿老死书房，而希望像张骞那样，立功塞外。班超在西域活动前后凡三十年，主要功绩是恢复了中西交通。他联结西域诸国，打击在西域的亲匈奴势力，先后打通了西域南道和北道，并打退大月氏人（贵霜帝国）的侵略，最终使西域诸国重新归服于汉朝的统治之下。这时候，汉朝的政治势力已经达到了帕米尔高原以西的中亚细亚地区，与该地区的大国安息发生了直接交往。永元七年（95），汉和帝为了褒奖班超的功劳，封他为定远侯，所以世人多称班超为“班定远”。

班超还曾试图与大秦（罗马）建立直接联系。汉和帝永元九年（97），官居西域都护的班超派部将甘英西行，目的地是当时最大的丝绸进口国大秦。甘英此行，一直走到条支。《后汉书·西域传》中记载了他从安息向西走的路线：“自安息西行三千四百里至阿蛮国，从阿蛮西行三千六百里至斯宾国，从斯宾南行渡河（即底格里斯河与幼发拉底河），又西南至于罗国九百六十里，安息西界极矣。”条支也是安息西界极西的一个地方。书中还说：“自此南乘海，乃通大秦。”但是正当甘英打算渡海而行时，却可惜地止于偶然的事件。原来尽管当时有了丝绸之路，但是大秦和汉朝之间并没有建立起直接的商业往来，大秦的商人既未能经由陆路直接到达汉地，汉朝的商人也未能取道陆路直接到达大秦，其间的商业往来全靠各种中间人完成。比如安息商人，通过垄断东西方丝绸贸易获取了极大利润，所以十分不愿意看

班超画像

班超通西域路线图

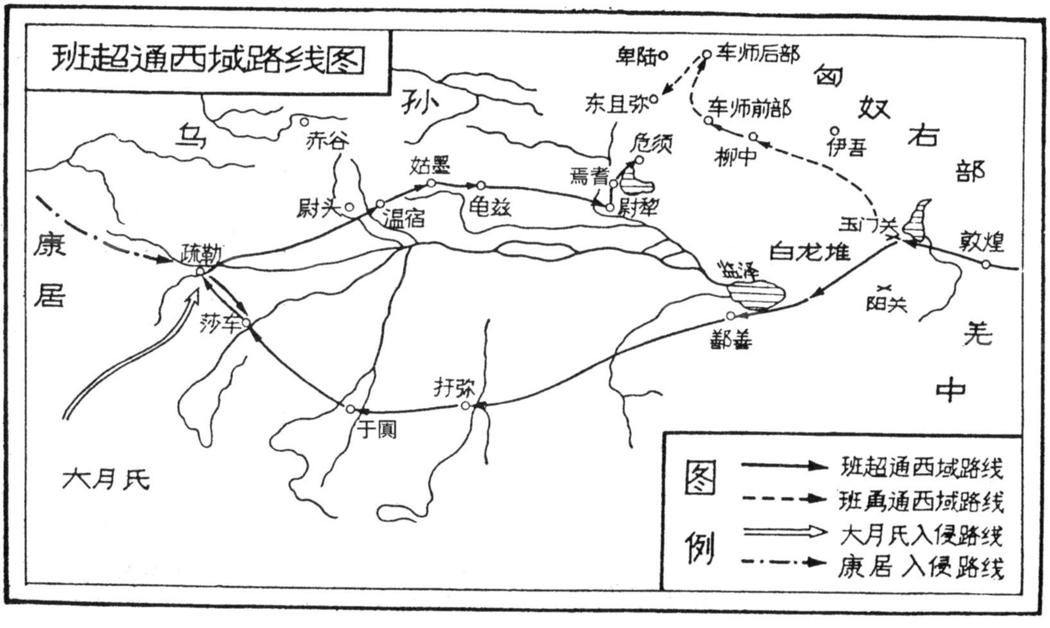

到汉朝与大秦的直接相通。因此，当甘英向安息船夫询问航海情形时，安息船夫说：“海水广大，往来者逢善风，三月乃得渡，若遇迟风，亦有二岁者，故入海人皆赍三岁粮。海中善使人思土恋慕，数有死亡者。”也就是说，这片海域浩瀚无边，即使顺风，也要三个月才能到达，如果遇到逆风，也许得费时两年。所以，那些出航的人，都在船上备足三年的粮食。而且在茫茫大海之中，人最容易思念故土，很多人中途死亡。听信了安息船夫的话，甘英最终放弃了继续西行。甘英没有到达大秦，是中西交通史上的一个遗憾，使得中国失去了一次直接了解欧洲的机会，但是甘英毕竟是有史以来第一位伫立于波斯湾岸边的中国人。

永元十二年（100），久在西域、已经年迈的班超思乡心切，上奏表达了“不敢望到酒泉郡，但愿生入玉门关”的愿望。永元十四年（102），朝廷调班超回到京都洛阳，任射声校尉。这时，班超已经是一位 71 岁的老人了。其后不久，班超与世长辞。班超的名字和张骞一起，永远铭刻在闻名于世的丝绸之路上。

班超死后，班勇子承父业，继续经营西域。他除了在军事上联合西域诸国军队逐退在西域的匈奴残余势力、再一次打通西域道路，还据其对西域道里、风土和政治情况的了解，编著了《西域记》一书，备述西域各国道里方位、气候地势、物产风俗以及历史沿革等。《西域记》所述国家，凡见于《汉书》的，或略而不载，或附见于他国之后。其所述之国中，葱岭以内的国家计有拘弥、于阗、西夜、子合、德若、莎车（以上为南道国），疏勒、焉耆（以上为北道国），蒲类、移支、东且弥、车师前王、车师后王（以上为山后国）等 13 国；葱岭以外国家计有乌弋山离、条支、安息、大秦、大月氏、高附、天竺、东

汉西域诸国图

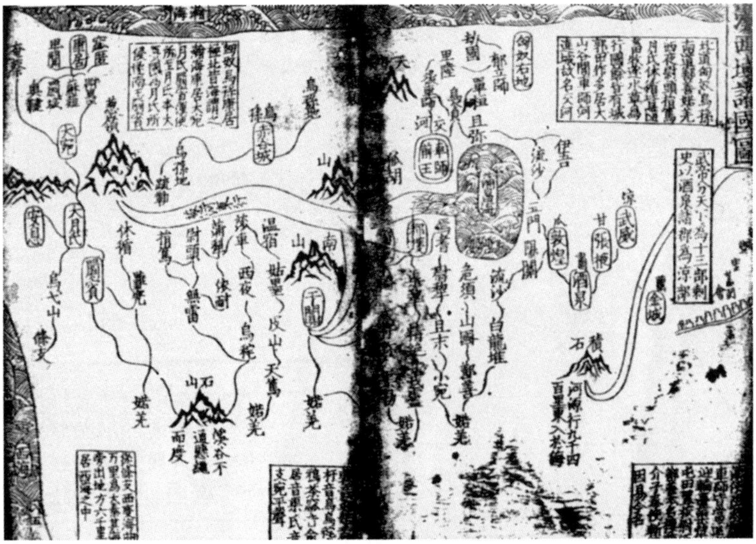

离、栗弋、严国、奄蔡等11国。其中德若是西域诸国中最小的国家，“口六百七十，胜兵三百五十人”。如此小国，《西域记》犹能备记，可见班勇对西域所述之详细。班勇还纠正了《汉书》中的一些错误，如在《汉书》中，西夜、子合二国被误认为一国，高附国被误以为是大月氏所属五瓴侯数，《西域记》均据实分列之。

《西域记》还第一次对大秦做了详细的描述，如述其方位疆域“一名犁鞬……亦云海西国，地方数千里，有四百余城”；述其都城“周圜百余里，城中有五宫，相去各十里”；述其国家政权建置“各有官曹文书。置三十六将，皆会议国事。其王无有常人。皆简立贤者”；述其物产“土多金银奇宝，有夜光璧、明月珠……，凡外国诸珍异皆出焉”。

《西域记》中的这些描述皆前人书中所未见，既然此前甘英出使大秦未竟，那么这些关于大秦的情况当是经西域商人尤其是安息商人辗转传来。这一方面说明中西商业交通的活跃，另一方面也说明东汉时期人们地理知识的发展。

自张骞通西域以来，至班勇时已历二百多年，其间西域诸国纷争不断，变化很大，已非当年张骞报告之西域。班勇的《西域记》，详实地记载了东汉时期西域的情况，对于动态地研究西域历史地理有着重要作用。另外，他对如大秦、天竺等极西国家的记载及详细描述，也说明当时人们的域外地理知识较之前代有了进一步的拓展。

六、远上蒙古高原

汉武帝时期，由于汉军多次北逐匈奴，深入蒙古高原一带，从而对北方蒙古高原的地理情况有了一些认识。

河套一带为中原与匈奴的北方交界地。早在秦始皇时，秦大将蒙恬曾率30万秦军北逐匈奴，收复了河套以南地区，分其地为四十四县，并迁内地人口往居垦殖，这一片地区当时被称为“新秦中”。后来秦末汉初时，匈奴南下，侵占了这一地区，并进而兵锋南指，威胁长安。汉元朔二年（前127），汉武帝遣卫青夺回了这一地区，于其地置朔方郡，从而使汉朝的统治到达了今内蒙古一带。后来在汉元狩四年（前119），卫青、霍去病率10万骑兵，兵分两路远征。其中卫青一路出定襄郡，追击匈奴单于一直到了阗颜山赵信城

（今蒙古人民共和国杭爱山南支），而霍去病则走得更远，“出代二千余里”，兵锋直抵狼居胥山（今蒙古人民共和国肯特山），最后临瀚海（今贝加尔湖）而还。两支军队一左一右，夹单于王庭而进，均深入蒙古高原。

汉天汉二年（前 99），李陵“将其步卒五千人出居延，北行三十日，至浚稽山（在今图拉河与鄂尔浑河之间）止营；举图所过山川地形，使麾下骑陈步乐还以闻”。这段文字说明，李陵不仅深入蒙古高原，还画有沿路地图。这虽是出于军事目的绘制的，但毕竟表明人们已经开始留意当地的地理状况了。

汉武帝时还曾有两位使者因其特殊的经历而深入匈奴王庭所在之地——蒙古高原，最远到了北海（今贝加尔湖），不过他们却是作为囚徒被流放到那里的。其中一位是郭吉，他因劝单于降汉而被单于“迁辱之北海上”。另外一位是著名的苏武。天汉元年（前 100），汉武帝派苏武出使匈奴，送还此前被扣留在长安的匈奴使者。任务完成将要回国时，却发生了匈奴缑王与虞常等勾结汉朝副使张胜图谋暗杀原汉朝降将卫律的事件。结果事泄，缑王被杀，虞常被捕。此事本与苏武无涉，但匈奴单于就此要求苏武投降，遂留其不准归汉。苏武坚持不降，无奈之下，单于把苏武放逐到北海无人之地，让其放牧公羊，放言“公羊若能产奶”，便放其回国。苏武在北海的生活极其艰苦，但他坚持汉节不失，虽“节旄尽落”，始终没有投降匈奴。

明人所绘《苏武牧羊》

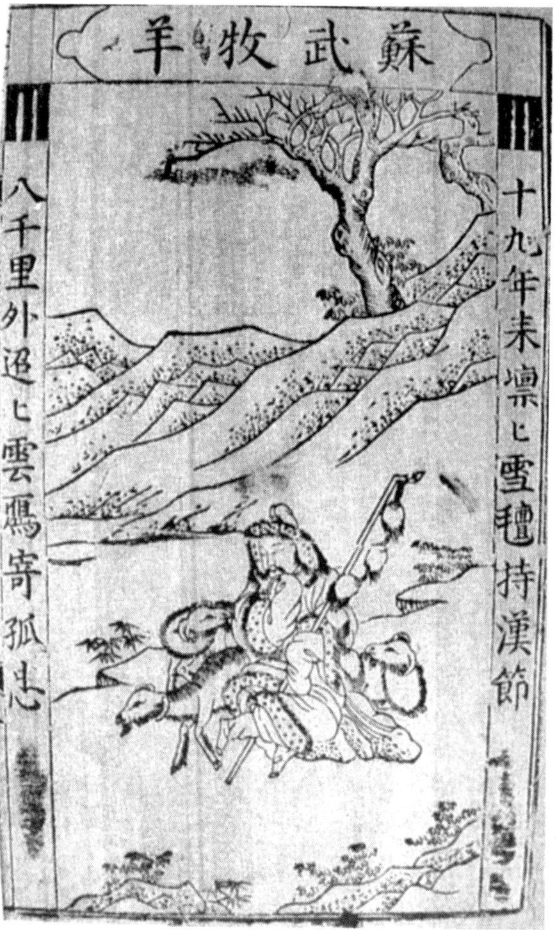

到汉昭帝时，有汉使前来和亲，苏武原属官常惠密见汉使说苏武未死，并教使者对单于说是汉天子在上林苑射雁得苏武帛书，知其在某地。单于见无法隐瞒，只得放苏武回国，而这时苏武已经在北海待了 19 年。当年霍去病率军深入漠北，也曾到过这一带，不过大军倏进倏退，只是“临瀚海”而已，而苏武含辛茹苦在贝加尔湖一待就是19年。可以说，这件事在地理发现史上也有重要意义。

汉元帝时郎中侯应上书反对罢边塞事，曾言及匈奴“外有阴山，东西千余里，草木茂盛，多禽兽”，还说“幕北地平，少草木，多大沙”；王莽时严允也曾说过“胡地沙卤，多乏水草”，“胡地秋冬甚寒，春夏甚风”，这些描写推溯起来，或得自卫青、霍去病等汉军将领的北征军旅，或得自郭吉、苏武等使者的羁旅北海，文字虽然简短，但到底说明当时人们对阴山和蒙古高原的气候及植被等都有了一定的了解。另外东汉李恂持节使幽州“宣布恩泽，慰抚北狄”时，曾于沿路画有“山川、屯田、聚落百余卷”献于朝廷；南匈奴为向汉朝廷表达归附诚意，也曾派人向汉朝贡献所画的蒙古高原一带的地图。非常可惜的是，这些地图都没有流传下来。

七、海南岛及海上交通线

两汉时期，汉政府除了在西北和北方同匈奴发生战争，也频频

今天海南岛上的“天涯海角”

用兵于南方的越人，从历史地理的角度来看，这些军事活动促进了南方地区的开发以及海上对外交通线的开辟。

西汉时期海南岛已经正式纳入了中原王朝的版图，《汉书·地理志》记载："自合浦徐闻南入海，得大州，东西南北方千里，武帝元封元年略以为儋耳、珠崖郡。"这个大州，即指今天的海南岛。《汉书·地理志》对岛上居民的生活情况也做了一番描述："民皆服布如单被，穿中央为贯头。男子耕农，种禾稻纻麻，女子桑蚕织绩。亡马与虎，民有五畜，山多麈麖。兵则矛、盾、刀、木弓弩，竹矢，或骨为镞。"

汉武帝在越地共设有九个郡，其中有交趾、九真、日南三郡，交趾在今河内附近，九真在今清化西北，日南在今顺化附近，均在今天的越南境内。这说明当时人们的地理认识，已经到达了现在我国的南部边疆地区。

西汉时期，南部海上交通较前代也有进一步的发展。《汉书·地理志》记载了当时的海上航线：从合浦郡的徐闻县出发，"船行可五月，有都元国（今印度尼西亚苏门答腊东北部）；又船行可四月，有邑卢没国（今缅甸南部萨尔温江入海口附近）；又船行可二十余日，有谌离国（今缅甸伊洛瓦底江沿岸）；步行可十余日，有夫甘都卢国（今缅甸伊洛瓦底江中游卑谬附近）；自夫甘都卢国船行可二月余，有黄支国（今印度马德拉斯西南康契普腊姆附近）……黄支之南，有已程不国（今斯里兰卡）"，这里一连串地记述了该航线上的六个域外国家。这一航线从起航地点和所经过的地区来看，首先穿过琼州海峡，然后沿越南、马来半岛海岸蜿蜒南行，穿过马六甲海峡后绕缅甸海岸折而北上，再沿印度东海岸行进，最后抵达今天的斯里兰卡。返航路线没有自原路返回，而是从黄支国起航后径渡大海，"船行可八月，到皮宗（今新加坡西边）；船行可二月，到日南、象林（今越南茶荞）界云"。这是利用南海季候风开辟的航线，从有关记载来看，西汉时人们对海上的地理认识已经到达了今印度南部和斯里兰卡。汉朝自张骞以来，多次走西南夷寻找从陆路前往印度的道路而不得，海路的开辟似乎可稍慰此憾。

东汉时朝，除了通过海道可到达印度，还在陆地上开辟了一条"永昌道"，它是从今云南经缅甸通往印度的。这条路从永昌郡（郡治在今云南保山东北）沿着伊洛瓦底江进入孟加拉湾，尔后再到印度。

八、东北边地及朝鲜、日本

两汉时期对东北地区的地理认识较前也有发展。当秦末汉初之时，即有“燕人卫满避地朝鲜，因王其国，百有余岁”，后来“武帝灭之，于是东夷始通上京”，汉武帝在原来卫氏的统治地区设置了玄菟、乐浪、真番、临屯四郡。真番、临屯两郡在汉昭帝时废弃，而玄菟、乐浪则成为汉朝廷与东北地区联系的枢纽。通过此二郡，汉朝廷又进而了解到夫余（在松花江流域）、挹娄（在乌苏里江流域）、高句丽（在鸭绿江流域）、三韩（朝鲜半岛南部）等地的情况，如《后汉书·东夷传》中记载“夫余”：“在玄菟北千里……于东夷之域，最为平敞，土宜五谷。出名马、赤玉、貂豽，大珠如酸枣。以员栅为城，有宫室、仓库、牢狱”；记载“挹娄”：“在夫余东北千余里，东滨大海，南与北沃沮接，不知其北所极。土地多山险……有五谷、麻布，出赤玉、好貂。无君长，其邑落各有大人。处于山林之间，土气极寒，常为穴居……好养豕，食其肉，衣其皮”；记载高句丽，说它“在辽东之东千里……地方二千里，多大山深谷，人随而为居。少田业，力作不足以自资，故其俗节于饮食，而好修宫室”，等等。

早在秦朝时，秦始皇曾命方士徐福率童男童女数千人出海求仙药，徐福一去不返，后人曾认为他最终去了日本，此说是否真实，难有定论，但至晚到汉朝时人们对日本的确已经有了初步认识，《后汉书·东夷传》载：“倭（即日本）在韩东南大海中，依山岛为居，凡百余国……乐浪郡徼，去其国万二千里，去其西北界拘邪韩国七千余里。其地大较在会稽东冶之东，与朱崖、儋耳相近……土宜禾稻、麻纻、蚕桑，知织绩为缣布。出白珠、青玉。其山有丹土……有城栅屋室”云云。

综上所述，两汉时期，在汉武帝“勤远略”国策的推动下，以张骞通西域为嚆矢，继而卫青、霍去病深入漠北，张骞探路西南夷，以及汉朝廷用兵南越、东北，这一系列的军事、政治活动拓展了大汉王朝的疆界，开启了中原同四方边疆及海外的交通，既使得大汉王朝的威名远播于四边之地，也使得中原地区同边疆和域外的交往频繁起来，有关边疆和域外的地理知识在汉代进入了一个迅速扩展时期，不但丰富了当时人们的地理知识，更为后人在此基础上进一步展开地理探索活动奠定了认识基础。

（刘志刚、胡正宁）

西行佛国取真经

——中土高僧寻经求法与地理发现

在中国的地理发现史上，有这样一串闪光的名字，为世世代代的人们所铭记：法显、宋云、玄奘、义净……他们的身份都是僧人；他们生前所致力者，都是求取佛教真经。而在他们去世后，他们的名字不仅留在了中国佛教史上，也永远留在了漫长曲折的中国地理发现史上！中国地理发现史的一个显著特点，正是由宗教传播造就的。宗教，尤其是佛教，成为促使中原人们进行域外探险的强大动力。

佛教与基督教、伊斯兰教并称为世界三大宗教。早在公元前6至5世纪中，古印度迦毗罗卫国（今尼泊尔境内）王子乔达摩·悉达多（即释迦牟尼）创立佛教。关于佛教传入我国的年代，说法不一，难以查考。但东汉明帝求法、佛教初传的史话是佛教界的普遍看法。根据保存下来的史料，我们至少可以肯定，东汉末桓、灵二帝时（147—189），佛教在我国中原地区的传播已相当广泛。

佛教初至我国，传经者均为西域、印度僧人。而魏晋以降，来华僧人更是逐渐增多，他们译出了大量的佛经，对佛教在我国的传播起到了积极的推动作用，中土境内削发为僧者日众。然而，外人译经难免转译失真，加上当时佛教教派甚多，不仅有大、小乘之分，且大乘、小乘内部仍有系别，因此，译者对佛经义理的理解既分歧颇大，经书内容也往往较为混乱，甚至前后抵牾，这就使得中土僧人讲习佛法颇为困难，经文内容本身又多晦涩难懂，也在一定程度上影响了佛教在中国的传播与发展。

陕西榆林窟僧人西行求法壁画

宗教的力量总是强大的。为了加深对教义的理解、消除僧众心中的疑虑，也为了吸引更多的教众、弘扬佛法，一些中土僧人毅然决然地踏上了艰难、漫长的“西天取经”之路。他们的目的非常单纯：到圣地去，求取正本真经！这样的西行求经，兴盛于晋唐时代，而又上溯到三国，下及赵宋，延续了七八百年！虽然西行求经本质上是佛教活动，但其在文化交流上的作用，在地理发现上的意义，却非佛教活动所能范围。就地理发现而言，这些西行求经的高僧们，留下了一批弥足珍贵的求经行记，其中所记沿途所经国家和地区的历史、地理、经济、文化种种情况，对当时的中国来说，正是实质意义上的地理探索与地理发现……

一、“导夫先路”的朱士行

我国可考的首位西行僧人是朱士行。士行，颍川（今河南禹县）人，志向远大坚定，“欢沮不能移其操”。他于曹魏嘉平年间（249—254）削发为僧。出家后，士行致力于佛法经典的研究，悟性颇高。朱士行之西行，缘于他在洛阳讲习支谶所译之《道行经》，发现经文文句简略，词义难懂，又“诸未尽善”，乃叹曰：“此经大乘之要，而译理不尽。誓志捐身，远求大本”，即生西去求经之念。魏甘露五年（260），士行偕弟子从长安出发，西渡流沙，到达西域于阗（今新疆和田）。当时于阗国内大、小乘并举，是西域的佛教中心之一。朱士行在此搜得梵书正本九十章，共六十多万字，并将其托付给弟子弗如檀等送归洛阳。但就在他们准备动身之际，却为于阗国王所阻。原来，于阗国内一些小乘教徒认为，大乘经的传播会威胁到他们的利益，便挑唆国王以士行传经会“惑乱正典”为名而禁其出境。朱士行历经辛苦才取得经书，遭此阻禁，痛心不已。然而，士行并未就此气馁，他向国王提出烧经为证，言道："若大法应流汉地，经当不然，如其无护，命也如何。"结果经书投入火中，火当即熄灭，经书最终得以送出。朱士行本人并没有返回中土，而是留在了于阗，直到 80 岁去世。佛经送归中原后，被安放在陈留仓垣（今河南开封市西北）水南寺，由印度竺叔兰 、西域无罗叉译出，称为《放光般若经》。

朱士行的寻经之途虽然仅到达西域的于阗，取回的经书也有限，甚至未给后人留下西行的路线及所历地区之见闻，但他的西行之举开风气之先，史念海先生即指出："朱士行虽未能西越葱岭，然导夫先路的功力却是不可埋没的。"朱士行不畏艰险、矢志求法的精神也影响了后人。自朱士行之后，西行求法之士络绎不绝。

二、"创辟荒途"的高僧法显

魏晋南北朝时期，西行求法者不可胜数，方豪《中西交通史》曾略做条列，计西晋 3 人，东晋 51 人，刘宋 70 余人，元魏、北齐、北周 19 人。这些人中，或有姓名已佚者，或有未能著书立说者，尽管大多数人因此而行实不彰，但其见闻域外、弘大佛法的史实是无疑的。朱士行以后最负盛名者，首推法显。法显陆去海还，广游西土，留学天竺，携经以归，被后来的佛教界称为"创辟荒途"之人。又法显以前诸位高僧西行求经，大多沿着丝绸之路的故道，或行北道或经南道，法显归国时走的却是海路，归来后并著有《佛国记》一书，记录了沿途国家和地区的诸般情状。

法显（约 337—约 422），俗姓龚，今山西襄垣人，一说临汾人。他三岁即已出家，年纪虽小，向道之心却十分坚贞。二十受大戒，志行明敏，仪轨整肃。常在长安慨叹经律之所失，矢志寻求梵本经文以求证缺失。后秦弘始元年（当东晋隆安三年，399），已是高龄的法显与同学慧景、道整、慧应、慧嵬五人，从长安（今陕西西安市西北）启程，西去求经。法显等人先越过陇山，到达西秦乞伏乾归占据的金城（今甘肃兰州市西），继而往西至秃发褥檀当政的南凉，又度过养楼山（今青海西宁市以北、大通河南一带），至北凉段业控制下的张掖（今甘肃张掖）。在此地，他们和另一批西行僧人宝云、智严、慧简、僧绍、僧景五人相遇，结伴同行，于是年秋天到达敦

荒芜不毛的沙漠挡不住法显西行的坚定脚步。

煌（今甘肃敦煌）。在得到敦煌太守李暠的资给后，法显等五人先行，穿越沙河（即敦煌西、鄯善国之间的沙漠地带），十七天后到达西域南道的鄯善国（今新疆若羌）。《高僧传》曾对此段行程有生动的描写："西渡流沙，上无飞鸟，下无走兽，四顾茫茫，莫测所之。惟视日以准东西，望人骨以标行路耳。屡有热风恶鬼，遇之必死。"由鄯善国出，他们西北行十五日，到达焉夷国（今新疆焉耆），又与宝云等人会合。随后，经过"路中无居民，沙行艰难，所经之苦，人理莫比"的一月零五天，法显一行到达了于阗国。

402 年，法显等度过葱岭，到了北天竺境内的陀历国（今克什米尔西北达地斯坦之达丽尔）。又西南行，过新头河（今印度河），至乌苌国（今巴基斯坦北部斯瓦脱河流域之曼格勒）。《佛国记》对此处山路之危险描写道："其道艰阻，崖岸险绝，其山惟石，壁立千仞，临之目眩，欲进则投足无所。下有水，名新头河。昔人有凿石通路施傍梯者，凡度七百，度梯已，蹑悬絙过河。河两岸相去减八十步。九译所绝，汉之张骞、甘英皆不至。"可见，法显走到这里

帕米尔高原，古称葱岭。张骞、法显、玄奘等都曾在此留下足迹。

已经是张骞、甘英所没有到达的地方了。其后法显等先后至宿呵多国（今巴基斯坦之斯瓦脱）、犍陀卫国（约当今巴基斯坦西北喀布尔河沿岸一带）、竺刹尸罗国（位于今巴基斯坦拉瓦尔品第西北）、弗楼沙国（今巴基斯坦之白沙瓦）等国。

403年初，法显、慧景、道整三人南渡小雪山（今贾拉拉巴德城以南之塞费德科山脉）。小雪山是西行僧人所经过的最险要地方。法显一行在翻越小雪山时，正遇上暴风雪，慧景终因体力不支而被冻死。临终时慧景对法显说："我亦不复活，便可时去，勿得俱死。"法显十分悲痛，抱着慧景的尸体大哭道："本图不果，命也奈何！"言罢，法显、道整二人强忍悲痛，竭尽全力，终于攀登过山。又历经四国，乃入中天竺境内。

405年，法显和道整来到了古印度恒河中游最著名的大国摩竭提国的都城巴连弗邑（即华氏城，今印度比哈尔邦巴特那）。此城曾为印度历史上著名的国王阿育王的都城，城池雄伟，佛教昌隆。法显和道整在这里巡礼佛迹，一边学习梵文，一边抄写律本，前后滞留约三年，收获颇丰。道整见这里佛教文化发达，于是决定留居下来，法显则仍抱定取经回国的决心，到处搜求经典。

408 年，法显带着求得的经书离开了巴连弗邑，顺着恒河西行，经迦尸国波罗奈城（今印度贝拿勒斯），再西北行至拘睒弥国（今印度阿拉哈巴德西南），在这些国家，他瞻礼了佛陀遗迹，并听到了关于南印度达傣国的情况和大石山五层伽蓝的传说。次年冬，法显从多摩梨帝国（位于今印度东北部坦姆拉卢附近）海口搭商人大船，前往师子国。师子国即今斯里兰卡，是位于印度半岛南面的岛国，其境内居民笃信小乘佛教。法显在师子国都城观看了三月出佛牙的盛会，并为继续寻经求典在此住了两年，抄得多部经书，乃准备回国。

411 年 8 月，法显搭乘载客两百余人的大商船泛海东行归国，航行途中突遇大风暴，在海上漂流了多天，到了耶婆提（今地所指不一，或以为即今印度尼西亚的苏门答腊岛或爪哇岛），在此住了五个月。次年夏初，法显再度搭乘商船，不料航行一个多月，又遇到暴风雨，船上诸婆罗门（印度教徒）认为载沙门不利，商量着要将法显推下船去，幸亏从前的施主仗义相救，法显才得免于难。又经过了两个多月的漂流，商船终于在 412 年 7 月 14 日抵达了东晋的青州长广郡牢山（今山东半岛南部崂山）。《佛国记》对这段海程有细致的描述：“大海弥漫无边，不识东西，唯望日、月、星宿而进。若阴雨时，为逐风去，亦无准……海深无底，又无下石住处。至天晴已，乃知东西……”法显上岸后不久，即由陆路南下东晋都城建康（今江苏南京），在道场寺会同佛驮跋陀罗等人翻译带回的经书，还在建康整理出自己此番游历的详细记录，即《佛国记》。法显在建康住了四五年，于译事告一段落后，又转往荆州辛寺，直至去世。

法显往返路线示意图

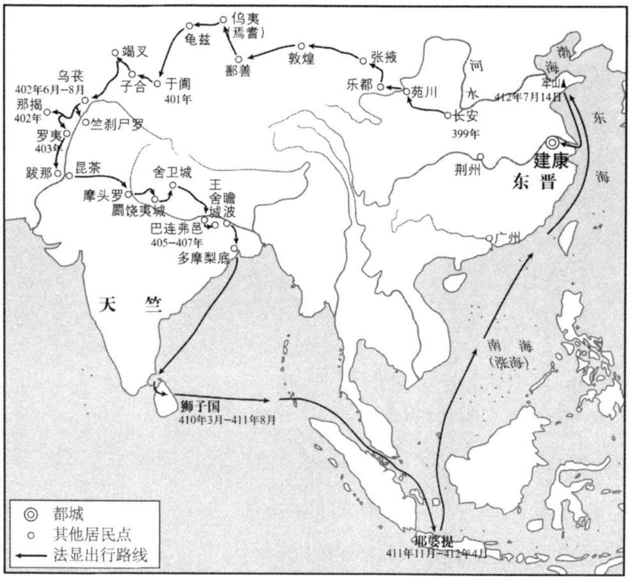

法显西行求法前后十五年。他陆去海返，行程既大大超越了前人，其间所经历的艰险，也是

在他之前的诸位西行僧所难以比拟的。同法显一起求法的，先后有十人，或半途折回，或病死异国，或久留不还，唯独法显一人孜孜不倦，终于完成夙愿，求得经律，翻译流通，这种勇猛精进、为法忘身的精神，恐怕只有唐之玄奘可与媲美。

法显西行求法尤其值得重视，还在于他留下了一部难得的著作《佛国记》。作为著名的旅行传记，不足万言的《佛国记》对所经历的四十多个国家、城邦、地区的情形，凡山川、地理、交通、道路、宗教、文化、物产、气候、风俗，乃至社会发展、经济制度等，都有扼要记载，在历史学、地理学、宗教学上均具有很高的价值。具体说到其地理学价值：其一，记载了所经各地的地理风貌，这又包括自然地理与人文地理两方面；其二，记述的地理范围非常广阔，中国以外，包括了中亚、南亚和东南亚，虽然中土自张骞通西域以后，对中亚、南亚和东南亚等地的情况已多有记载，但没有留下一部完整的记录，《佛国记》可谓我国现存最早最完整的行记；其三，《佛国记》中涉及 4 世纪时中国与印度、巴基斯坦、尼泊尔、斯里兰卡等国的交通史料，为中国现存史料中有关陆海交通的最早的详细记录。总之，在开阔中原人们的地理视野、探求中西交通路线方面，法显西行及其《佛国记》做出了伟大的贡献。

三、“中开王路”的唐僧玄奘

唐僧西天取经的故事可谓家喻户晓，妇孺皆知，这自当归功于吴承恩笔下的《西游记》。然而不少人只知唐僧不知玄奘，只知唐僧师徒四人历尽九九八十一难取得真经乃神话故事，一笑置之，却不知玄奘的确到达过天竺取回了佛经。事实上，《西游记》里的唐僧就是以玄奘为原型的。

在我国佛教史上，玄奘与法显往往并称。唐僧义净在所著《大唐西域求法高僧传》中说：“观夫自古神州之地，轻生殉法之宾，显法师则创辟荒途，奘法师乃中开王路。”虽然创辟荒途较之中开王路更加艰难，但就佛教与地理两方面的功业言，唐代高僧玄奘（600或 602—664）及其所写的《大唐西域记》，仍是旷古所未有，永世不磨灭。

玄奘生活的初唐距离法显西行已经过去了两百多年。在这两百多年间，不少僧人沿着朱士行和法显的足迹继续西行，较为著名的有智猛、宋云和昙无竭等人。

智猛为十六国末年到南北朝初期的僧人。404年，智猛和道嵩、昙纂等十五人从长安出发，西行求法，及登葱岭，九人畏惧退还，智猛与余伴继续前行，来到波仑国，道嵩死去。智猛与另外四人翻越雪山，渡过新头河，遍游印度本土，后亦至华氏城。智猛西行印度长达37年之久，直到442年始启程回国，而归途中同行三人又死去，唯与昙纂一起回到凉州，后住成都，于453年去世。智猛回国后著有《游行外国传》，可惜该书没有流传下来。

北魏时，宋云、惠生受胡太后之命，以使者身份到印度乾陀罗国（今巴基斯坦之白沙瓦）礼佛求经。北魏神龟元年（518）十一月，他们从洛阳出发，经今青海省境内，沿天山南道西行，过汉盘陀，翻越葱岭，取道瓦罕谷钵和国，抵达嚈哒国、乌苌国，这两国都跪受了宋云携带的北魏诏书。520年，宋云到达乾陀罗国，没有受到礼遇。522年冬，宋云、惠生回到洛阳，带回大乘经典170部，并各自写有行纪，可惜行纪早已散佚，只是在《洛阳伽蓝记》中对其内容有所述及。宋云、惠生以使者的身份西行，在当时曾造成很大的影响。

昙无竭也是北魏僧人。他自幼出家，长期修苦行，因敬佩法显，遂于420年偕同伴25人一同西去。自天山南路以西，他们大致沿着法显开辟的途径西行南下，历经千辛万苦终至天竺，游历中天竺与南天竺后，随商船泛海回到广州。返回中土时，同行之人仅余12人。

玄奘故里

上述数位高僧均曾到达天竺，而且取回了不少梵本经书，为佛教在中国的发展和中西交通的探索做出了贡献。然而论所取得的成就，他们均

无法与玄奘相提并论。

玄奘，俗姓陈，名祎，唐洛州缑氏县（今河南偃师县陈河村附近）人。生于世代儒学之家。十岁时家遭不幸，便随已经出家的二兄陈素在洛阳净土寺诵习佛典。落发为僧后，玄奘先后求学于法常、僧辩等诸位高僧，学艺大为精进，而困惑与质疑也逐渐增多，这些困惑与质疑又不是中国的佛典与高僧所能解决的。于是玄奘“誓游西方问所以惑”。适逢此时，一位印度高僧波颇密多罗来到中国，他是当时印度佛学大师戒贤的弟子。玄奘诚恳地向他请教，咨询积疑，获益匪浅，遂对戒贤大师及其所在的那烂陀寺向往不已，也更加坚定了他西去的决心。然而，当时正值唐初，国家为巩固边防，禁止百姓出境，玄奘几次向朝廷申请西去，均杳无音讯。无奈之下，玄奘只好乘关中受灾，朝廷允许百姓四出就食的机会，潜行而西，伺机偷越边境。

627 年，玄奘自长安发足，经秦州（今甘肃天水市北）、兰州（今甘肃兰州市），西抵凉州（今甘肃武威市）。当他走到瓜州（今甘肃瓜州县东南）时，长安的访谍（追捕令）也随之而至：“有僧字玄奘，欲入西蕃，所在州县宜严候捉。”幸而在胡人石槃陀的帮助下得以脱险。瓜州以北就是著名的玉门关，出得此关便非大唐号令所及，玄奘冒着被烽台飞箭射中的危险，几经周折终于度过玉门关，踏入了伊吾国（今新疆哈密）境内。在伊吾，玄奘遇上了高昌国（今新疆吐鲁番）的使者，便随使者前往该国。高昌国国王麴文泰笃信佛教，对玄奘的才识十分欣赏，竭力劝说玄奘留在高昌国终身供养，并许以国师之位，但玄奘誓死不从，麴文泰被玄奘执着的精神所感动，只好放其西去。临行前，麴文泰与玄奘结为兄弟，赠给玄奘大量财物供路上之用，并以高昌王的名义分别给西突厥

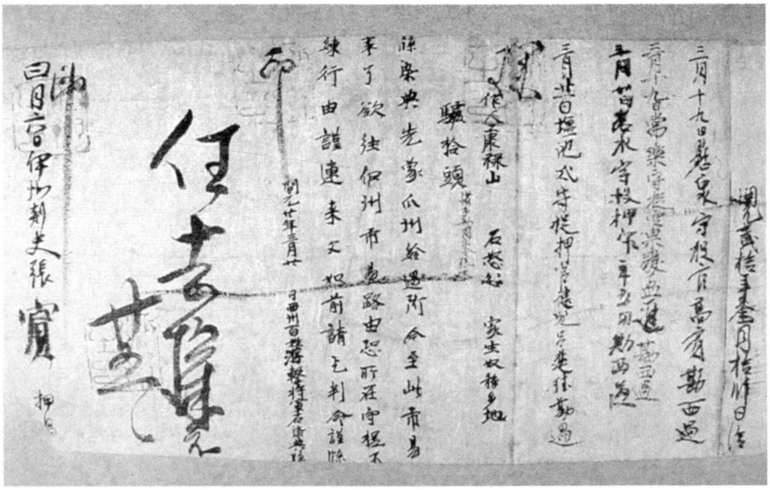

唐代的过所，相当于今天的通行证明。图为新疆吐鲁番阿斯塔那墓地出土的过所实物。

的叶护可汗及沿途需经过的二十四国君主写了信，还准备了馈赠这些国君的礼物。在高昌王的帮助下，玄奘沿天山南麓西行，安全通过了阿耆尼国（今新疆焉耆）、屈支国（今新疆库车）、跋录迦国（今新疆拜城或阿克苏）、凌山（殆为今别迭里山口）、大清池（今热海）等地，至素叶水城（即碎叶城，今吉尔吉斯斯坦托克马克西南之阿克贝希姆）。在这里，玄奘巧遇前来狩猎的西突厥叶护可汗。可汗在牙帐中会见了玄奘，对其颇为赏识，加之收到麴文泰的信函与礼物很是高兴，便以庇护主自任，派使臣给各附属国带信，通知玄奘路过事宜，还为玄奘选派翻译，一直将他护送到西突厥势力范围的边缘地带迦毕试国。

玄奘在辞别叶护可汗后继续前进，行经突厥势力范围之内的粟特（昭武九姓胡）诸城邦：赭石国（一名石国）、飒秣建国（一名康国）、弭秣贺国（一名米国）、劫布咭那国（一名曹国）、屈霜你迦国（一名何国）、捕喝国（一名安国）等国，又渡过乌浒水（即阿姆河），至货利习弥伽国而折向东南，经羯霜那国（一名史国），翻越西突厥汗国边界上的要塞“铁门”，南入覩货逻（吐火罗）故地，到达梵衍那（今阿富汗首都喀布尔西南）。在那里，玄奘瞻仰了著名的巴米扬

中天竺那烂陀寺

大佛，而后行经大雪山（今兴都库什山），来到迦毕试国（今阿富汗贝格拉姆），始入天竺。

玄奘先到达北天竺，在那里拜望高僧，巡礼佛教圣地，访求佛典。跋涉数千里、历经十余国后，玄奘进入恒河流域的中天竺。中天竺是当时印度的佛教学术中心，玄奘在这里先后寻访了佛教的六大圣地，游历了三十多个国家，停留时间最长。一入中天竺，玄奘就朝着自己向往已久的那烂陀寺进发。那烂陀寺位于摩揭陀国（其领域大致相当于今印度比哈尔邦的巴特那和加雅地区）境内，是印度最著名的寺院，当时已有七百多年的历史。寺中僧徒主客常达万人，其高僧尤以娴解佛教经律著称。主持戒贤大师已有一百多岁，是当时印度的佛学权威，被尊为“正法藏”。玄奘来到那烂陀寺即拜戒贤为师，潜心学习瑜伽、唯识等大乘理论，佛学素养大进，不久即被授予寺内通三藏的“十德”（当时寺内的最高荣誉，包括玄奘在内仅有十人获得）之一。玄奘在此修学五年后，辞别戒贤大师去天竺各地求学。

玄奘的足迹先是沿着恒河流域经孟加拉至迦摩缕波（今印度阿萨密邦西部），其地颇异于前代僧人所至之天竺诸国，依《大唐西域记》所载：“土地卑湿，稼穑时播。般橡娑果、那罗鸡罗果，其树虽多，弥复珍贵。河流湖陂，交带城邑。气序和畅，风俗淳质。人形卑小，容貌黧黑，语言少异中印度。性其犷暴，志存强学，宗事天神，不信佛法。”再循印度东海岸南行，最南至达罗毗荼国（今印度安得拉邦南部、泰米尔纳德邦北部），该国位于今印度半岛南端，为法显、宋云、惠生等所不至，其土地、气候、风俗与北印度、中印度迥异，“土地沃壤，稼穑丰盛。多花果，出宝物。气序温暑，风俗勇烈。深笃信义，高尚博识”。然后转向西北方。他曾深入印度半岛的腹地摩醯湿伐罗补罗国（今印度中部昌巴尔河南岸瓜廖尔一带），其国“周三千余里，国大都城周三十余里。土宜风俗同邬阇衍那国。宗敬外道，不信佛法。天祠数十，多有涂灰之侣。王，婆罗门种也，不甚敬信佛法”。又沿印度河北上至钵伐多（一说为今克什米尔南方之查谟，

玄奘取经图

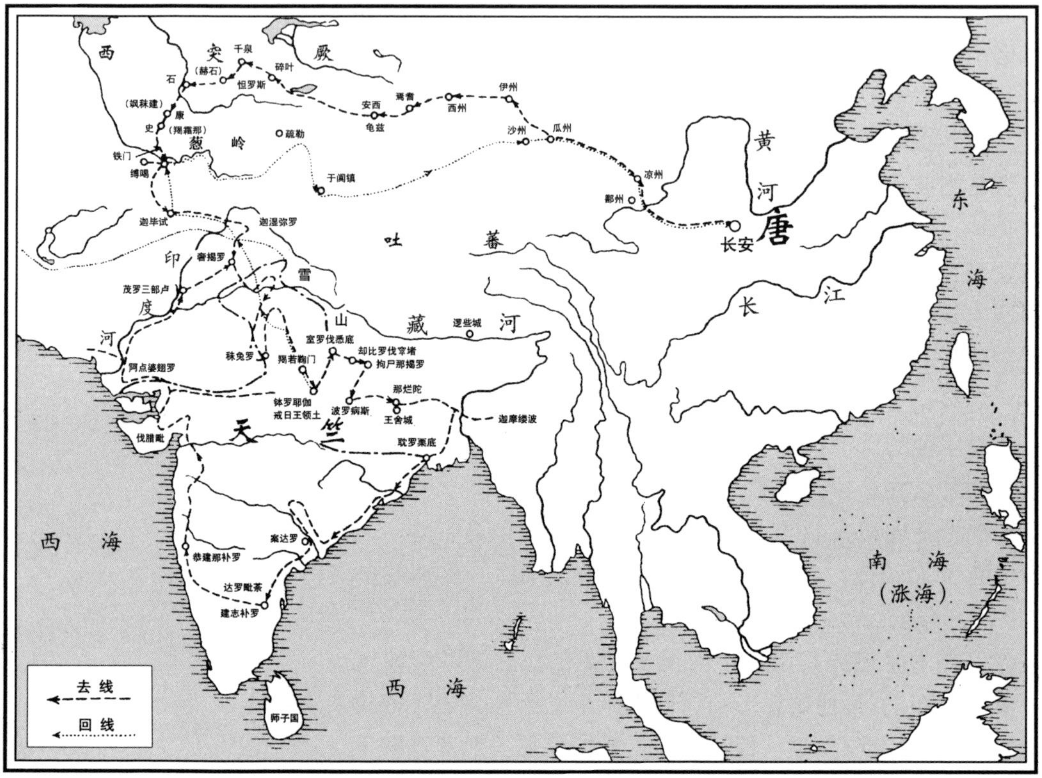

玄奘西行路线图

一说为巴基斯坦旁遮普省之哈拉巴），最后返回那烂陀寺。

玄奘返回那烂陀寺后，戒贤大师命他为僧众讲解《摄大乘论》等佛典，赢得极大声誉。玄奘的学识与品德受到了多位国王的敬仰，其中“四天竺之君皆北面臣之”的曷利沙帝国（又称羯若鞠阇国）国王戒日王更是盛情邀请玄奘参加在其都城曲女城（今印度卡瑙吉）举办的论辩大会，并请其担任论主（主讲人）。曲女城是当时印度著名的大都会，经济繁荣，文化发达，佛法昌明。《大唐西域记》记载：“国大都城西临殑伽河，其长二十余里，广四五里。城隍坚峻，台阁相望。花林池沼，光鲜澄镜。异方奇货，多聚于此。居人丰乐，家室富饶。花果具繁，稼穑时播。气序和洽，风俗淳质。容貌妍雅，服饰鲜绮。笃学游艺，谈论清远。邪正二道，信者相半。伽蓝百余所，僧徒万余人，大小二乘，兼功习学。天祠二百余所，异道数千余人。”从这一番颇具洞察力的描述中可以看出，羯若鞠阇国还是一个文化多元、宗教信仰自由的国家。经过周密的准备，论辩大会如期举行，与会的有来自五天竺的十八国国王、官员及谙熟大、小乘佛典的僧人三千多人，婆罗门教和其他宗教的教徒两千多人，以及那烂陀寺僧众千余人。作为论主，玄奘阐扬大乘，破诸异见，提出“制恶见论”作为辩论的主题，大家倾听玄奘的精辟议论，深为折服。大会持续了十八天。会后，玄奘得到大、小乘佛教徒的一致推崇，被授予“大乘天”（大乘佛教称）和“解脱天”（小乘佛教称）的极高荣誉。玄奘本打算在大会结束后即起程回国，但在戒日王的热情邀请下，又参加了五年一度的无遮大会。无遮大会是佛教布施僧俗的大斋会，意思是不论贵贱、僧俗、智愚、善恶，都平等相待，可以得到布施。这次大会历时 75 天，共有五十多万人参加，戒日王等十九国国王均参加了布施。

643 年春，玄奘谢绝了戒日王和其他一些国王以及那烂陀寺僧众的苦苦挽留，携带搜集到的佛经 657 部以及佛像、花果种子等，毅然踏上了归国的行程。归途中，依然充满了艰难险阻。当玄奘东归到达于阗后，他一面为于阗国僧众讲经颂法，一面上表唐太宗，言其已抵于阗，请恕十七年前私往天竺之罪。唐太宗遣使迎劳：“闻师访道殊域，今得归还，欢喜无量，可即速来，与朕相见。”本来唐太宗此时正积极准备第二次东征高丽，闻得玄奘即将归国，立即推迟征期，派遣使者迎其回国，并在长安举行了盛大的庆典迎接玄奘。唐太宗是一位雄才大略的君主，而威胁唐西北边陲的西突厥，更是其心腹大患。当唐太宗得知深入西突厥国土、熟知西突厥情况而又“为国争光”的玄奘归来，“欢喜无量”是十分自然的。

贞观十九年（645）正月二十四日，玄奘回到了阔别已久的大唐都城长安。二月，唐太宗在洛阳隆重召见了玄奘。由于唐太宗当时

玄奘取经归来图

《大唐西域记》书影

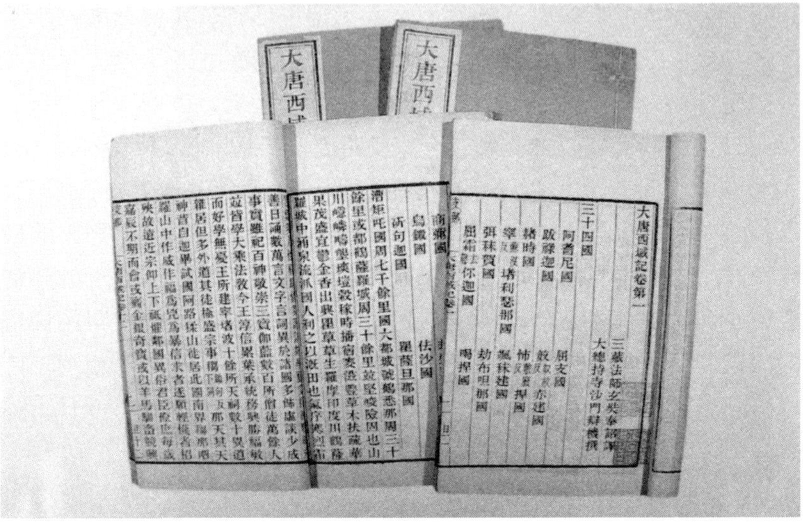

正欲消灭西突厥，所以广问西域之事，玄奘“随问酬对，皆有条理”，唐太宗于是敦促玄奘将在西域、印度的所见所闻撰写成书。

玄奘深知唐太宗急于了解西域情况的迫切心情，受命之后，立刻着手著书一事，仅用了不到一年半的时间，就由自己口述、弟子辩机执笔，完成了《大唐西域记》这部巨著。

西安兴教寺的玄奘舍利塔

《大唐西域记》全书共分十二卷，记述了玄奘亲历的一百一十国和得之传闻的二十八国的情况。书中对各国的记述繁简不一，但通常包括以下内容：国名、地理形势、幅员广狭、都邑大小、历时计算法、国王、族姓、宫室、农业、物产、货币、食物、衣饰、语言、文字、礼仪、兵刑、风俗、宗教信仰，以及佛教圣迹、寺数、僧数、大小乘的流行情况，其内容可谓广博；而其中对印度诸国的记载，又最为详细，这缘于玄奘几乎游遍整个印度，其足迹之广，见解之深，也在历来的求法僧中居于首位。

《大唐西域记》问世已经一千三百多年了，时光的流逝并未减却这部著作的光辉。恰恰相反，这部著作越来越受到人们的重视。因为它是研究中世纪印度、巴基斯坦、阿富汗、尼泊尔、孟加拉和俄罗斯、中亚，以及我国新疆地区最重要的历史地理文献。1987 年，印度著名历史学家阿里（Ali）致函北京大学季羡林教授说：“如果没有法显、玄奘和马欢的著作，重建印度史是完全不可能的。”这一点，其实不独对印度古代历史、地理、宗教为然，在《大唐西域记》所涉及的广大区域里，这样的历史、地理与宗教意义是一致的。正如张广达教授指出的那样：“可以预料到，随着世界学术的发展，玄奘这位佛学和翻译大师还将作为伟大的地理学家显示出其业绩的世界意义。”

顺带言及，在口述《大唐西域记》的同时，玄奘还奉诏组织了大规模的译经活动。经过多年坚持不懈的努力，共译出佛经七十多部，一千三百多卷，计一千三百多万字。玄奘译经，结合直译与意译之长，既尊重原文的意思不加曲解，又符合汉语的习惯，这是我国翻译史上的一次重大突破。玄奘还在长安创立了法相宗，将他在印度所学之佛学理论传布于世。法相宗在唐代尤其是唐前期影响巨大，是有唐一代最著名的佛教宗派之一。

四、西南道与海道的探索

唐代以前，中国与印度间的陆上交通主要有天山南北二道。北

巍峨的天山。丝绸之路以天山为界，分为南北二道。南道又以塔克拉玛干大沙漠为界，分为南北两路。

道沿塔里木盆地北缘出葱岭，经撒马尔罕，南过铁门，入吐火罗（古时大夏一带），再沿喀布尔河入北印度；南道沿塔里木盆地南缘出葱岭，经昆都士入北印度。法显、玄奘等西去印度多行此二道。然而这两条道路，不仅路途遥远，而且沿途所经如沙漠、雪山之地皆十分难行，不知有多少僧人倒毙途中。于是人们在继续沿天山南北二道前行的同时，也积极探索着中印之间的其他孔道。其实早在西汉时期，汉武帝就曾派张骞等人前往西南地区，探索与印度之间的通道，只是为当地土著所阻，未能成功。及东汉初年，政治军事势力已达云南西部，终得与印度由西南路交往，当时所走的路线是沿四川进云南入缅甸，然后至印度。魏晋南北朝时期，长期的战乱使西南通道几乎断绝。而到唐太宗贞观年间，吐蕃赞普松赞干布迎娶文成公主，唐蕃两国修好，吐蕃修通了从长安经青海入吐蕃再到泥婆罗（今尼泊尔）的新的西南通道（今通称中印藏道）。较之上述天山南北二道，这条西南道路程最短。而玄奘以后西行印度的僧人中，便有取道西南者，玄照便是其中的代表。

玄照于641年西行，先是大致沿着玄奘西行的路线直到中亚，后又折回吐蕃，蒙文成公主的帮助抵达印度。玄照在印度游历十几年，也曾于那烂陀寺求学，后经泥婆罗国回到吐蕃，又由文成公主资给返回长安。后来玄照受唐高宗之命，再度西行印度，终未能归

文成公主入藏壁画

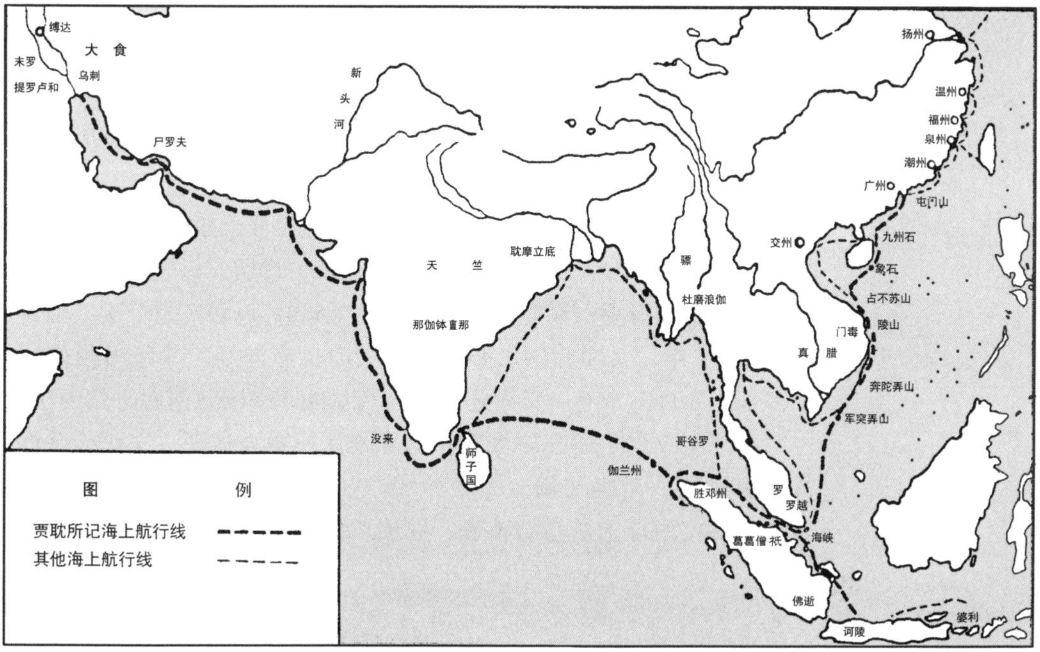

唐代海上丝绸之路

国，病逝于异乡，终年六十多岁。

然而中印藏道并未长期畅通。文成公主病逝之后，唐朝与吐蕃开始交恶。此后虽有金城公主嫁给吐蕃赞普尺带珠丹，两国关系有所缓和，但两国为了争夺西域，冲突仍然不断，中印藏道便因此不能一直畅通，加之传言“泥婆罗既有毒药，所以到彼多亡”，于是求法僧人遂多不取此道，中印之间的陆路交通又只剩下了天山南北二道。而天山南北二道也未能久通，盖唐安史之乱以后，吐蕃接连攻占了唐河西、陇右两镇，后又陷北庭、安西两镇，于是天山南北二道也相继被隔断了。

值得注意的是，由于陆路的艰险，以及海上交通的进一步发展，进入唐代，循海道去印度的僧人逐渐多了起来。及陆路隔断后，求法僧们更是大多从海路往返。其中浮海印度最著名的僧人，非义净莫属。

义净（635—713），俗姓张，齐州（今山东济南）人，是唐代名声仅次于玄奘的求法僧。他十四岁出家，素仰慕法显、玄奘西行求法的高风，欲效法之。唐高宗咸亨二年（671），义净从广州搭乘商船出发。这时他原先约好的同伴无一人成行，仅有弟子善行相随。

海行二十天，义净到达室利佛逝（今苏门答腊），在此停留了六个月。善行因病返国，义净孤身泛海，饱受海浪颠簸之苦，终于到达了东印度的耽摩梨底国（今印度加尔各答西南）。在这里，义净和另一位已住多年的唐僧大乘灯相遇。一年后，两人同游中印度，瞻礼各处胜迹，四方求师学习，巡礼三十余国，又留学那烂陀寺十一年，师从大德高僧，屡入坛场，最后求得梵本经藏近四百部，携以归国。归国途中，687 年义净再次经过室利佛逝，遂留此译述。其间，为了求得纸墨和写手，义净曾于永昌元年（689）返回广州一次，当年返回。695 年，义净归国。归国后，义净自主译场，共译出经律五十多部，二百三十卷。义净还依其行程见闻，撰成《南海寄归内法传》四卷，至今仍是研究印度和东南亚地区历史、地理、文化、风俗的珍贵资料。义净又撰《大唐西域求法高僧传》一书，记录了唐代六十多位西行求法僧的事迹，在更广的层面上反映了中国僧人的西

日本《东征绘传》中描绘鉴真第六次东渡准备登船的情形

行求法活动，是一部研究中外关系的要籍。

总结佛教僧徒的西行求法，当魏晋南北朝时期，主要是为了寻求梵文经典原本；及唐代，则偏重于增加佛教知识、解决理论问题与瞻仰佛教圣地，而印度佛教经典到唐代也已经差不多被全部传译到了中国；宋代初年，仍有政府资助的僧团西行，最多时一次甚至达一百五十多人，但其影响已远不及前朝，宋代僧人西行所带回来的佛书更是寥寥无几。宋以后，西行求法僧人则罕有所闻。

就中土佛教本身论，西行求法产生了重要的影响：其一，西行僧带回了大量的佛教经典，他们以及其他一些中土高僧，在此基础上发展了佛教教义，并结合中国的传统文化，使佛教在中国逐渐本土化，开创与发展了诸多佛教宗派，使得佛教在中土呈现出一片繁荣的景象，而那时的印度，佛教却逐渐衰败，代之以印度教的兴起；其二，佛教在中国的发展以及在印度的衰败，还使得我国的僧人逐渐由取经者变成了传经者，如唐鉴真大师东渡日本传法，开创了日本的律宗，对日本、朝鲜等东亚国家的佛教发展，影响深远。

再就佛教以外意义言，法显、玄奘等高僧之西行求法，固然出于宗教热情，然而他们的忘我献身精神和犯难冒险、百折不回的毅力，是永远值得宝贵的中华民族的文化遗产；而诸位高僧行记中有关域外历史、地理、文化、风俗、宗教等的记载，有关中西交通情况的描述，也永有其学术价值与现实意义。

（汪亮）

漫漫古道西行频

——蒙古帝国时代对西域的探索

翻开中国古代的历史书或是打开中国古代的历史地图，你会发现，在中国古代的域外探索活动中，西行是最为活跃的一条路线。中国古代对西域的探索活动，先是有西汉时博望侯张骞两番出使的“凿空”之举，后又有东汉时班超、班勇父子的两代经营，再后来则是东晋僧人法显、唐代僧人玄奘等人的西行求法。通往西域的漫漫古道上，可谓人来人往，频繁不断。

历史在时间的分分秒秒中缓缓走过，过往的风流已逐渐烟消云散，当时间之窗在公元13世纪再次打开时，西域又迎来了新的不寻常的访客——耶律楚材、丘处机和常德。这三人的身份颇为不同：耶律楚材为蒙古帝国的三朝名臣，丘处机乃宋元之际道教全真道的掌教，常德则是蒙古蒙哥汗的一位特使。他们因各种机缘而先后西行，所走的路线或有相同，或有不同，但他们共同记录下了蒙古帝国时代对西域的地理认识，从而在前人的基础上续写了关于西域地理的新篇章。

耶律楚材画像

一、耶律楚材与《西游录》

公元13世纪初，正是成吉思汗建立的大蒙古国蒸蒸日上之时，而中原的金朝却日薄西山，国势江河日下。

从1211年起，成吉思汗开始发动对金朝的战争。蒙古军队先后在野狐岭、浍河川击溃金军主力，兵锋直抵金中都城下。金宣宗先是被迫遣使求和，旋又迁都汴梁。1214年，成吉思汗再围中都，并陆续打退各路入援的金朝军队。次年，中都在被围近一年后为蒙古军攻破。

占领金中都在战略上的意义自不待言，除此之外，蒙古帝国还有另外一个重要收获，那就是耶律楚材（1190—1244）的投顺。在对金战争中，成吉思汗很注意延揽金统治下原辽朝的遗民，着力将其收为己用。耶律楚材家族原为辽朝贵族东丹王后裔，且又长期在金朝担任高官，地位与声望皆十分显赫。蒙古兵围中都之时，耶律楚材适在中都，因而受到成吉思汗的注意。

耶律楚材于“戊寅之春，三月既望”即1218年受成吉思汗召，于是他“始发永安（今北京），过居庸，历武川（今河北宣德），出云中（今山西大同西）之右，抵天山（今大青山）之北，涉大碛，逾沙漠。未浃十旬，已达行在”。此番北行，既翻山越岭又横渡荒漠，历时三月余始抵达目的地，可谓艰苦，但耶律楚材当时可能并不知道这相对于他不久之后的远行来说，不过是小小的短足而已。

在怯绿连河畔（即今克鲁伦河），耶律楚材被成吉思汗召见并受到赏识，成吉思汗命其“处之左右，以备咨访”。

这之后不久，耶律楚材就赶上了蒙古帝国历史上的第一次西征。蒙古人的西征之举，直接起因是此前与西域大国花剌子模的一笔旧账。1215年时，成吉思汗派遣使者及商队前往花剌子模，意在与其建立通商关系。孰料当商队到达其边境城市讹答剌（今哈萨克斯坦共和国境内锡尔河与其支流阿里斯河汇合处附近）时，守将见财起意，劫货杀人，致使整个商队仅剩一名驼夫侥幸逃回。

成吉思汗为之大怒，动了西征念头。为了解除西征的后顾之忧，他相继平定北方森林部落与西方的西辽帝国，在南方又以木华黎为国王，专门负责伐金之事。在万事俱备之后，他亲自率军20万出征。刚刚来到漠北的耶律楚材亦以近侍身份，随同大军踏上了西征之路。

耶律楚材此番西行，一去就是六七年之久。归来之后，为答复别人询问其西行之事，他专门写了一本《西游录》，书中详细记述了其随军西征路上以及在西域居留时期所了解到的西域地理风俗诸事。

耶律楚材西行，既接续了汉唐以来中原人对西域的地理探索与发现活动，也拉开了新一轮的西域探索活动的序幕。

依《西游录》所记，1219年蒙古军“大举西伐，道过金山”，金山即今之阿尔泰山。其时正值盛夏，阿尔泰山却“山峰飞雪，积冰千尺许”，可谓景色瑰奇。当军队忙于斫冰开道之际，耶律楚材却乘机观赏了山上的美景，并这样描述道：“金山之泉无虑千百，松桧参天，花草弥谷。从山巅望之，群峰竞秀，乱壑争流，真雄观也。”

翻越金山之后，大军又由今额尔齐斯河南下，沿途经过了回鹘城“别石把”。耶律楚材记述了此城之西二百余里有轮台县，城之南五百里有和州（今新疆吐鲁番城东南约六十里的三堡），和州之西三四千里又有五端城（今新疆和田），还提到此处有分别出产黑、白玉的两条河。

此后的行程中，耶律楚材分别对三个较大的西域城市及其附近一带进行了地理考察。经过唐朝建置的“瀚海军”旧址后，跋涉千余里抵不剌城（位于今新疆艾北湖西面的博乐市境内）。耶律楚材注意到该城有“附庸之邑三五”。城的南面是“东西千里，南北二百里”的阴山（即新疆境内的天山）。在阴山山顶之上，他发现有一个圆池，周围七八十里许，这个“圆池”大约就是今天的赛里木湖。

大军从阴山南下，来到阿里马城（位于今新疆伊犁哈萨克自治州霍城县东13千米的克干山南麓）。该城“附庸城邑八九”，原属西辽，此时已归附蒙古。耶律楚材发现其地盛产水果，“多蒲桃梨果”，甚至“播种五谷，一如中原”。

蒙古大军经过阿里马城之后，继续西进，渡过亦列河（即伊犁河），到达西辽故都虎司窝鲁朵（今吉尔吉斯斯坦共和国托克马克附近）。该城“附庸城邑数十”。在这一段行程中，耶律楚材考察并记述了伊犁河流域的各种地理现象。

大军随后又向西行数百里到塔剌思城（今哈萨克斯坦共和国江布尔城），又向西南经过了盛产石榴的苦盏城（今塔吉克斯坦共和国境内的列宁纳巴德）、盛产芭榄的芭榄城、盛产西瓜的八普城及可伞城（今乌兹别克斯坦共和国境内纳曼干西北），于当年秋天抵达讹打剌城。从此蒙古西征军开始攻城略地。一方面围攻讹打剌城，一方面又渡过锡尔河，攻占了不花剌城（今乌兹别克斯坦共和国的布哈拉）和撒麻尔干（今乌兹别克斯坦共和国撒马尔罕），经过一系列的残酷战争，锡尔河与阿姆河之间的广大地区大部为蒙古军队占领。1220年夏末，成吉思汗移师南下到那黑沙不（今乌兹别克斯坦共和国哈尔希）附近草原，蒙古军的西征暂告一段落。

耶律楚材并没有随成吉思汗南下，而是受命留驻撒麻尔干，并在此一待就是两年多。在这段时间内，他对撒麻尔干及其附近的物产、风土人情等有了详细的了解，并把他的见闻写进了《西游录》里。

撒麻尔干因濒临泽拉夫善河，故又名河中府，而在《西游录》中，耶律楚材称其为“寻思干”。寻思干是个富庶之地，商品经济及农业种植均很发达。如在经济方面，耶律楚材发现当地买卖交易“用金铜钱……百物皆以权平之”，但钱币制式与中原不同，即“无孔郭”；农业方面，当夏季无雨时，其人引河水灌溉田地。农作物除黍、糯、大豆外皆有。出产的大瓜大如“马首”，其长可以容纳一只狐狸。当地人擅长以葡萄酿酒，“味如中山九酝”，等等。耶律楚材还注意到其地桑树不少，但很少有人懂得养蚕，所以当地人多穿棉布。而衣服多是白色的，这是因为当地风俗以白为吉色。另外，这里的园林种植也极为盛行，“环郭数十里皆园林也。家必有园，园必成趣”。

在留驻撒麻尔干期间，耶律楚材还经常到不花剌城去，在《西游录》中他称不花剌城为“蒲华城”，其城相对于撒麻尔干，“土产更饶，城邑稍多”。

耶律楚材称阿姆河“稍劣黄河，西入于大海”。此处“大海”，当指“里海”。他还指出“是河之西有五里犍城”。五里犍城即今乌尔坚奇一带，其富庶又“盛于蒲华”。

濒临阿姆河的还有“斑城”（在今阿富汗境内），也颇“富盛”；斑城西又有“抟城”，极为壮丽。耶律楚材在城中发现了很多来自中原长安的漆器。

再向西，耶律楚材还描绘了国中佛像甚多的“黑色印度城”和国内数千里皆平川的“可弗叉国”等。

北京颐和园内的耶律楚材墓

耶律楚材于1222年左右移驻塔剌思城，约两年后始启程东返，随军进入西夏，大约在1227年返回燕京。他此行居西域六七年，行程五六万里，可谓古来罕有。而其将西行见闻著录成书，为后人留下了当时西域的诸般情况，更是弥足珍贵。

在耶律楚材随蒙古西征大军西行之时，另外还有一人也只身前往西域，这便是金朝乞和使乌古孙仲端（? —1233）。耶律楚材乘百胜之师赳赳而进，乌古孙仲端则以弱国使者卑身而来，相形之下，令人不胜唏嘘。

乌古孙仲端于金兴定四年（1220）奉命请和于蒙古。他“并大夏，涉流沙，逾葱岭，至西域，进见太祖皇帝”。后于1221年返回，历时一年多。在他归来后，由他口述，刘祁执笔，留下了一部《北使记》，尽述其出使路上的诸般见闻。乌古孙仲端所走路线其实是向西行，而书名北使，是指蒙古王庭所在而言。

乌古孙仲端出使之行，先至燕京，见木华黎，然后再西行。所以他当是自燕京出发，依其书中所记，自燕京出发后，向西北方行进，经过西夏之后走了万余里，途中“历城百余，皆非汉名”。这之后的所经之地，他均称之为回纥国，所记计有：没速鲁蛮回纥、遗里诸回纥、印都回纥。他还分别描绘了其各自不同的地理风俗及各种奇珍异物。

《北使记》的最大缺点是，作者于他出使所经各地言之不详，也不谈觐见成吉思汗于何处，因此漫漫千言，竟使后人无从考其具体西行路线，遗憾之至。

二、丘处机与《长春真人西游记》

大约在乌古孙仲端完成使命东返之时，又有一行人踏上了漫漫西行之路。他们是以丘处机为首的道教全真道师徒，奉成吉思汗之召前往觐谒。

东晋以降，释家弟子西行求法可谓频仍，自东晋的法显，北魏的宋云、惠生，直至唐朝的玄奘。而道家弟子西行古来罕有，除却传说中的老子西行化胡，丘处机恐怕是历史上有记载的到达西域的道家第一人。丘处机（1148—1227），字通密，号长春子，登州栖霞（今山东栖霞）人。师从全真教始祖王喆，为全真七子之一，后接替其师为全真教掌教。当他受成吉思汗征召西行时，年已 73 岁。

至于成吉思汗召丘处机西行的原因，历来有两种说法：一是其时全真教势力日益壮大，成吉思汗意在笼络道教势力，为以后统治汉族做准备；一是成吉思汗在壮士暮年之际，欲向丘处机询问“长生”之道。因为在促成丘处机西行过程中出力极多的刘仲禄，曾向成吉思汗进言：“丘公行年三百余岁，有保养长生之术”，所以第二种说法恐怕是成吉思汗的真正动机。

1219 年 12 月，刘仲禄携虎头金牌，抵山东莱州昊天观，敦请丘处机西行。丘处机欲辞而不能，于是在 1220 年 2 月，携教中门徒 19 人从莱州出发抵燕京，欲在此候成吉思汗回师而未获允准后，遂于第二年 2 月 8 日自宣德出发，开始了万里征程。这一行程的全程，后来都被其随行门徒李志常记于所著《长春真人西游记》（以下简称《西游记》）中。其所记行程极为备细，且皆记日月，为纪行书之佳本。

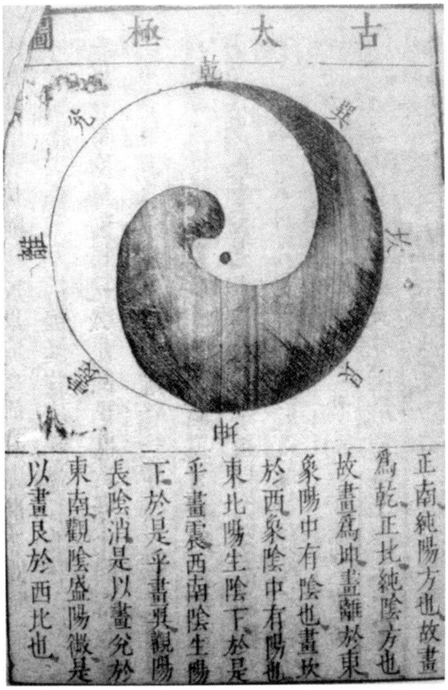

古太极图

丘处机一行自宣德出发后，“十日，宿翠屏口。明日，北度野狐岭……北过抚州。十五日，东北过盖里泊，尽丘垤咸卤地，始见人烟二十余家”。这五日行程，经过了今张家口，入张北境，然后便折向东北行进到今内蒙古高原的东侧边缘地带，这一带多有小泊、盐池，文中所说的“盖里泊”即其中之一，大约是今天的克勒湖。

时成吉思汗远在西域，而长春一行之所以向东北方向走，是因为此前驻屯在贝尔池北面一带的成吉思汗幼弟斡辰大王曾派使者寄言丘处机“如师西行，请过我”。此番绕道而行，更增行程艰难。他们一行“马行五日，出明昌界……又行六七日，忽入大沙陀……三月朔，出沙陀，至鱼儿泺，始有人烟聚落”。他们在沙漠中艰难跋涉，至三月份方始走出。鱼儿泺可能是今天辽宁省西北边境的达里诺尔，长春真人注意到这里的人“多以耕钓为业”。

然后“三月五日，起之东北，四旁远有人烟……又二十余日，方见一沙河，西北流入陆局河……渡河北行三日，入小沙陀。四月朔，至斡辰大王帐下”。他们又几乎用了一个月的时间，才到达这个暂时的目的地。斡辰大王欲问长生之术，却因斋日下雪而作罢。四月十七日，全真师徒辞别斡辰大王开始向西北方向行去。

这一次绕道蒙古，平添了诸多风尘之苦，不过也增加了丘处机师徒对蒙古的见闻。出野狐岭，沿蒙古东路辗转至斡辰大王帐下的路线未曾见于前人著述，《西游记》关于这条路线的记载，对研究蒙古东部的地理环境以及人文风俗均有重要意义。除却上面所提到的北来之路的见闻，他们在到达斡辰大王的驻地之后，正好碰上当地有“婚嫁之会”，当时五百里内的首领，都骑马前来相庆，只见“皂车毡帐，成列数千”，可谓中原人士难得一见的蒙古风俗盛典。

在随后横贯蒙古高原的行程中，长春一行首先抵达陆局河（克鲁伦河）流域，在这里他们见到了“积水成海，周数百里”的呼伦池。全真师徒沿克鲁伦河西行，注意观察这一带的各种自然与人文景观，如其地“时有野薤得食”，“两岸多高柳，蒙古人取之以造庐帐”。自克鲁伦河上游以西，“渐有山阜。人烟颇众，亦皆以黑车白帐为家。其俗牧且猎，衣以韦毳，食以肉酪。男子结发垂两耳；妇人冠以桦皮，高二尺许，往往以皂褐笼之……俗无文籍，或约之以言，或刻木为契”。

五月底，他们经过了从北方下来而转往东去的克鲁伦河的大转折处，在这一带有从前面经过的鱼儿泺通来的驿路。如果不是斡辰大王的北行之请，从鱼儿泺经驿路来此，要省不少时间。

在夏季来临之时，长春一行开始翻越著名的杭爱山。“六月十三

坦荡完整、起伏和缓、风沙广布，古有“瀚海”之称的蒙古高原。

日，至长松岭后宿……十四日，过山，渡浅河……十七日，宿岭西。”全真师徒注意到了这里的夏季气候特色，“时初伏矣，朝暮亦有冰，霜已三降”；路也极为难走，“山路盘曲，西北且百余里，既而复西北……行五六日，峰回路转”。六月二十八日，他们来到了成吉思汗后妃居住的一处行宫所在的“窝里朵”附近，于此稍做停留后，于七月九日又踏上征途，向西南方行去。途中过雪山、海子、峡谷、河流、草场，于七月二十五日来到了镇海城，并于第二日会见了此城长官镇海。这时候长期劳顿的丘处机提出了一个要求，即在此等候成吉思汗，不再西行。但镇海不同意。丘处机不得已，留弟子九人于其地建栖霞观留守，本人于八月八日率余下弟子继续前行。丘处机于此时曾作诗一首，中有“不堪白发垂垂老，又踏黄沙远远巡”之句，由此可略见其长途跋涉之艰辛。

长春真人丘处机道行便装像

此后，丘处机一行翻越金山（阿尔泰山），度过了白骨甸。白骨甸是“古之战场。凡疲兵至此，十无一还，死地也”。众人暮起夜度，终于顺利通过。这之后，他们沿天山北麓继续西行，先后经过伊犁河、楚河、塔拉斯河、锡尔河，直至河中地区。这条交通路线自来为东西交通干线，前人著述中也颇多记载，但真正完整而详明地进行记述的，却只有《西游记》。《西游记》对这条路线上所历各城的物产、风俗、居民生产和生活、宗教活动等，都做了详细的考察与记录。如长春师徒先后在鳖思马大城（今乌鲁木齐东北）、轮台县和回纥昌八剌（今新疆昌吉）等地受到热烈欢迎。在鳖思马大城，“王官、士庶、僧、道数百具威仪远迎。僧皆赭衣，道士衣冠与中国特异”；在轮台县，有“迭屑头目来迎”，迭屑指景教（基督教聂思脱里派）教徒；在昌八剌，“其王畏午儿……率众部族及回纥僧皆远迎”。这些记录反映了当时西域的宗教流传情况，即既有佛教，也有景教和道教。

《西游记》对这一带的经济生产和气候情况的考察记录也颇为详细。如在鳖思马大城，全真师徒注意到“时禾麦初熟，皆赖泉水浇灌得有，秋少雨故也”；在昌八剌城，城主向他们“劝蒲萄酒，且献西瓜，其重及秤”，还有“甘瓜如枕许，其香味盖中国未有也。园蔬同中区”，可见昌八剌城是一个盛产水果的城市。阿里马城是另一个盛产水果的城市，其名即得自水果，“土人呼果为阿里马，盖多果实，以是名其城”。

在这一带，丘处机等还注意到，“农者亦决渠灌田，土人惟以瓶取水，戴而归，及见中原汲器，喜曰：‘桃花石诸事皆巧。’”桃花石为当地居民对汉人的称呼，这里既介绍了西域农业生产的情况，也说明了中原先进农业技术的西传。

对于原西辽故都大石林牙城（虎思窝鲁朵），《西游记》中这样描述：“其风土、气候与金山以北不同，平地颇多。以农桑为务，酿蒲萄为酒。果实与中国同，惟经夏、秋无雨，皆疏河灌溉，百谷用成。”这段记载较之耶律楚材的记录更为详细，实为研究该城经济生活极为重要的资料。

还在十月初，当丘处机一行渡过答剌速没辇河（今伊犁河），沿河西行，距离成吉思汗驻跸的行宫很近时，却传来成吉思汗因追击花剌子模的军队进入印度的消息。这意味着本来快要结束的长途跋涉还要继续。于是，一时出现了这样的场景：前面是成吉思汗追击敌国军队，后面则是全真道士在追逐成吉思汗。

十一月十八日，丘处机一行抵达邪米思干大城。此时已近深冬，而且渡河桥梁为土寇所毁，所以他们没有继续前进，而是于此城过冬。此城即撒马尔干，即耶律楚材《西游录》中所谓的“必思干”。此时耶律楚材正奉命驻屯此城，他以蒙古重臣的身份隆重款待了这位大汗的客人。

在邪米思干城，丘处机一待就是大半年。在这段时间里，耶律楚材与丘处机相处得十分融洽，曾一起“联句和诗，焚香煮茗，春游邃圃，夜话寒斋”。耶律楚材后来曾自号湛然居士，可说是释家弟子，而丘处机为道家掌教，两人宗教旨趣迥异，却能相处如此，当是出于宗教之外，两人有着相同的政治愿望，即都想使成吉思汗结束残酷的屠杀政策，代之以教化的手段。

在邪米思干城，全真门人度过了长途跋涉后一段快乐安逸的生活。当春天再次来临时，他们收到了成吉思汗召见的诏书，于是再次踏上征程，这时路线已折向南方。“三月十有五日，启行。四日，过碣石城……过铁门。东南度山，山势高大，乱石纵横。众军挽车，两日方至山前。五日，至小河，亦船渡……七日，舟济大河，即阿母没辇也。乃东南行，晚泊古渠上……时三月二十九日也……又四日，得达行在。”这一段行程，历时 17 天，经过了西去印度的必经险关铁门关，又渡过了施拉巴德河、阿姆河，行程艰难自不待言，又颇见诸多中原未有之异物，如置于车辕之下、辕覆不折的芦苇，士卒可以作为戈戟使用的大实心竹，长三尺许、色青黑的蜥蜴等。

时成吉思汗驻跸于塔里寒（位于今阿富汗穆尔加布河流域，兴都库什山北麓）附近的行宫。丘处机抵达后，当日即入帐觐见。经过一番长途跋涉后，他们终于胜利地到达了多变的终点。

丘处机如何同成吉思汗“论道”，世传不详，但一见之后，成吉思汗显然对丘处机极为尊重，其后给了丘处机优渥的待遇，并且时不时地召见他。来年二月，丘处机辞行东返。

丘处机一行的东返路线与来时路线略有不同。在按原路经过天池海后，他们选择了向东北穿过今准噶尔盆地，到达乌伦古河上游，再转至前往和林的驿道“金山南大河驿路”，直抵镇海城栖霞观。尔后，往汪吉河上游，向东南行经沙井、净州，过天山往丰州，再由大同路北境，经兴和路入长城而达燕京。丘处机一行至燕京时为 1224 年 2 月，距其当初离此西行，整整三年。

自从蒙古大军西征打通了东西交通后，一时间颇多行旅往来于

《长春真人西游记》路线图

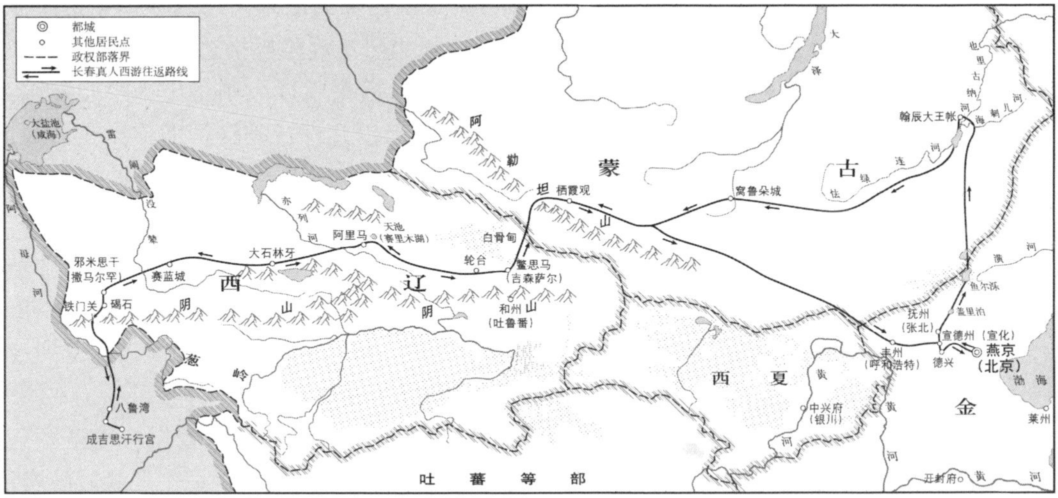

中原与西域，同时也出现了诸多相关行记。而在这些行记中，《长春真人西游记》是成书较早、保存又较完整的一部，也是这一时期对西域描述最为详细的地理著作，对研究西域及蒙古的政治、经济、历史、地理、宗教等都具有重要价值。另外该书在行文上除载日月以记行程，增添了时间与空间的融合感外，还收录了丘处机沿途所作的许多诗篇，使人读来更增身临其境之感。这些诗或喜或忧，或赞或叹，反映了在漫漫西行路上，长春真人那复杂、矛盾的心情。

“我之帝所临河上，欲罢干戈致太平。”这是丘处机第二次前往觐见成吉思汗时在途中所作诗中的两句，似乎可以看作长春真人此番西行的最好注脚。

三、常德与《西使记》

蒙古帝国时代，真可谓中西交通频繁时期。在耶律楚材、乌古孙仲端、丘处机等因各自原因先后远行西域并留下行记之后三十余年，又有一人远赴西域，他便是蒙古蒙哥汗时奉命出使伊儿汗国的使者常德。常德在《元史》中无传，可见其于出使一事外，别无事迹可资传记，故无从考其本人情况。蒙哥汗九年（1259），常德奉蒙哥汗之命前往伊儿汗国朝觐旭烈兀，于次年返回，“往返凡一十四月”。到蒙古中统四年（1263）时，刘郁笔录其出使行迹，整理成《西使记》一书。

伊儿汗国的建立是蒙古第三次西征的结果。1253 年，蒙古大汗蒙哥派其弟旭烈兀西征。1258 年旭烈兀攻陷巴格达，推翻了阿拔斯王朝阿拉伯帝国，占领伊朗全境，后来就以大不里士为中心建国。1264 年，忽必烈正式册封旭烈兀为伊儿汗，其汗国即称伊儿汗国，疆域东起阿姆河，西至地中海，北自高加索，南抵印度洋，为当时蒙古四大汗国之一。

常德与耶律楚材、丘处机俱为西行，路线却颇有不同，常德是直接从当时蒙古都城和林（今蒙古人民共和国乌兰巴托西南方）出发越蒙古高原前行的，所以《西使记》中记录了一些前人未曾到过的地方，在地理学发展史上颇具发现意义。

常德“自和林出兀林中”，首先“西北行二百余里，地渐高”。地势越走越高，以致其时虽当酷暑而雪不消融。他途中还经过沙漠。

之后常德又转向西南行进，经过准噶尔盆地，地势开始越走越低，“行三百里，地渐下”。

不久，常德又经过了“河阔数里”的昏木辇和龙骨河。“木辇”，在蒙古语中即为“河”的意思，昏木辇或即浑河，后人考证认为应是察拍罕河，也有人认为即哈喇额尔齐斯河。龙骨河指今天的乌伦古河。常德沿乌伦古河向西北方向前进，并于沿途记下了乌伦古河流域诸多物产风俗情况，如这一带“近五百里，多汉民，有麦黍谷”；在乌伦古河下游，是“千余里”的乌伦古湖（即今布伦托海），《西使记》里称其为乞则里八寺。常德注意到这里“多鱼，可食”，而且当地人懂得以水力带动磨盘。常德对西域乌伦古河流域的地理考察与描绘，弥补了前人文献中未有记载的缺憾。

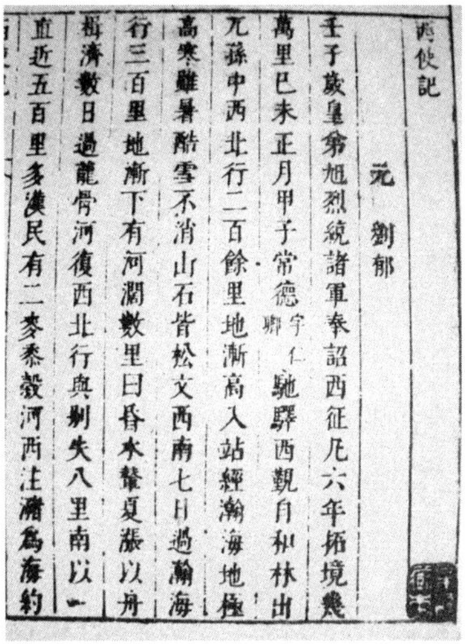
西使記
元 劉郁
壬子歲皇弟旭烈統諸軍奉詔西征凡六年拓境幾
萬里已未正月甲子常德字仁卿馳驛西覲自和林出
兀孫中西北行二百餘里地漸高入站經瀚海地極
高寒雖暑酷雪不消山石皆松文西南七日過瀚海
行三百里地漸下有河濶數里曰昏木輦夏漲以舟
楫濟數日過龍骨河復西北行與别失八里南以一
直近五百里多漢民有二麥黍穀河西注瀦為海約

《西使记》书影

再往西行，来到业瞒城（今额敏），向西南，又过孛罗城，亦即耶律楚材《西游录》中的不剌城。这一段行程所经之地，“所种皆稻麦”，说明农业较发达，且与中原相似。山上多生柏树，却不能长成大株，惟盘石而生，这是西域山地气候对植物生长的影响。在孛罗城，常德还观察到城中居房“肆囿间错，土屋窗户皆琉璃”，这反映了孛罗城的繁华。

离开孛罗城后再向西南行二十里，经过由汉民把守、“关径崎岖似栈道”的关口铁木尔忏察，即来到阿里麻里城。该城耶律楚材及丘处机先后到过，常德对此城的描述一如前人。常德同时还提到南面的赤木儿城，这座城市在前人行记中未曾提过，位置大约在今水定西北。常德对其居民、物产情况也做了一番较详细的考察记录，如其居民“多并、汾人”；其地有伤人的类虎兽、毒蜘蛛；沿此城往西，流通使用金银铜钱，钱上有铸字而无孔方，等等。

其后常德渡过了伊犁河，翻过亦堵山（今外伊犁阿拉套山），迤逦行进到原西辽故都虎思窝鲁朵一带。当年的繁华都城，如今已因多年的战争而“多故垒坏垣”了。在这里，常德发现有楚河的支流流过。

在接下来的行程里，常德过塔剌寺、赛兰、别石兰，又过忽章河，来到寻思干城。塔剌寺即耶律楚材《西游录》中的塔剌思城。赛兰即今奇姆肯特，别石兰为今塔什干，忽章河为中亚两河之一的锡尔河。寻思干城即耶律楚材及丘处机均曾停留之处，常德对其也做了详细的考察与描述，极言其富庶繁华。不久，常德又渡过中亚两河之另一河暗木河（即阿姆河），常德描述这里的气候情况为“夏不雨，秋而雨”，农业情况为“溉田以水。地多蝗，有飞鸟食之”。

这之后，常德经过“其地有桑枣”的里丑城、“草皆苜蓿，藩篱以柏”的马兰城（今马雷）、纳商城（今内沙不尔）以及附近“满山皆盐，如水晶状”的殢扫儿城（今萨布泽瓦尔），当年四月六日，到达了讫立儿城（今地不可考，大致位于里海南）。常德记此城出产一种怪蛇，它“四跗，长五尺余，首黑身黄，皮如鲨鱼，口吐紫艳”。

常德《西使记》中所载，自过讫立儿城以后，便不再记月日，失纪行书之体裁，但其后他仍记录了诸多国家、城市，如阿剌丁城、乞石迷西、乞里弯国等，并各言其物产、风俗，不过多采自传闻。这些城市今多不可考，但常德记录下了这些地区的一些物产情况，对于了解古时的西域、波斯颇有助益。

常德西行，踪迹止于波斯北境。据波斯史书记载，常德西行之时，旭烈兀适驻跸塔伯利资城（Tabriz），且直至当年九月，始前往征讨叙利亚，所以常德当是在塔伯利资城觐见旭烈兀，从而完成出使使命的。常德完成使命后，于第二年东归复命，往返历时 14 个月。

在今内蒙古自治区的成吉思汗陵

常德西行，较之耶律楚材、丘处机，行程更远，已到达了今日伊朗高原的西北部。所以他的《西使记》相对于以往对西域的记载来说，也别有意义。

自 13 世纪初蒙古帝国兴起，成吉思汗及其后继者三次西征，拓地万里，上接汉唐，再一次打通了中原与西域的交通道路。在此政治、军事大背景下，耶律楚材、丘处机、常德三人更远赴西域，分别以其亲身所历，描摹了各自的西域见闻。三人之纪行，自有其不同的特点。耶律楚材的《西游录》，系随军而作，游历之余，自有金戈之气；丘处机、李志常之《长春真人西游记》，系暮年远行，吟咏之间，时见颠沛之苦；而常德《西使记》，以上国贵使，衔命远游，颇见悠闲之色。然而不论其各自的文风若何，其著作或彼此印证，或互相补充，共同给世人留下了蒙古帝国时代关于西域地理、物产、风俗情况的珍贵资料，在中国地理发现史上都具有一定的意义。他们的所行所记，不唯上承前代，接续风流，更为后来者的继续西行，踏出了宽阔之途。

（刘志刚）

“鲸舟吼浪泛沧溟”

——明初郑和船队的远洋航行

15 世纪是人类社会发展史上的一个转折点。在西方，文艺复兴运动加速了西欧黑暗中世纪的结束，而科学技术的兴起，新兴的生产关系在封建社会内部的萌芽，都推动了生产力的不断发展。新航路的开辟，新大陆的“发现”，也在这个世纪的后半叶拉开了序幕。在中国，明成祖朱棣夺得皇位时，明朝已经建立了二十多年。政治上，明朝的统治使封建专制主义中央集权制达到了历史上前所未有的程度，不仅政治稳定，疆域辽阔，而且沿袭自元朝的朝贡贸易制度使周边一些国家按例每三年或五年派使者朝贡一次，并在太仓、黄渡、泉州、明州(宁波)、广州等指定的港口与明朝进行贸易；经济上，农业生产稳定向前发展，社会安定，资本主义萌芽在沿海一些城镇开始出现，工商业也在迅速地发展，采矿、冶炼、纺织、陶瓷、造纸和印刷等各业的生产规模，已经遥遥

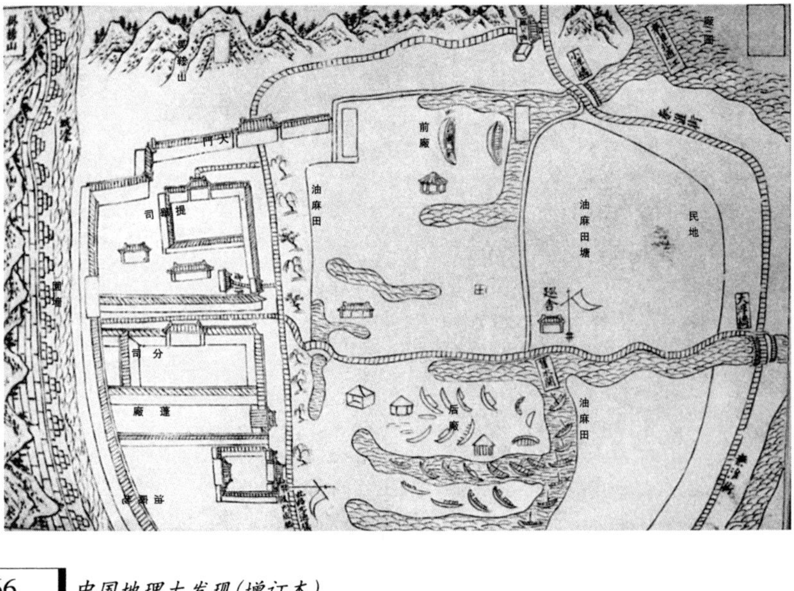

南京明龙江船厂示意图

领先于以往任何一个时代。这时的中国，已成为世界上经济比较发达的国家，正需要同海外各国展开更密切的经济文化交流。然而，随着时代的变迁，汉唐一度繁荣的陆上“丝绸之路”趋向衰落，海上通道则逐渐取代陆路成为东西方贸易的干线。而且随着中国造船业的发展、航海技术的进步和大批专职航海水手的出现，特别是造船和航海技术在明朝时期获得了巨大的发展，这一切都为明初那七次波澜壮阔的伟大航海奠定了坚实的基础。正如英国著名汉学家李约瑟在《中国科学技术史》一书中所描述的那样：在15世纪上半叶，在地球的东方，从波涛万顷的中国海面，直到非洲东岸的辽阔海域，呈现出一幅中国人在海上称雄的图景。这一令人瞩目的壮举，就是明初郑和船队的远洋航行。

一、童年的壮志

郑和（1371—1435），原姓马名和，因排行第三，所以人称三宝（也有作“保”字），明洪武四年生于云南昆阳州（今云南省昆明市晋宁区）宝山乡和代村。系伊斯兰教名门望族，世代信奉伊斯兰教。其祖上据考证很可能是明初时由西域迁居云南。郑和的祖父及父亲都曾到伊斯兰教圣地麦加朝圣，被尊称为“哈只”，即“巡礼人”或“朝圣者”之意。在那个时代，从中国到麦加，如徒步行走，往返需要数年时间，必须要有舍身求法的虔诚信念和犯险涉难的进取精神。幼年的三宝，常听其父讲述朝圣途中的种种见闻、异国他邦的风土人情。一桩桩奇闻，像磁铁一般，把小三宝牢牢地吸引住。从此，他不仅小小年纪就对异域文化有所耳闻，心向往之，同时，在他幼小的心灵深处还渐渐立下了鸿鹄之志，培养了坚毅不拔的性格。

郑和画像

洪武十四年（1381），三宝的父亲因病过世，十一岁的他还未从丧父的悲痛中恢复过来，次年以傅友德、沐英为首的明朝远征军就进入了云南，并相继克复云南全境。十二岁的三宝不幸被明军俘虏，此后便在燕王朱棣的王府中做了一名太监。这一变故改变了他一生的命运。

王府中的生活比之平民生活截然不同：一方面，可以

郑和府第所在地：南京马府街

接触到平民无法触及的社会阶层，学到很多知识和技能；另一方面，复杂的人际纷争也使三宝学会了察言观色，开始变得能言善辩，深谙处世之道。

洪武三十一年（1398），明太祖朱元璋在南京驾崩，他在遗诏中将皇位传于长孙朱允炆。对皇位垂涎已久的燕王朱棣，则于次年八月，发动了历史上著名的“靖难之变”。据《明史》列传记载，三宝“从起兵有功，累擢太监”。《明史》本纪也记载他“从燕王起兵靖难，出入战阵，多建奇功”。在追随燕王朱棣夺取皇位的过程中，三宝不仅胆量过人，多次出入战阵，而且献计献策，屡立战功，渐渐得到了燕王朱棣的赏识和信任。朱棣即帝位（即明成祖）后，升任他为内官监太监。明代的内官监是侍奉皇族的专门机构。当时侍奉皇族的有二十四衙门（即十二监、四司、八局），内官监为十二监之一，主管宫室陵墓的建造，采办宫廷婚丧礼仪所需珍宝、香料及奇珍异物，而郑和就主管这个监，足见明成祖对他的宠信。

永乐二年（1404）正月初一，明成祖亲笔写了一个“郑”字，赐他为姓，自此他才改名郑和。而这个“郑”姓的由来，相传是指当年的郑村坝之战。建文元年（1399）十一月，建文帝命李景隆率领50万大军，与朱棣在郑村坝（今大兴区境）对决，李景隆大败。这是一场扭转战局的关键性战役，而三宝在这次战役中战功显赫。也许是为了表彰他在此役中的功劳，明成祖才赐他郑姓。同年，得当时著名的道衍和尚（即姚广孝）的引荐，郑和接受了菩萨戒，成了佛门弟子，法名福善。在佛家术语中，所谓“三宝”，乃佛、法、僧，郑和“三宝太监”之称由此而来。此时的郑和，才貌出众。书上形容他“身长九尺，腰大十围……眉目分明，耳白过面，齿如编贝，行如虎步，声音洪亮”。由于他办事认真负责，立身正直，待人宽厚，因此深得明成祖朱棣的器重。

二、鲸舟吼浪，七下西洋

明朝初年，由于政权交替等因素，喧嚣了一千多年的陆上“丝绸之路”彻底沉寂了，中国面向世界的通道也随之中断，要想继续与西方进行沟通似乎已无路可走——除了东边的大海。明成祖登基后，因种种缘故对发展航海事业一直情有独钟。究其原因，除了上述所说，还有如下几点：第一，明成祖篡夺其侄的皇位之后，一直疑心建文皇帝没有死，而是流亡到了海外。为了防范他逃到国外积聚势力重新复辟，所以有必要派船出海，秘密寻找建文帝的下落，以绝后患；第二，明成祖个性好大喜功，自认为是“奉天命天君主天下”，他不仅想让海外各国都来朝贡，以牢牢稳固中国“天朝大国”的地位，而且和历代功利主义的帝王一样，希望借此宣扬国威，向外示富；第三，发展同海外各国的经济文化交流，促进国内的经济繁荣，同时视察并安抚沿海岛屿和海外的臣民；第四，满足王公贵族们奢侈淫靡的生活需求，寻觅海外的奇珍异宝，特别是寻找麒麟(长颈鹿)。在中国古代，麒麟一直被视为圣天子出而王道兴的祥瑞之物，仅在盛世出现。由于朱棣篡夺的是侄儿的皇位，所以急于找到麒麟以正视听，以为其篡位提供合法的依据，并以此表明大明皇朝的兴盛。而此时的明朝国势确也日趋强盛，客观上具备了向海外发展的条件。至此，一场大规模出使西洋的活动便应运而生了。

“西洋”一词，在文献中最早见于元代，所指地域，各说不一，且随时而异。在郑和所处的时代，是承袭自元朝的概念，“西洋”指今苏门答腊岛以西的北印度洋及其沿岸地区，包括孟加拉湾及其沿

郑和宝船模型

岸、印度半岛、阿拉伯海及其沿岸。由于这一地区范围辽阔，情况复杂，以至虽然出使西洋之事定了下来，但在人选方面，明成祖不仅慎重考虑了一段时间，还曾咨询过相士袁忠彻的意见。因为就活动的性质来说，这既不是一般的商业船队，也不是一般的外交使团，而是兼具政治、外交和贸易多重任务的船队。袁忠彻的回答是：郑和“有智略，知兵习战”，“姿貌才智，内侍中无与比者”。此外，当时波斯湾、阿拉伯半岛都是伊斯兰教国家，南洋一带则是佛教与伊斯兰教文化并存，而郑和的祖父两代都是“哈只”，郑和本人出生于穆斯林家庭，后又改投佛门，兼有两种宗教身份，选派他更容易融入各地的风土人情。当然，更由于明成祖对郑和的充分信任——毕竟此次出使西洋还有秘密的政治目的。基于以上种种考虑，最后明成祖任命郑和为下西洋的正使，王景弘为副使。

永乐三年(1405)六月十五日，郑和与王景弘率领由 63 艘“宝船”和百余艘辅助船只，人员共 27800 余人组成的庞大船队，舳舻相衔，揭开了历史性大航海的序幕。他们从苏州刘家河（今江苏太仓浏河镇）启碇开航，帆樯林立，逶迤数里，驶向福建长乐五虎门（闽江口），等待秋季东北风讯。郑和所乘的“宝船”长 150 多米，宽 60 多米，三层甲板，九根桅杆，可以说是当时世界上最大的航海船只，而他的船员大都来自明朝负责南北海上粮运的漕军，具有丰富的航海经验。

十月，当凛冽的东北季风吹起时，郑和的船队由五虎门正式扬帆出发，目标直指西洋。此次航行的第一站是占城新州港（今越南归仁）。当船队入港时，占城国王亲自率领兵士迎接，拜受明成祖的诏敕，献上贡品，并隆重款待了郑和及其随员。在占城做短暂停留之后，船队沿着印度半岛海岸，穿过渤泥岛西侧，顺风行驶了 20 个昼夜，抵达了被誉为“东洋诸国之雄”的时称婆国的爪哇（今印度尼西亚爪哇岛）。当船队驶抵爪哇时，该国的东西两位国王正在交战，西王由于指挥得当，大获全胜，但他的部队在追击敌人时却误杀了刚刚泊岸的郑和属下170余人。西王得知消息后唯恐“天朝”怪罪，立即派遣使者向郑和解释并谢罪。考虑到两国邦交事关重大，郑和派遣副使返航，将此事秉呈明成祖。因为是误伤，成祖皇帝只是下诏责令西王赔偿黄金六万两。在爪哇，船队用带来的青花瓷皿、麝香、丝绵等同当地商人进行贸易，换回了大量的胡椒、檀香、玳瑁等当地特产。

从爪哇岛再次出发，经过旧港（今苏门答腊岛巨港），来到了苏门答剌（今印度尼西亚苏门答腊岛北端萨马朗加）。苏门答剌由于“其处乃西洋之总路”，素有“西洋要会”之称，明初时被认为是东西洋分界的国家。因此明成祖即位之初，就非常重视发展与苏门答剌之间的关系。在当时的南洋群岛诸国中，以爪哇国最强大，常为患于邻国。洪武末年，爪哇已吞并邻近的三佛齐国，进而危及苏门答剌国。其酋长宰奴里阿必丁遣使来到中国，向明成祖面陈这一危急形势，成祖诏封其酋长为苏门答剌国王，赐以印诰、彩币、袭衣。这次趁郑和出使苏门答剌，让其使者附舶而归。郑和到了苏门答剌之后，对宰奴里阿必丁正式举行了封王仪式，进一步加强了明朝与苏门答剌之间的友好关系。这样，爪哇国就不能不有所顾忌，收敛其吞并苏门答剌的野心了。苏门答剌为了表示对明朝政府的感激之情，“遂比年入贡，终成祖世不绝”。离开苏门答剌，郑和的船队到达了古里（今印度卡利卡特）。古里处于海上交通要道，是这次航程的终点，也是郑和第一次远航的目的地。郑和到达这里后，照例向国王宣读了明成祖的敕书，又赠送古里国王和大臣许多礼物。郑和在古里停留了一段时间，同时为了纪念这次远航，在古里立碑留念。在

郑和第一次远航的终点是古里，此后的远航又多次到达这里。图为古里古港。

古里逗留期间，古里人用珍珠、珊瑚换取中国的丝绸、瓷器等，郑和率领的船员和当地人进行交易时，由于语言不通，只能通过伸出手指的根数来议价，用击掌的方式定价，也就是成交。郑和离开古里国时，古里国王还将一根用五十两赤金编织并镶有各种珍宝的宝带交与郑和，让其进献给明成祖。

1407 年秋，在结束了对古里国的访问后，船队启程回国，随同的还有爪哇、阿鲁（今印尼苏门答腊岛勿拉湾）、苏门答剌、小葛兰（今印度奎隆）、古里诸国的朝贡使节，以及数十船通过贸易换回的异域珍品。在经过旧港的时候，有一股海盗企图抢劫郑和的宝船。其首领陈祖义原为广东潮州人，招募了一批流氓死士专门劫掠客商，称霸海上。遭到袭击后，郑和率领船员奋勇回击，一举击溃了海盗，生擒了陈祖义，将其带回交由朝廷审判，后斩首于京师。鉴于旧港地理位置的重要性，明成祖批准了郑和的奏折，在旧港设立宣慰司，同时赐封协助剿灭陈祖义的海商施进卿为宣慰使，赏赐他朝服和冠带，命他管理旧港。明成祖还下令："施本人死后，位不传子，是以其女施二姐为主，一切赏罚黜陟皆从其制。"这保证了下西洋航海线的畅通无阻。

永乐五年(1407)九月十三日，回到南京还没能好好休息的郑和，又奉明成祖旨意，为了同更多国家通好，第二次出发了。此次他率领 249 艘海船，仍然由刘家港开船到福建，再由福建南下，访问了占城、爪哇、暹罗（今泰国）、满剌加（今马来西亚马六甲）、苏门答剌、南渤里、柯枝（今印度半岛柯钦）、古里、锡兰（今斯里兰卡）等国。暹罗是个佛教国家，有很多寺院和僧尼。永乐六年九月，郑和到达暹罗时，国王带着大臣前往海岸迎接，将郑和等人迎入王宫，热情款待。在暹罗停留的时候，考虑到与海外各国之间的邦交，郑和分遣船只前往真腊（今柬埔寨）访问。真腊热情地迎接了客人，真腊国王满怀敬意地说："当占城攻打我们的时候，是明朝皇帝的调停，才使占城罢兵并与我们和好，真腊人民感谢明朝皇帝和他的子民。"看到中国精美的丝绸、瓷器，真腊人纷纷拿出他们的象牙、犀角、药材进行交换。

随后，郑和率领船队又从暹罗来到了满剌加。满剌加的国王率领大臣，带着仪仗队前往港口迎接。当郑和宣读明成祖的敕书，展示明成祖赠送的礼物时，整个港口沸腾了。满剌加国王不仅盛情款待了郑和，同时为了表示支持郑和远航，特别批准郑和在当地建立仓库存放货物。仓库设有内外城，四面有门，用于存放粮食、金钱以及准备赠送或用于贸易的物资，四周还有望楼可以看守，晚上有士兵巡逻。仓库建成以后，成了郑和下西洋途中的一个转运站。以后船队每次到达这里，都先进行休整，然后再分头到附近一些国家进行访问或贸易。而下西洋返回时，则先在这里聚集，然后整队一起返航回国。

随后，郑和又率船队来到了柯枝国。这是古代印度对外贸易的海港，自唐宋以来，一直与中国通好。明成祖即帝位后，柯枝国曾派来使臣，请求大明朝廷赐以王印，封赐国中之山。成祖于是封赐柯枝国中的大山为“镇国之山”，还亲自撰写了碑文，祝愿该国“时其雨畅”“作彼丰穰”“室家胥庆”。此次出行，成祖特命郑和把碑带给柯枝国。郑和在柯枝国了解到，该国盛产胡椒，还出口珍珠、宝石。柯枝国人分五等：第一等是南毗，是国王的家族，社会地位最高；第二等是回族人，执掌国政的主要是回族人的两个头目；第三等是哲地，也就是富户；第四等是革令，即商人；第五等是木瓜，是受压迫的贫民。这些国情，都被记进了郑和及其随员的笔记中。

离开柯枝，到达锡兰（今斯里兰卡）。锡兰是古代东西航线的必经之地，海上位置极为重要。郑和带来了明成祖的敕书和布施给

锡兰大港。这里是古代东西航线的必经之地，郑和率领的宝船多次访问这里。

锡兰佛寺的香礼及一块进香石碑。碑文上记载明成祖由于笃信佛教，特布施金一千钱、银五千钱、各色丝五十匹、各色绢五十匹，还有织金丝宝幡四对，古铜香炉五个，香油两千五百斤，以及花瓶、烛台、灯盏、香盒、蜡烛、檀香、金莲花等礼佛用具。这块碑立于永乐七年（1409）二月一日，用汉文、阿拉伯文、泰米尔文三种文字刻写，现存科伦坡博物馆。郑和船队回国时，在满剌加小住了一段时日。永乐七年的夏天，郑和回到了南京。

还在郑和第二次下西洋航行于海上的时候，成祖皇帝就已经确定了第三次航海计划，并为此做好了建造船舶等一切准备，就等待郑和归来了。永乐七年九月，郑和开始第三次远航。这次远航主要是护送各国的朝贡使节回国，同时巩固和发展前两次远航与东南亚地区许多国家建立的通好关系。这一次郑和共统领宝船48艘，其余船只百余艘，随行人员27000余人，经过的地方包括占城、爪哇、满剌加、苏门答剌、锡兰、小葛兰、柯枝、古里、暹罗、南渤里、加异勒（今印度半岛南端）、甘巴里（今印度南端科摩林角）、阿拨巴丹（今西印度阿默达巴德）等。

郑和先在福建长乐太平港停泊，十二月，从福建五虎门开船。由于顺风，船速很快，十个昼夜就到达了占城的新州港。距离新州港西南百里是占城国的王城，在郑和到达王城的时候，占城国王头戴金花冠，身披锦花巾，脚着玳瑁履，腰扎八宝方带，手腕和脚腕都带着镯子，骑着大象亲自出迎。同时出迎的还有500多人的仪仗队，欢迎仪式十分隆重。为了招待郑和，占城国王在王宫里举行了盛大的欢迎宴会，按照当地的风俗习惯，大家围聚一起，畅饮麦芽酒。占城国王还把国内生产的象牙、犀角、伽蓝香等特产交郑和进献给大明朝廷。

南洋土人向郑和贡献方物

从占城出发，郑和的船队分为两路：一支船队经过

十二昼夜的疾驶，到了爪哇，从爪哇再到满剌加；而另一支船队，则从占城直驶暹罗。满剌加本是隶属暹罗的一个小国，每年要向暹罗缴纳黄金四十两。此次郑和代表明成祖赐给满剌加国王双台银印，冠带袍服，同时在满剌加与暹罗的边界地段建立碑石，划定疆界，协助满剌加取得了独立。

当郑和的船队从满剌加开航，前往印度途经锡兰的时候，锡兰国王亚烈苦奈尔对郑和船上所载的货物起了异心，幸亏郑和得随员提醒，及早发觉并迅速离开了锡兰。但亚烈苦奈尔并不死心，趁郑和从印度归来再次经过锡兰时，谎称有礼物进献给明成祖，把郑和诱至国中，强行索取金币，还发兵五万企图抢劫宝船。郑和处惊不乱，和随员商议之后，决定趁锡兰军队被调去抢劫宝船、国内空虚之际，将计就计，攻其不备。他带领随行的两千将士，突袭包围了锡兰王宫，俘虏了亚烈苦奈尔，将他解送给明朝朝廷。为了避免两国交恶，明成祖没有降罪亚烈苦奈尔，还把他送回了锡兰。这次事件之后，中锡两国互派使节到访，重归于好。

平定锡兰之后，郑和接着访问了小葛兰，最后抵达古里，在古里贸易完毕，经满剌加回国。这一次随同郑和前来访问的共有 19 个国家的使者，一时间大明朝廷“万使云集”，以至永乐九年（1411）时，明朝在对外关系上出现了一派繁荣兴盛的景象。

这一年十一月，正是回族的斋月，郑和回到阔别多年的老家省亲扫墓，拜祭他的父亲，同时也借机放松一下长久紧绷的神经，好好地休息了一段时间。一年之后，也就是永乐十年十一月，成祖下达了第四次航海的命令。前三次航海，郑和船队最远到达印度西岸的古里，主要访问的是印度洋以东的国家。而这一次，成祖敕令他进一步向西，前往招谕忽鲁谟斯（今属伊朗，位于伊朗霍尔木兹海峡的格什姆岛上）、溜山（今马尔代夫群岛）诸国，终点是波斯湾的忽鲁谟斯国。并且在此后的航海中，将东非沿海列入了航程之内，从而进一步扩大了同海外各国的交往与贸易。

为了这次航行，郑和进行了积极的准备。因为西亚各国是伊斯兰教国家，郑和还特意从西安请来伊斯兰掌教哈三为通译，以求交涉之便。

永乐十一年（1413）十一月，第四次远航开始了。这次所到的地方，有占城、爪哇、旧港、满剌加、苏门答剌、锡兰、柯枝、古里、溜山、忽鲁谟斯、加异勒、彭亨（在马来半岛）、急兰丹（在马来西亚东岸）、阿鲁（在苏门答腊岛勿拉湾）、南渤里。郑和先是沿着旧路，到了占城，在那里做短暂停留后，派出一支船队到彭亨和急兰丹，而他自己则亲率大批宝船前往爪哇，经爪哇、旧港、满剌加到达苏门答剌。郑和在苏门答剌再分派出一支船队到南渤里、阿鲁等国访问，他本人则率领船队经锡兰、加异勒到达古里，再由古里直航忽鲁谟斯。宝船在茫茫大海里，“维梢挂席，际天而行”，经过二十五个昼夜，到达了这个依山傍海的伊斯兰国家。

忽鲁谟斯是东西方商业贸易的重要城市，非洲的米息儿（今埃及），阿拉伯半岛的祖法儿（今佐法尔，属阿曼）、阿丹（今亚丁，属也门），印度半岛的古里、柯枝，甚至欧洲地中海沿岸的国家，都会来这里进行贸易，所以市店里的商品五光十色，琳琅满目。除了宝石、金刚石、珍珠，还有琥珀、珊瑚、玉器及色泽鲜艳、图案美观的丝织品。忽鲁谟斯当地民俗淳厚，居民以穆斯林居多，建有宏伟的礼拜寺，食品则以烧羊、烧鸡、薄饼等为主。忽鲁谟斯还盛产瓜果，甜瓜不仅种类多，而且大的长有二尺，葡萄甜且无核如莲子。

在忽鲁谟斯逗留期间，郑和率领的船员用带来的丝绸、瓷器交换当地的琥珀、珊瑚、猫眼石、珍珠、龙眼、药材等，因为没有统一的价值标准，双方都觉得占了便宜，很是高兴。郑和启航回国时，忽鲁谟斯国王由于听了郑和一行人的描述，对中国这一神秘的东方古国很是向往，于是派使臣驾驶船舶，载着狮子、麒麟（实为长颈鹿）、驼鸡（鸵鸟）、羚羊、斑马、珍珠和宝石，随郑和船队回访，希望和明朝建交。从此以后，两国使者频繁往来，络绎不绝。从忽鲁谟斯回航时途经溜山国，这是一个美丽的海岛，岛屿众多，海流复杂。郑和下令船队在这里休息，收购了许多当地盛产的龙涎香和椰子。

永乐十三年（1415）七月，郑和回到了阔别已久的南京。一年后，分遣的各船队纷纷归国，随同归来的还有溜山、阿丹、剌撒（在今红海东岸）等阿拉伯国家的使节。

郑和第四次远航后，东南亚、西亚地区各国及日本，都向明朝派遣了使臣。为了回访各国，并护送随船来访的19个国家的使臣归国，永乐十四年（1416）十二月十日，明成祖第五次派郑和远航。

永乐十五年（1417）五月，郑和来到了泉州。泉州自唐宋以来，

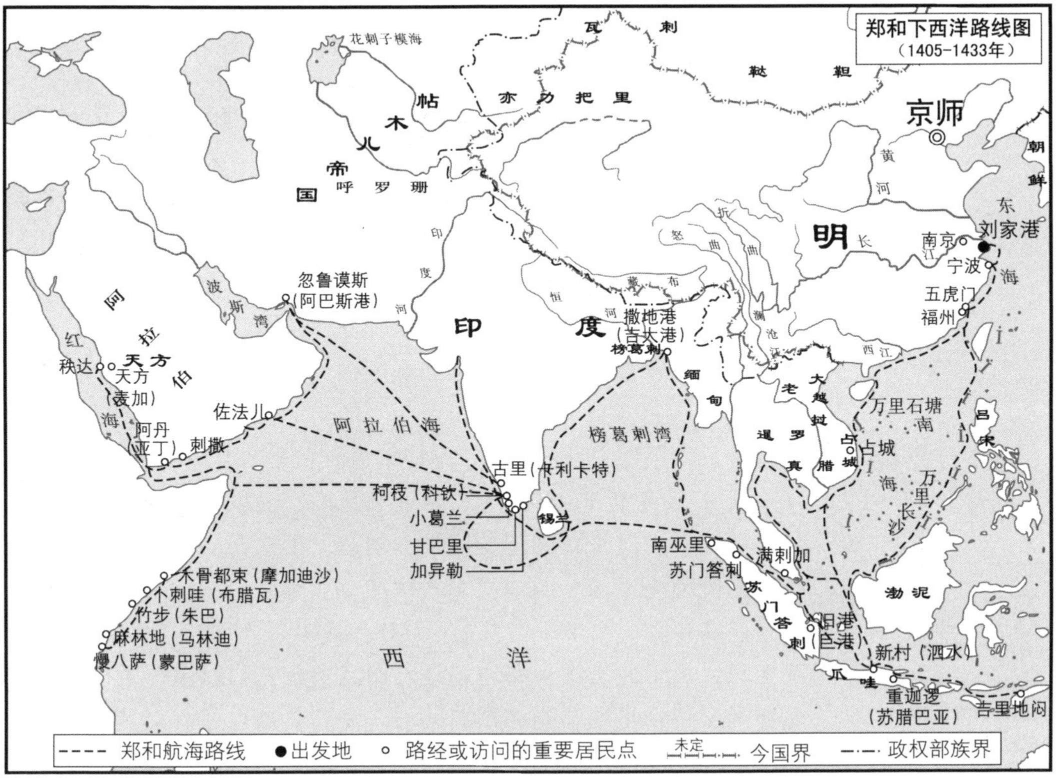

郑和下西洋路线图

商业繁荣，外贸昌盛，为穆斯林商人荟萃之地。五月十六日，郑和率领船队中的回族顾问、翻译、水手等人员，拜谒圣墓，敬仰先贤，祈求真主赐给平安与吉庆，并立碑留念。碑文说：“钦差并太监郑和，前往西洋忽鲁谟斯公干，永乐十五年五月十六日于此行香，望圣灵庇佑。”

此次郑和的船队依旧先抵占城，继达爪哇、彭亨、旧港、满剌加、苏门答剌、南渤里、锡兰、沙里湾尼（今也门沙尔韦恩角）、柯枝、古里。在锡兰和古里时，船队开始分头访问，其中一支访问了阿拉伯半岛的阿丹。阿丹位于半岛南端，在红海的海口上。阿丹国王率领大小官员到海滨迎接“东方使者”，并告谕全国人民，凡有珍宝者都可前来贸易。船队从当地购得猫眼石、大颗的珍珠、高达二尺的珊瑚树，以及麒麟（长颈鹿）、狮子、鸵鸟、白鸠等珍禽奇兽，数不胜数。随后船队访问了红海东岸的剌撒。剌撒的居民为非洲人种，风俗习惯与阿拉伯、波斯相近。这个地方气候炎热，数年无雨，只能用凿井的办法，绞车提水，用羊皮袋盛水。而另一支船队，则到达了非洲东海岸的木骨都束（今索马里摩加迪沙）、卜剌哇（今索马里巴拉韦）、麻林（今坦桑尼亚基尔瓦基西瓦尼）。这是郑和的船队第一次登上非洲东海岸。郑和船队照例向各国国王赠送礼物，各国也回赠了很多礼物。忽鲁谟斯回赠了狮子、金钱豹，阿丹回赠了麒麟和长角马哈兽，木骨都束回赠了花福禄、狮子，卜剌哇则送出了千里骆驼和鸵鸟。此外，爪哇、古里回赠了麋里羔兽等。这一次随郑和回访的有16个国家的使臣，大部分是王族。永乐十七年（1419）七月，历经两年的艰辛旅程结束了，郑和回到国内。此次远航，最重要的成绩是发现了从中国到亚丁湾、再由亚丁湾到非洲东海岸的新航线。这条航线，将东方文化传布到了阿拉伯沿海和非洲沿海的许多国家。

永乐十八年（1420）明成祖迁都北京。为了把迁都的事通知海外各国，并护送来访的忽鲁谟斯、阿丹、祖法儿、木骨都束、剌撒等十六国使臣回国，明成祖第六次派郑和远航。次年的冬天，寒风猎猎，郑和又一次受命出发了。这次他率领以41艘宝船为主的百余艘船只。由于此次访问路途遥远，而且所带礼物较多，所以船队分头访问。特别是郑和到达祖法儿后，受到热烈欢迎，交易所得的乳香、安息香、芦荟、赫油装满了船舱。在结束了对东非各国的访问后，郑和指挥船队渡过印度洋，经锡兰、苏门答剌，于永乐二十年（1422）八月回到国内。

郑和下西洋期间，西洋各国至少有四个国家的11位国王来明访问。这是病故于南京的浡泥国王麻那惹加那乃墓。

永乐二十二年（1424），明成祖驾崩，仁宗即位。鉴于历次远航耗资巨大，仁宗皇帝下令废止出使海外，并更改了一系列对外政策。刚刚登上陆地的郑和也被任命为南京守备部队的负责人。从1405年开始的六次伟大的航海事业，似乎因为成祖的驾崩而宣告中断了！

然而，上天却又似乎并不愿意让55岁的郑和就此垂垂老去。1425年，仁宗在位不到一年就亡故了，其子宣宗即位。看到由于停止对外交流，来朝的外国使节越来越少，海外贸易也不景气，无形中削弱了明朝的政治影响，于是宣宗决定继承祖父的宏图伟业，再次诏令郑和出海，同时下敕令曰："今命太监郑和等往西洋……公干。大小船六十一只，该关领原交南京入库各衙门一应正钱粮并赏赐……并原下西洋官员买到……物件，及随船合用……等物，敕至，尔等即照数放支……"于是休息了近六年的郑和再次踏上旅途。这时的郑和，已年近六旬，然而他依旧不减当年之勇，欣然受命。出发前，郑和上书宣宗，唯一的请求是修缮南京三山街穆斯林的净觉寺。宣宗恩准了郑和的请求，批示修缮的一切人工材料所需费用，"于南京内监官或工部支取应用"。不幸的是，这不仅是郑和的最后一次远航，也是整个古代中国的最后一次远航。此后，由于明廷内部禁海派的反对和阻扰，宣宗下达了严禁出海的上谕，明朝航海事业的鼎盛春秋，至此宣告结束。

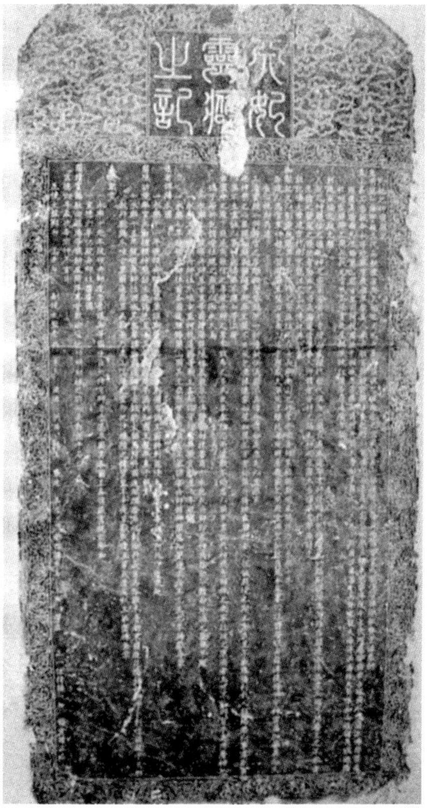

《天妃灵应之记》石碑

《天后圣母事迹图志》中的"闻鼓吹郑和免险"

这第七次远航，由于有了前几次的丰富经验，郑和迅速组织起一支庞大的船队，有大型宝船61艘，随行27550人。宣德五年（1430）闰十二月初九，船队从龙湾（今南京下关）开航，十二月二十一日到达刘家港暂泊。在刘家港，郑和刻立了《通番事迹碑》，记载了他前六次远航的经历。

宣德六年（1431）二月二十六日，船队到达福建长乐，郑和带领随从人员游览了天妃宫。当时汉族航海人员相信天妃是海神，能给航海者以平安，于是郑和遵从汉族官兵的习俗，在南山三峰塔寺立了《天妃灵应之记》石碑，上面也记载了他奉使远航的事迹。

宣德六年十二月九日，郑和的庞大船队出五虎门，开始了最后一次远洋航行。这次他们走遍了南海和北印度洋地区，以及阿拉伯半岛和非洲东岸国家。大批的宝船先后到达占城、爪哇的苏鲁马益、旧港、满剌加、苏门答剌、锡兰的别罗里港、古里、忽鲁谟斯，再从忽鲁谟斯返航，经古里、苏门答剌、满剌加、赤坎、占城，回到江苏太仓刘家港。这一次，郑和共访问了17个国家，还在苏门答剌分遣船只到非洲东海岸的木骨都束、不剌哇、竹步（今索马里朱巴河口）访问，并在古里派出船只到祖法儿、阿丹、剌撒、阿鲁、南渤里、柯枝、加异勒、甘巴里等国访问。宣德七年（1432）十月，分遣的船只访问了榜葛剌（今孟加拉国），榜葛剌国王派出步骑千余前往欢迎，在王宫里举行欢迎仪式，互赠礼品。随后榜葛剌两次派人到北京进贡麒麟（长颈鹿）。由于麒麟在古代中国特有的吉祥寓意和政治象征，一时之间朝野轰动，百官纷纷赋诗庆贺。又宣德七年七月，当郑和分遣的船队在古里访问时，恰好古里国送穆斯林前往天方（今麦加，属沙特阿拉伯）朝觐，郑和于是派我国的穆斯林马欢等七人，带着麝香、瓷器、缎匹，搭乘正在古里的天方国船只，前往天方朝觐。天方是伊斯兰教圣地，有宏伟壮丽的禁寺，有神圣的天房“克尔白”。每年都有千千万万的穆斯林，从世界

郑和故乡云南晋宁的郑和墓

各地前来朝觐，以完成宗教功课。马欢等中国的穆斯林们，完成了朝觐功课，并在当地收购了麒麟、狮子、驼鸡及其他珍宝，还摹绘了一张“克尔白图”（俗称“快堂图”）带回大明。天方也派出使臣，携带礼物随马欢回访。

位于今南京牛首山的郑和墓

按传统的说法，郑和于宣德八年（1433）七月回到南京，第二年病逝，终年 62 岁。墓在南京南面的牛首山。但也有人认为，郑和在第七次下西洋的归国途中，于宣德八年四月初逝于古里。《同治上江两县志》记载：郑和卒于古里，赐葬牛首山。《郑和家谱首叙》则说：“亡于王事，归葬牛首山。”今天南京的郑和后裔们也说：祖辈传说，郑和亡在国外，埋在国外，是他的亲随把郑和的发辫装在郑和的靴子里带回国内，埋在了牛首山。综合这几种说法，现在大多数学者认为，郑和是亡于国外、葬在国外了。一生从事航海事业的郑和，最终还是魂归大海！

三、郑和远航的丰功伟绩

从 1405 年到 1433 年，郑和共进行了七次大规模的远航，前后历时 28 年，先后到过亚、非 30 多个国家和地区，最远到达红海和非洲东海岸。郑和船队开辟了 21 条远洋航线，总航程在七万海里以上，相当于绕地球三周有余。无论是在航海史、外交史还是对外贸易史上，郑和和他的船队都写下了光辉的一页。

著名中外交通史专家刘迎胜先生曾比较中外航海史，指出：“从世界东西航海交流史来看，西汉中国远航印度与东汉罗马海船越过印度到达中国相比，西方远航略占优势。隋唐航海以贾耽的《皇华四达记》为代表，宋元航海以杨枢、汪大渊等人为代表，与大食、波斯航海大致旗鼓相当，或略占上风。明初郑和航海是公认的中国航海的鼎盛时代，此时大食、波斯航海处于停滞阶段，而欧洲航海尚处于大发展的前夜，中国航海在世界上占据明显的优势。明代中国航海在世界航海史上的领先地位，使中国成为当时海上丝路的主

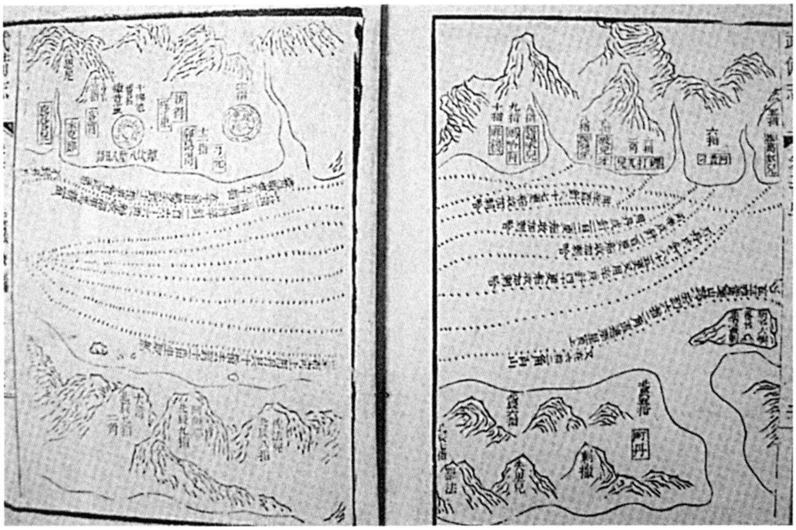

郑和航海图（局部）

角，大量外来文化涌入中国，与中国文化相融合；同时，中国的古代文明也远播海外……郑和航海是标志着中国古代航海事业进入顶峰阶段的重大事件。”这么说的理由何在呢？

从时间上看，郑和首次下西洋比1492年哥伦布横渡大西洋、发现美洲西印度群岛早了88年，比1497年达伽马绕过好望角、到达印度早了93年，比1519年麦哲伦的环球航行早了114年。达伽马的所谓新航路，其中一大半都是郑和开辟的航线，麦哲伦船队由菲律宾到东非的航路，也是郑和走的老路。所以，郑和称得上所谓“地理大发现”的先驱。

从规模上看，郑和船队完成了世界古代史上规模最大的远洋航行。郑和船队有大型宝船六十余艘，最大的船长150多米、宽60余米，另有小船一二百艘，不载人员，主要是救生、作战、登陆之用。船队有旗舰、战舰、货船、粮船、坐船及其他辅助船只，共载水手、官员、战士、匠人等随员两万多人。而哥伦布1492年从西班牙巴罗士港出发时，那艘最大的海船排水量也不超过250吨，同行船员87人。由此可见当时中国造船业的发达及其领先世界的地位。

从航海技术来看，郑和船队的航海家和水手们，根据长期积累的航海经验，并结合天文、气象、地理知识，绘制了世界上现存最早的航海图集《郑和航海图》。英国著名汉学家李约瑟这样评述道：“是一幅真正的航海图，图中除了标有航线的精密针位外，还标有以‘更数’计算的距离，同时也标注了沿岸对船员来说可能有用的所有各点。”可见，郑和的七次远航，总结和丰富了当时世界航海地理和天文导航等科学知识，比起西方航海家的冒险特点，他们更突出的特征是以发达的技术物质条件做保证。

在外交事业方面，郑和船队每到一个国家，都推行和平外交政策，与各国建立友好关系，因而受到热烈欢迎。他们向当地的国王表明来意，赠送礼物，然后同当地官府和商人进行交易。交易双方互看货物，逐一议价。当时，中国的青花瓷器、各色纻丝、绫罗、纱罗、锦缎、文绮、铜铁工具、铜钱、漆器、麝香、樟脑等，在亚非市场很受欢迎，而换回来的宝石、珍珠、珊瑚、香料、药品、布匹、黄金、铜锡等，也充实了国库，补充了财政。更重要的是，通过郑和数十年的外交活动，中国与亚非数十个国家缔结了深厚的友谊，增进了亚非人民的相互了解与沟通。至今，在东非沿岸和波斯湾地区，还出土了许多郑和带去的商品，南亚各地仍保留着许多与郑和有关的美好传说或三保庙、三保井之类的胜迹。满剌加三保庙中还有郑和神位，当地人每次取水时必向神位跪拜以求保佑。

南京郑和纪念馆

就郑和航海的地理学意义而言，最重要的在于地理视野的开扩，增加了时人对于阿拉伯海、红海及东非洲一带的地理知识。《郑和航海图》可以说是我国第一部关于海洋地理的著作和图册。郑和随员马欢的《瀛涯胜览》、费信的《星槎胜览》、巩珍的《西洋番国志》，都是我国有关域外地理的名著，书中涉及的内容有各国各地区的海程、辖境、地形、气候、降水、土质、出产、种族、刑法、宗教、古迹、商业、货币、市镇、度量衡、奇珍异兽、马戏伎艺、神话传说等，是研究15世纪南洋与西洋诸国历史地理的重要资料。

郑和，这位我国古代的伟大航海家，历近三十年之艰辛，以其“涉波狂澜、如履通衢”的大无畏气概，在世界航海史专上谱写了永远壮丽、无比辉煌的篇章！时至今日，亚非许多国家的航海史专家在提到郑和时，都十分尊敬地称他为 Admiral Chengho，意为“海军司令郑和”或“海军上将郑和”。

（胡正宁）

海上明珠

——南海诸岛的发现与管辖

在祖国浩瀚的南海上，散布着200多个岛礁沙滩，这就是中国人最早发现、最早开发、最早进行管辖和行使主权的南海诸岛。

南海诸岛似颗颗明珠，镶嵌在碧波万顷的南海之中。依据地理位置，可以把它们分为四组：东北一组称为东沙群岛，位于珠江口东南，包括东沙岛及其附近几个暗礁；西部一组称为西沙群岛，位于海南岛东南，包括宣德群岛、永乐群岛等15个较大的岛屿和沙洲暗滩；中部的中沙群岛，位于西沙群岛的东南侧，亦由许多暗礁和暗沙构成；最南部的南沙群岛，岛礁星罗，暗沙棋布，被视为航海上的“危险地带”。这些群岛都是由珊瑚礁构成的。珊瑚虫是南海诸岛的创造者。

一、悠久的地理发现

早在两千多年以前，中国人就已经发现了南海诸岛。

南海又名南中国海，因其位于我国大陆的南部并和我国发生密切关系而得名。早在先秦时期，南海之名就出现了。秦始皇三十三年（前214），在平定百越的基础上置南海郡，海疆实临南海。

在汉代，我国人民就开始在“涨海”（即今南海）航行，并先后发现了西沙群岛和南沙群岛。由于南海是我国大陆南部的“边缘海”，我国人民很早就发现，此海在每年的台风季节内潮水汹涌澎湃，因而又称之为“涨海”。据《汉书·地理志》记载，在汉代，我国人民开辟了一条从广州出发，经由西沙群岛海域直达越南中部的新航线。在长期的航行实践中，相继发现了许多露出海面的岛屿、沙洲和隐伏水下的暗礁、暗滩、暗沙，留下了不少有关南海诸岛的生动记载。如东汉杨孚《异物志》即有“涨海崎头，水浅而多磁石”的记载；三国时，吴国人万震在《南州异物志》中记述了从马来半岛句稚国到中国的航行路线，其中写道：“东北行，极大崎头。出涨海，中浅而多磁石。”“崎头”即指涨海中的珊瑚岛；“磁石”则指暗沙、暗礁，船只一旦遇到礁滩而搁浅，就像被磁石吸住一样，无法脱离。显然，“崎头”“磁石”指的就是南海诸岛。尽管书中并未指出是哪一个岛礁，但非亲历其境者不能获得如此形象的认识。与此同时，吕岱奉孙权之命，率兵3000人“晨夜浮海”，一举铲除了割据交州的地方势力。为“南宣国化”，吕岱派手下人康泰、朱应远访扶南、林邑、堂明诸国。他们返国后所著《扶南传》，进一步对南海诸岛的形态和成因做了准确描述：“涨海中到珊瑚洲，洲底有盘石，珊瑚生其上也。”此处所述珊瑚洲，就是指西沙、南沙诸岛。

唐宋时期，我国船只频繁往返于中国和东南亚、南亚以及东非各国之间，人们对南海诸岛的认识不断加深，出现了专指西沙、南沙群岛的古地名。《新唐书·地理志》详细记载了从广州启航直达波斯湾的航程。由北宋仁宗皇帝亲自作序、专门记述当时军事制度和国防大事的《武经总要》一书，首次将位于这条航线上的西沙群岛命名为“九乳螺洲”。1178年周去非在《岭外代答》一书中写道：“东大洋海有长砂、石塘数万里。”南宋时赵汝适著《诸蕃志》，王象之作《舆地纪胜》，都把西沙群岛称为“千里长沙”“万里石塘”。13世纪初编纂的《琼管志》亦称西沙群岛为“千里长沙、万里石塘”。“长沙”和“石塘”是对南海诸岛形态和范围形象而概括的称呼，如“石塘”一词就概括了南海诸岛许多岛礁的天然形态。被海南岛渔民世世代代称为“石塘”的永乐群岛，至今仍保持着轮廓鲜明的“石塘”形态。

至元代，我国的大型船队已经遍历南海诸岛。《元史·史弼传》记载，1293年初，元将史弼率船千艘，“发泉州……过七洲洋、万里石塘，历交趾、占城界”。

1405年至1433年，我国明初著名航海家郑和率领庞大的船队，先后七次下西洋，多次途经南海诸岛，在岛上留下了大量的遗物，对南海诸岛有了更进一步的了解。现在保存的绘于明天启元年的《郑和航海图》，是记载郑和最后一次下西洋的航海图。图上明确标绘了南海诸岛的相对位置，如将西沙群岛称为“石塘”，将南沙群岛称为“万生石塘屿”。明人黄省曾撰有《西洋朝贡典录》三卷，其记“占城”一则云：“南澳又四十更，至独豬之山。”四十更合六百余海里，独豬山即为西沙群岛中最大的主岛永兴岛。

清代有关南海诸岛的记载更多。雍正八年（1730），曾任沿海边防要职的陈伦炯，以其所见所闻著成《海国闻见录》二卷。在该书卷首所列“沿海全图”中，绘在最东的“南澳气”就是东沙群岛。他在书中写道：“南澳气，居南澳之东南，屿小而平。”清乾隆年间谢清高口述、杨炳南笔受的《海录》“小吕宋”条中说：“东沙者，海中浮沙也。在万山东，故呼为东沙。”清光绪二年（1876），郭松焘出使英国，他在赴英途中所著《使西纪程》一书中写道：“（十月）二十四日午正行八百三十一里，在赤道北十七度三十分，计当在琼南二三百里，船人名之曰齐纳细，犹言中国海也。左近帕拉苏岛（即西沙群岛），出海参，亦产珊瑚而不甚佳，中国属岛也。”琼即海南岛之简称，“齐纳细”为英语“China sea”之音译。

西沙永兴岛远眺

自16世纪以来，欧洲人陆续从海道来到东方，来到南海诸岛。他们最早使用的地名往往依据当地人长期使用的固有名称，如称西沙群岛为“Chienli Rocks”，即据我国“千里石塘”译成。后来，他们便在南海诸岛擅自命名，造成了一定的混乱。清嘉庆二十三年(1818)，日本海军中佐小仓卯之助率队到南沙群岛探险，竟把南沙群岛擅自称为“新南群岛”。从1933年起，法国殖民者先后强占了我国南海中的南威岛、太平岛等九个岛屿，还擅自改换了各岛的名称。第二次世界大战中，日本强占了南海诸岛，并于1939年4月9日以政府公报的形式宣布正式占领，将南沙群岛改名为“新南群岛”，并将东沙、西沙皆划归台湾总督管辖，隶于高雄县下。1945年我国政府完全收回南海主权。

二、岛上的主人

在发现南海诸岛的过程中，我国人民相继踏上宝岛，辛勤开发。

公元1世纪成书的《异物志》，就有南海诸岛产海龟、玳瑁的记载。晋代裴渊所著《广州记》，有我国人民在南海诸岛捕鱼的记载：“珊瑚洲，在（东莞）县南五百里，昔人于海中捕鱼，得珊瑚。”明清时期，海南岛渔民扬帆南海，在西沙、南沙群岛捕捞海产的人数越来越多，活动范围也不断扩展。1921年海南岛渔民苏德柳所撰《更路簿》，就是我国渔民在西沙、南沙群岛从事捕捞活动的航海指南。它记载了渔民从海南岛文昌市的清澜港或琼海市的潭门港起航，至西沙、南沙群岛各岛礁的航行针位和更数（即航向和航程），是历代渔民航海实践的经验总结。该书还记有我国沿海渔民对西沙群岛的习用地名30多个，对南沙群岛的习用地名65个。上述文献记载，有力地证明了我国人民是南海诸岛最早的主人。

在南海诸岛发现的大量地下文物和居民生活遗址，也为我们展现了一幅我国人民开发南海诸岛的生动图画。考古工作者在西沙群岛的永兴岛和北礁等11个岛屿和礁盘，发现各种陶瓷器2000多件，其年代跨越南朝到清代的各个时期。这些陶瓷器分别产于广东、福建和江西等地。在西沙、南沙群岛现在还保存着明清时代的珊瑚庙，清代海南岛渔民留下的房屋、水井、椰子树等。在南沙群岛的北子岛上，还有两座清代中国居民的坟墓。

我国人民最早发现了南海诸岛，最早开发了南海诸岛，南海诸岛的主人无疑是我国人民。

三、我国政府对南海诸岛的最早管辖

在发现和开发南海诸岛的过程中，我国历代政府不断对南海诸岛进行管辖并行使主权。

东汉交州刺史周敞曾巡行“涨海”，这说明在公元 2 世纪初，我国政府已在南海海域进行巡视。

北宋时期，我国政府开始派遣水师巡行西沙群岛。《武经总要》记载这一事实说：“命王师出戍，置巡海水师营垒……从屯门山用东风西南行，七日至九乳螺洲。”明人黄佐编纂的《广东通志》亦称：“督发兵船出海防御……自东莞南亭门放洋，至乌豬、独豬、七洲三洋，星盘坤未针，至外罗。”

元至元十六年（1279），元世祖忽必烈派当时著名的天文学家郭守敬到西沙群岛进行天文测量。《元史・郭守敬传》记载，其测定地点“南踰朱崖，北尽铁勒”。西汉武帝曾在海南岛上设置珠崖郡，朱崖即珠崖。“南踰朱崖”表明这次最南的观测点在海南岛以南。据《元史・天文志》记载，这次测得“南海北极出地（相当于现在的北纬）一十五度”。根据现代的推算，这个测点约当 15° 47′。查西沙群岛中最南端的中建岛正处于此纬度上。由此可以断定，郭守敬在“南海”的测点正是在西沙群岛的位置上。

清康熙四十九年至五十一年间（1710—1712），广东水师副将吴升曾率水师巡视西沙群岛一带海域。乾隆《泉州府志》记载：“吴升……擢广东副将，调琼州。自琼崖，历铜鼓，经七洲洋，西更沙，周遭三千里，躬自巡视，地方宁谧。”“七洲洋”即西沙群岛海域，当时由广东省海军负责巡逻。康熙五十五年（1716）经过实测编绘的《大清中外天下全图》，将西沙、南沙群岛分别标绘为“万里长沙”“千里石塘”，列入我国版图之内。此外，明清时期官修的《广东通志》《琼州府志》《万州志》等地方志书，都把西沙、南沙群岛记载在方志中的“疆域”、“山川”、“海境”或“风俗形胜”等条目项下。

进入近代，我国对南海诸岛的管辖更为加强。1883 年，德国人的测量船擅自进入西沙、南沙群岛进行调查测量。为维护领土主权，清政府向德国提出抗议，德国被迫停止。1907年，日本商人西泽吉次纠集百余人偷采东沙群岛上的鸟粪资源。清政府提出严正抗议，日本商人不得不撤出东沙群岛。1908年，根据外国的请求，中国海关曾计划在西沙群岛建立灯塔，以便海上航行。1909年，两广总督张人骏特派副将吴敬荣前往西沙群岛勘查。吴乃以水师提督李准为总指挥，率海军分乘“伏波”“琛航”“广金”三军舰前往查勘，命名勒石，并在永兴岛上升旗鸣炮，向全世界重申我国对西沙群岛的主权。李准返回广州后，不仅拟定了八项开发西沙群岛的办法，而且将西沙群岛上丰富的物产进行了展览。1910年，清政府决定“招徕华商承办岛务，官为保护维持”。此后，申请开采岛上鸟粪的我国商人日益增多。1911年，广东省政府又明确将西沙群岛划归琼州府的崖州管辖。

1921年，我国政府批准商人何瑞年在西沙群岛从事鸟粪经营并发展捕鱼事业。后来发现何把经营权擅自转让给日本商人，遂立即撤销了其经营权。

1928年，广东省政府组织了一个由许多专业人员参加的规模庞大的调查团，前往西沙群岛考察。考察结束后，调查团发布了内容详尽的《西沙群岛调查报告书》。此后数年，一些商人先后申请开发西沙群岛鸟粪，均得到政府批准。

第二次世界大战期间，我国南海诸岛一度全部被日本侵占。1945年日本投降后，根据1943年中、美、英三国公布的《开罗宣言》和1945年的《波茨坦公告》的精神，1946年11月至12月，中国政府由内政部会同海军部委派萧次尹和麦蕴瑜分别为接收西沙、南沙群岛专员，分乘“永兴”“中建”“太平”“中业”四艘军舰前往接收，并在岛上举行隆重的接收仪式，还在永兴岛和太平岛重树石碑，派兵戍守。

1947年，中国政府下令将南海诸岛划归广东省管辖。同年11月，内政部公布《南海诸岛新旧名称对照表》，重新确定了东沙、西沙、中沙、南沙群岛及其各岛、礁、沙、滩的名称，并公布施行。

中华人民共和国成立后，中国政府继续对南海诸岛行使主权。1951年8月15日，外交部长周恩来发表《关于美英对日和约草案及旧金山会议声明》，严正指出：西沙、南沙群岛和东沙、中沙群岛一样，“向为中国领土”；中国对西沙、南沙群岛的主权，“不论美英对日和约有无规定和如何规定，均不受任何影响”。1974年1月，越南西贡当局出动海空军侵犯西沙群岛，我国军民奋勇抗击，驱逐了南越侵略者，捍卫了中国的领土主权。1月20日，我国外交部发表声明，庄严重申：“西沙群岛和南沙群岛、中沙群岛、东沙群岛历来就是中国的领土。”2月24日，我外交部发言人再次指出：南海诸岛“是中国领土的一部分”，“这些岛屿及其附近海域”，我国“具有无可争辩的主权”。

多年来，中国台湾当局一直派军队驻守南沙群岛最大的岛屿太平岛。

四、丰富的资源

南海诸岛是资源丰富的宝库。这里是鸟的天堂，鸟粪资源得天独厚。在西沙群岛的树林里，地上堆积的鸟粪厚达2米。经过风化之后，变成了鸟粪磷矿，有的含磷率高达20%。南海诸岛上，树木丛生，植被繁茂，乔木有喜盐、喜磷、耐旱的麻枫桐、海岸桐，灌木有草海桐、银毛树等，草本植物则有海马齿、厚藤、沟叶结缕草等。南海诸岛附近海域盛产旗鱼、鲣鱼、虎鲨、马鲛鱼、石斑鱼、红鱼、沙丁鱼、飞鱼等，还出产虾、蟹等水产。珊瑚礁中的梅花参，体大、肉厚、脆嫩，是海参中的珍品。生活在汪洋大海中的海龟，经常随

美丽的西沙群岛

暖流光临珊瑚礁，被誉为礁岛的嘉宾。海龟全身都是宝，肉和蛋味道鲜美，龟掌、龟肉、龟血均可入药。

南沙群岛海面上的岛礁

广阔的南海诸岛及其周围海底盆地，蕴藏着丰富的油气资源。莺歌海盆地、珠江口盆地、管事滩盆地都有良好的含油构造。尤其是南沙群岛及其附近海域，有着极为诱人的油气前景。就地理而言，南沙地块是一个变薄的陆块，可分上、中、下三套构造，其中次古新世至始新世的中层构造分布最为广泛，并且是海相地层具变形褶结构。在曾母暗沙，新生地层最厚处大于 10 千米。在万安沙、礼乐滩，新生代地层厚度都大于 4 千米，这种地层是典型的含油气层。专家估计，南沙群岛是世界上四大海底油田之一，甚至有人誉之为世界上第二个“波斯湾”。

另外，在南海还发现了多个高生物区和“草原”生境。同时，次表层有个生物活性层，存在氧的最大值、叶绿素最大值、消光最大值和亚硝酸盐薄层。这对热带海洋生物极为有利。就生产热能而言，南沙群岛及其邻近海域的高生产区，价值一点也不亚于沿海浅海地区。可以预见，在不久的将来，南海海域特别是南沙群岛及其附近海域，将成为我国的重要“粮仓”。

（彭安玉）

第二篇

地理认识的深入

“中国科学史上的里程碑”

——沈括《梦溪笔谈》的地理学思想与创见

沈括是我国北宋时期学识渊博、造诣极深的伟大科学家，其学术成就几乎丰富了科学知识的每一个方面；所著《梦溪笔谈》，广泛涉及文学、艺术、法律、军事、天文、历法、物理、化学、冶金、水利、灌溉、医学、药物、语言、考古、生物、农艺、音乐、建筑等领域，堪称一部科学巨著。英国著名中国科学史研究学者李约瑟称沈括是“中国整部科学史中最卓越的人物”，称《梦溪笔谈》是“中国科学史上的里程碑”。在地理学方面，沈括一生在中国大地上行走了诸多地方，对于地形、地貌、水文、气候、植被、土壤等，更是悉心观察，沉思潜研，提出了一系列新的学术见解，其中不乏重大的发现、发明和创造。

沈括画像

一、推论华北平原的成因是海退

在地质科学方面，《梦溪笔谈》最突出的贡献在于发现并论证了地球上的海陆变迁，认为华北平原在远古时代本是汪洋大海，后来由于“海退”和“河流沉淀”才成为陆地。

熙宁七年（1074），沈括奉使河北，沿太行山北行。《梦溪笔谈》记载了他沿途对自然界的观察所悟：

予奉使河北，遵太行而北。山崖之间，往往衔螺蚌壳及石子如鸟卵者，横亘石壁如带。此乃昔之海滨。今东距海已近千里。所谓大陆者，皆浊泥所湮耳。尧殛鲧于羽山，旧说在东海中，今乃在平陆。凡大河、漳水、滹沱、涿水、桑干之类，悉是浊流。今关陕以西，水行地中，不减百余尺，其泥岁东流，皆为大陆之土，此理必然。

此处沈括根据螺蚌化石阐述了沧海桑田的变化和河川冲积日久成陆的原理。对于化石之成因，古代西方学者如色诺芬尼、希罗多德等已知其梗概。及至中世纪，欧洲教会势力日盛，上帝七日造成世界之说被奉为圭臬，所以及至16世纪，对于化石的解释，还是异论纷纭，为荒诞不经之论。沈括对于化石的推论，极为精确。对河流的沉淀作用，也是知之甚详，不让于欧洲古代之亚里士多德等人。尤为重要的是，他根据太行山地层中找到的贝类化石，推论出太行山麓乃昔日之海滨，暗示广阔的华北大平原乃是海退的产物，并进一步指出山麓距海今已近千里，暗示“浊泥所湮”经历了漫长的地质岁月。

二、揭示黄河淤积的厚度及其加高的速度

沈括考察太行山，在山麓找到贝类化石并由此确认了这里海陆变迁的事实。

黄河是一条“泥河”，素以“善淤、善决、善徙”闻名于世，也是一条高悬于平地的“地上河”。沈括在熙宁五年（1072）对黄河进

行了一次实测，其结论记载在《梦溪笔谈》中：

> 自汴流湮淀，京城东水门下至雍丘、襄邑，河底皆高出堤外平地一丈二尺余，自汴堤下瞰，民居如在深谷。熙宁中，议改疏洛水入汴。予尝因出使，按行汴渠，自京师上善门量至泗州淮岸，凡八百四十里一百三十步。地势，京师之地比泗州凡高十九丈四尺八寸六分。于京城东数里白渠中穿井至三丈，方见旧底。

研究《梦溪笔谈》的著名学者胡道静分析这段文献记载时指出：沈括的实测表明，从公元前131年（西汉武帝元光四年）至公元1072年（北宋神宗熙宁五年）的1200年中，黄河淤积厚度达10米，平均每年淤高1厘米。这样的科学结论，在当时的历史条件和技术力量之下是难能可贵的。

三、阐释流水的侵蚀作用

熙宁六年（1073），沈括奉命相度两浙路农田、水利、差役等事，兼察访。此行他游览了雁荡山，看到“雁荡诸峰，皆峭拔险怪，上耸千尺，穹崖巨谷，不类他山，皆包在诸谷中。自岭外望之，都无所见。至谷中，则森然干霄”。他解释说：“原其理，当是为谷中大水冲激，沙土尽去，惟巨石岿然挺立耳。”他在大小龙湫、水帘、初月谷等地方，自下望之，高岩峭壁，也都是流水穿凿的明显证据。由此沈括联系到“成皋、陕西大涧中，立土动及百尺”，亦即北方黄土区域的直立土墩，也是由于流水的切割所造成的地貌现象。沈括在《梦溪笔谈》中最早提出了流水侵蚀的概念，此外，“瓯穴”“瀑布穴”等名词，也都是他最先使用的。较之同时期提出流水侵蚀概念的阿拉伯学者阿维森纳，沈括的解释更加深刻而具体。而在欧洲，被西方称为“近代地质学之父”的英国人郝登，1788年才在《地球理论》一书中，提出了侵蚀作用的相关理论。

四、认识到地理位置、地形高低与气候、生物等的关系

沈括认为：“土气有早晚，天时有愆伏。如平地三月花者，深山

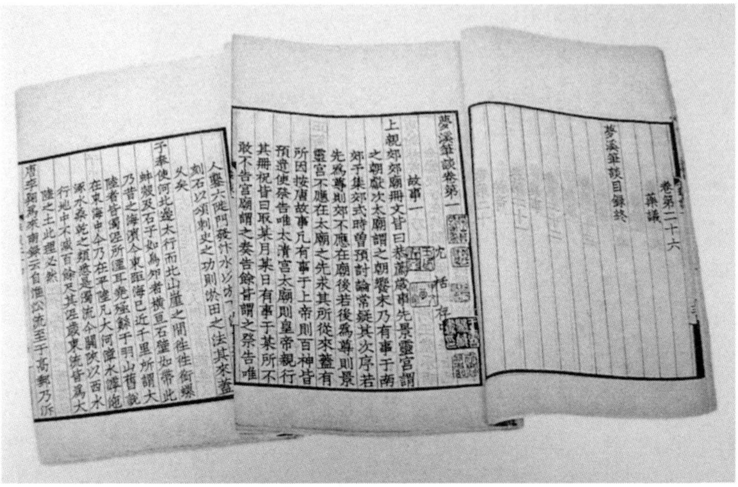

《梦溪笔谈》书影

中则四月花”，并引用白居易《大林寺桃花》诗句“人间四月芳菲尽，山寺桃花始盛开”，说明垂直高度对气温、植物生长的影响，指出地形越高，温度越低，桃花盛开日期自然推迟。现代科学已经揭示，山地每上升 121.9 米，等于平地向北推移纬度一度；山地每上升 1000 米，气温会下降 6 度。沈括的研究结论已接近现代科学知识。沈括还在《梦溪笔谈》中说：“岭峤微草，凌冬不凋；并汾乔木，望秋先殒；诸越则桃李冬实，朔漠则桃李夏荣。”这种南北不同的自然景观是怎样形成的呢？ 沈括指出这是由“地气之不同”造成的，这很符合现代科学原理。

五、发现地磁偏角的存在

《梦溪笔谈》中说：“方家以磁石磨针锋，则能指南。然常微偏东，不全南也。”这就暗示了地磁偏角的存在。王锦光在《古代中国物理学的成就》中说：“沈括由实验得知磁针不是正指南方而微略偏东。这个发现真是十分难得的事情。在卡约黎(Elorian Cajori)著《物理学史》上也有记载：‘磁针不指正南、正北方向，中国人早在十一世纪已经知道。至于各地偏角之有不同，直至 1492 年哥伦布在首次航行中才发现的。’”

六、解释海潮与月球运动的对应关系

沈括在《梦溪笔谈》中对海潮成因及运动规律有一段概括的论述：“卢肇论海潮，以谓‘日出没所激而成’，此极无理。若因日出没，当每日有常，安得复有早晚？予常考其行节，每至月正临子、午，则潮生。候之万万无差。月正午而生者为潮，则正子而生者为汐；正子而生者为潮，则正午而生者为汐。”事实上，早在唐代，浙江人窦叔蒙就已观察到潮汐变化与月球运动存在着一定的关系，即海潮乃是由于月球对地球引力不同所产生的现象。窦氏以其长期的观察记录通过精密计算，得出一个潮汐循环每日所推迟的时间为 50 分 28.04 秒的数据。沈括根据自己的观察，否定了潮汐与太阳出没之间的联系，对海潮与月球运动的对应关系做出解释，与窦叔蒙的结论基本相同。

七、创制立体地图并提出“制图六体”

沈括曾主持过地形测量，积累了地形测量的经验。他意识到，地图当以立体的显示替换平面的显示，才能体现出地势的高低起伏。于是，他试验用面糊木屑堆造地图，但因天寒地冻，不能使用，又改用熔蜡做立体地图。但是，蜡图也难以持久，最后用木头制成立体的木雕地图，称之为“木图”。这一系列的实验，都是沈括在熙宁七年（1074）奉使按边时所做的。《梦溪笔谈》记其事说：

> 予奉使按边，始为木图，写其山川道路。其初遍履山川，旋以面糊、木屑写其形势于木案上。未几寒冻，木屑不可为，又熔蜡为之。皆欲其轻，易赍故也。至官所，则以木刻上之。上召辅臣同观，乃诏边州皆为木图，藏于内府。

显然，沈括创制的立体木雕图，受到了宋神宗的重视。宋神宗诏令沿边各州皆造木图，作为国防参考地图而秘藏。这种立体地图的出现比西欧早了七百多年。沈括的方法到了南宋还在行用，黄裳和朱熹都制作过立体地图，其中朱熹的立体地图用胶泥做成，比木刻者更为方便。

熙宁九年（1076），沈括奉旨编修《天下州县图》。他兢兢业业，“遍探广内之书，参更四方之论”，历经 12 个年头，终于在元祐二年（1087）完成了此项艰巨工作，正式定名为《守令图》。《长兴集》卷十六记载其图“并以二寸折百里，其间道路迂直、山川隔碍处，各随事准折”，共为“大图一轴，高一丈二尺，广一丈；小图一轴；诸路图一十八轴。并用黄绫装裱。副本二十轴，用紫绫装裱”。关于《守令图》的绘制方法，《梦溪笔谈》有一段详尽叙述，经过胡道静先生的校正，这段文字是：

> 予尝为《守令图》，虽以二寸折百里为分率，又立准望、互同，旁验高下、方斜、迂直之法，以取鸟飞之数。

在这里，沈括提出了著名的“制图六体”，即分率、准望、高下、方斜、迂直、互同。与西晋裴秀的制图六体相比，沈括的制图六体增加了“互同”，减少了“道里”。在沈括看来，“道里”所指者，是地图上的距离。既有“分率”，则“道里”已在其中，就不再作为一法。沈括所设的“互同”之法，是裴秀所没有的。胡道静《〈梦溪笔谈〉补证》一文指出：所谓“互同”，非常可能是相似于现代地图绘制法所使用的“等高线”的标记。因为沈括制造过立体的木屑图、蜡图和木雕图，所以在绘制平面地图的时候，他就会考虑到用一种方法来标记出立体地形图上的同等高度，这种标记的形式因为《守令图》已失而不能知道，但是它的制图法名称为“互同”，就表达出了“等高”的意义。

沈括绘制的《守令图》，在方向的表示上，“分四至八到，为二十四至，以十二支、甲乙丙丁庚辛壬癸八干、乾坤艮巽四卦名之”。较之以前的《元和郡县图志》《太平寰宇记》等只用八个方向的表示方法，显然更为精细。这种 24 个方位的表示方法，到了元、明二代，已被广泛采用，并应用到航海罗盘仪上。

八、凭借古生物化石探索地区性的古气候

沈括对于化石有正确的认识，如据蚌壳化石推测华北平原的成因是海退。此外，他还从延安发现竹化石推知远古西北地区的气温高于后世。《梦溪笔谈》说：

> 近岁延州永宁关大河岸崩，入地数十尺，土下得竹笋一林，凡数百茎，根干相连，悉化为石……延郡素无竹，此入在数十尺土下，不知其何代物。无乃旷古以前，地卑气湿而宜竹耶？

沈括所见到的化石，用现代古生物学的眼光来分析，并不是竹子，而是古代的一种蕨类植物芦木，但能从植物的化石上，探索古代的

气候条件，这不能不说是沈括的过人之处。

九、大胆预言“石油”必将“大行其道”

《梦溪笔谈》记载陕北石油发现情况时说：“鄜延（陕西）境内有石油。旧说高奴县出‘脂水’，即此也。生于水际，沙石与泉水相杂，惘惘而出……颇似淳漆，燃之如麻，但烟甚浓，所沾幄幕皆黑，予疑其烟可用，试扫其烟以为墨，黑光如漆，松墨不及也。遂大为之，其识文为‘延川石液’者是也。”并且断言“此物后必大行于世”。沈括的预言，今日已经成为现实。延长油田，现在已经被大规模开采了。

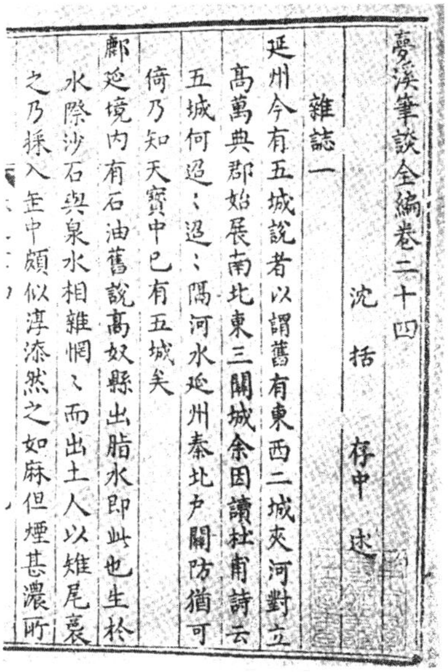

夢溪筆談全編卷二十四

沈括存中述

雜誌一

延州今有五城說者以謂舊有東西二城夾河對立高萬興郡始展南北東三關城余因讀杜甫詩云五城何迢々迢々隔河水延州秦北戶關防猶可倚乃知天寶中已有五城矣

鄜延境內有石油舊說高奴縣出脂水即此也生於水際沙石與泉水相雜惘々而出土人以雉尾裛之乃採入缶中頗似淳漆然之如麻但煙甚濃所

《梦溪笔谈》中关于“石油”的记载

十、重视地志、地名问题

北宋时代，地志、图经兴修已盛。作为一位地理学者，沈括对于地方志相当重视，翻阅颇多。在此过程中，沈括发现地志多有夸侈失考之病，即为增加地方的光荣，对于历史上的名人以及古迹胜景，总是尽可能多地纳入本地而加以志记，却疏于考订，误以他地所有滥入本地，犯了“失实”之忌。《梦溪笔谈》中辨明的一事，可以作为例证：

由沈括本人设计建造的梦溪园，在今江苏省镇江市东南隅。

梦溪园内景

海州东海县西北，有二古墓，《图志》谓之“黄儿墓”，有一石碑，已漫灭不可读，莫知黄儿者何人。石延年通判海州，因行县见之，曰：“汉二疏，东海人，此必其墓也。”遂谓之二疏墓，刻碑于其旁，后人又收入《图经》。予按，疏广，东海兰陵人。兰陵今属沂州承县；今东海县乃汉之赣榆，自属琅琊郡，非古之东海也。今承县东四十里自有疏广墓，其东又二里有疏受墓。延年不讲地志，但见今谓之东海县，遂以“二疏”名之，极为乖误。

沈括感慨系之，评议说：“大凡地名如此者最多”，“天下地书，皆不可坚信”。

沈括还发现古今地名地点多所错乱，意识到“地名学”研究的必要性。《梦溪笔谈》说：“天下地名错乱乖谬，率难考信。如楚章华台，亳州城父县、陈州商水县、荆州江陵、长林、监利县皆有之。乾溪亦有数处。”接着沈括做了自己的考证，发现漳水、洛水命名多有重复。《梦溪笔谈》说：“水以漳名、洛名者最多，今略举数处。赵、晋之间有清漳、浊漳，当阳有漳水，赣上有漳水，鄣郡有漳江，漳州有漳浦，亳州有漳水，安州有漳水。洛中有洛水，北地郡有洛水，沙县有洛水。此概举一二耳，其详不能具载。”他已注意到地名、水名的重复问题。

作为中国11世纪的一部百科全书和科技巨著，沈括所著《梦溪笔谈》在中国科学发展史上具有极其重要的地位；而《梦溪笔谈》的地理学思想及其创见，在中国地理学史上同样具有里程碑式的意义。

（彭安玉）

啸吟山水天地宽

——徐霞客与王士性的地理考察活动

中国地理之学，追根溯源，滥觞于《禹贡》，禹别九州，随山刊木，任土作贡，《禹贡》第一次系统性地提出了地理观念。其后又有《山海经》、《穆天子传》、《史记》之《货殖列传》与《河渠书》、《汉书》之《沟洫志》与《地理志》等地理著作或篇章相继问世，分别从山脉、水脉、交通、经济、沿革等不同角度阐述了我国古代的地理概念与地理状况。这些地理著作奠定了我国地理学的基础，对后世影响极为深远。

随着人类文明的不断进步与发展，人们的地理知识与地理视野也在不断扩展。秦汉以降，更是涌现出了大批的地理学家，他们往往因政治、宗教以及军事等各种不同的原因而得以寄身四海，游历八方，写下了一篇篇地理著作，为我国地理学的不断丰富与发展做出了不可磨灭的贡献。

二十多年前，著名历史地理学家谭其骧先生曾主编《中国历代地理学家评传》三卷，而由《评传》之选目，略可窥见中国古代及近代地理学之盛。《评传》的第一卷为“秦汉魏晋南

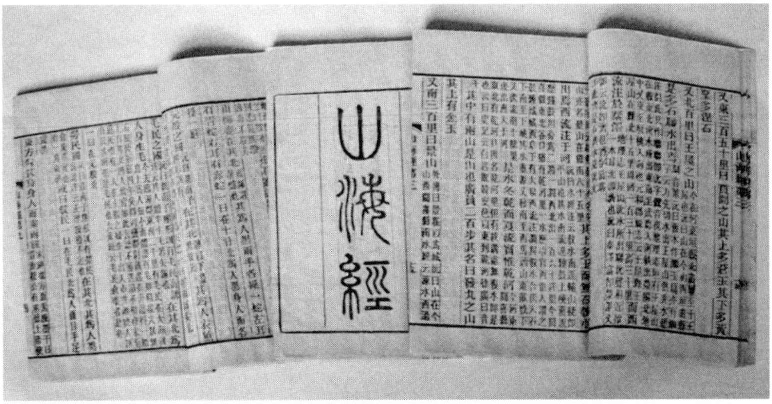

《山海经》书影

北朝唐”，立传者有张骞、司马迁、班固、班超、班勇、杜预、裴秀、京相璠、郭璞、法显、阚骃、盛弘之、郦道元、杨衒之、玄奘、贾耽、李吉甫、樊绰及不知姓名的《禹贡》作者、《穆天子传》作者、马王堆古地图作者、《三辅黄图》作者，计22人；《评传》的第二卷为“两宋元明”，为乐史、宋敏求、王存、沈括、郑亶、郑侨、单锷、徐兢、程大昌、范成大、王象之、王应麟、赵汝适、耶律楚材、李志常、刘郁、郭守敬、朱思本、周达观、汪大渊、马欢、费信、巩珍、罗洪先、潘季驯、郑若曾、王士性、张燮、徐霞客、陈组绶凡30人立传；又《评传》第三卷“清、近现代”，立传者共有31人，即顾炎武、顾祖禹、刘献庭、胡渭、孙兰、梁份、图理琛、陈伦炯、明安图、齐召南、沈垚、李兆洛、徐松、张穆、魏源、何秋涛、徐继畬、杨守敬、丁谦、曹廷杰、张相文、熊会贞、丁文江、陶葆廉、武同举、王庸、黄国璋、李四光、翁文灏、竺可桢、顾颉刚，并补遗3人，为唐时杜环、明时章潢与谢肇淛。需要指出的是，这还远非中国历代地理学家之全部。而在上述这八十余位地理学家中，扩大了中国人之地理视野、深化了中国人之地理认识、揭秘了诸多地理现象、复原了往古之地理面貌者，又可谓比比皆是。正是在历代学者的不断探索过程中，中国地理学日渐发展、丰富起来，并形成了自然地理、人文地理两大地理学领域。而一部中国地理大发现史，也是与这些杰出的中国地理学家联系在一起的。

然而不容讳言，从总体上看来，中国古代地理学的发展还是比较缓慢的，这一方面是因为古代虽然出现了不少杰出的地理学家，但他们的地理考察活动往往是政治、宗教等目的的附属产物，所以有时难免偏颇于一隅，局限于一地，如法显、玄奘便是因西行取经而分别著有《佛国记》《大唐西域记》；而班勇是因经营西域而著有《西域记》的。另一方面，中国古代的一些地理著作，或非作者据其亲身考察经历而写成，而只是抄录历史上有关文献资料或采集传闻而成，这样便难以反映真实的地理面貌。这种坐困书斋、弄天下地理形势于脑海笔端的地理学研究方法，在中国历史上是相当盛行的，这又在很大程度上影响了中国古代地理学的发展。然则考虑及此，明朝末年的徐霞客与王士性，便是值得大力表彰的两位不同凡响的地理学家了。

晚明是社会风气发生变革的时代，许多知识分子渐渐摆脱了程朱理学崇尚空谈与不务实际的思想束缚，开始步出书斋，寄情于山水之间，于是一时之间，涌现出了一大批山水游记。其中有些游记已不再单纯只是记录山水与抒发情感，而且还融入了许多作者对自然和社会诸种现象进行的认真考察和细致分析。在这些游记作者中，徐霞客与王士性更是佼佼者，徐霞客为自然地理研究的集大成者，王士性注意分析自己所观察到的各地人文地理现象。徐霞客与王士性两人，分别从自然地理与人文地理的不同侧重点，强力推动了我国古代地理学的发展。

一、徐霞客的自然地理考察与发现

“泛泛乎，蓬蓬然，亦不佛，亦不仙，半若痴玩半若颠，搅扰天地年复年。”这是徐霞客友人唐泰赠予徐霞客的一首诗，生动地描绘出徐霞客一生浪迹江湖的奇人形象。

徐霞客（1586—1641），名弘祖，字振之，江阴（今江苏江阴市）人。“霞客”是友人陈眉公为徐弘祖取的别号，以徐弘祖一生游历事观之，“霞客”这一别号可谓极为贴切。徐霞客自幼天资聪慧，却素不喜科考之书，惟好读历史、地理以及探险游记之类的书，并进而向往着“问奇于名山大川”，所以自少时便被人“目为餐霞中人”。陈函辉作《徐霞客墓志铭》，曾记徐霞客“及观严夫子‘州有九，涉其八；岳有五，登其四’，又抚掌曰：‘丈夫当朝碧海而暮苍梧，乃以一隅自限耶！’”其烟霞之志可略见之。

待到成年，徐霞客便开始将少时的理想化为现实中的行动了。他的第一次出游，是在20岁那年到距离家乡不远的太湖。这之后他的脚步越行越远，道路越走越宽，在三十多年的漫游生涯中，他东渡普陀，北历燕冀，南涉闽粤，西北直攀太华之巅，西南远达云贵边陲，足迹及于今江苏、浙江、安徽、江西、河北、河南、山东、山西、陕西、湖北、湖南、福建、广东、广西、云南、贵州16个省，甚至还有可能到过四川。

徐霞客得以顺利出游，是和其家庭背景有关的。

徐霞客画像

今江苏省江阴市马镇的徐霞客故居

一方面他家资饶富，因而可以不为生计困扰，得以专心从事游历；另一方面，他的母亲对他的出游给予了有力支持。其母曾说“志在四方，男子事也”，又说“岂令儿以藩中雉、辕下驹坐困为”。并曾亲手为儿子制作远游冠以壮其行色，巾帼豪迈之志远过于一般须眉。她七十多岁的时候，还主动陪儿子出游家乡附近的荆溪、句曲，以显示其身体很好，打消徐霞客出游的顾虑。

徐霞客的出游，一则出于他的天然之性，另则出于其对古人一些地理记录的不满。通过广泛的阅读，他发现并指出了古代一些图经地志的不足，“昔人志星官舆地，多以承袭附会，即江河二经，山脉三条，自纪载来，俱囿于中国一方，未测浩衍”。鉴于此种情况，他立志通过亲身考察，以纠正古人承袭之误。

徐霞客生活的时代，游历之风极为兴盛，官宦士大夫们每多借“宦游”之机寄情山水。但徐霞客的出游，与这种借做官之便的“宦游”颇有不同，他是以“自费”的方式出游的。以布衣出游，且遍游天下，这正是徐霞客矫出时人之处。

徐霞客游历的另一特点，是他的出游既不同于一般文人简单的“游山玩水”，也有别于历史上如张骞、法显等人出于政治或宗教目的的游历活动，他是纯粹以考察自然为目的的，所以他于各种地理形迹搜求颇细，“其行不从官道，但有名胜，辄迂回屈曲以寻之；

先审视山脉如何去来，水脉如何分合，既得大势，一丘一壑，支搜节讨。登不必有径，荒榛密箐，无不穿也；涉不必有津，冲湍恶泷，无不绝也。峰极危者，必跃而踞其巅；洞极邃者，必猿挂蛇行，穷其旁出之窦”。试问这种探索精神，古今几人能有？

徐霞客这些与众不同的特点，使得他可以观察、探索到许多别人无法观察与探索到的自然景观。不过也正是这些特点，注定了他行程的艰难。他早期的出游，多与一二亲友结伴同行，且游踪较近，所以还算轻松；而后期的荡足远迈，却往往只带一二仆人担负行囊，甚至还常常会因为游心迫切而孤身行进于危崖绝峰之间。途中飞雪暴雨之侵袭、危岩险滩之登涉是常有之事，如其在登白岳山时，曾独自冒雨夜行，“过桥，依山麓十里，至岩下，已暮，登山五里，借庙中灯，冒雪蹑冰，二里，过天门”；又如有一次他在云南腾越州，在雅乌山附近见一山峰上有一山洞，欲登而无路，于是攀岩而上，不料这样攀登了半里之后，“土削不能受足，以指攀草根而登。已而草根亦不能受指，幸而及石，然石亦不坚，践之辄陨，间得一少粘者，绷足挂指，如平帖于壁，不容移一步，欲上既无援，欲下亦无地”，最后他“先试得其两手两足四处不摧之石，然后悬空移一手，随悬空移一足，一手足牢，然后悬空又移一手足，幸石不坠；又手足无力欲自坠，久之，幸攀而上”。这样危险的境地，连他自己也说：“生平所历危境，无逾于此。”这是他所经历的自然险境。除此之外，他还有两次遇盗、三次绝粮的悲惨经历，连性命都几乎丢掉。后来潘耒在为其游记所作的序中，曾说霞客的游历乃是“以躯命游”，此可谓确言。

“以性灵游”是潘耒对徐霞客出游的另一评价。徐霞客的游历是将其身心都融入山水之中去的。他对山水的喜爱，甚至达到了一种痴迷的境界，如其在登雁荡山时，正赶上下雨，“余见四山云雨凄凄，不能不为明晨忧也”，游心之切可以见之；又如其登上黄山莲花峰，“其巅廓然，四望空碧……独出诸峰上，四面岩壁环耸；遇朝阳霁色，鲜映层发，令人狂叫欲舞”。山水之美竟使霞客情不自禁地要翩翩起舞了。

徐霞客“以躯命游，以性灵游”所做的游历活动，最终凝结成一部厚重的《徐霞客游记》。这部游记以日记的体裁详细记录了徐霞客野外考察活动的所行、所见以及心得体会，其内容涉猎极广，包

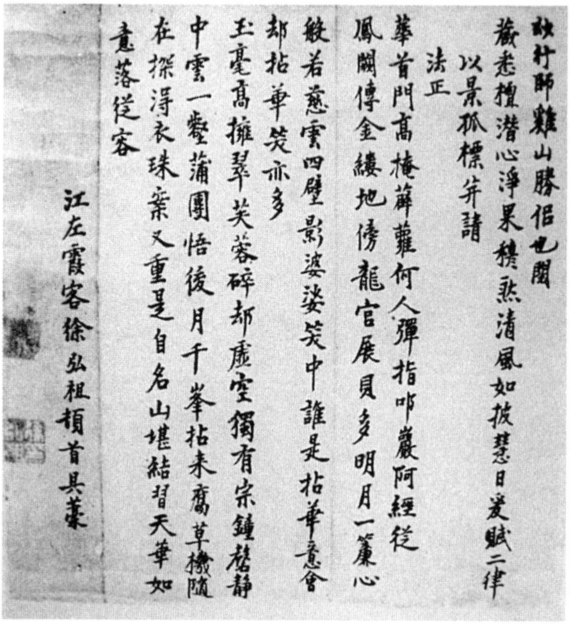

徐霞客手迹

括地理、民俗、民族、政治、宗教、边防等诸多方面，地理方面的内容是其主体，也是最能体现其科学价值的部分。而地理方面最富科学价值的，是对我国西南地区岩溶地貌的考察和研究。

岩溶地貌，即石灰岩溶蚀地貌，又称喀斯特（Karst）地貌，是指地下水和地表水对可溶性岩石的破坏和改造作用及由此形成的水文现象和地貌现象。喀斯特原是前南斯拉夫西北部石灰岩高原的地名，那里发育着各种奇特的石灰岩地形。19 世纪末，前南斯拉夫学者司威杰（J. Cvijic）研究了喀斯特高原的各种石灰岩地形，并把这种地貌称为喀斯特地貌。

岩溶地貌在我国古代的许多典籍和地方志中多有记载。如南宋范成大的《桂海虞衡志》中曾描写过广西桂林的石灰岩洞穴。然而，对岩溶地貌真正进行大规模考察研究是从徐霞客开始的。徐霞客对石灰岩地貌展开研究是在 17 世纪上半叶，而当前南斯拉夫学者司威杰对此展开研究并将其命名为“喀斯特”时，已经是 19 世纪末叶了。因此，徐霞客不仅在我国是从事此项研究的第一人，在世界上也是此项研究的先驱。

岩溶地貌在我国分布非常广泛，超过 130 万平方千米，其中又以西南地区为最重要的分布区，面积达 55 万平方千米。这是现代调查的结果，而徐霞客在经过广泛考察后，也曾指出：“西南始于此（指云南罗平），东北尽于道州（今湖南道县），磅礴数千里”，这与现代调查结果基本相符。

徐霞客不仅考察了岩溶地貌的分布范围，而且还对各地的岩溶地貌进行了比较研究。如他曾这样描绘广西、云南、贵州等地岩溶地貌的差异：“粤西之山，有纯石者，有间石者，各自分行独挺，不相混杂；滇南之山，皆土峰缭绕，间有缀石，亦十不一二，故环洼为多；黔南之山，则界于二者之间，独以逼耸见奇；滇山惟多土，故多壅流成海，而流多浑浊……粤山惟石，故多穿穴之流，而水悉澄清。而黔流亦界于二者之间。”以今日科考结果证之当知徐霞客观察的细致与分析的正确。

关于岩溶地貌的类型，历史上也曾有过考察，例如宋代学者周去非在《岭外代答》中曾提到有“崖”“洞”“峰”三种岩溶地貌类型。而徐霞客所考察到的岩溶地貌，几乎包括了岩溶地貌的各种类型，如属于地上岩溶形态的溶沟、石芽、落水洞、漏斗、溶蚀洼地、岩溶盆地、干谷、盲谷、峰丛、峰林和孤峰等；属于地下岩溶形态的各种洞穴、洞穴堆积物以及地下河、岩溶泉等。相对于历史上有关岩溶地貌的考察，徐霞客可谓取得了极大的进步。

例如溶沟和石芽，二者是地表水流沿石灰岩坡面流动，不断进行溶蚀和冲蚀而形成的。地表水在石灰岩表面溶蚀和侵蚀出的许多凹槽，称为溶沟。而溶沟之间的突出部分，称为石芽。《游记》中对溶沟与石芽的记述很多，如湖南茶陵云阳山一带“岭忽乱石森列，片片若攒刃交戟”，湖南永州南面的陈皮铺“石片层层，尽若鸡距龙爪，下蹲于地，又如丝瓜之囊，筋缕外络而中悉透空”，此皆典型的石芽、溶沟地貌。

《游记》中还极多地提到峰林，或叫石林，这是指非常高大的石芽分散或成群地出现在平地上，远望如林的一种岩溶形态。《游记》

广西漓江

云南路南石林

中“诸危峰分峙迭出于前，愈离立献奇，联翩角胜矣。石峰之下，俱水汇不流，深者尺许，浅仅半尺。诸峰倒插于中，如出水青莲，亭亭直上”云云，便是对这种岩溶形态的形象描写。

落水洞，是岩溶区地表水从谷地流向地下河或地下溶洞的通道，它是岩溶垂直流水对裂隙不断进行溶蚀并伴随坍陷而成的。《游记》中记载有各种不同类型的落水洞，如记湖南茶陵东岭，“岭头多漩涡成潭，如釜之仰，釜底俱有穴直下为井，或深或浅，或不见其底，是为九十九井”，这是竖井状落水洞。徐霞客还进一步指出了这种落水洞形成的原因，“始知是山下皆石骨玲珑，上透一窍，辄水捣成井”。在广西崇左市青莲山，“有深窞悬平畴中，下陷如阱，上开线峡，南北横裂，中跨一石如桥，界而为两，其南有磴，可循而下”，这是裂隙状落水洞；还是广西崇左市，在媚娘山一带，“路侧有窞一圆，名龙井。下坠五六丈，四围大，径三丈，俱纯石环壁，坠空缀磴而下，下底甚平，东北裂一门，透门以入其内，水声潺潺，路遂昏黑。践崖扪隙，其下忽深不可测”，这是漏斗状落水洞。

由相同机理而形成的还有漏斗、溶蚀洼地和岩溶盆地。漏斗是岩溶化地面上的一种圆形封闭洼地，平面轮廓为圆形或椭圆形，直径数十米，深数米至十几米。如《游记》中记载了浙江金华府的一个大型漏斗地貌：“两山夹中，又回环而成一洼，大且百丈，深数十丈，螺旋而下，而中竟无水。”又溶蚀洼地是四周为低山丘陵和峰林所包围的封闭洼地。它的形状和溶蚀漏斗相似，但规模要比溶蚀漏斗大得多，乃是漏斗进一步溶蚀扩大而成的。其内可以居住，可以耕种。《游记》中称为“盘洼”或“峒”的即是这种岩溶地貌。其形态如“深岩回渊，其上削崖四合，环转无隙，高墉大纛，上与天齐，中圆若规”。又岩溶盆地也称“坡立谷”，是指岩溶地区一些宽广平坦的盆地或谷地，是大型的溶蚀洼地。《游记》中所描绘的“盘壑”“甸”“坞”等便是这种地貌。如《游记》中提到在云南罗平某地的一处“盘壑”，“环山成洼，中有盘壑，水绕其底而成田塍”；又提到云南腾冲市芹菜塘有一处“坞”，“乃四面小山环围而成者，不比他川之沿溪成峡而已”；还提到云南右甸城（今云南昌宁）所在的“甸”，“右甸之城，中悬南坡之下，甸中平畴一围，聚落颇盛。四面山环不甚高……甸中自成一洞天，其地犹高，而甸乃圆平，非狭嵌”。

《游记》中涉及诸多的干谷和盲谷。干谷是岩溶区的干涸河谷，河流主河下切使岩溶水的水平循环带下降，河流失去补给，导致地表河谷成为干谷。《游记》中所记载的“山盘大壑而无水，沟涧之形，似亦望东南去”，即描写了云南鹤庆县境内一处典型的干谷。盲谷是岩溶地区没有出口的地表河谷，一般是水流在河谷的末端流入落水洞转为伏流，从而形成一种上下游封闭的谷地。对这种地貌现象，《游记》中亦有颇多记载，云南保山的大小落水坑即是典型例子，如小落水坑，“西下绝壑，视西来腾跃之水，一里抵壑之悬绝处，则水忽透石穴下坠”，流水透石穴下坠，即进入落水洞成为伏流，于是地表河流消失，形成盲谷地貌。

徐霞客还记述了很多处天生桥。他解释天生桥的成因说：“天生桥非桥也，即大落水洞透穴潜行，而路乃逾山涉之。”《游记》中曾记载江西贵溪市附近，“溪南一桥门架空，以为城门与卷梁皆无此高跨之理，执途人而问之，知为仙人桥，乃石架两山间，非砖砌所成也”，即是典型的天生桥岩溶地貌。

对地下岩溶地貌的考察，是徐霞客岩溶地貌考察活动中的另一重要内容，这包括对各种洞穴、洞穴堆积物以及地下河、岩溶泉的考察。

据《游记》所载，徐霞客曾深入考察过的溶洞有两百多个。在考察中，徐霞客十分注意溶洞的洞口朝向，洞穴的高低、宽窄和深浅，并进而据其所观察到的现象将溶洞分析归纳为各种不同的类型。如他按地下溶洞水文情况把溶洞分为干洞和水洞，以其所考察记录的浙江新城的溶洞为例，“一转而北，一转而南。北者为干洞，拾级而上，如登楼躡阁。三十丈后，又转而南，辟一小阁，颇觉幽异。

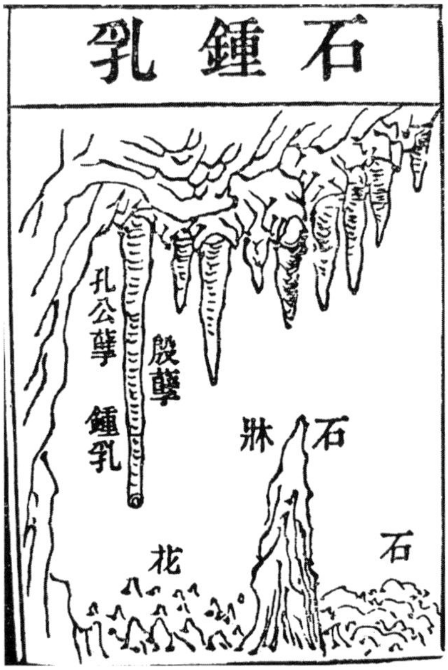

石钟乳（孔公孽、殷孽或钟乳）、石笋（石床）和晶状沉积物（石花）。采自李时珍《本草纲目》。

南者为水洞，一转即仙田成畦，塍界层层，水满其中，不流不涸”。按照气候情况，徐霞客把溶洞分为暖洞、冷洞和风洞，如记广西向武州境内的一处暖洞，“东进六丈后，忽烘然内暖，若有界其中者”，对这种现象他进一步解释说：“盖其后无旁窦，而气盎不泄也”，意即由于洞内没有另外的通道，暖风聚集不散而使得洞内温暖；又如雁荡山风洞，“洞口仅半规，风蓬蓬出射数步外”。

洞穴堆积物是指洞穴中各种不同成因的堆积物，主要有化学堆积物、机械堆积物和生物堆积物，这些堆积物往往相应形成一些特殊的堆积形态。《游记》中提到的各种堆积形态，尤其是化学堆积物形成的堆积形态极多，如各种石钟乳，或像“幔天帐”“葡萄伞”“仙钟”“仙鼓”，或“倒垂若莲花，下卷若象鼻”，或“如牛心，如马肺”“如莲叶卷覆”；又如各种石柱、石笋，或圆或方，挺立于洞中；至于石钟乳与石柱、石笋相对的形态就更为奇特，“上下相对，所不接者不盈咫”。除了这些堆积形态，洞穴中还有如石田、石盘、石荷叶、石果、石珠等各种千奇百怪的形态，它们将洞穴点缀得绚丽多彩，平添了无尽的神奇。

《游记》中提到了不少地下河。地下河是石灰岩地区沿裂隙溶蚀而成的地下水汇集和排泄的通道，又称暗河或伏流。徐霞客在广

广西桂林芦笛岩

西游勾漏山，曾于勾漏山庵后峰东南角处发现“有清流一方，淙淙自乱石中流出，其上则草石蒙茸，其下则西南成小溪去，行道者俱从此渡崖，庵与营俱从此取汲，而无问其所从来者”。为寻水之源头，徐霞客不顾可能遇到猛虎的危险，“攀棘践刺上跻，觅之深蔓中”，最后终于发现泉水来自一条由南向北的地下河。

《游记》中对溶洞以及溶洞内各种堆积物形态和地下河等的诸多描述，是历史上关于岩洞的早期科学考察的记录。岩洞研究后来逐渐发展成为一门专门学科，即“洞穴学”，而徐霞客实际上开了“洞穴学”的先河。

除了属于首创性质的对岩溶地貌的系统考察与研究，徐霞客还通过实地调查纠正了历史上一些错误的地理认识，如他对长江源头进行了实地考察，“北历三秦，南极五岭，西出石门、金沙”，并写成了著名的《江源考》，批驳了《禹贡》的“岷山导江”说，指出金沙江为长江的真正源头。他的这一考察结果虽与现代人们所认知的江源尚有一定差距，但在当时把人们对江源的认识向正确的方向推进了一步，而且徐霞客敢于对《禹贡》旧说提出质疑，在当时更是起到了一种解放思想的作用。

徐霞客指出金沙江为长江的真正源头。图为金沙江的一段。

徐霞客在对诸水系的考察过程中，认识到了河床坡度是影响河水流速的重要因素。如他以福建建溪与宁洋之溪为例，“宁洋之溪，悬溜迅急，十倍建溪。盖浦城至闽安入海，八百余里；宁洋至海澄入海，止三百余里；程愈迫，则流愈急”。即河床坡度愈陡，河水流速愈大。

对火山与地热的考察为徐霞客《游记》中的另一特色。徐霞客曾亲自到云南打鹰山的火山地貌现场进行考察，对火山地貌的各种形态做了详细描述，如其描写火山浮石，“山顶之石，色赭赤而质轻浮，状如蜂房，为浮沫结成者，虽大至合抱，而两指可携，然其质仍坚，真劫灰之余也”；又如描写火山爆发后形成的火山口，“上起两峰而中坳，遥望之，状如马鞍，故又名马鞍山”，此处之“马鞍山”即指火山口。又我国地热资源极为丰富，自古以来却少见于典籍记载，徐霞客对地热资源的考察填补了这一空白。徐霞客在《游记》中不但记录了二十余处地热资源，而且还将其划分为温泉、热水泉和沸泉三类，并分别给予形象、生动的描写，如其描写云南腾越州打鹰山北面热水塘的“沸泉”，“小水之左右，泉孔随地而出，其大如管，喷窍而上，作鼓沸状，滔滔有声，跃起水面者二三寸，其热如沸”。徐霞客对地热资源的考察，在今天地热的开发利用方面仍具有宝贵的参考价值。

《徐霞客游记》路线图

徐霞客在登涉天下名山大川，考察山脉水脉之走势，觅奇峰探

幽洞之际，也对各种植物、动物的种类及分布情况进行了考察，并在《游记》中多有记载。除一般动植物外，他还记录了一些珍稀植物和动物，植物如雁荡山方竹、黄山怪松、庐山宝树、嵩山白松、五台山天花菜、武当山榔梅、湖南千叶绯桃、广西木棉等，动物则有各地特产的鱼类、华南虎、贵州及云南等地的大象等。这些资料对于研究我国动植物的分布及历史变迁，有着重要的参考作用。另外徐霞客还注意观察了动植物与地理环境的关系，如其记黄山天都峰上“其松犹有曲挺纵横者，柏虽大干如臂，无不平贴石上如苔藓然”，这体现了山体海拔因素影响植物生长的物候学原理。

徐霞客遍游天下，关注最多的是自然地理，但于人文地理亦有所涉及，有关各地的各种人文地理现象每每散见于《游记》之中，篇幅虽然不多，但也涵盖了诸如矿藏开采、农业、手工业以及各地贸易、交通等方面。如谈到矿藏开采，其游山西恒山，注意到“山皆煤炭，不深凿即可得”；在湖南攸县，注意到人民舍柴用煤的情况，“界北诸山皆出煤，攸人用煤不用柴，乡人争输入市，不绝于路”。

在农业方面，徐霞客就一些农作物的种类和分布特点，以及地方农业耕作特点等进行了考察与描绘，如“川中田禾丰美，甲于诸郡。冯密之麦，亦甲诸郡，称为瑞麦，以粒长倍于常麦”。他还谈到农作物的地区分布特点，如他注意到云南亦佐水槽“冈头无田，其上皆耕崖锄陇，只堪种粟”，亦佐马坊“西北随坡平下，其路甚坦，而种麻满坡南……西南坞中，有数家之聚，田河四绕”。关于一些地方的耕作特点，如他记云南丽江，“其地田亩，三年种禾一番，本年种禾，次年种豆菜之类，第三年则停而不种。又次年，乃复种禾”。

在往来贸易方面，《游记》记载了徐霞客所见的一些地区的集市贸易情况和边贸情况，如记云南大理某处集市，“时男女杂沓，交臂不辨，乃遍行场市……观场中诸物，多药，多毡布及铜器木具”；云南铁甲场的边境贸易情况，“其村氓惯走缅甸，皆出彝货，以孩儿茶点飨客，茶色若胭脂而无味”。

徐霞客对全国各地的水路与陆路交通情况也有较多记述，而其记述的西南地区交通情况更具特色，如其记载了在云南与贵州的一些地方，以象和牦牛为运输工具，而在一些深山峡谷中，则有藤桥和铁索桥方便交通出入，这些具有地方特色的交通运输情况，为当

云南墨脱独龙河上的藤桥。这是中国最长的藤桥，全长约 230 米。

时中原地区所无，读来令人增广见闻。

总体来说，徐霞客以其三十年的亲身游历活动，仔细考察并生动记述了祖国的山山水水，在地理学尤其是自然地理学方面，获取了大量宝贵的第一手资料。他的这些科学考察资料及其从考察中得出的地理见解、做出的概括和总结，为现代科学地理学的最终创立做出了贡献。从某种意义上说，徐霞客是中国古代自然地理学发展的集大成者。

二、王士性的人文地理考察与发现

在游风颇盛的明代，还有一位同样性喜游历并且为我国地理学发展做出了不凡贡献的地理学家，他便是较徐霞客早出四十年的王士性。

王士性（1547—1598），字恒叔，号元白道人，浙江临海人。他宦海生涯二十余年，先后在河南、北京、四川、广西、云南、山东、南京等地做过官，故而得以历游天下，足迹遍及当时的两京十二省。显然，与徐霞客的“自费”出游不同，王士性的游历方式，属于当时极为流行的士大夫阶层的“宦游”一类。然而王士性之“宦游”，却又异于一般官场中人的“宦游”，他自己就曾说过：“吾视天地间一切造化之变，人情物理、悲喜顺逆之遭，无不于吾游寄焉。”所以，王士性之游，并非像一般士大夫的“游山玩水”，而是类同于徐霞客的游历天下，以开阔的思路，认真关注一般人未注意到的事物与现象，并进而分析其原因或渊源。而他与徐霞客不同的地方，即在于徐霞客所关注的更多的是自然地理，而王士性则偏重于人文地理。

人文地理的发展，在我国有着悠久的历史传统。《禹贡》分天下为九州、五服。九州内的田赋、水陆交通及少数民族的情况以及五服这种理想区域的划分，皆是人文地理的最初发展体现。但是自《汉书·地理志》以后，我国人文地理几乎保持了一种单线性的发展，即单纯地局限于疆域政区沿革变迁的记述，而在文化、经济、风俗等领域则缺乏系统与完善的研究。这是历代以来极少有人走出书斋进行实地考察，只能通过口耳相传或对文献进行反复考证的必然结果，这对于地理学的全面发展是极为不利的。人文地理的这种畸形发展，在“风气渐开”的晚明时代开始改变，而王士性在这种改变方面做出了极大贡献。

王士性二十余年的宦游生涯，使他得以亲见亲闻天下诸般事物和现象，从而能够深入地体会和思考，并进而探索地理学的内在规律。王士性的地理著作主要有《五岳游草》《广游志》《广志绎》三种，其中《五岳游草》记其旅游行踪及诗文，《广游志》与《广志绎》则阐述了作者的地理学思想。《广志绎》是在《广游志》的基础上做进一步阐述而成的，所以更加集中地体现了作者的地理学思想，是作者最重要的地理著作。在他的这些地理著作中，我们可以详见其进行深入观察与分析的地理学思维方法及其取得的地理学研究成果。

综观王士性所行所记，其对人文地理学的贡献或其在人文地理学方面的考察成就，主要表现在经济地理、社会文化地理、旅游地理及军事地理等几个方面。

认识到地理学的区域性特点，并对不同区域内的各种地理现象，从微观的角度进行观察与从宏观的角度做出总结，是王士性地理学思想的重要表现方法。如在经济地理方面，王士性通过考察与分析，对全国进行了全面系统的经济区的划分，其在《广志绎·方舆崖略》中说道：“东南饶鱼盐、秔稻之利，中州、楚地饶渔，西南饶金银矿、宝石、文贝、琥珀、朱砂、水银，南饶犀、象、椒、苏、外国诸币帛，北饶牛、羊、马、 、绒毡，西南川、贵、黔、粤饶楩楠大木。江南饶薪，取火于木，江北饶煤，取火于土。西北山高，陆行而无舟楫，东南泽广，舟行而鲜车马。海南人食鱼虾，北人厌其腥，塞北人食乳酪，南人恶其膻，河北人食胡葱、蒜、韭，江南畏其辛辣。而身自不觉，此皆水土积习，不能强同。”此处“东南”“中州”“楚地”“西南”等皆是其所划分的经济区域，这是作者从宏观上概述各个经济区内的某些经济现象。

《广志绎》书影

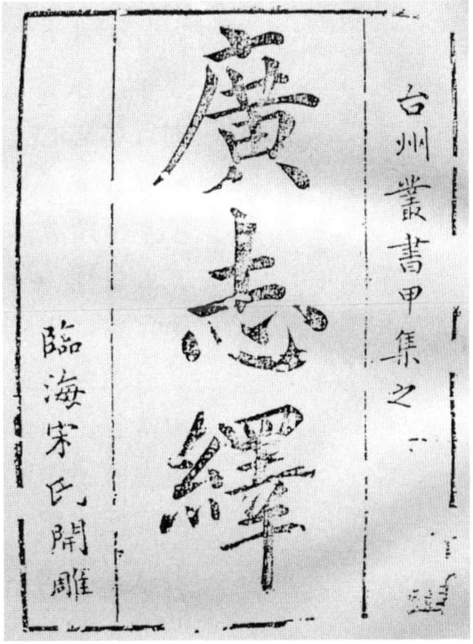
台州叢書甲集之
廣志繹
臨海宋氏開雕

若从微观的角度来看，王士性还对各个经济区内的各种经济现象，如自然资源、农业和手工业的分布、商业贸易以及交通漕运等做了翔实的记载。自然资源方面，王士性多记各处异物特产，如提到辰州所产之楠木木材之美，“天生楠木，似专供殿庭楹栋之用。凡木多困轮盘屈，枝叶扶疏，非杉、楠不能树树皆直，虽美杉亦皆下丰上锐，顶踵殊科，惟楠木十数丈余既高且直”。又言其用途，“大者既备官家之采，其小者土商用以开板造船”。

再如王士性考察广南地区丰富的物产情况，“广南所产多珍奇之物。如珍则明珠、玳瑁……石则端石、英石……香则沉速……花则茉莉、素馨……果则蕉、荔、椰、蜜……木则有铁力、花梨、紫檀、乌木……鸟则有翡翠、孔雀、鹦鹉、鹧鸪、鵔鸃、潮鸡、鸩……兽则有潜牛、犦牛、熊……鱼之奇而大者有鲸、鳄、锯、鲳……其他红螺、白蚬、龟脚、马甲、蚝、鲎等，名品甚多，不可枚计”。

王士性还详细记述了各种物产的特点及具体分布，如其记南海珍珠，“珠池在合浦东南百里海中，有平江、青婴等三数池，皆大蚌所生也。海水虽茫茫无际，而鱼虾蛤蚌，其产各有所宜，抑水土使然，故珍珠舍合浦不生他处”。对于当地人的采珠之法，他记载道：“旧时蛋人采珠之法，每以长绳系腰，携竹篮入水，拾蚌置篮内则振绳，令舟人汲上之，不幸遇恶鱼，一线之血浮水上，则已葬鱼腹矣……后多用网以取，则利多害少。”于此可见采珠行业之艰难。

农业方面，王士性注意考察全国各地土地的耕作情况，如他记述了山东登州、莱州近海之长山、沙门诸岛较为独特的垦殖情况，即农耕之时人们在岛上搭篷而居，而农忙一过则毁篷回居大陆，之所以如此，是因为“若架屋常住，恐窝引海寇，为患浙、闽间矣”。王士性还考察了广右一些地方土地无人耕种的可惜状况，“广右山俱无人管辖……至于平原旷野，一望数十里不种颗粒，僮人所种止山衡水田，十之一二耳，又多不知种麦粟，地之遗利可惜也”。“右江三府则纯乎夷，仅城市所居者民耳，环城以外悉皆徭僮所居，皆依山傍谷，山衡有田可种处则田之，坦途大陆纵沃，咸荒弃而不顾。”王士性还注意到了当地的民僮（僮即今壮族）耕作关系，“然僮人虽以征抚附籍，而不能自至官输粮，则寄托于在邑之民。僮借民为业主，民借僮为佃丁，若中州诡寄者然，每年止收其租以代输之官，以半余入于己。故民无一亩自耕之田，皆僮种也。民既不敢居僮之村，则自不敢耕僮之田，即或一二贵富豪右有买僮田者，止买其券而令入租耳，亦不知其田在何处也”。

景德镇产明代瓷器

手工业方面，景德镇之瓷、端溪之砚、宝鸡以西之板屋、蜀中之锦与扇，百工技艺，诸般奇巧，在王士性的地理著作中俱有描述。如其记述盛产瓷器的景德镇宣、成二窑，“浮梁景德镇雄村十里皆火山发焰，故其下当有陶埴，应之本朝，以宣、成二窑为佳”。王士性还把宣、成二窑的瓷器进行了对比，“宣窑以青花胜，成窑以五彩，宣窑之青，真苏浡泥青也。成窑时皆用尽，故成不及宣。宣窑五彩堆垛深厚，而成窑用色浅淡，颇成画意，故宣不及成”。

明代商业贸易较为发达，这不仅表现在国内贸易方面，也表现在对外贸易方面。国内贸易方面，王士性笔下描绘了许多商业活动非常发达的交易中心，如他提到江西的一处百货集散地，樟树镇“在丰城、清江之间，烟火数万家，江、广百货往来与南北药材所聚，足称雄镇”。又如杭州，“杭州省会，百货所聚，其余各郡邑所出，则湖之丝，嘉之绢，绍之茶之酒，宁之海错，处之磁，严之漆，衢之橘，温之漆器，金之酒，皆以地得名”。这些记录，描绘了晚明时期商业的繁荣景象。对外贸易方面，王士性记录了自明初三宝太监下西洋后中外通商的繁荣情况，如他提到广东的一处停泊商船的所在，“香山岙乃诸番旅泊之处，海岸去邑二百里，陆行而至，爪哇、渤泥、暹罗、真腊、三佛齐诸国俱有之”。王士性描述了在香山岙停泊的海外船只规模情况，“番舶渡海，其制极大，大者横五丈，高称之，长二十余丈，内为三层，极下镇以石，次居货，次居人，上以备敌、占风”。从这些海船的规模之大，也可想见当时海外贸易所通之远。另外作者在描述广南物产时也曾提到，“若夫犀、象、椒、苏、岐南、火浣、天鹅、片脑之类，虽聚于广，皆西洋诸国番舶度海外而来者也”。这也说明了当时中国与海外的贸易交通情况。

对于各地的社会文化风俗，王士性描摹颇细，不仅按其划定的几个大的区域进行描述，而且在各个区域内辨其差异、进行比较，从而清楚地揭示了各省及各省内部的地域差异。如作者提到各地的人情民俗，河南中州“俗淳厚质直，有古风，虽一时好刚，而可以义感。语言少有诡诈，一斥破之，则愧汗而不敢强辩”；至于晋中，“俗俭朴，古称有唐、虞、夏之风。百金之家，夏无布帽；千金之家，冬无长衣；万金之家，食无兼味。饭以枣，故其齿多黄；食用羊，故其体多肉”。又如杭州，“杭俗儇巧繁华，恶拘检而乐游旷，大都渐染南渡盘游余习，而山川又足以鼓舞之，然皆勤劬自食，出其余以乐残日。男女自五岁以上，无无活计者，即缙绅家亦然”。又如江右，“江右俗力本务啬，其性习勤俭而安简朴，盖为齿繁土瘠，其人皆有愁苦之思焉。又其俗善积蓄，技业人归，计妻孥几口之家，岁用谷粟几多，解橐中装籴入之，必取足费，家无囷廪，则床头瓶罂无非菽粟者，余则以治缝浣、了征输，绝不作鲜衣怒马、燕宴戏剧之用”。再如永州，“永近粤，乡村间稍杂以夷獠之俗，男子衣裙曳地，妇女裙裤反至膝止，露骭跣足，不避秽污，著草履者其上也。首则饰以高髻，耳垂大环，铸锡成花，满头插戴。一路铺递皂快、舆夫、马卒之徒，皆以妇代男为之，致男女混杂戏剧，官不能禁”。此异族风情，令人耳目一新。

王士性对每一区域内风俗的进一步描绘则充分体现了观察的仔细，例如他将浙江划分为浙东与浙西，“两浙东西以江为界，而风俗因之。浙西俗繁华，人性纤巧，雅文物，喜饰帮帨，多巨室大豪，若家僮千百者，鲜衣怒马，非市井小民之利。浙东俗敦朴，人性俭啬椎鲁，尚古淳风，重节概，鲜富商大贾”。关于浙东的风俗，他又进一步细分为三，其一为“宁、绍盛科名逢掖，其戚里善借为外营，又佣书舞文，竞贾贩锥刀之利，人大半食于外”；其二为“金、衢武健负气善讼，六郡材官所自出”；其三为“台、温、处山海之民，猎山渔海，耕农自食，贾不出门，以视浙西迥乎上国矣”。

通过这些细致而生动的描写，各地的社会风俗无不跃然纸上。在这里，王士性不仅对当时的历史现象做了真实记录，而且分析了产生这种种差异的原因及其发展脉络。由此我们既可以了解到明代中国境内的四方民俗之异，也可了解其差异之渊源。

对军事地理的关注是王士性地理学思想的一大特色，在当时有着极其重要的军事意义，是一种经世致用的观点。这一地理观点还起了一种“开风气”的作用，后世产生并颇为风行的“郡国利病”思想即源于此。

在这些涉及军事地理现象的描述及分析中，最具特色者乃是王士性对倭患的担忧及他提出的种种防御措施。如谈及明政府对新辟海上运粮路线弃而不用，王士性说道：“只今朝鲜多事，恐此海道他日为倭夷占用而中国不敢行……若倭得志朝鲜，用小渔船、唬船偷风破浪而来，则旅顺口一朝夕绝流抵登，溯游三夕而抵天津矣。燃眉之急又可忽乎？”在备倭策略方面，王士性指出自明朝开国以来在登州设立的备倭府，其实只为防守京师而非为防守山东，“故论京师，则登州乃大门，而天津二门也，安得不于登备之”。对于山东的备倭策略，王士性分析，若倭寇来犯，必从釜山、对马岛乘风而来，从方圆数百里无兵备的安东、日照等地登陆，然后趋掠泰安、济宁、临清等繁富之地。对此，王士性提出了相应的策略，“总府立登州，既祖法不可改，当从倭汛议，以关中防秋例处之。登州至安东惟胶州为中，南北救援咸相去五六百里，今遇汛时，当调登州总戎驻胶州，以南援安东、日照、安丘、诸城一带，而北仍不失救援，随侦随发，而调临清参戎于登州坐镇之……汛毕，仍归本镇，是于备京师、山东经权两不失也”。

王士性地理著作中体现出的旅游经济地理思想，是其地理学思想的另一特色。王士性针对杭州西湖作为旅游胜地而具有的经济意义提出这样的观点：“游观虽非朴俗，然西湖业已为游地，则细民所藉为利，日不止千金，有司时禁之，固以易俗，但渔者、舟者、戏者、市者、酤者咸失其本业，反不便于此辈也。”这一观点体现了王士性具有敏锐的旅游与经济关系意识，这在当时是难能可贵的。

在王士性的地理著作中，有一条贯穿始终的线索，即人与地的关系。人地关系正是地理学尤其是人文地理学的重要理论基础。王士性正是以此为主线展开论述的，这体现了王士性的观点，即自然环境对人的行为方式有着重要影响。他曾按地理环境的不同，将浙江居民分为三类，并言其民俗各殊：“杭、嘉、湖平原水乡，是为泽国之民；金、衢、严、处丘陵险阻，是为山谷之民；宁、绍、台、温连山大海，是为海滨之民。三民各自为俗。泽国之民，舟楫为居，百货

抗倭名将戚继光塑像

所聚，闾阎易于富贵，俗尚奢侈，缙绅气势大而众庶小；山谷之民，石气所钟，猛烈鸷愎，轻犯刑法，喜习俭素，然豪民颇负气，聚党与而傲缙绅；海滨之民，餐风宿水，百死一生，以有海利为生不甚穷，以不通商贩不甚富，闾阎与缙绅相安，官民得贵贱之中，俗尚居奢俭之半。”这是民风民俗方面表现出来的人地关系。其他如关于在山东防备倭寇的建议，体现了军事与地理的关系；关于西湖一带居民赖旅游为业的评论，体现了旅游、经济与地理的关系。这些均是不同方面人地关系的表现。这些人地关系的观点，集中体现了王士性的地理学思想。

王士性对于地理学的区域性特点的认识与分析，以及他在考察、记录不同区域内各种地理现象的过程中，所体现出来的对人地关系的认识，突破了历史上沿革地理占统治地位的人文地理学的研究框架，极大地推动了地理学尤其人文地理学的发展，同时也表明了王士性游历活动的学术价值。著名历史地理学家陈桥驿先生曾说，王士性是一位学术型的旅行家。这个评价是中肯的。

总而言之，晚明时代徐霞客与王士性的游历与考察活动，是我国地理学发展史上的重大事件。徐霞客的游历、考察侧重于自然地理方面，他三十余年间几乎踏遍了祖国的山山水水，一部《徐霞客游记》为后世留下了丰富而翔实的自然地理记录；而王士性则侧重于人文地理方面，他以二十余年的宦游生涯，遍览天下诸般人文地理现象，一部《广志绎》更深刻地阐述了各种地理现象的内在联系与形成渊源。徐霞客与王士性分别在不同的地理学研究领域里，取得了非凡的成就，共同推动了我国古代地理学的发展。

徐霞客、王士性，我国古代地理学发展史上的两个里程碑式的人物！

（刘志刚）

“黄河之水天上来”

——历代对河源的探寻

浩浩荡荡的黄河水，千百年来，日日夜夜，无休无止地奔流在中华大地上。大河上下，沿河两岸，人们繁衍生息，创造了灿烂辉煌的中华文明。黄河，因此有了“母亲河”之誉。《汉书·沟洫志》记载：“中国川原以百数，莫著于四渎，而河为宗。”人们对于黄河的崇敬，由此可见一斑。

自古以来，人们在领受黄河之赐、创建文明的同时，也对黄河之源展开了孜孜不倦的探寻。这些探寻河源的活动，在目的、方式及经历上各有不同，有天马行空的神思遥想，有戎马倥偬的解鞍稍驻，亦有御命所系的寻根究底。而这些探寻的结果，或因缺乏实践，惟诉诸想象而略嫌荒诞，或因行色匆匆，兼行程所限而未究其详，或因身处其间，临取舍之际而莫衷一是，总之，纷纷繁繁，历千年仍难有定论。人言黄河九曲十八弯，对河源的探寻竟也如这黄河的

黄河之水

流程一般，经历了太多的曲折。

“君不见黄河之水天上来，奔流到海不复回。”千余年前，李白这一声慨然长叹，似乎也蕴含了对黄河之源的种种神思遥想。生命之源的黄河水，你究竟来自何处，天上吗？天上又何方？

一、“导河积石”与“河出昆仑”

传说中上古时代有洪水之患，大禹为了治平洪水溯河西上，在积石山疏导洪水，从而消除了洪灾。战国时期，有人托名大禹治水之事写了一篇《禹贡》，其中称：“导河积石，至于龙门。”这是我国历史上有关黄河河源的最早记载。但这个记载未免太过简略，积石山在什么地方？若是河源，又是怎样一番情状？对于这些，《禹贡》都未曾描述。这片言只语似乎只能告诉我们一点：黄河流经积石山。大禹以治水为目的溯河而上，到积石山后，大概从水利的角度考虑，于此疏导河水已可消除洪灾，于是在此施工，将河水导向龙门去了。自积石山再往上呢？大禹并没有进一步探寻，这便不能说黄河源于积石山。所以，早在南朝时，陶弘景就曾指出：“禹迹所至，不及河源。”

关于积石山，经后人考证有两处，即有大小积石山之说。晚唐宰相李吉甫《元和郡县图志》“陇右道河州枹罕县”条记载：“积石山，一名唐述山，今名小积石山，在县西北七十里。”小积石山的位置大约在今青海省循化撒拉族自治县附近。该书又记载：“按河出积石山，在西南羌中。”此即大积石山，即今天的阿尼玛卿山，一般认为此大积石山即《禹贡》所谓“积石”，其距现在所知的河源还有相当的距离。

《禹贡》所说，并未探得河源，但“导河积石”的提出，毕竟开启了后世探寻河源的大门。

“导河积石”之后，又有“河出昆仑”说。此说见诸较《禹贡》稍晚的《尔雅》《穆天子传》《山海经》等地理著作中，如：

> 河出昆仑墟，色白。(《尔雅》)
>
> 天子自昆山入于宗周万里……北至于河宗之邦、阳纡之山三千又四百里。自阳纡西至河首四千里。(《穆天子传》)

河水出东北隅，以行其北，西南又入渤海，又出海外，即西而北，入禹所导积石山。（《山海经》）

积石之山，其下有石门，河水冒以西流。（《山海经》）

敦薨之山……敦薨之水出焉，而西流注于泑泽，出于昆仑之东北隅，实惟河原。（《山海经》）

这些记载及描绘，同《禹贡》所言一样，还是过于简略，如说“河出昆仑墟”，昆仑在何处呢？说“西南又入渤海”，哪里又是渤海？阳纡呢？石门呢？这些著作都未做进一步阐释。不唯如此，这些记载的内容还介乎真实与幻想之间，而两相比较，似乎还是幻想的成分居多。如同《穆天子传》中所述穆王西巡之行程里数，显然是随想而写，以几千年前的那个时代而论，怎么可能有如此详细的勘测？

这些著作在《禹贡》“导河积石”的基础上利用想象进一步阐发，从而虚拟了一个黄河之源“昆仑山”出来，它们并没有正确说明河源，但对后世有关河源的认识产生了极大的影响。如《山海经》中说黄河出于昆仑，流入泑泽（罗布泊），后又在积石山冒出，已经初步提出了“潜流”的概念，并最终导致了后来的“伏流重源”之说。

二、伏流重源

《山海经》中初现端倪的“潜流说”，到了西汉时期，终于有了着落。

公元前126年的一天，汉都长安城突然热闹起来。朝堂之上，天子动容，百官震动；道里街市，妇孺垂老，奔走相闻。到底发生了什么事，引起了这样大的轰动？原来是已经杳无音讯十三年的汉使回来了。十三年太久，也许很多人已经忘记了大汉王朝曾经派出过这样一位使者，去出使那沙飞石走、不知途里的茫茫西域。这位汉使，就是张骞。

张骞的归来，并没有完成当年汉武帝交给他的联络大月氏共击匈奴的使命，但由于他历游西域诸国，了解了诸多有关西域的情况，对河源的认识即是其中的一个收获。《史记·大宛列传》记载，张骞归来后向汉武帝报告说：“于阗之西，则水皆西流，注西海；其东，水（今塔里木河）东流注盐泽（今新疆罗布泊）。盐泽潜行地下，其

班固《汉书·地理志》书影

南则河源出焉。”

张骞的这种认识，据近人岑仲勉先生考证，当依据当时西域所传，因为张骞本人其实没有可能到达罗布泊。然而无论如何，这种说法经张骞之口，成了当时流行的对河源的认识。

将张骞之说与《山海经》所述相对照，不难发现它们的相似性，其不同之处则在于张骞之说将《山海经》中模糊不清的昆仑山落实在了西域的“于阗”。《史记·大宛列传》中又说：“而汉使穷河源，河源出于阗，其山多玉石，采来，天子案古图书，名河所出山曰昆仑云。”这样一来，《山海经》中“河出昆仑”的问题便最终解决了，原昆仑山之说，近乎无稽之谈，而一经汉武帝钦定，也就由虚变实了。

东汉时期，班固又把原来的黄河“一源说”发展为“两源说”，即在张骞所知河源出于阗外，又加上了葱岭（即今帕米尔高原），二流汇合后，汇入蒲昌海（罗布泊）。另外，班固再次指出黄河在罗布泊下潜流后，“南出于积石”。这样，关于黄河的“伏流重源”说便正式确立了。

然而，这样的说法是缺乏科学依据的。“伏流重源”说所据以立论者，不外有二：其一，河流中确实存在潜流现象。故老相传，在沙漠里时常可听到流水咆哮奔鸣之声，然而遍寻四周，却始终不见流水踪迹，原因何在？盖水流潜行地下，故只闻其声，不见其影；其二，当时人明明见到葱岭、于阗二水汇合后注入罗布泊，而罗布泊仍然是虽历冬夏却不增不减，于是结合前者，断定罗布泊下必有潜水流出。潜流何去何从？当时人沿河西走廊东行，陡然间见到黄河，便难免以为它就是潜流复出了。

其实，这是当时人们自然地理知识有限，对于沙漠内陆湖的水量平衡过程无法做出科学解释而引发的错误推论。单以海拔而论，青藏高原远较塔里木盆地为高，罗布泊之水又如何能潜行地下千里而从积石山复出呢？

总之，汉代以前，人们对于黄河河源的认识实在是不得要领，虽然张骞有西域之行，班固之弟班超也经营西域多年，然而他们对河源的认识，却总有附会《山海经》之嫌。不过也有人认为“伏流重源”说在当时有着重要的政治意义，因为这样就为当时中原与西域加强联系，提供了地理上的依据，而这又与汉武帝的锐意西进政策紧密相关。如果真是这样，“伏流重源”说的流行也就不足为怪了。

“伏流重源”之说，对后世影响极大。即使人们对河源的认识逐步明朗，此说也并未消弭，甚至直到清末，陶保廉在《辛卯侍行记》中仍说：“河有重源，均出昆仑，稽古证今，一一吻合。”就此看来，此说也真可谓如黄河一般“源远流长”了。

三、河出星宿

时光荏苒，美丽的河源似乎已耐不住千百年的寂寞，又或者是逐渐被世人孜孜不倦的探索精神所感动，终于要伸手缓缓揭落脸上神秘的面纱了。

公元635年的一天，两位中原人来到了河源区——星宿川。他们是唐朝大将侯君集和江夏王李道宗。他们并非专为探寻河源而来，而是肩负着追击吐谷浑军队的重任。唐朝建立之初，吐谷浑即不断入侵中原，唐太宗对此采取了坚决反击的政策，于634年以李靖为西海道行军总管，督师两路进击，侯、李即为其中一路，他们进行了艰苦的行军，“登汉哭山，饮马乌海……经途二千余里空虚之地，盛夏降霜，多积雪，其地乏水草”，他们在河源区进行了一系列的战斗，“进逾星宿川，至柏海”，终于“北望积石山，观河源之所出焉”。

星宿川即今星宿海，而柏海即今扎陵湖。这是历史上最早明确记载有人到达河源区，但不能据此说至此方有对河源的正确认识。清人万斯同曾分析过，侯、李二人率师远征吐谷浑，可谓戎马倥偬，若事先不知黄河源出于此，如何能够从容驻师而眺望之？可见人们对河源在星宿川的认识当在此之前。

“河出星宿”的说法，最早据说见于晋人张华的《博物志》。不过《博物志》久佚，所以也就无从为据了。虽说“河出星宿”之说

黄河源头区的星宿海

因无确切资料可落实在西晋，但西晋时人们对河源的认识已有很大进步是可以稽查的。与张华同一时代的杜预在其《春秋释例·土地名》中，叙述黄河源流时曾说“河出西平西南二千里”。按晋西平郡在今青海省西宁以东，依杜预所说推算，这与现在发源于巴颜喀拉山北麓的河源相合，若考其所记行程里距，更与现在所知的卡日曲源头大致接近。虽然由于记述过简，我们不能妄断其所说河源即指卡日曲，但其在星宿海之西是没有疑义的。

隋大业五年（609），隋炀帝亲征吐谷浑，大败之，迫其王伏允西走，于是置四郡于其地，其一为“河源郡”。“河源郡”所辖地方约当今青海省共和、兴海、同德、玛沁等县地，并未到河源地区，但既然郡名河源，则河源当在附近，或者便是指青海西南方的“星宿海”了。河源郡的设置在河源认识史上有着重要意义，黄盛璋先生说：河源郡的设置，“是对汉代河源出西域葱岭的塔里木河的第一次否定”。

自晋以降，人们对河源的认识不断地进步。到了唐代，继侯君集、李道宗第一次“览观河源”之后，贞观十五年（641），唐蕃通婚，江夏王李道宗持节送文成公主入藏，史称吐蕃赞普松赞干布“率其部兵次柏海，亲迎于河源”。由此可知，文成公主入藏时是经过河源的。另外，李道宗在前后不到十年的时间里两次来到河源地区，可以说是当时与河源最为有缘的中原人。只不过这次他是护送自己的亲生女儿（文成公主以宗室女为唐太宗义女）远嫁吐蕃。万里关山，生离死别之际，估计他早已没了当年立马星宿、“览观河源”的豪情逸兴。他两度到河源区，却没有留下有关河源的片言描述，这是很可惜的。

又后来长庆二年（822），唐蕃再次会盟，唐朝大理卿刘元鼎作为会盟使前往吐蕃，道经河源地区时，留下了珍贵的关于河源区的见闻：“河之上流，繇洪济梁西南行二千里，水益狭，春可涉，秋夏乃胜舟。其南三百里三山，中高而四下，曰紫山……虏曰闷摩黎山，东距长安五千里，河源其间，流澄缓下，稍合众流，色赤，行益远，它水并注则浊，故世举谓西戎地曰河湟。”据后人考证，闷摩黎山即今巴颜喀拉山，刘元鼎认识到黄河源出巴颜喀拉山，这在河源认识史上又是一个进步。不过刘元鼎纯粹以游记的形式描述他途经河源区的所见所闻，故而我们仍然无法据其说而知河源的确切位置。

随着唐代人对河源的不断认知，绘有河源的地图也开始出现了。唐朝人贾耽先后绘有《陇右山南图》和《海内华夷图》，据说均绘有河源，但可惜都没有保留下来。不过现在在西安碑林中存有一幅伪齐阜昌七年（1136）上石的《华夷图》，系根据《海内华夷图》缩绘而成，从中可略见原图的一些痕迹。在这幅图上，河源被绘在了廓州（治所在今青海省化隆回族自治县西黄河北岸）西较远的地方，从方位上看，这个位置同真正的河源已很接近。

有唐一代，随着人们在河源地区活动的逐渐增多，人们对于河源的认识逐步推到了“星宿海”一带。于是在不经意间，人们抬头望去，美丽的河源已在频频招手了。

四、星宿海——河源，是耶？非耶？

星宿海之名，自唐初甚或更早即广为流传。名之为名，必有其因，然而它的情状形貌，一直以来却未见于史册。这个遗憾直到元代才被弥补上。

元朝至元十七年（1280），一支浩浩荡荡的队伍来到了河源

目前存世的有关河源地区的最早地图《黄河源》图

区，这支队伍的首领叫都实，是我国历史上少数民族旅行家之一。他这次到河源区与以往来的人不同，他是带着大元皇帝忽必烈的御命专门来寻找河源的。《元史·地理志·河源附录》上说："命都实为招讨使，佩金虎符，往求河源……四阅月，始抵河源。"

关于这次探寻河源的原因，据忽必烈自己说，是要在河源处营造一城，使当地商人交易，并治理航运，让进贡物资自河源运达京城。这一计划着实庞大，且不论其是否可行，忽必烈确实是依此而着手实施的。都实在河源区进行考察后，"是冬还报，并图其城传位置以闻"。

都实所绘之图没有流传下来。后来有一位翰林侍读潘昂霄，曾经与都实之弟阔阔出共同"奉使宣抚京畿西道"，在两人的一次谈话中，阔阔出偶然说起他曾随其兄都实西穷河源的事来。潘昂霄大感惊奇之下，请阔阔出尽言其详，并据之著成《河源志》一篇。这篇文字后来在元人陶宗仪的《南村辍耕录》里有收录，是迄今发现的最早的河源专著。此外，《南村辍耕录》里还收录有一幅《黄河源》图，大概与都实所绘原图有所关联，这幅图是目前存世的有关河源地区的最早的一幅地图。

那么都实所见到的河源是什么样子呢？《河源志》上说："河源在土蕃朵甘思西鄙，有泉百余泓，或泉或潦，水沮洳散涣，方可七八十里，且泥淖弱，不胜人迹，逼观勿克，旁履高山，下视粲若列星，以故名火敦脑儿。火敦，译言星宿也。"

如此，一个美丽、生动的星宿海便跃然纸上了。让我们想象一下：百余泓泉水散列于七八十里方圆之地，当阳光照射之时，百泉回映，如千顷碧波中的点点帆影，亦如茫茫夜空里的灿灿繁星，当真是名之以实，名实相符。

都实对星宿海的描述使人们对“河出星宿”有了较深的认识。另外，尤为有意义的是都实还以其实践活动否定了“伏流重源”说。“伏流重源”说自汉代流传以来，早已有人对其表示怀疑，如唐代杜佑就曾怀疑“蒲昌海”是“西域自行自止之水”，并不与积石山相通。都实对此进行了实地调查，他“询之土人，言于阗、葱岭水俱下流，散之砂碛”，因此他断定河源之水“非蒲类（昌）明矣”。

《河源志》叙都实考察河源，至星宿海而止；《黄河源》图所绘河源，亦止于星宿海。可知当时在中原流行的认识已经把星宿海确定为河源了。但是，与都实大约同时，元代地理学家朱思本却得到另外一份资料，资料说：“（黄河）水从地涌出为井。其井百余，东北流百余里，汇为大泽，曰火敦脑儿。”若依此说，星宿海即火敦脑儿之西南百余里，当另有水源。按此份资料为朱思本“从八里吉思家得帝师所藏梵文图书”。既为梵文，则或者此时或者更早，藏族人民已经认为星宿海并非黄河最源头，河源犹在其西南百里之外。

朱思本曾绘有《舆地图》，但后来失传。到了明代，有出自朱思本《舆地图》系统的《杨子器跋舆地图》，图上在星宿海的下方绘有两条很短的尾巴，虽然其具体所指还难明了，但这表明人们的视线已经跳出了星宿海的圈子，去寻找更新的目标了。

另外，明洪武十五年（1382），宗泐和尚在奉使西藏归来经过河源地区时，曾进行了考察，作有一首《望河源》诗，在诗序中指出河源出自巴颜喀拉山的东北，而且巴颜喀拉山是黄河与长江在上源的分水岭。这在河源的认识上也是一个大的突破。

《望河源》诗的后半部分这样写道：“汉使穷河源，要领殊未得。遂令西戎子，千古笑中国。老客此经过，望之长太息。立马北风寒，回首孤云白。”回头想想，若自张骞出使西域得出黄河“伏流说”算起，对黄河的探寻已逾千年了，可是黄河源头始终未有确论，也就难怪老禅师要抚今追昔、长自叹息了。

五、正源之争

清初，随着中原地区与河源区的来往更加频繁，人们已逐渐了解到在黄河上源区有“古尔班索罗谟”，蒙古语意即三条支河，但对

鄂陵湖

其具体情况还不太清楚。康熙皇帝一向留心地理知识，于是在康熙四十三年（1704），派拉锡、舒兰等人往探河源。这是清代官方考察河源之始，揭开了有清一代频繁探寻河源的序幕。

拉锡一行于当年六月到达鄂陵湖与扎陵湖，后又到达星宿海西部，经过一番考察后，绘制了《星宿河源图》回复康熙帝，舒兰并撰有《河源记》。拉锡在给康熙帝的奏折中说其亲见星宿海区“三山之泉流出三支河”，这就证实了“古尔班索罗谟”的说法。然而拉锡等人并没有进一步对这三条支河进行勘测，也没有指出哪支为正源，可见当时他们是把这三条支河都当作黄河上源看待了。

齐召南画像

康熙五十六年（1717），为绘制《皇舆全览图》，康熙帝又派喇嘛楚尔沁藏布、兰木占巴、理藩院主事胜住等前往河源区测量绘图，该图于次年绘成，图上绘出了黄河上源的三支河，并给中间一支标名为阿尔坦必拉。

乾隆中期，齐召南利用《皇舆全览图》及其他资料，编著了一部《水道提纲》，历数天下河流水道，其中也有关于河源水系的描述，它记载道：“黄河，源出星宿海西，巴颜喀拉山之东麓，二泉流数里，合而东南，名阿尔坦河……又东流数十里，折东北流百里至鄂敦他拉，即古星宿海，《元史》所谓火敦脑儿也。自河源至此已三百里。〔……阿尔坦河，虽无人寻源，但知起星宿，未知其西尚有本源。蒙古谓金为阿尔坦，言水色微黄而溜甚急，真河源也〕……阿尔坦河东北会诸泉水，北有巴尔哈布山西南流出之一水，南有哈喇答尔罕山北流出之水，来会为一道（土人名三河曰古尔班索尔马），东南流注于查灵海。”

《河源纪略》书影

可见，在《水道提纲》里，黄河上源三支流的中间一支阿尔坦河（即阿尔坦必拉），已被定为正源了。这条阿尔坦河，按齐召南所描述的情状，即是现在的约古宗列曲，而其北“巴尔哈布山西南流出之一水”当指扎曲，其南“哈喇答尔罕山北流出之水”当指卡日曲。

至此，看起来有关黄河之源的探寻工作似乎已告胜利结束，其实不然，这仅仅拉开了关于黄河正源之争的序幕。

乾隆四十七年（1782），由于黄河决口泛滥，难以堵塞，乾隆皇帝派遣乾清门侍卫阿弥达“务穷河源告祭”。这是清代官方第三次探寻河源。阿弥达考察告祭之后，在给乾隆皇帝的报告中也提到了三支河流，并说北面跟中间的河水色绿，只有南面一条色黄，于是他就沿着南面色黄的那条上寻，并进而定其为河源。有意思的是，他称这条支流名“阿勒坦郭勒”（“郭勒”即“河”的意思），与齐召南所称三支流的中间一支（阿尔坦河）同名，这就引起后世诸多关于该河到底是约古宗列曲还是卡日曲的争议。可按阿弥达所说方位及其所描述的河之周围情状，该河当指三条支流中的卡日曲。

乾隆皇帝在阿弥达考察之后，宣布此番考察发现的河源为黄河

1952 年勘察的黄河源图

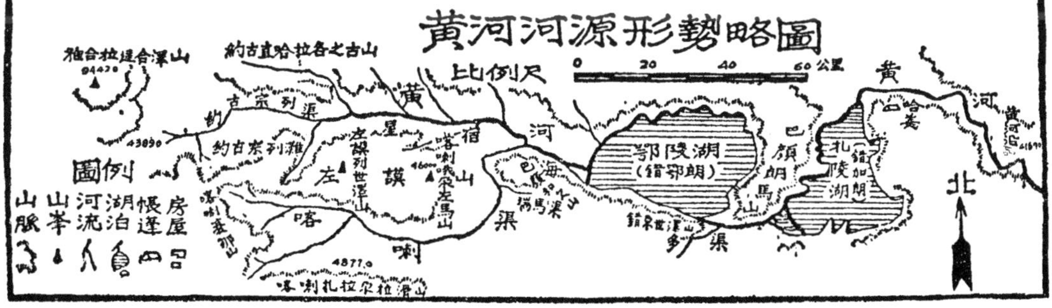

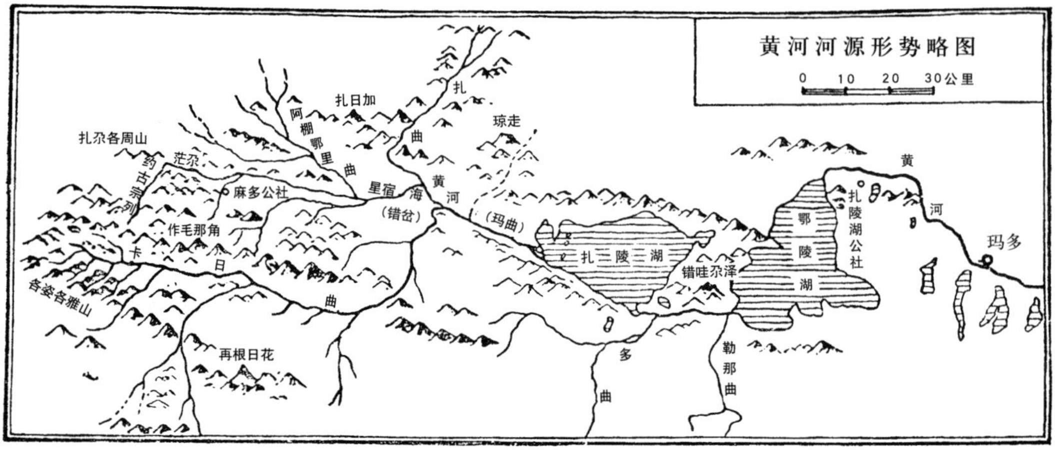

1978 年河源地区勘查图

正源，从而否定了齐召南的约古宗列曲正源说。

阿弥达的这次河源考察还引起一段小插曲。当考察队归来后，乾隆皇帝命纪昀等编成《河源纪略》一书。由于乾隆深信黄河的“伏流重源”说，编著该书之人为迎合“圣意”，于是老调重弹，将已被实践否定的“西域之河源”与由实践证实的“吐蕃之河源”加以调和，硬是将塔里木河和罗布泊套在了卡日曲头上。与以前说法略有不同者，只是以卡日曲替代了积石山而已。

黄河正源问题在后世又有反复。1952 年，在新中国人民政府的支持下，进行了一次大规模的河源探寻活动。黄河河源查勘队在河源查勘了四个多月，行程 5000 千米，搜集了丰富的资料，其结果认为约古宗列曲是黄河正源。然而此说却引起颇多争议。1978 年，青海省人民政府又组织有关单位在河源地区进行了一个月的考察，重新认定卡日曲是黄河的正源，并根据卡日曲的长度重新测定黄河全长为 5464 千米。黄河正源之争至此方告一段落。

黄河河源探索过程中的正源之争，均为卡日曲与约古宗列曲二源之争。倒是扎曲因其既短且小，历来不为人们所重视。

六、河源余韵

对于河源正源的确定，学术界一直没有统一标准，但一般认为应根据长度、流量大小、流域面积、传统习惯等因素综合分析。1978 年定卡日曲为正源，即是参考这些综合因素做出的结论。当时

黄河正源卡日曲源头地区

的主要参考数据约略如下：

（1）卡日曲比约古宗列曲长约 25 千米；

（2）卡日曲的流量为 6.3 立方 / 秒，而约古宗列曲为 2.5 立方 / 秒；

（3）卡日曲支流众多，流域面积达 3126 平方千米，而约古宗列曲不仅支流少于卡日曲，流域面积也仅为 2372 平方千米；

（4）从历史传统的角度来说，卡日曲当入藏大道，而约古宗列

远远望去，玛曲就像一条小河流。

曲一向不作入藏孔道。历史上的历次探寻河源，也多是以卡日曲为探寻对象。清代阿弥达到达卡日曲并做河源之祭自不必说，即元代的朱思本、明代的宗泐，其隐约所指也当是卡日曲而非约古宗列曲。约古宗列曲仅在清康熙末年为喇嘛楚尔沁藏布、兰木占巴等人所认定，相形之下，不免见绌。

其实无论孰为正源，卡日曲、约古宗列曲均为黄河的重要源头。二源合扎曲入星宿海，合流转为玛曲，再汇入扎陵湖、鄂陵湖，复转出东走，即成为辗转游走 5464 千米、“奔流到海不复回”的滔滔黄河。

黄河之水自古至今滔滔不绝，当年探寻者的足迹却已在岁月的流转中消磨不见。我们或许在偶然的凝思沉吟之际，犹可感受到张骞含辛茹苦的奇志和侯君集、李道宗立马星宿的豪情。只是当时那情、那景、那人，如今已如诗、如画、如风。

而河源呢？依旧美丽。

（刘志刚）

“惟见长江天际流”

——历代对江源的探寻

我家岷山更西住，正见岷江发源处。
三巴春霁雪初消，百折千回向东去。
江水东流万里长，人今漂泊尚他乡。
烟波草色时牵恨，风雨猿声欲断肠。

这一首《长江万里图》为“明初四杰”之一的杨基所作，既写实如长江百转千回，曲折遥远，亦寓意以游子飘摇，思乡情切。长江，我国第一大河，全长6300千米，比有“母亲河”之誉的黄河犹长，与拉丁美洲的亚马孙河、非洲的尼罗河、美国的密西西比河，并称为世界著名的四大河流。

长江以其丰沛的水量、绵长的流程，同黄河一起哺育了祖国悠久灿烂的文明，也正因为长江的重要性，我国古代人民很早就已开始注意了解它的上源。从杨基的这首诗中，我们除了读到悠悠思乡之情，也可了解到作者以岷山为长江的源头。这并非作者自己的看法，而是当时对江源的一种普遍认识；这一认识的提出，又要追溯到遥远的春秋战国时代。从那时起直至现今，人们对长江的探索从来没有停止过，而江源也在人们的不断探寻中渐渐明朗。

一、岷山导江

曾经有一个美丽的神话传说，很久以来在江源地区的藏族牧民中广为流传：在遥远的古代，有一头神牛犊自天上降落到现在长江源头的地方，伏卧于地，两个鼻孔昼夜不停地喷水，日复一日，年复一年，最终形成了通天河。藏族牧民们称通天河为“直曲”，“曲”是河流的意思，“直”是牛犊的意思。

传说当然不可信，这只是藏族人民因其地利产生的对长江上源通天河的认识；至于中原地区的人们，对江源的认识，起始就走上了一条歧路。

战国时期托名大禹治水而写成的《禹贡》中记载：“岷山导江，东别为沱。”实际上，《禹贡》所述只不过是说大禹为消除洪灾，曾到达岷山施工以治理长江，而后人便据之以岷山为长江的源头了。如《荀子·子道篇》曾记载孔子在批评其弟子子路衣着过于华丽时说：“由，是裾裾何也？昔者，江出于岷山。”晋朝郭璞在其《江赋》中也说：“惟岷山之导江，初发源于滥觞。”如此，则当时对江源的流行认识便可想而知了。

《禹贡》所言导江之山，一般认为即今四川省北部之岷山，而江源出于岷山者，即今之岷江。后来顾颉刚先生考证说，《禹贡》之“岷山”并非指位于四川之岷山，江源亦非出于岷山之岷江，他认为《汉书·地理志》中所说的“陇西郡西，《禹贡》嶓冢山，西汉所出，南

通天河河源一带

入广汉”方为《禹贡》所指的岷山与江源。“嶓冢山”指今甘肃省天水西南一百二十里的嶓冢山；“西汉”指嘉陵江。只是在汉朝时人们才以今岷江为江源，而称嘉陵江上游为西汉水。

不过，自汉代以来，各家言《禹贡》所述之江源，一般都是指出于今岷山的岷江。如《水经》中说：“岷山在蜀郡氐道县，大江所出，东南过其县北。”郦道元《水经注》为之注解说：“大江泉源，即今所闻，始发羊膊岭下，缘崖散漫，小水百数，殆未滥觞矣。”常璩《华阳国志》也解释说：“岷山一名沃焦山。其跗曰羊膊，江水所出。”关于羊膊，南宋末年王应麟《通鉴地理通释》中提及：“江源出铁豹岭，岭即羊膊之异名也。”

综上所述，历代在《禹贡》的基础上，对其说进一步剖析研探，总结大致如下：岷江为长江源头，出自四川省境内的岷山（又名沃焦山）山脚的羊膊岭（又名铁豹岭）。后来也有人认为岷江上源有二，北源出于岷山羊膊岭岭东，南源出于岷山羊膊岭岭南，至四川松潘境合而为一，流至宜宾入金沙江。

在我们今天看来，此时有关江源的探寻无疑已经走入歧途了，然而这种错误的认识自有它的来由。在客观上，春秋战国以前，岷山以东地区为巴蜀富饶之地，金沙江流域却不然，处于被中原地区目为“西南夷”的地方。又两者之间，地势险峻，山高水急，人们来往亦少，所以还无法了解到金沙江源远流长的情况，于是便就近把源地不算近、流量也颇大的岷江当成了长江的主源。在主观上，《禹贡》是“圣人”大禹所作（当然为古人伪托），为《尚书》中的一篇，而《尚书》又是由“圣人”孔子编定的，在古代是被列为“经书”、被士大夫们奉为圭臬的。由此便不难理解《禹贡》的权威性以及它对后世著者与读者的影响。顾颉刚先生也曾说过：“后来班固作《汉书·地理志》、郦道元作《水经注》，以及唐、宋以下的许多地理专著，没有不把《禹贡》作为主要的引申和发展的对象，人们都用了严肃和尊敬的态度对待它。”

尽管《禹贡》对于后世探寻江源产生了误导作用并且影响深远，但它也未能阻止人们对江源的正确探索。随着社会的发展和人类实践活动的逐渐深入，人们开始逐步摆脱《禹贡》“岷山导江”的束缚，而将目光放得更远了。

二、初识金沙江

春秋战国时期，各国之间除了兴兵掠地、争霸中原，也不断向边徼拓地，以求充实国力。如春秋时秦穆公“益国十二，开地千里，遂霸西戎”，战国时楚威王（亦有说当为楚顷襄王）也曾向西南边外拓展疆土。正是这些扩张活动，使人们的地理知识逐步增多，而真正的江源也逐渐为人们所认知。

据《汉书·西南夷列传》记载，楚威王时，曾派将军庄跻率兵溯长江而上，经略巴郡、黔中郡以西。庄跻最后来到了滇池，并凭借兵威把滇池周边数千里肥沃之地纳入了楚国的版图。然而楚国并未从中得到任何实惠，因为庄跻再也没能回来。几乎就在庄跻率兵开拓滇地的同时，秦国派兵夺取了楚国的巴郡、黔中郡，阻断了庄跻的归路。庄跻既无法归国，于是就变服易俗，在滇池一带称王了。

庄跻入滇之路，《汉书·西南夷列传》说是“循江上”，循江走了多久，没有记载，如何入滇，也没有记载。如果说庄跻是自楚地循岷江而上，自今宜宾入金沙江而南下进滇，则他很可能就是到过金沙江的第一人。常璩在《华阳国志》中也记载有庄跻事，却与《汉书》颇有不同，庄跻不是“循江上”，而是“溯沅水”；没有称王于滇，而是称王于夜郎。庄跻率军乘舟经沅江至且兰，然后登陆步战，灭夜郎国，后因秦国夺楚地，无路得归，遂留其地为庄王。如果是这样，那么庄跻就不可能到金沙江。不过后世诸文献记庄跻事，或有引《华阳国志》却仍说其最后到达滇池为滇王。然则无论庄跻是经岷江而上在未到金沙江时即登陆步行至滇池，还是经沅水入夜郎而后至滇池，其既在滇地称王，则距金沙江不远，也完全可能对金沙江有所了解。

战国群雄逐鹿的风云终于随着秦始皇统一六国而烟消云散。秦统一后，为加强对西南夷地区的统治，派常頞凿道与之相通。常頞所凿之道，宽仅五尺，故名五尺道，大致起于今宜宾，经高县、筠连，入云南昭通，南至曲靖，几乎与金沙江并行南下，其所经之今东川地距金沙江仅三十千米左右。可以推想，常頞在寻山问水以觅凿道之路时，是极有可能到过金沙江的，或许他是继庄跻之后第二个到过金沙江流域的中土之人。

五尺道开通之后，秦始皇于其所经之邛、筰、冉、駹等地设置县治，“颇置吏焉”。金沙江当流经这些县境，这也是西南夷之地纳入中原王朝版图之始。

秦时在西南夷所置之县在西汉建国之初罢弃。可是到了汉武帝时，又先后两次于西南夷之地置吏治理。先是在武帝建元六年（前135），东越攻打南越，大行王恢救之，派番阳令唐蒙出使南越。唐蒙归来后向武帝献策通夜郎出奇兵以袭东越，武帝采纳，并最终于南夷地置犍为郡（治今四川宜宾）。当时邛、筰等地君长闻南夷与汉通，得赏赐多，大多想归附汉朝，于是内请为吏。汉武帝以此事问司马相如，司马相如说：“邛、筰、冉、駹者近蜀，道亦易通，秦时尝通为郡县，至汉兴而罢。今诚复通，为置郡县，愈于南夷。”武帝采纳了司马相如的建议，并拜司马相如为中郎将出使邛、筰等地，设置了一都尉、十余县。

司马相如为在西夷之地“置吏”曾独排异议，最终一力促成，可谓不易。司马相如本是蜀人，他既说邛、筰之地可以设郡，或者便是他对其地有所了解的缘故。他奉命出使西夷置吏，想必也应当对其地的情况做些了解，那么司马相如也有可能是到过金沙江的，即便没有亲去，也应当知道他所要设县的地方有这么一条大江。

可惜的是，这一都尉、十余县设后不久又罢弃了，原因是当时由巴、蜀通西南夷，道路险阻，转运粮饷多有困难，而且西南夷又多次造反，若发兵攻击，则耗费颇多，同时武帝也欲专心对付匈奴。于是罢西夷，独留南夷两县一都尉。

到武帝元鼎六年（前111），汉武帝平定且兰的反叛后，又于西夷之地设置了越嶲、沈黎、文山三郡。至此，汉王朝对西南夷之地建立起了正式的直接统治。越嶲郡地包括了金沙江自今石鼓第一弯转折后至宜宾的几乎全程，而越嶲郡和犍为郡之间也是以金沙江为界的。可以说，越嶲、犍为二郡的设置，为中原的人们进一步了解金沙江开通了广阔的道路。

秦汉王朝在金沙江流域设县置郡，使得这一地区的政治、经济活动多起来，与中原地区的交通往来也日渐活跃，从而也使人们与流经这一地区的金沙江有了更多的接触。人们虽然一时仍然无法完全摆脱旧说“岷山导江”的束缚，但毕竟向着真正的江源越走越近了！

三、“支流”金沙江

最早出现在史籍中有关金沙江的记载，当是《山海经·海内经》中的“有巴遂山，绳水出焉”，一般认为《海内经》为西汉初期的作品，而金沙江在汉代是被称为绳水的，所以《海内经》中的绳水应当就是金沙江。书中虽未说明长江与金沙江的关系，但是，金沙江的被认知，已经使人们靠近长江的主源了。

《汉书·地理志》对金沙江的描述又进了一步，越巂郡遂久条云：“绳水出徼外，东至僰道入江，过郡二，行千四百里。”僰道即今宜宾，所过二郡即越巂郡和犍为郡。这里既明确指出了金沙江是长江的一条支流，也说明了它的行程所经及流程里距。这些应该都是此前通西南夷的成果。汉人既知在宜宾入江之水是来自遂久徼外之水，可见已经知道了长江在岷江之外，还另有这样一条源远流长的上源。

北魏郦道元的《水经注》对金沙江的描述更加详细。《水经·若水注》说：“绳水出徼外。《山海经》曰：巴遂之山，绳水出焉。东南流分为二水，其一水，枝流东出，径广柔县，东流注于江；其一水，南径旄牛道，至大莋，与若水合，自下亦通谓之为绳水矣。”这里提到了长江的另一支流若水，即今雅砻江，并指出二水汇合后仍称绳水。

郦道元在《若水注》中还提到了长江上游的许多干支流，如绳水、泸水、孙水、淹水、大渡水。其中淹水是金沙江的上流，泸水是金沙江的中流（泸水本为雅砻江下游，与金沙江汇合后亦用其名），孙水是今安宁河，大渡水是今康定市城西的坝拉河。郦道元还指出绳水在当时是金沙江的通称，可见郦氏对金沙江已经了解得很清楚了。

对于淹水，《水径·淹水注》中说：“淹水径（姑复）县之临池泽，而东北径云南县西，东北注若水也。”临池泽即今云南永胜县南的程海。这是注文中记载的长江干流所到达的最远之处。

史籍中最早明确记载到过金沙江的人是三国蜀汉丞相诸葛亮。蜀汉建兴元年（223），刘备因夷陵之战的惨败，忧死于白帝城中，这引起蜀汉国内的混乱，南中地区更是掀起了大规模的反叛活动。诸葛亮经过一年的准备，于建兴三年（225）春分兵三路南征，他自

南京大学考古与艺术博物馆馆藏明代《诸葛南征图》

己亲率一路渡过泸水，平定了越巂郡的反叛。其他二路也取得了胜利。诸葛亮在其闻名于世的《出师表》中，也曾提到渡金沙江之事，即所谓“五月渡泸，深入不毛”。按诸葛亮既要平定南中叛乱，作为军事统帅，他当然会对当地的地理状况做仔细勘察，不过诸葛亮一生鞠躬尽瘁，唯以兴复汉室为目的，这些勘察也只能是限于军事方面的。他或会有感于金沙江的汹涌澎湃，却绝不会去做纯粹地理考察性质的寻根探源。

秦汉以来，人们对于金沙江已有很深的了解，已经清楚金沙江为长江的一条支流，而且远较岷江为长，只是由于《禹贡》位列经书的地位，“岷山导江”的说法依然在流传着。

四、敢笑岷江非江源

“岷山导江”的说法虽困囿着人们的思想，却无法阻挡人们探寻江源的脚步。唐朝初年编撰《隋书·经籍志》，博列有史以来诸般作品，曾提到有《寻江源记》一卷。这说明自汉朝以后至于隋朝，曾有人专门对江源进行过探察活动。但可惜的是，《寻江源记》并没有流传下来，所以探察活动究竟始于何时，当时寻江源寻到了何处，又是以哪条河为长江正源的，我们都无从得知。

唐朝建立后，中原地区与川藏地区的往来频繁起来。由于入藏通道经过通天河流域，所以当时人们的认识范围已经扩展到金沙江的上源了。樊绰著《蛮书》，曾提到“磨些江”，说其源出吐蕃中节度西共龙川犁牛石下，称为犁牛河，后转折过磨些部落，复称为磨些江，后又与东泸水合，总名即称为“泸水”。犁牛河即今天的通天河。由此可知，唐朝时人们已经对金沙江的上流通天河有所认识了，而樊绰便是目前所知我国第一位正确、完整地认识并记载金沙江的人。然而，即便如此，人们仍然没有放弃“岷山导江”说，“岷江源头论”在唐宋及其以后仍然盛行，如南宋诗人陆游在其《入蜀记》中就曾说过：“尝登岷山，欲穷江源而不可得。”陆游到岷山去寻找江源，可见是受《禹贡》旧说影响的结果。前引明朝杨基《长江万里图》诗，也是一例。

但在明代，也有人对江源有了更深入的了解。明洪武十五年(1382)，僧人宗泐奉命出使西藏返回时，途经黄河源区。他对当地的水文地理情况进行了勘察，作了一首《望河源》诗，在诗序中他提到了黄河源与长江源，说二者皆出于“沫必力赤巴山”，“其山西南之水则流入牦牛河，东北之水是为河源”。宗泐所说的牦牛河即今通天河，沫必力赤巴山为今巴颜喀拉山，可见宗泐是以巴颜喀拉山为长江与黄河的分水岭的。又明朝人张机的《北金沙江源流考》和杨士云的《议开金沙江书》，均以金沙江出吐蕃共龙川犁牛石，谓之犁牛河，又名犁水。可见明人对金沙江的认识，已在唐人的基础上有了更大的进步，即已明确推远到它的上源通天河了。

明季之末，终于有人向《禹贡》旧说提出了公开的质疑，发出了振聋发聩的一声。这个人就是著名旅行家徐霞客。徐霞客自幼“特好奇书”，博览古今地志，向往“问奇于名山大川”的生活。他从 22 岁起至 56 岁的三十多年中，几乎年年外出游历，足迹所至，几乎及于全国。他到过金沙江，也到过岷江，通过对二者的比较及与黄河的比较，写下了著名的《江源考》。在文中，徐霞客首先针对黄河“河流如带，其阔不及江三之一”，而其源却出于距传统所说之江源岷山西北万余里之处，即河源远远长于江源提出疑问：“何江源短而河源长也？”又进而比较岷江与金沙江说：“余按岷江经成都至叙（即今宜宾），不及千里，金沙江经丽江、云南乌蒙至叙，共二千余里，舍远而宗近，岂其源独与河异乎？”最后他终于扬声一呼：“岷流入江，而未始为江源，正如渭流入河，而未始为河源也”，“推江源者，必当以金沙（江）为首”。

其实徐霞客对于江源的探寻及认识并未超出其同辈人，但他的

《江源考》对于历史上的江源探寻来说，却具有极为重要的意义。正是徐霞客率先向传统“经书”发起了挑战，有力地冲击了拘守“经书”的人们的观念。“岷山导江”的说法自《禹贡》首先提出，历近两千年而长存，至明代为徐霞客一语而破，这一语实不啻一声春雷。而且，他还发展了我国古代的河源理论，指出河流长度是确定河源的重要原则之一，主张“惟远是源”，反对“舍远而宗近”和“弃大源而取支水”。

徐霞客的观点遭到了困守“经书”的众多人士的抨击，如清初胡渭就曾说过：“岷山导江，经有明文，其（徐霞客）可以丽水（金沙江）为正源乎，霞客不足道！”其实胡渭对于河流主源问题，也是主张对同一水系中主、支流的源头应予以区别的，“正源主也，别源客也”，不可以“主客易位”。而且就当时对金沙江的认识水平来说，他不可能不知道金沙江比起岷江来更为“源远流长”，只是同时又拘执于“经义”，主张“顺经立义于前，而重申其说于后”，所以他没有办法认清真正的江源。

徐霞客的《江源考》拓展了人们的思维，从此以后，更多人摆脱《禹贡》旧说的框框，去认真地思考长江真正的源头了。

五、冰雪江源

清代人对于江源的认识较之前代愈加明确了。康熙年间根据实测资料绘制的《康熙内府舆图》，绘出了通天河和木鲁乌苏河，并指出木鲁乌苏河为通天河最远的一源。乾隆年间齐召南写《水道提纲》，关于长江虽然开篇也说“大江源出岷山”，但最终以“金沙江，自犁石发源……至丽江府界已四千二百余里。自雪山北……至叙州府城东与岷江会，又二千五百余里”的实际情况，说出“其（金沙江）为大江上源，无疑也”的实际观点。他还进一步指出了通天河

长江源头区的高山植物

长江源头区经过冰蚀和风化作用形成的冰蘑菇景观

为金沙江上源，木鲁乌苏河（今布曲）又为通天河的上源。另外齐召南还在其《江道论》中较全面地描述了喀匕乌兰木伦河（今尕尔曲）、托克托乃乌兰木伦河（今沱沱河）、阿克达木河（今当曲）、拜都河（今冬曲）和那木匕图乌兰木伦河（今楚玛尔河）。至此，长江最上源的一些河流的情况已经基本清楚，只是没有进一步分出到底哪一条河流为主源。

晚清及民国年间，对江源的提法非常混乱，大致可以归纳为一源说、二源说、三源说。一源说，以布曲为长江的正源；二源说，认为长江有南北两源，南源为布曲，北源为楚玛尔河，或认为尕尔曲为长江南源，沱沱河为长江北源；又三源说，认为长江有三源，即中源布曲，南源当曲，北源楚玛尔河，或尕尔曲为长江南源，沱沱河为长江中源，楚玛尔河为长江北源。

民国时期曾对江源进行过考察，并对长江的长度进行了量算，这次考察的结果见于1946年出版的《中国地理概论》，书中写道："长江亦名扬子江，源出青海巴颜喀拉山南麓……全长五千八百公里，为我国第一巨川。上游于青海境内有南、北两源，南源曰木鲁乌苏，北源曰楚玛尔。"既然黄河发源于巴颜喀拉山北麓，而长江又源出该山之南，于是此书出版后，便出现了"江河同源于一山""长江和黄河是姐妹河"之说。这种错误观念，流传甚广，影响极深。

那么，万里长江的真正源头究竟在哪里呢？

中华人民共和国成立后，政务院（即国务院的前身）组织了长江水利委员会（后一度更名为长江流域规划办公室），专事长江的治理开发工作。于是，对江源的系统探索渐渐提上了日程。1956年和1958年，长江水利委员会曾分别组织过对通天河和青藏公路沿线的水文勘查，翻越了昆仑山，查勘了青藏公路附近的楚玛尔河、沱沱河和布曲，但因当时条件所限，未能继续向西对长江源头进行考察。

1976年夏天，长江流域规划办公室会同有关科研、新闻摄影单位，组成了28人的江源考察队，并在中国人民解放军兰州部队的全力支持和有关单位的积极配合下，对江源进行了首次科学考察。江源考察队经过艰苦跋涉，最后终于有8位同志深入沼泽湿地和冰川雪山谷地，到达沱沱河源头万年冰河、各拉丹冬雪山西南的姜根迪如冰川；另外有2位同志到达了尕尔曲的源头冰川。考察队还对楚玛尔河和当曲的局部河段进行了考察。经过51天的艰苦努力，人们终于探明了江源的地形和水系，纠正了历史上长期以来关于江源描述的错误与偏颇，揭开了江源的神秘面纱。

长江源头区的冰川塔林

根据这次实地考察的结果，并依据“河源惟远”和流向顺直等因素，确定了沱沱河为长江正源，而海拔6621米的唐古拉山主峰各拉丹冬雪山西南的姜根迪如冰川为长江的发源地。这次考察还重新量算了长江的长度为6300千米，从此长江取代了密西西比河，成了世界上第三长的河流。

1978年夏天，长江流域规划办公室再次组织有关单位的同志共计58人对江源进行了第二次考察，对江源诸河的长度进行了重新量算，并最终得出了“长江三源说”，即沱沱河与当曲实际上长度相当，但沱沱河流向顺直，位置居中，仍应为正源；而当曲除长度外，水量和流域面积均远远大于沱沱河，可称南源；楚玛尔河横贯江源地区北部，流域面积较大，可称北源。也有人只以沱沱河和当曲为南北两源，而把水量不大、冬季常常干涸的楚玛尔河作为支流。

1986年，长江科学考察漂流探险队对江源进行了一次考察，考察之后主张当曲应为长江正源，因为他们认为，当曲在长度、水量、流域面积三方面均超过沱沱河。其实探险队在量算河长时，没有把沱沱河的源头冰川包括进去。若包括冰川，沱沱河比当曲要稍长一些。

经过这几次江源实地考察，长江出现了“一源”（沱沱河或当曲）、“两源”（沱沱河和当曲）、“三源”（沱沱河、当曲、楚玛尔河）诸说。那么哪种说法更有道理，到底孰为长江正源呢？

客观地讲，鉴于沱沱河源头高程超过雪线，本来可形成河流的谷地变成了冰川谷地，而冰川内部包括上段积累区和下段冰舌消融区，实际均有季节性水流存在，故进行河长比较时，应把冰川长度计入，因此沱沱河和当曲的河道长度是基本相当的（包括冰川，沱沱河长度为358.1千米，而当曲为357.1千米）。同时沱沱河与其下游通天河的走向较当曲顺直一致，沱沱河的河谷长度也较当曲长，沱沱河源头与长江口的直线距离明显大于当曲，所以应当以沱沱河为长江正源。当曲虽在水量与流域面积上相对沱沱河占有优势，但通常情况下这些并不被作为确定河源的标准。

沱沱河源头冰川的详细情况是：有东、西两支流，东支发源于各拉丹冬雪山西南侧的姜根迪如雪山，西支源于尕恰迪如岗雪山的西侧。东支较西支略长，故长江的最初源头应是东支。东支的上段是一条很大的冰川（姜根迪如冰川），冰川消融成涓涓细流，缓缓流下，在巴冬山下与尕恰迪如岗冰川融水相会后，转向北流，便成为后来绵长万里的长江之源。

各拉丹冬雪山是长江的源头，山上千百年来积聚的冰川保证了长江水源的丰沛。

长江的源头终于找到了！这最终的发现，凝结了悠长岁月里多少人的心血啊！不知道当年最终站在长江源头的探寻者，望着那涓涓细流，心中会做何感想？会听到五尺道的叮叮锤凿之声吗？会看到徐霞客的踽踽独行吗？

如果你也有感于江源探寻的不易，那

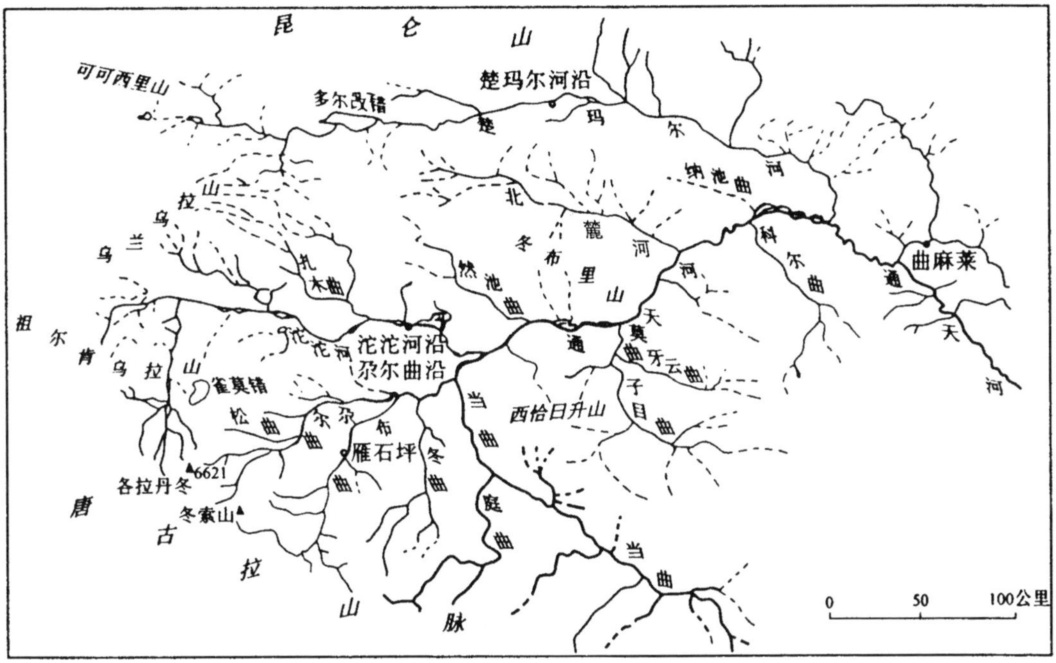

长江江源图

么就请听一听源头的潺潺流水声吧！那里面，有历代江源探寻者的匆匆足音……

（刘志刚）

“蓄清刷黄保漕”的插曲

——探寻淮源

在中国的东部，在九曲十八弯的黄河和万里长江之间，有一条呈东西向流淌的河，她就是淮河。

与长江、黄河相比，淮河的流程并不算长，穿越的地形也较为单一，少有大起大落的曲折起伏，但这丝毫不影响她在大江大河中的地位。淮河的位置独特，自古以来就与秦岭以及汉水的中游一道，共同构成中国内地农耕社会一条重要的南北分界线。这条界线非同小可，它不仅有着自然地理的意义，还有更为重要的人文价值。中国地形的总体态势是西高东低，其版图轮廓是由山脉、高原和大江、大河共同架构起来的。如果把今天的中国版图比作昂首翘尾、展翅欲飞的雄鸡，那么山脉、高原就是雄鸡的骨骼，大江、大河就是雄鸡的经络和血脉。骨骼发育到一定程度或许可以“停止”，保持较为稳定的形态；而经络和血脉却一刻也不能止息，唯有跳跃流动，一路欢歌，才能有鲜活的生命与青春般的魅力。形象些说，淮河就是从雄鸡的心脏发源，流淌于雄鸡的腹部，最后分为多股注入大海的。

当然，我们说淮河从雄鸡的心脏发源，只是一种形象的比喻，尽管也指出了淮河发源的大致方位，但仍停留在古人方位概念较为模糊的水平上。古人的方位概念虽然模糊，方位意识却特别强烈，如认为洛阳地处“天下之中”，嵩山是“中岳”，今河南一带是“中州”，而淮河也就导源于中州之地。

然而有趣的是，即便是导源于中州之地的淮河，其源头究竟在哪里，却也直到清朝才基本得以明了。

一、文献记载里的淮源

淮河的源头在哪里？历代史籍对此多有记载。

《尚书》可以算作中国最早的史书，其中有篇《禹贡》，专门讲述山川地理、物产贡赋。《禹贡》云：“导淮自桐柏，东会于泗、沂，东入于海”，即大禹疏导淮河是从桐柏山开始的，然后顺流而下，向东与泗水、沂水相会，最后归入大海。这可以说是有关淮源最早、最权威的记载了，其后的文献记录也都根源于此。

需要说明的是，根据多数学者的意见，《禹贡》成书于约2500年前的战国时代，虽然篇中讲的是4000多年前大禹导淮的情况，但属假托大禹而立言，实际上反映和代表的是战国时代人们的地理观念。

由《禹贡》而下，疑为西汉初年作品的《山海经·海内东经》云：“淮水出余山，余山在朝阳东、义乡西，入海淮浦北。”这条记载不仅指出了淮源所在，而且指明了淮河入海之处。又东汉班固的《汉书·地理志》“平氏县”下云：“《禹贡》桐柏大复山在东南，淮水所出，东南至淮浦入海，过郡四，行三千二百四十里。”与《禹贡》《海内东经》相比，《汉书·地理志》的可贵之处在于它记载了淮河的流经里程，这是关于淮河长度的最早历史记载。虽然这个数据不一定准确，但毕竟为我们提供了基本的参照依据。及至三国，《水经·淮水》说：“淮水出南阳平氏县胎簪山，东北过桐柏山”；北魏郦道元注曰：“淮水与醴水同源俱导，西流为醴，东流为淮，潜流地下，三十许里，东出桐柏之大复山南，谓之阳口。”郦注对于淮源的记载可以说已经比较详尽了。

南宋《禹贡所载随山浚川之图》

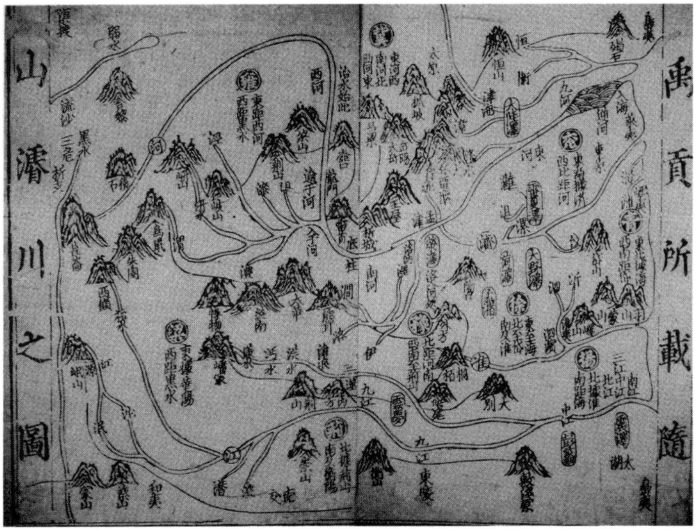

值得注意的是，以上所引文献中，桐柏山、余山、大复山、胎簪山云云，并不一致。对此，清代著名学者胡渭在《禹贡锥指》卷十一

桐柏山山门牌坊

中指出：余山是桐柏山的别名，大复山和胎簪山皆为桐柏山的高峰，远望犹如一山。如此，则史籍中的桐柏山、余山、大复山、胎簪山，等等，虽然记载有异，或就主峰而言，或就支峰而言，但可统称为桐柏山。

淮河发源于桐柏山，应该无疑了；然而淮源究竟在桐柏山的什么位置，上引记载还是语焉不详。

二、“淮源”碑中的淮源

探索和考察江河源头，尽管饱含着艰辛、险境、不测，但它融求知、游玩、探险于一体，又充斥着神秘感，所以热衷此道者代不乏人；至于有些特殊的江河，探源更是或具有国家政治意义，或具有思想解放价值。前者如黄河，《汉书·沟洫志》记载：“中国川原以百数，莫著于四渎，而河为宗。”出于农业民族与统一国家“朝宗”的目的，历代王朝官方性质的黄河探源活动，不绝于史；后者如长江，徐霞客在《江源考》中“推江源者，必当以金沙（江）为首”之语，不啻一道闪电，击向“岷山导江，东别为沱”的《禹贡》经说。

相对于艰难、持久的黄河、长江探源，位处中州的淮河的探源当然少了许多复杂，不过罩在淮源上的浓雾的散尽，却也经历了颇长的岁月。

目前所知最早的淮河探源活动，发生于北魏孝文帝年间（471—499）。《魏书·韦阆传附韦珍传》云：“高祖初，蛮首桓诞归款，朝廷思安边之略，以诞为东荆州刺史。令珍为使，与诞招慰蛮左，珍自悬瓠西入三百余里，至桐柏山，穷淮源，宣扬恩泽，莫不降附。”韦珍的淮河探源既不是游玩也不是探险，而是招抚蛮左的政治活动中有意无意的一个副产品。遗憾的是，因为史书记载的阙略，韦珍“穷淮源”的具体情况，我们还是不得而知。

清康熙三十五年（1696），刑部左侍郎田雯游览桐柏山，并写下《游桐柏山记》。田雯看到主峰胎簪山双峦齐秀、峻峨百重，峰上有数百石囷，贯以石梁，认为胎簪因此得名；又见岩下巨石，圆削如臼，一水由此流出，清澈明亮，行于地中，田雯断定，此即大禹导淮之淮源所在。其实田雯误会了，这可能是胎簪山上的“淮池”，而非真正的淮源。

在今河南省桐柏县西30里处，有一名叫固庙的小镇（现名淮源镇），古籍中称为“阳口”。小镇拥山抱水，景色秀丽，历史悠久。远在秦代，此处即建有淮祠，后来又称淮渎庙、淮源庙、禹庙等。镇旁石栏水井有三泉涌出，井旁有明代的《重修淮渎庙碑》，不远处有涓涓小溪，这口井通常被称为“淮井”。康熙三十六年（1697），桐柏知县高士铎命令工匠在碑的背面镌刻了“淮源”两个大字，字高68厘米，凝重端庄，雄浑苍劲。看来，这位淮源所在之地的父母官认定此处为真正的淮源。其实高士铎还是错了，“淮井”不是“淮源”。据前引《水经注》的记载，阳口（固庙）是淮河在“潜流”30里后所流经之地，压根儿不可能是淮源，然则这位高知县的用意究竟何在，我们就不得而知了。

三、乾隆皇帝心中的淮源

淮源逐渐清晰起来，联系着乾隆皇帝两次命令臣下踏勘淮源。

乾隆皇帝第一次命令踏勘淮源的臣子，是河南布政使江兰。但江兰办事有些马虎，接命后可能并未认真踏勘。他来到固庙，发现在禹庙的东边，有三大井涌出三泉，认为这就是淮源，加以简单的淘浚引导后，又绘制了一张淮源地形图，便匆匆复命。孰料乾隆对此事万分关心，既拿出《大清一统志》核实，又查阅地图比勘，结果发现江兰的报告于文、于图都相距太远，“予思《一统志》载，淮水有伏流数里、涌起三泉为井之文，且阅今图中冈涧稠复，知所谓三泉者，未必即真源也”（乾隆五十四年御撰《淮渎神庙碑记》）。

有鉴于此，乾隆又命河南巡抚毕沅亲往查勘。毕沅从桐柏山麓迤逦而上，大约翻越了十六七里，来到中峰胎簪山，这里有一潭清水，

淮源碑亭

毕沅画像（清叶衍兰绘）

波光粼粼，询问当地土民，说是“淮池”。再沿着险象环生的羊肠小道爬行十多里，到达山顶。顶上巨石盘踞林立，姿态万千，占地十余亩，气势十分壮观。旁边洼处有渊水辉映，泉流从石间奔涌而出，淘沙涤砾，取之不竭。毕沅认为这便是真正的淮源。对于这一结论，乾隆甚为满意，说它与《水经注》中淮水出胎簪山、潜流复出的记载“印证悉合”，《禹贡》中“导淮自桐柏”的说法果然不虚，“是为淮渎其源也已”。

然而这仍非淮河真源所在，此且姑置不表。问题在于，乾隆皇帝“推求精确，不惮再三”地探寻淮源，到底是为了什么？其实，这绝非乾隆一时头脑发热、心血来潮，更非“科学”探索精神所致，而是另有特别的用意，此特别的用意，在其亲撰的《淮渎神庙碑记》中说得很清楚，若用一句话来概括，那便是为了京杭大运河的“蓄清刷黄保漕”。

按中国自唐宋以来，政治中心与经济中心都发生了重大变迁。政治中心逐渐转移到华北平原的北端，经济中心则偏居江南。又就元、明、清三代论，除了明初短暂奠都南京，其他时间都在北京建都，这种政治中心与经济中心分离的格局，使得王朝背上了莫大的包袱。京畿自为人口集中之地，麇集于此的皇室、贵族、官僚、军兵仆役及其他人员，或挥霍无度，或山珍海味，或绫罗绸缎，或亭台楼榭，官奉日用，常规消耗着难以计数的民脂民膏。然而京畿北部及东北为游牧狩猎之区，华北平原又太贫瘠。如此情势之下，政府只得仰仗江南。滔滔运河之水，昼夜舳舻相继，载输着江南的粮食及其他物资，源源不断地输入京都。古人说“国之大事，在祀与戎”，但这并非亘古不变。在中国帝制时代的后期，“国之大事”实在运河及漕运。运河及漕运沟通了南北的经济中心与政治中心，解决了两者分离所造成的窘困，打破了“远水解不了近渴”的自然规律，从而成为王朝的经济维系线和政治生命线。

然而任何事物都具有两面性。即以京杭大运河言，在给王朝带来种种实惠的同时，也引出了无尽的忧患与难解的麻烦。由于京杭大运河纵贯南北，而淮河横亘东西，北方的黄河又长期夺泗入淮，交相会聚于清口（在今淮安市西南），再加上黄、淮、运三者河性水情各异，因而其间的关系极为错综复杂。为了保证运河及漕运的畅通，乾隆皇帝真是绞尽脑汁，费尽心机。所谓“江南三大政”河、漕、盐，河、漕即居其二。形象些说，运河的畅通与否就是乾隆脸色的晴雨表。运河塞了，乾隆哭了；运河通了，乾隆笑了。

那么如何确保漕运的畅通呢？明季以来，一直沿用的是潘季驯开创的“筑堤束水，以水攻沙”“蓄清刷黄”（《河防一览》卷八）的治河策略。可是黄高淮低，黄强淮弱，要使运河畅通，就必须保证淮河有足够的流量，洪泽湖有足够的水位，于是治淮成为刷黄保运的首务。乾隆皇帝对此当然深有感悟，他说：“往岁黄河安澜循轨，专藉洪泽湖蓄淮之清水，以刷沙敌黄，而粮艘经山阳清河间，亦资淮利济。”然而一旦豫皖两省雨泽愆期，淮河水量下降，淮河弱势便形明显，洪泽湖水位便会降低，清口即有淤塞之患，黄河即有倒灌之虞。为了解决刷黄保漕这个自然难题、这件政治要务，乾隆夙兴夜寐，思虑重重，最终还是想起了4000年前的大禹。

乾隆以大禹自居，以承继禹业为使命，声言治水必须像大禹那样，从源头开始疏导，所谓“盖治水者，先疏其源，而后可以达其流，此古今不易之至理也”，故此“予于必发源之地亟加疏浚，祇迓神庥，夫亦宗大禹之志而已”。具体到关乎京杭大运河能否畅通的淮河、洪泽湖，也是如此。乾隆既要疏浚淮源，就需明确淮源所在，所以他委派藩臣探寻淮源，虔往致祷，调拨资金重修淮渎神庙，并亲撰《淮渎神庙碑记》，以示对长淮大神的感恩和崇仰，期望求得庇佑，风调雨顺，国泰民安；乾隆认为淮河势弱、洪泽湖水浅，“意其初源必有沙石壅塞致遏，经流者不浚其本，何以畅其末”，也就是说，为了保证淮河与洪泽湖“蓄清刷黄保漕”的重大使命能够顺利实现，就必须从淮河源头做起，疏壅导滞，本末皆筹。

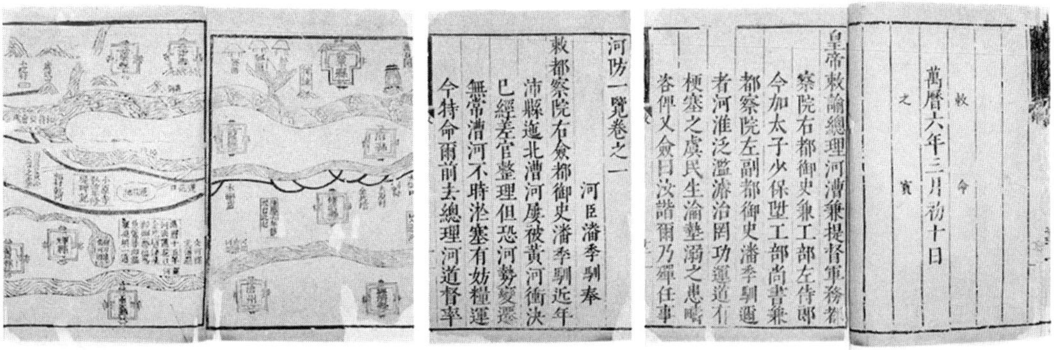
敕命
萬曆六年三月初十日
之寶
皇帝敕諭總理河漕兼提督軍務都
察院右都御史兼工部左侍郎
今加太子少保陞工部尚書兼
都察院左副都御史潘季馴邇
者河淮泛濫漕治罔功運道有
梗塞之虞民生淪墊溺之患屢
咨倂又僉曰汝諧爾乃罪任事

河防一覽卷之一
河臣潘季馴奉
敕都察院右僉都御史潘季馴近年
沛縣迤北漕河屢被黃河衝決
已經差官整理但恐河勢變遷
無常漕河不時淤塞有妨糧運
今特命爾前去總理河道督率

潘季驯所著《河防一览》书影

意大利传教士郎世宁所绘《乾隆皇帝大阅图》

有趣的是，乾隆皇帝派员探得淮源、重修神庙以后，还真是“效果”立马显现，《淮渎神庙碑记》有云：“向之洪湖有时稍弱者，近岁澄澈。诰弥潴泄应节，以济重运，则舳舻相接，衔尾遄行。而涤黄流、迅洪波，尤以见锡佑之功。景烁昭彰，诚有不可思议而得之者。夫以长淮为川泽之灵，而宅奥栖源，惟神实司其契……百川于是效顺，万民于是蒙福。然则赍祀报功，其庸可以已于言乎？”

要之，乾隆皇帝组织的淮河探源活动，本来无关乎今人习称的“科学”，而只是其导演的“蓄清刷黄保漕”政治大戏的一个插曲而已。表面上看，乾隆皇帝是欲承继大禹余绪，着意于自然的疏川导河，实则完全服从和服务于其“蓄清刷黄保漕”的真实政治目的。

四、真正的淮源

淮河真正的源头在哪里，历来就有诸如上文的记载和说法，可谓众说纷纭，莫衷一是。中华人民共和国水利部淮河水利委员会的同志，结合文献记载和实地踏勘，对淮河源头的确切位置进行了论证，这应该是目前最为权威的结论吧！在该委员会组织编写的《淮河纪行》（上海教育出版社 1985 年版）一书的“导淮自桐柏·太白顶探源”部分中，有关淮源是这样描述的：

在固庙镇向南，有一沿溪小道。顺小道溯水而上，道路渐渐变成一条飘带，忽进谷底，忽缠山腰，要走十八个山坳，当地群众叫“十八扭”。走完十八扭，悬崖陡峭，古树参天，遮得天空只剩一条长带，人们叫做“一线天”。脚下溪流时隐时现，斗折蛇行，上下跌岩［宕］，哗然有声。走完一线天，再攀两座山头，前面就是太白顶。山顶有一古寺，名曰“云台禅寺”，为唐代所建，清朝乾隆年间重修，现寺院犹存。古寺东方，有一眼井，清澈明净，久旱不竭。细观之，井内有泉眼三处。淮河的源头就在这里。泉水从井旁石壁中沁出，流不多远，又潜入地下。约半里，在那枯藤盘绕、青苔覆盖的峭岩间，又钻出了地面。一二里许，无数细流汇聚成一条小溪，向前奔流。又过三四里，无数小溪又汇成一条欢跳的小河，撞击着山间石头，往山下流去。盘来绕去，潜入钻出，直到固庙镇形成河床。一泻千里的淮河，就是这样开始举步的。

艰难的淮河溯源之路

综上所述，千里淮河源何在这个问题的基本解决，联系着乾隆皇帝两次命令臣下踏勘淮源，这颇耐人寻味。因为从现代人的思维来说，探寻淮河之源，应该属于“科学探索”问题，就像中华人民共和国成立以后多次组织科学考察队探寻黄河之源。然而如果我们回到历史的语境，那么诸多江河的探源活动尤其是国家层面的探源活动，其实多与“科学”无涉。比如由于黄河决口泛滥，难以堵塞，乾隆四十七年（1782）派遣乾清门侍卫阿弥达“务穷河源告祭”（《河源纪略》），因为在中华传统理念中，告祭江河之神最合适的地点，或在源头，或在入海口。换言之，中国古代官方的这类活动及其所取得的“科学”成就，往往就是“迷信”的结果。淮河之源的探寻，也是如此，可以认为是京杭大运河“蓄清刷黄保漕”的一个插曲。

（胡阿祥、张文华）

"死亡之海"与"希望之海"

——塔克拉玛干沙漠的探险与发现

塔克拉玛干沙漠，世界第二大流动沙漠，足有3个浙江省那么大，总面积33.7万平方千米。这万顷黄沙的沙漠瀚海，坐落在53万平方千米的我国第一大盆地塔里木盆地之中。塔里木盆地地处世界上最大的大陆欧亚大陆的中心部位，是一个封闭型的内陆盆地，其南部和西南部，青藏高原、帕米尔高原耸入云霄；其北部和西北部，天山山脉巍然屹立；其东北部，库鲁克塔格山脉逶迤延绵。这样的环峙形势，无论季风还是西风，都难以到达塔克拉玛干沙漠，故其降水率极低，大气湿度很小，是典型的内陆暖温带极旱荒漠。

长久以来，塔克拉玛干被人们视为生命的禁区。唐代高僧玄奘西天取经时路过这里，《大唐西域记》记载道："从此东行，入大流

万顷黄沙的塔克拉玛干大沙漠

沙，沙则流漫，聚散随风，人行无迹，遂多迷路，四远茫茫，莫知所指，是以往来者聚遗骸以记之。乏水草，多热风，风起则人畜昏迷，因以成病。时闻歌啸，或闻号哭，视听之间，恍然不知所至，由此屡有丧亡，盖鬼魅之所致也。”近代以来，许多中外探险家试图揭开塔克拉玛干的神秘面纱，然而，恶劣的自然环境，凶恶的沙漠旅途，又使人们难以窥见它的全貌，探险家们在付出巨大的代价后，往往无可奈何地发出声声惊叹：塔克拉玛干，“进去出不来”的“死亡之海”！

帕米尔高原。图中雪山为中国境内昆仑山主峰慕士塔格。

一、沙漠探险

塔克拉玛干大沙漠，神秘而又充满诱惑的“死亡之海”，它持久地、强烈地吸引着无畏者，于是，古代的旅行者，近代的探险家，当代各种各样的科学考察队，一次次把足迹留在了塔克拉玛干。

1. 古代的沙漠旅行

在古代，在塔克拉玛干及其周沿地区留下探险足迹的，主要是中国的政府官员和出家的僧侣。

西汉武帝时，张骞两次应募出使西域，前后17年，历尽千辛万苦，踏遍大漠南北。第一次西行走北道，沿塔克拉玛干北沿，经疏勒（今喀什），逾葱岭（今帕米尔），到达大宛（今中亚费尔干纳盆地）；回来时改走南道，经莎车、于阗而东行。第二次西行经过敦煌、楼兰，沿塔里木河至龟兹（今库车），再西行至乌孙首府赤谷城（今伊什提克）。张骞的西行使其成为“凿空西域”的第一人。

唐龟兹镇遗迹。玄奘西行取经时曾拜谒过这里的佛寺。

东汉明帝时，班超投笔从戎，深入西域，一路抚鄯善（今若羌东米兰故城）、降于阗（今和田）、平疏勒，在塔克拉玛干沙漠的南缘绿洲上，实现了“立功异域”的愿望。班超之子班勇自幼随父戎马为生，奔走于西域诸国，写成了有名的《西域风土记》。

东晋僧人法显西行佛国求法时已是高龄。他从长安出发，过三陇沙，抵楼兰，至焉耆，然后南下，穿越塔克拉玛干，到于阗后再西行。法显一行用了一个月零五天的时间，完成了对塔克拉玛干的穿行。在《佛国记》中，法显追述此次沙漠穿行时写道：“路中无居民，沙行艰难，所经之苦，人理莫比。”法显以“人理莫比”的无限艰辛，成为纵穿塔克拉玛干的第一人。

唐朝著名僧人玄奘孤身一人从长安出发，西行天竺取经。出了玉门关，他孤独地穿行在“多恶鬼热风”“上无飞鸟，下无走兽”“惟以死人枯骨为标帜”的“沙河”途中。第一天，他就不小心弄翻了盛水的皮口袋，全部饮水一泻而光。他曾想返回找水，但想起立下的“不至天竺，终不东归一步”的誓言，咬牙坚持西行。经历了五天四夜干渴的煎熬，人与马一齐倒在沙漠之中。至半夜凉风吹醒，识途老马闻到空气中的水分，终于在狂奔后将玄奘载至伊吾（今哈密）绿洲，见到了水，人、马一并获救。玄奘由伊吾继续西行至高昌（今吐鲁番），又南下经焉耆、龟兹、姑墨（今阿克苏），通过木素尔岭（今托木尔峰）至热海，然后南下进入印度。玄奘取经东归时走的是丝路南道，对沿途自然景观的观察细致入微。他记录了和田河因灌溉而引起断流的事实，称皮山国“大沙碛正路中，有堆阜”，说阿迪尔河下游的睹货逻国“城皆荒芜”。他还在《大唐西域记》中记载了曷劳落迦城被沙埋的经过。曷劳落迦城原是十分富庶的城镇。但是，该城居民不敬僧徒，惹怒了神佛。不久，一场突发的风暴将全城埋没。全城居民中，只有一户因接济过僧人，被提前告知，筑地道逃过了劫难，其余居民皆葬身沙海。被淹没的这个城市有许多珍宝，吸引不少人前去发掘。然而，不管是谁，只要接近曷劳落迦城，就会“猛风暴发，烟云四合，道路迷失”，全都“进去出不来”。这个故事虽旨在宣佛尊法，却透露了沙漠湮埋文明的重要信息。

除了法显、玄奘这两位最具影响的僧人，中国古代途经塔克拉玛干的僧人还有三国时魏国的朱士行，老死于于阗；后秦的智猛；刘宋的释昙无竭；北魏的宋云、惠生；唐朝的慧超、悟空；宋代的行勤、继业，等等。

值得指出的是，走进塔克拉玛干的古代中外商人也不在少数，然而在历史上留下的记载却很贫乏。威尼斯商人马可·波罗是走进塔克拉玛干的著名旅行家。他在13世纪70年代初，随父亲和叔父翻越帕米尔高原进入塔里木盆地，经过了塔克拉玛干南缘的鸭儿看（今莎车）、和阗、培因（今克里雅河下游扜弥城故址）、唐媲摩城（即喀拉墩，在克里雅河末端沙漠深处）、车尔成（今且末），到达罗卜镇（今若羌一带）。他后来在《马可·波罗行记》中对沿途沙漠环境做了记载，为认识塔克拉玛干南部地区的环境变迁留下了宝贵资料。

马可·波罗在旅途中

2. 近代的沙漠探险

从19世纪中叶开始，在特殊的政治背景下，塔克拉玛干受到了异乎寻常的举世关注。据不完全统计，自1876年俄国的普尔热瓦尔斯基首次到达这里，到 1934 年以斯文·赫定等人为首的中瑞西北考察团，在不到六十年的时间里，云集中国西部地区、打着各种旗号的探险队竟不下四十多支。

俄国的普尔热瓦尔斯基，是在这一轮探险浪潮中最早闯入塔克拉玛干大沙漠的外国探险家。1876 年，他来到新疆，从库尔勒出发，沿塔克拉玛干东沿向南到达阿尔金山北麓，发现了尚不为欧洲人所知的阿尔金山和著名的罗布泊。1883 年，他去长江、黄河源头探险，返途经过罗布泊地区，然后西行至和田，沿和田河由南而北纵穿塔克拉玛干大沙漠抵达阿克苏，成为首位穿行塔克拉玛干的欧洲人。在这次沙漠探险旅程中，他发现了一片名为塔维尔谷的新绿洲，仅有 50 年历史 500 户居民，还发现叶尔羌河、和田河汇合处很宽、很长，夏季洪水期更增加 3 倍，认为塔里木河有足够的水供汽船航行。

1885 年，英国人凯里率领的地理探险队来到新疆和西藏。他选择了一条欧洲人从未走过的路，从新疆叶城向南进入西藏，再翻越昆仑山到达克里雅，然后沿和田河北行，穿过塔克拉玛干沙漠腹地，来到塔里木河干流起点，再沿塔里木河到罗布泊，成为走完塔里木河全程和绕行塔克拉玛干周边的第一个欧洲人，将 19 世纪英国的地理探险活动推向顶点。

1892 年，俄国的利特代尔夫妇来到新疆，他们从库尔勒到喀什，又从喀什东行涉流沙至塔里木河上游，然后顺流东下至罗布泊地区。

在塔克拉玛干探险者中，最令人难以忘怀的是瑞典人斯文·赫定。1895 年，第二次进入新疆的斯文·赫定，决意到塔克拉玛干沙漠的深处进行一次艰难的历险。临行之前，他听到了许多关于沙漠的传说，人们将塔克拉玛干形容为魔鬼的地狱，但他不为所惧。他曾这样记述他的心情：“当我们现在走上到塔克拉玛干的道路时，我感觉到想要深入，其中的诱惑一天比一天厉害起来，我简直没有反抗它那神秘的魔术的能力。”他计划从塔克拉玛干西端的麦盖提进入沙漠，穿越大沙漠的西北侧，然后向和田河挺进。但塔克拉玛干给他们一

斯文·赫定（骑骆驼者）

行带来了无情的挑战。虽然只是4月份，沙漠里白天骄阳似火，夜晚则寒气袭人，每前进一步，都要付出沉重的代价。走到第六天，他们遇上了可怕的风暴，“一阵阵旋风夹着沙子在头顶上飞舞，一种黄中带红的烟雾在地平线上飘动，天空是一片混浊的蓝色。不久，从东边又刮来一阵风暴，挟着细细的飞沙，把白天变成黑夜”。他们迷路了。后来，凡是能吃的能喝的，包括动物的尿都已告罄，一峰峰骆驼倒毙了，一个个随行者倒在沙漠里再也爬不起来了。绝望之中，他们抛弃了帐篷、行军床、火炉等物，轻装前进。沙丘越来越高，达到60米。斯文·赫定拼命攀登上去，映入眼帘的除了漫漫沙海，没有半点河岸的影子。极度的失望攫住了斯文·赫定的心，使他难以呼吸，但他仍在“死亡之海”做艰难的挣扎。直到25天后，斯文·赫定才在和田河一个水坑里找到了一点儿水，获取了生的希望。这次骇人听闻的旅程，被斯文·赫定认作是“我在亚洲所有的旅行中最难的一次”。

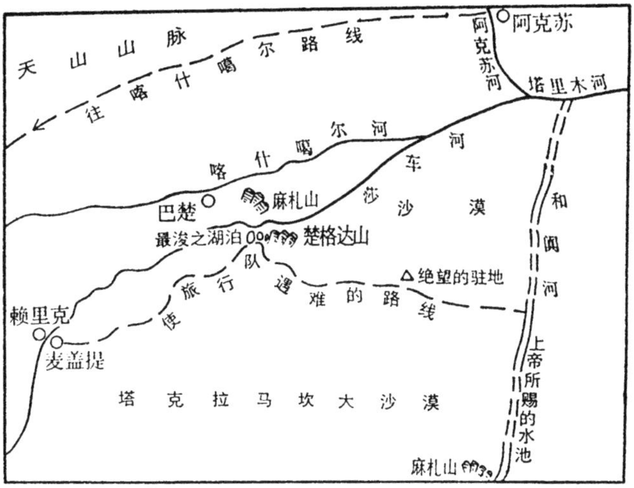

斯文·赫定所绘“我在亚洲所有的旅行中最难的一次”之考察路线示意图

死里逃生的斯文·赫定回到喀什，经塔什干又弄到一批仪器，再一次扎入塔克拉玛干。他们选择冬季出发，成功地横穿沙漠到达克里雅河，再沿克里雅河北上一直走到河流尽头。接着穿过大沙漠，奔向塔里木河。途中，他发现了几处被沙漠湮埋的城镇，捡到了一些散乱的文书残页。从大漠南端到达北沿后，斯文·赫定又开始了向罗布荒原的艰难跋涉。

斯文·赫定所绘塔里木河航行图

英籍匈牙利人斯坦因是涉足塔克拉玛干的众多探险家中的有名人物。他至少精通8种语言，是一个“集学者、探险家、考古学家和

第二篇 地理认识的深入

地理学家为一体的最奇特的人”。1900 年 10 月，他抵达新疆和田，在塔克拉玛干沙漠里对丹丹乌里克、尼雅、安迪尔、热瓦克等遗址进行了发掘，发现了一座座被沙漠掩埋的古城，出土了一件件无价之宝。1901 年 4 月，他返回英国时，所带文物装满了 12 大箱。1906 年 4 月，他第二次来到新疆，在对热瓦克、尼雅、安迪尔故址再一次进行掘地三尺的发掘后，踏上了前往敦煌和楼兰的探险之路，掠取了大量珍贵的中国文物。斯坦因此次探险活动最值得一提的，是从北向南纵穿塔克拉玛干大沙漠。十二年前，斯文·赫定以克里雅河为依托，由南而北穿越了塔克拉玛干，而 1908 年，斯坦因却是由北而南，无依托地越过沙漠。斯坦因的决定，甚至连赫定也为之惊叹不已。因为从南向北，60% 以上的路程有河流、森林做伴，剩下的 200 多千米沙漠毕竟有惊无险；而从北向南，一开始即进入无水的荒漠沙丘，等走完 200 多千米的沙漠，所携带的补给已经用光，此时探险者的生命，就全系于克里雅河尾闾之一线了！而在无垠的大漠腹地，长途跋涉几百千米，如何准确地去“踩”中一条宽仅数十米的小河河床，其风险之大是不难想见的。尽管如此，斯坦因仍决心一搏。1908 年 1 月 31 日，斯坦因一行走进塔里木河以南的塔克拉玛干。他们走了 13 天，仍未见到克里雅河的踪影。这时，斯坦因打算向东、西两个方向各派出专人去寻找，看是否真的与克里雅河擦肩而过。他迟疑了一下，爬上了正前方一个高达 100 米的巨大沙山。在山顶上向南远眺，斯坦因激动得跳了起来，就在前方，无边的沙海上有一条细长、闪亮的白带，那无疑就是克里雅河渗入沙漠的末端。后来，他们沿克里雅河南行，顺利到达了克里雅（今于田）。4 月初，又踏上了沿和阗河纵穿塔克拉玛干抵达阿克苏的征途。

安迪尔古城遗址

1913 年秋，斯坦因第三次来到塔克拉玛干，准备再做一次斯文·赫定失败的“死亡之旅”，即从麦盖提向东，横越大漠，抵达和阗河。这次他选择了很少刮风的金秋十

月。离开叶尔羌河沿岸，切入沙漠的第一天，他们就受阻于密集无边的沙丘，每天只能东行 14 千米。到第三天，骆驼已是疲惫不堪、不听使唤了。第四天，斯坦因不得不回头向西北折返，放弃了进一步冒险东行的设想。事实证明，他的折回可谓“迷途知返”，没几天，这一带就遭遇了百年不遇的暴风雪的袭击。后来在谈到这次失败的沙漠之旅时，斯坦因说，在第四天早晨，他从驻地制高点东望，寻找出路，但见极目所至，仍然是无边的沙丘的浪峰，“在这种景致当中，有一种不可抗拒的诱惑，仿佛体现着大自然对死亡的悲悼……我终于不得不做出折回头向北方去寻找生存机会的决定！”

日本大谷探险队也曾三次走进塔克拉玛干。1902 年，探险队的一支沿丝路南道到达和阗，沿和阗河北上，用 22 天的时间南北纵穿塔克拉玛干。1909 年，大谷探险队第二次到达新疆，在库车、楼兰等地探险。1910 年开始的第三次探险，只有橘瑞超一人。他从且末北上穿越塔克拉玛干。这是一条从未有人走过的路，也是一条险途，沿线沙丘高达百米。走到第 20 天时，驮的冰块用光了，食品近乎断绝，一峰骆驼已倒毙沙海，民工们绝望到了极点，无奈地等待着死神的到来。万幸的是，两天后他们发现了干涸的河床，尽管没找到水，但预示着沙漠已到了边缘。在发现干河床的第二天，在几乎绝望之时，橘瑞超一行赶到了塔里木河。

对塔克拉玛干的探险和开拓，始于我们的祖先。而至近代，塔克拉玛干成了外国探险家的天堂，于是中国学者黄文弼的塔克拉玛干穿行，意义显得格外重大。1927 年至 1935 年，中瑞中国西北科学考察团在西北地区进行了历时 8 年的大规模考察，其时间之长，规模之大，成果之丰，在中国西北探险史上是空前的。1929 年春天，考察团中方成员黄文弼，在恶劣的天气条件下，从沙雅出发，先沿塔里木河南岸西行，然后南下，沿着时而有水、时而干涸的和阗河，抵达玛扎塔格，最终抵达和阗，“在荒寂无人的大沙漠中计行一月零三日，辛苦备至”。在和阗，黄文弼考察、挖掘了一座座沉埋于茫茫沙海中的古城、戍堡、佛寺。

3. 当代的沙漠横渡

20 世纪 80 年代以来，中国科学院、国家科委、中国石油天然气总公司、新疆综合考察队、新疆石油管理局、中国社会科学院边疆史地研究中心以及形形色色的沙漠考察队，先后走进塔克拉玛干大沙漠，掀起一浪高过一浪的沙漠探险、调查的热潮。

1987年8月24日，中国科学院塔克拉玛干沙漠综合科学考察队在乌鲁木齐成立，它与“可可西里综合科学考察队”，是由国家科委倡导发起的中国仅有的两支国家科学考察队。这支集结了十多个单位、百余名科学家、十多个专业的科学考察队，历时四年，纵横于塔克拉玛干，驻守沙漠中心，完成了被誉为“在塔克拉玛干沙漠研究史上历时最长、范围最广、规模最大、专业最多、科学内涵最丰富的一次综合科学考察”，获取了关于塔克拉玛干沙漠最完整、最系统、最准确的地理信息。

80年代末，中日两国政府级合作项目“阐明沙漠化机制的合作研究”开始启动。合作项目前后延续了5年，双方投入20多个科研单位、高等院校的上百位学者，日本科技厅投入了10亿日元的巨额资助。这一项目大大深化了对塔克拉玛干的认识和了解。

1990年9月，新疆农业区划委员会、新疆外事办公室联合组织“克里雅河及塔克拉玛干科学探险考察”活动，沿克里雅河完成了对塔克拉玛干南北全程的徒步穿越，从克里雅河终点向北，考察队在沙漠中行走21天，跋涉267千米。新疆和田地区国土区划处28岁的李冰露自始至终参与了穿越活动，成为中外女性中完成塔克拉玛干南北全程穿越壮举的第一人。

1992年10月，中国、瑞典联合举办了“20世纪西域考察与研究国际学术研讨会”，会议组织了塔克拉玛干大沙漠及其边缘地区的科学考察活动。这次由中、瑞、美、英、日和新西兰六个国家三十多位学者参加的考察，对和田河流域、塔克拉玛干周缘古代遗址、绿洲与人类活动之间的关系，给予了较大的关注。

1993年9月，“中英联合首次横穿塔克拉玛干探险”的队伍从乌鲁木齐出发，用了3个月时间，实现了人类首次东西全程穿越塔克拉玛干的壮举。

1994年9月，中国妇女报社组织的第一支妇女探险队，沿和田河、克里雅河、尼雅河、安迪尔河、车尔臣河等5条河流进入沙漠腹地，寻找沙漠的历史，开创了妇女团队探险塔克拉玛干的先河。

1995年9月，日本关西大学塔克拉玛干横穿探险队，从麦盖提出发，沿麻扎塔格山北麓沙漠，徒步直趋和田河，然后又徒步南下到达和田。这次徒步探险活动有惊无险，与100年前斯文·赫定那次死亡之旅形成天壤之别。

1996年，日本早稻田大学受到关西大学探险队横穿塔克拉干沙漠西部的巨大诱惑，在中方配合下，选择了一条没有人走过的线路，徒步444.5千米，历时35天，除去中间的考察与休息，实际行走时间仅30天，日均行走15千米。这次沙漠穿越成为历次沙漠徒步探险中行进速度最快的一次。

在各国探险家纷至沓来的同时，中国著名探险家刘雨田、余纯顺也先后进入塔克拉玛干进行了单身探险。茫茫沙漠里，他们靠着双脚，伴着驼铃，孑然独行，留下了一串串中国人无畏探险、勇往直前的足印。

二、惊世发现

一次次的探险，一次次的发现，一层层地揭开了塔克拉玛干的神秘帷幔，而尤其令人惊喜不已的是，这“死亡之海”，竟也是名副其实的“希望之海”！

1. 海之子

常常被形象地称为“沙海”“死亡之海”的塔克拉玛干沙漠，经科学考察证实，在数亿年以前，本是浩瀚的海洋！

从和田出发，沿和田河北上穿越沙漠，途中有一列横卧在和田河西侧茫茫沙漠中心的东西走向的低山，这就是有沙漠“圣山”之称的麻扎塔格山。探险者在该山的砾石地表上捡到过许多巨大的牡蛎化石，在沙地表面也发现了许多扁平和锥状的螺蛳壳。这些第三纪海相沉积遗留显示：塔克拉玛干曾经是一片汪洋，塔克拉玛干沙漠是名副其实的大海之子。

地质史研究表明，塔克拉玛干沙漠所在的塔里木地台，形成于十多亿年前的元古代。后来在剥蚀作用下，地台的东北、西北、西南边缘和地台内部发生了强烈的沉降，古亚细亚洋海水趁势而入，形成大面积的海区。在始于6亿年前的古生代，塔里木盆地海域进一步扩展，形成一个统一的塔里木海。至4.4亿～5亿年前的奥陶纪初期，海域范围达到古生代早期的顶峰，一度淹没昆仑山东段。这时的塔里木海在各个方向上均与外海相通，陆地只有一些狭小的孤岛和半岛。此后，塔里木海自南向北退缩，出现较大面积的浅海盆地，柯坪至塔中一线上升为陆地。至 3.5 亿～ 4 亿年前的泥盆纪中期，海水大规模西退，到泥盆纪晚期，塔里木大部分已变为陆地。后来，这一地区海退海进反复了几个回合，至 2.25 亿～ 2.7 亿年前的古生代二叠纪晚期，海水正式全部退出塔里木盆地。到了距今 0.7 亿～ 2.25 亿年的中生代，塔里木盆地基本上以大陆环境为主。从 7 千万年前开始的新生代，塔里木日益趋向现代格局。随着喜马拉雅造山运动的进行，盆地周围山地急剧抬升，河流广泛发育，山区风化剥蚀物被流水搬运到盆地中心。在塔里木盆地整个平原的表部，主要是第四纪河流冲积物。这些沉积物在极端干燥的条件下，经过风力的吹扬、翻动和堆积，终于形成了无边无际的塔克拉玛干大沙漠。

2. 消失的家园

塔克拉玛干大沙漠深处亚洲大陆腹地，远离海洋，干旱至极。然而，发源于其四周崇山峻岭间的大大小小的河流，诸如塔里木河、叶尔羌河、和田河、克里雅河、尼雅河、安迪尔河等，却有近百条之多。人类文明依托这些河流孕育和发展起来。考古资料显示，塔里木盆地至迟在五六千年前已有人类活动。秦汉时期，塔克拉玛干沙漠比今天小得多，而绿洲则比现在大得多；绿洲之上，林木繁盛茂密，飞禽走兽异常活跃。在汉代，名声显赫的绿洲国家便有楼兰、疏勒、

塔克拉玛干沙漠南部古城分布示意图

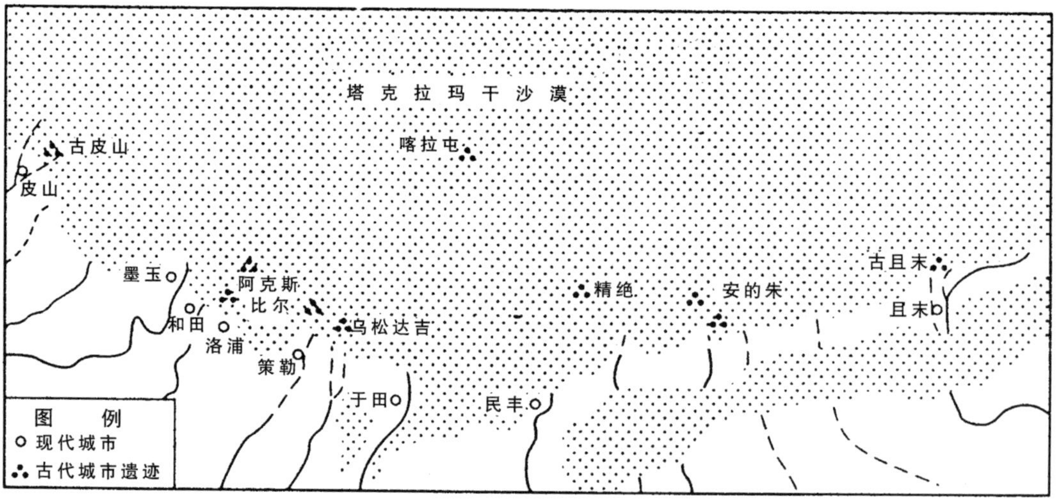

龟兹、于阗、皮山、扜弥、莎车，等等。人类在塔克拉玛干大沙漠上顽强地生存着，不断地开拓着，建立了村落、国家，修建了城池、戍堡、佛寺和道路，蓄养了马匹、牛羊和骆驼，人类一度拥有繁盛的家园。

但是，塔克拉玛干的自然生态环境结构毕竟是极端脆弱的。人类向大自然的过度索取，遭到了大自然的严厉报复，昔日的辉煌文明早已黯淡无光，曾经繁盛的家园一个个沦为废墟。塔克拉玛干沙漠究竟掩埋着多少古城堡、古佛寺、古村落、古墓葬，没人能说得清楚；这些文明遗址如捉迷藏似的东躲西藏，布满了 30 多万平方千米的茫茫沙海，谁也无法探明其究竟。中科院塔克拉玛干沙漠综合考察队的考古组，仅在和田、阿克苏两个地区就对 450 多处遗址进行了调查！

在这众多的遗址中，尼雅是最引人注目的一个。该遗址 1901 年已由英国探险家斯坦因在沙漠中发现，被证明是南北绵延 25 千米、东西宽 5 ～ 7 千米的庞大遗址群，已发现的古城、官署、民居、灌渠、窑址、果园、佛塔、墓地、作坊等各类遗迹不下 100 个，其中民居就有上百幢住宅。遗址区的风貌保存得十分完整，许多简牍文书，甚至还没来得及拆封，整齐地堆放在沙土之中。可以看出，当年房屋的主人似是在一种十分紧急的情况下匆匆离开的。该城后来被沙漠湮埋了。

丹丹乌里克，位于大漠深处，早在 1895 年已由斯文·赫定在沿克里雅河纵穿塔克拉玛干的途中发现，1901 年斯坦因对其进行了持续 3 周的发掘，发现了许多浮雕断片、梵文佛经和汉文文书等。斯坦因认为，在他巡访这里之前，“一千多年来似乎从未有人像我这样干扰过它的宁静”。

尼雅遗址

在克里雅河下游沙漠腹地，类似丹丹乌里

克的古遗址十分密集。丹丹乌里克遗址附近的喀拉墩遗址，沿河南北分布，断断续续约 5 ～ 6 千米，遗址中心为近 6000 平方米的城堡建筑群。距城堡 1 千米为有十余间房的佛寺，佛寺墙上还有残存的壁画，佛寺已大半为流沙所湮埋。经对城堡建材的年代测定，该材料距今已有 2100 多年，证明公元前即已存在，而从遗物与文书看，其废弃时间当在公元 4—5 世纪。

在喀拉墩附近的马坚勒克遗址，已完全埋于沙丘之下，仅以沙丘上一株尚存的胡杨树为标志。尽管如此，考古工作者仍在这里捡到了数百件文物，证明这里曾是两晋南北朝时期的一个居民点。在喀拉墩西北 45 千米处，考古工作者还发现了一处面积较大的遗址，但一直没有探险者到过，这就是近年发现的“圆沙古城”。该城深居沙漠腹地，基本无路可走，也未见诸史籍，在流沙中已存在了许久许久。

在和田地区，几乎所有的古迹，如今都在沙漠之中，而现代交通干线所联结的县城，几乎都在古遗址以南更贴近昆仑山的地带。2000 年来，人类的家园已从大漠深处向南退了几十乃至百十千米。

20 世纪以来，塔克拉玛干的生态环境进一步恶化。20 世纪之初，叶尔羌河、和田河两岸平原风光优美，沙丘只是零星分布，尚未连成一片。1896 年斯文 · 赫定经克里雅河穿越塔克拉玛干沙漠时，该河还能流至喀拉墩以北约 100 千米。克里雅河下游的许多支流，曾经是已经成为遗址的喀拉墩、马坚勒克、丹丹乌里克、圆沙古城等古代城镇的生命线。那时，沙漠中尚有新疆虎、野猪、狼、野骆驼、野驴、雪豹、棕熊、山羊等野生动物，斯文 · 赫定就曾在克里雅河到塔里木河之间的沙漠中发现了野骆驼群，他把这里称为“野骆驼的天堂”。而今天，这一带除了水鸟、鱼和偶然一见的野骆驼，再也见不到其他野生动物了。当年探险家笔下“真正的古森林”早已消失，留下枯朽的胡杨树干在沙海中挣扎。据统计，近百年来塔克拉玛干大沙漠又鲸吞了人类的家园 8000 平方千米！从 1958 年至 1978 年，短短 20 年间，塔克拉玛干的胡杨林面积从 52 万公顷锐减至 35 万公顷。

繁荣的绿洲变成了死界，拓展家园的初衷竟然导致自毁家园的结局，人类从中应该得到什么警示？读一读恩格斯的《自然辩证法》，我们就会认识到这样一个残酷的事实：环境的恶化是文明的丧钟，而敲响丧钟的恰恰是人类自己。

3. 庞大的“地下水库”

塔里木河下游沿岸分布着的胡杨林

塔克拉玛干属于极旱荒漠，在这里，水简直就是生命。法显、玄奘、马可·波罗等在塔克拉玛干见到的作为行路“标帜”的白骨遗骸，多是因断水而亡的。1895年斯文·赫定在塔克拉玛干的死亡之旅，也是由缺水造成的。尼雅发掘的大量佉卢文木简中，记载了许多因水的分配、使用而打官司的故事。由沙漠中的许多古遗址，我们也仿佛看到了因断水而忍痛撤离家园的惨景。

可是，谁能料到，在极旱的塔克拉玛干的沙层下，竟是一个储藏量极为丰富的庞大的地下水库！

在塔克拉玛干沙漠腹地进行油气勘探前期，水完全靠飞机、沙漠车外运进来，1千克水的成本高达20元。无奈的沙漠物探队员们却在无意间找到了水！流动的物探队营地常常选择沙漠中沙丘间的低地扎营，这些低地中常见的芦苇，引起了他们的联想：芦苇是水生植物，却生长在这里，或许下面有水？于是掘地三尺。挖了几处坑，除了深处坑壁稍显潮湿，并未见水。人们大为失望。可到了第二天，奇迹出现了，挖过的坑都汪上了一池清水，虽然带有咸味，但通过净化，终于解决了缺水的大难题。从此，人们不再为了节约水而不洗脸，甚至可以每天痛痛快快地洗个澡！

但是，沙漠中究竟有多少水？这些水能用多久？人们还不清楚。1987年组建的塔克拉玛干沙漠综合考察队，开始了从地面到地下全面考察塔克拉玛干水资源的工作。调查结果表明，在22.5万平方千米的塔克拉玛干沙漠腹地，地下水储量超过8万亿立方米，这相当于8条长江的流量。如果将这些水全部抽上来，可以在这22.5万平方千米的沙漠腹地铺上36米深的水层。世界第一沙漠非洲的撒哈拉大沙漠拥有60万亿立方米的地下水，倘若把这些水全部开采出来，可以给450万平方千米的大沙漠铺上13米深的水层。两相比较，塔

沙漠包围下的鄯善绿洲

克拉玛干的相对水量远远超过了撒哈拉沙漠！更让人惊喜的是，在塔克拉玛干腹地和塔南平原，每年都有高达53亿立方米的地下水不断补给沙漠底部庞大的“地下水库”！

如此巨量的水，是从哪里来的呢？来自高山上的流水。塔里木盆地常年有水的河流达140多条，这些河流在经过工农业生产和生活引用、沿程地面蒸发和植物蒸腾的种种巨大消耗后，仍有相当可观的水量在沙漠中积存下来，渗入松散的沙层之下；而塔克拉玛干巨厚的沙层，不具有毛细管作用，渗下去的水不再因蒸发而散失。于是就形成了水位浅、含水层厚、分布面积广的水文地质条件，从而为开发利用创造了条件。

4.21世纪的“波斯湾”

塔里木反复海浸的地质史，曾处热带亚热带环境的生物史，使人们有理由相信，这里埋藏有丰富的石油、天然气资源。

早在新中国成立之初，石油勘探队已开进盆地，开始了找油的努力。1958年在盆地北沿库车凹陷发现的依奇克里克油田，使人们看到了塔里木石油工业的曙光。同年，第一支石油重磁力勘测队骑乘骆驼进入塔克拉玛干，轰响了沙漠腹地物探爆破的第一声春雷。他们九进九出塔克拉玛干，努力寻找深埋于巨厚沙漠之下的油气的藏身之所。1984年，在轮台县与库车县之间，发生了一起恶性井喷事故，人们惊喜交加。惊的是强烈的井喷难以控制，喜的是一个巨大的油田即将出现。这次事故之后，各路找油大军云集塔北，一字线地摆开了战场，先后在轮南1井、轮南2井和英马力1井，获得了高产油流。几乎是在塔北找油全面展开的同时，石油勘探队渡过塔里木河，闯入了塔克拉玛干。短短几年间，勘探队先后19次穿越浩瀚的沙漠，历尽千辛万苦，终于取得了对塔克拉玛干石油地质史认识上的重大突破。

物探结果显示，塔里木盆地具有“三隆四坳”的基本构造格局。其中北部坳陷、塔中隆起和西南坳陷的主要部分，都在塔克拉玛干沙漠中。物探还发现了一批大型和特大型的圈闭构造，其中塔中构造面积 8200 平方千米，相当于大庆构造的 3 倍，是我国现已发现的最大圈闭构造。物探结果还发现，塔里木盆地有多套生油层系，其中的石炭系海相砂岩油藏，在我国还是首次发现。

1989 年 10 月，位于塔克拉玛干沙漠腹心的塔中 1 井喷出了高产油气流；此后，塔中 4 号、6 号、10 号构造又相继在石炭系砂岩中获高产油气流，类似的构造还有 6 个，证明塔中地区是寻找大油田的重要所在。与塔中油气勘探捷报频传相呼应，在塔北隆起带探明了十多个中型油气田，形成了一个油田群；在塔西南的勘探也获得重大突破。

1992 年，日本一家大报在显要位置以《地球上最后一个大型含油气盆地》为题，报道了塔里木的油气勘探情况，并预测中国的塔里木原油产量将很快超过中东石油国家科威特。

现有的勘探发现表明，塔里木的石油储藏量高达 500 亿吨之巨，相当于全球石油总蕴藏量的 1/3！即使按最保守的数字测算，这里的石油储量也是大庆油田的 3 倍！还有天然气，储藏量为 8 万亿立方米，等于美国储藏量的 2 倍！

人们惊呼，世界上最大的储油库——21 世纪的“波斯湾”，在塔克拉玛干现出了诱人的身影，那涌动在茫茫沙海之下的黑色液浆，使“死亡之海”变成了“希望之海”！

（彭安玉）

世界屋脊

——走进青藏高原

雄伟高峻的青藏高原，巍然屹立于我国西南部，平均海拔 4500 米，素有“世界屋脊”之称。这里有许多耸立于雪线之上、高逾 6000 米至 8000 米的山峰。世界第一高峰珠穆朗玛峰和第二高峰乔戈里峰就位于喜马拉雅山中尼边境和喀喇昆仑山中巴边境。高原的外缘，高山环峙，壁立千仞，分别以 4000 米、3000 米和 7000 米的高度挺立于塔里木盆地、河西走廊、四川盆地和恒河平原等周围邻区之上，这愈加衬托出青藏高原那峥嵘挺拔的伟岸雄姿。

青藏高原幅员极为辽阔，西自帕米尔和喀喇昆仑山，东抵横断山脉，北起昆仑山、阿尔金山和祁连山，南至喜马拉雅山脉，东西长 2700 千米，南北宽 1400 千米，包括青海省、西藏自治区全部以及新疆维吾尔自治区南缘、甘肃省西南边缘、四川省西部和云南省西北边缘，面积 250 万平方千米，占我国陆地面积的四分之一以上。

雄伟高峻的青藏高原

青藏高原地质、地貌极为复杂，它不仅拥有自古生代以来各个不同时期地壳岩石圈地块拼合、碰撞之完整

和翔实的记录，而且绵亘着多条1000—2000千米以上的长大山脉，海拔5000米以上的山脉，大都终年积雪，冰川广泛发育；山脉之间，则分布着高原、盆地和谷地，如著名的藏北高原、柴达木盆地和藏南谷地。

青藏高原又是一个“谜”的世界。直到20世纪40年代末，地方当局仍把拒夷人于门外当成一项非常重要的事情，在各条交通要道上设卡拦截。这使得金发碧眼的西方人，越发对这片山原着迷，他们把这块地球上的最后秘境渲染得神秘莫测，把登上这块最高的圣地视为人生的追求。英国人彼得·霍普柯克在其所著《闯入世界屋脊的人》一书中，罗列了九个不同国籍的人登上这片高地后的惨败经历。那些探险家、科学家、传教士们在好奇心、野心、信仰或使命的驱使下，历经高寒缺氧、饥寒交迫、风沙雪雹以及盗贼劫掠等千难万险，一步步接近了目标，最终却在近乎金汤之固的堡垒前败下阵来。偶有成功者，不过得借助于神秘的命运和偶然的契机而已。该书“序言”写道：“本书讲述的是一个充满好奇心的外部世界，如何打开西藏大门的故事……尽管希罗多德和托勒密都曾听说过喜马拉雅边陲那块隐蔽土地的种种传说，但是直到14世纪，当一位方济各会的旅行家弗雷尔·奥德里克声称他曾步履艰难地到过那里，西方世界才第一次获得有关西藏的描述……西藏边界的封锁丝毫没有阻止住那些外国人。他们一心一意要抵达那里，有时他们把他们的名誉寄托在抵达西藏，如有可能抵达圣城上面。这些下定决心的闯入者以六分仪和经纬仪、现代化的武器和黄金为武装，改换装束搜寻着西藏僻静山口的秘路，与西藏卫兵躲藏周旋。不久，它就成了来自九个不同国家的旅行者之间为获得第一个进入拉萨的荣誉之争。”

青藏高原地势之高，面积之大，隆起之新，构造之复杂，奥秘之深藏，实为世界所罕见。这里是世界上独一无二的地理单元，是全球探险家窥测、各国科学家注目的灵地圣域。

一、千古的诱惑

1. 探险者的足迹

西汉武帝时期，张骞应募出使西域，他率领的使节团攀昆仑、越葱岭，抵达大月氏、大宛、康居、大夏等中亚诸国。

东晋僧人法显于公元399年，偕同学慧景、道整等从长安西行求法，一路经焉耆，渡流沙，达于阗，越葱岭，遍历天竺等国。他在《佛国记》中记述了帕米尔南北自然条件的显著差别。

唐代魏徵等撰《隋书·女国传》记载："女国，在葱岭之南……气候多寒，以射猎为业。出鍮石、朱砂、麝香、牦牛、骏马、蜀马。尤多盐，恒将盐向天竺兴贩，其利数倍。"女国当包括阿里的全部。

唐代僧人玄奘前往天竺取经，由长安西行，横渡多恶鬼热风的沙漠荒原，经天山南麓、昆仑山北麓和帕米尔高原，一路历尽艰辛，终于取得真经。他在《大唐西域记》中称帕米尔"其地最高也"，在描写青藏高原的严寒景观时称："葱岭东冈四山之中，地方百余顷，正中垫下，冬夏积雪，风寒飘劲，畴垄泻卤，稼穑不滋。既无林树，惟有细草，时虽暑热，而多风雪。"

中国科学家真正对青藏高原做科学意义上的考察，始于20世纪30年代初。1930年起，我国植物学家刘慎谔先由叶城攀越昆仑山到达喀喇昆仑山，然后循昆仑山南麓东南行三个月，沿于田河返回。后来他再次从叶城翻越昆仑山，经阿克赛钦出喀喇昆仑山口，到达克什米尔，取道印度回国。他的高原探险成果《中国西部和北部植物地理概论》，提出了一系列极富启迪性的观点和看法。

中国之外，古代印度人也早就瞩目于青藏高原的存在。还在数千年前，他们就给青藏高原西南拔地而起的最高山脊起了一个恰当的名字——喜马拉雅。那时候，青藏高原对于欧洲人还是一个不解之谜。公元前5世纪，西方"历史之父"希罗多德曾经影影绰绰地写道：在印度北方，有一个"蚂蚁掘金"的地方。

自19世纪末叶起，一些西方探险家相继闯入青藏高原。他们中的著名者有：

瑞典探险家斯文·赫定。他从19世纪末到20世纪初，多次对喀喇昆仑山—昆仑山地区进行考察。1891年在帕米尔、慕士塔格山探险。1901年由若羌经喀拉木伦山口翻越昆仑山进入藏北无人区抵达日喀则。上路时130只牲畜，到达日喀则时仅剩下两匹马一头骡。在那片海拔5000米以上的"大片白地"，他"以死为侣"走了数月，历经九死一生才抵达了这座神秘的后藏中心城市，可当局还不允许他进入拉萨。尽管如此，他仍感到收获巨大。他声称："每走一步，对于我们关于地球上的知识都是一种发现，每个名字都是一种新的占领。直到 1907 年 1 月为止，我们对行星面上的这部分与对月球背面同样的一无所知。”1906 年斯文・赫定又从克什米尔翻越喀喇昆仑山进入阿克赛钦北区，1907—1908 年经喀喇昆仑山在藏北高原考察、探测。斯文・赫定的代表性著作《亚洲腹地旅行记》和《南藏》八册，生动地记载了他在青藏高原的探险经历。

法国人大卫・妮尔。她是一位女藏学家。在距今七十多年前，她从横断山区的澜沧江入藏。她化装成藏民，头顶披上牦牛尾织成的辫子，把一头金发用锅灰染成黑色，戴上一顶捡来的破烂不堪的圆顶帽，身上穿的是康巴人的服饰，脸上、手上都涂满了烟灰，她成了一个地道的朝圣者和乞丐。她与她的义子西藏喇嘛庸登一起，昼伏夜行，翻山越岭，历经千般磨难，走到了拉萨。而在这之前，她曾从青海等地数次入藏而都被赶了出来。

英国探险家、植物学家金・沃德。从 1909 年至 1958 年，金・沃德先后十四次到青藏高原探测、考察，出版有 25 部专著。

此外，俄国人、荷兰人、瑞士人也先后一次次地走进青藏高原。

2. 科学家的考察

中华人民共和国成立后，对青藏高原的科学考察掀开了全新的一页。

斯文・赫定所绘藏北高原野驴群列队奔跑的情形

1950 年，中国人民解放军进军西藏，川藏公路开始向西延伸。

1951 年，由 57 位专家组成的西藏科学工作队入藏。他们在三年多的时间里，首次对西藏一些地区做了重点考察。他们的工作范围，东起金沙江，西抵珠峰所在的定

横断山脉主峰贡嘎山之冰雪世界海螺沟

日县，南自中印边境的亚东，北达藏北高原的伦坡拉盆地。这次考察异常艰辛，当系统地编制考察成果时，他们永远难忘陪同开路的解放军战士在午夜的雪光中冻僵在马上，而强健的马匹又倒毙在风雪肆虐的山口……

1957年，中华全国总工会组织登山队攀登横断山脉主峰贡嘎山，部分科学工作者随队进行了地质、地貌、地球物理与气象观测方面的考察。

1958—1959年，中国科学院新疆综合考察队先后对帕米尔东缘及昆仑山进行了考察，各专业进行系统的科学总结，出版了11部专著及各种专门地图，提供了有关帕米尔东缘、昆仑山和喀喇昆仑山地区较多的科学资料。

1960年，中国科学院西藏综合考察队自东而西横跨羌塘高原并向北穿越喀喇昆仑山、阿克赛钦地区和昆仑山脉。

1960—1961年，100多名专家沿青藏公路、川藏公路和新藏公路进行调查，并考察了雅鲁藏布江中游地区。

1964年，为配合国家登山队攀登希夏邦马峰，有关部门组织了以“中国现代冰川之父”施雅风和“中国黄土之父”刘东生为首的科考队。这次科考的重大发现是：青藏高原的强烈隆升，在地质年代上是相当晚近的事件，距今只有200多万年。这次考察开创了青藏高原科考基础研究的新纪元。

1964年，施雅风还考察了藏东古乡一带的冰川泥石流，并特邀上海科技电影制片厂拍摄了电影《泥石流》。银幕上，泥石流滔滔推进，以其不可阻挡之势，摧毁山体，破坏路桥，堵塞河道，埋没村庄，显示了大自然冷酷的威力。这部电影一度风靡全国，全世界都知道了青藏高原一些地方还有如此可怕的泥石流。

1966—1968年，刘东生、施雅风再次组队考察了珠峰地区和藏东南林芝地区。

1970年起，青海省生物研究所（现中国科学院西北高原生物研

1976 年科考队在羌塘无人区

究所）组织的阿里动植物科学考察队，在叶城—阿克赛钦一线以及空喀山口、班公湖一带考察，揭示了这一地区的生物分布规律。

1973 年，新组建的中国科学院青藏高原综合考察队，开进藏东南察隅、波密、墨脱一带的高山深谷、冰川密林中进行考察研究。

1976 年，青藏综考队又分赴阿里、藏北、那曲、昌都进行地毯式的深入考察。此次考察加上其后几年的补点考察，青藏高原的主体部分已全被走遍，西藏的地理、生态图像也被描绘得完整清晰。辉煌的考察成果汇集于一套 34 部、40 册、洋洋 2000 多万字的皇皇巨著之中——“青藏高原科学考察丛书”（西藏部分），如《西藏自然地理》《西藏地貌》《西藏冰川》《西藏植被》等。这套丛书几乎囊括了地理、生态研究的所有门类，被誉为西藏大自然的百科全书。

20 世纪 70 年代末，国家测绘局完成了研究地区 1 ： 10 万地形图的测绘编制工作，为野外科学考察提供了必不可少的基础图件。

1980—1984 年，新藏青甘交界地区考察组、中科院动植物考察队、新疆阿尔金山科考队先后进入库木库勒盆地进行综合考察，全面阐明该区地质、地貌、气候、水文、土壤、植被和动植物区系等的基本特征，揭示了它们在该区地域的分布规律。

1985—1987 年，叶尔羌河冰川洪水科学考察队实地考察，获得了喀喇昆仑山区叶尔羌河流域冰川、水文、气象以及地质地貌等

中国现代青藏研究“四巨头”（从左至右）：刘东生、孙鸿烈、施雅风、李吉均。

大量数据、资料，对现代冰川的基本特征、山区水汽来源、高山区降水、太阳辐射等均有新认识，考察成果集中体现在《喀喇昆仑山叶尔羌河冰川与环境》一书中。

1990年，中国科学院可可西里综合科学考察队68名专家学者，在青藏高原腹地进行了为期95天的野外考察，考察面积7.5万平方千米，总行程12.5万千米。这次考察分地质、地理、生物三个专业组开展活动，整个考察过程十分艰苦，队员们在平均海拔5000米、环境极其恶劣又无后勤支援的情况下，连续考察三个月，这在中国科学考察史上是少有的。下山后的第二天检查，队员体重平均减轻5.6千克，有的队员竟减重12.5千克！可可西里地区地势高亢，气候寒冷，空气稀薄，环境恶劣，广大地区至今仍为无人区，有“人类禁区”之称。该区受人类活动干扰较小，大部分地区仍保持原始的自然状态，其特殊的地理位置、地壳结构和自然环境以及特有的生物区系组成等，一直为国内外科学家所关注。此次科学考察，积累了丰富的第一手资料，揭开了这片“神秘国土”的诸多奥秘，可谓成果丰硕。

1993年，“青藏高原形成演化、环境变迁与生态系统研究”被列为国家攀登计划项目和中国科学院重大基础研究项目。从此，青藏高原综考队的工作由前期的以调查和积累资料为主转入深入的理论研究阶段。

在国内对青藏高原的考察与研究日趋活跃的同时，国际社会对青藏高原也投入了更加关注的目光，一系列双边和多边的合作考察不断展开。如1984年中美木孜塔格考察，1985年中德乔戈里峰考察，1987年中日西昆仑山考察，1989—1990年中法喀喇昆仑—西昆仑山联合考察，等等。此外，还有随登山队对乔戈里峰地区进行的科学考察活动。

二、神奇的世界

一次次惊心动魄的探险，一次次艰辛备尝的考察，终于撩开了青藏高原那迷人的面纱。

这是一片充满神奇色彩、令人无限向往的土地：从古特提斯海到“世界屋脊”，从世界第一大峡谷到世界第一高峰，从独特的水汽通道到强烈的太阳辐射，从墨脱的热带雨林到藏北的高寒荒漠，从羊八井的地热田到羌塘盆地的油气田，从人类的起源地到神秘消失的古格王国，从茶马古道到泸沽湖“女儿国”风情……

1. 大海之子

雄居地球之巅的青藏高原，竟是大海之子，多么奇特却又无可置疑的事实！

1990年，中国科学家在青藏高原腹地的岗齐曲、移山湖一带考察，发现了具有海洋性质的蛇绿混杂岩，还发现大量的放射虫和海绵图针化石。这一发现证明，早在3亿年前，这一地区已是古特提斯海的一部分。这次考察，科学家还发现了三叠纪的双壳类、腕足类、有孔虫、钙藻、水枧等海洋生物化石，侏罗纪的海相腕足类、双壳类、海星等化石，全由海洋生物碎屑组成的生物灰岩层。

在藏北无人区双湖东南，有一座化石山，山上布满了原始古海中常见的那种腕足类生物化石石燕。只见两片圆鼓鼓的扇形贝壳扣在一起，纹路均匀、清晰而美丽，尖锐的一端略勾起，上有两个深色圆点，真像鸟的小脑袋小眼睛，扇形贝则似蓬起的羽毛，满山俯拾即是。在文部一带，地表裸露的各类化石种类繁多。有一种大如掌心的化石，弯弯的盘成圆圈，像袖珍盘羊角，每一条纹路都像经过精雕细刻似的精美。当地牧民说是小羊角的化石，其实是若干亿年前的海底之物菊石。

科学家在青藏高原发现了蚌壳化石，这证明青藏高原曾是“大海之子”。

经过科学家的深入研究，青藏高原隆起之谜已基本被揭开：

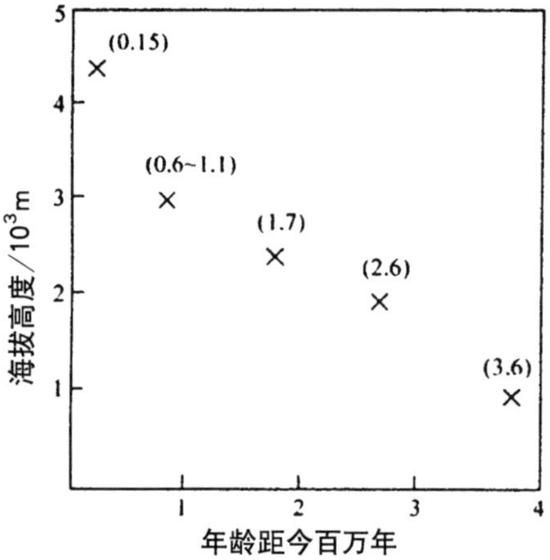

近四百万年以来青藏高原隆升过程示意图

大约在距今10亿年的时候，地球表面连成一体的原始古陆开始分裂为北面的“劳亚”大陆（今欧亚大陆）和南面的“冈瓦纳”大陆（以今南极大陆为核心），两块大陆之间逐渐形成“原特提斯”海洋。

在距今3.5亿到2亿年间，“冈瓦纳”大陆发生分裂，各板块在炽热的地幔上漂浮，海洋格局发生变动，“古特提斯”海洋取代了“原特提斯”，地球上出现了生命的喧闹。

从距今1.8亿年开始，漂浮的各大板块逐渐向现在各大陆的分布情形过渡，“新特提斯”海洋又取代了“古特提斯”，并且一直持续到4000万年前。

“冈瓦纳”大陆分裂后，印度板块北移，到距今4000万年左右，终于俯冲到欧亚大陆底部，青藏高原强烈隆起，升到2000米左右的高度。此后板块碰撞进入缓冲期，高原因剥蚀而变低，到距今1500万年前后，青藏高原又降到了1000米左右。

大约距今360万年以来，青藏高原又经历了3次强烈的隆升，终于迅速抬升到5000米的高度。

今天，青藏高原仍在整体隆升过程之中。经科学家精密水准复测，叶城、狮泉河一线的上升速度是平均每年4.2毫米，而西昆仑山北坡和喀喇昆仑山一带则高达每年9毫米！

研究青藏高原环境变迁的重要手段：冰芯室内分析

印度板块的挤压，在青藏高原上留下了好几条缝合线。而最近的一次造山运动，使“新特提斯”海洋的遗址最终消失，只留下雅鲁藏布江这一条迷人的缝合线。

2. 世界上最高的山原

青藏高原是以一系列东西横亘的高大山脉为骨干的山地性高原，简称山原。东西向的山脉由帕米尔山结向东呈辐射状绵亘延伸横贯高原，从北到南主要分布着下列五条山脉：

阿尔金山和祁连山。阿尔金山海拔多在4000

米左右，两侧均为大断裂带，朝向塔里木盆地的北坡，高差悬殊，山坡陡峭，切割深峻。这里气候极端干燥，剥蚀作用强烈，地表多岩屑与干沟，植被稀疏，荒山满目。

昆仑山脉。西起帕米尔高原，向东延伸到四川省西北部，平均海拔5500—6000米，分东西两段。西昆仑山平均海拔6000米，最高峰木孜塔格高7723米。山顶冰川广布，成为注入塔里木盆地的若羌河、和田河、克里雅河等内陆河的源头。

喀喇昆仑山和唐古拉山。喀喇昆仑山分布于昆仑山西部南侧的国境线上，是仅次于喜马拉雅山脉的世界第二高山脉，平均海拔6000米，有4座海拔8000米以上的高峰。这里是全球中纬度地区最大的山岳冰川分布中心，我国最大的冰川就分布在这里。唐古拉山系喀喇昆仑山的东延，主脊海拔6000多米，冰缘地貌十分发育。

冈底斯山和念青唐古拉山。这一条山脉东西延伸1400多千米，海拔5800—6000米，其中超过6000米的高山有25座之多。

喜马拉雅山。位于青藏高原南侧，是一条由多列平行山脉组成的巨大的弧形山脉，平均海拔6000米以上，超过7000米的高峰有40座之多，超过8000米的山峰也有10座，其中珠穆朗玛峰雄居万山之首，被称为“世界第三极”。

横断山脉是青藏高原东缘著名的南北走向的高大山脉，岭谷并

藏民朝拜冈底斯“神山”

列、山高谷深是其地貌上的最大特色。自西向东骈列的高山有伯舒拉岭、他念他翁山、宁静山、沙鲁里山、大雪山、邛崃山等；高山之间夹持着怒江、澜沧江、金沙江、雅砻江、大渡河等源远流长的大河。高耸的山岭，深切的河谷，构成一幅气势磅礴的画卷。

青藏高原上山脉与山脉之间分布着高原、盆地和谷地。昆仑山与冈底斯山脉之间是辽阔的藏北高原，阿尔金山、祁连山与昆仑山之间是我国海拔最高、青藏高原陷落最深的柴达木盆地，冈底斯山和念青唐古拉山以南、喜马拉雅山以北为藏南谷地。

3. 独特的高原气候

青藏高原以其巨大的块体、高耸的地势，形成了独特的高原气候。一是严寒。以青藏高原腹地的可可西里而言，本区年平均气温 -4.1℃～-10.0℃，且有由东南向西北逐渐降低之势。与我国东部同纬度地区相比，这里1月、7月平均气温都要低许多。如地处北纬34°13′的沱沱河，1月平均气温 -16.6℃，7月平均气温7.5℃，年平均温度 -4.3℃；而北纬34°18′的西安，1月平均温度 -1.0℃，7月平均温度26.6℃，年平均温度13.3℃。即使在烈日炎炎的盛夏，藏北高原仍有很大一部分地区低于8℃，成为我国夏季温度最低的地区。青藏高原气温还具有年变化小、日变化大的特点，如拉萨、昌都、日喀则等地，气温年较差18℃～20℃，纬度相近的汉口、南京为26℃。年平均日较差拉萨、西宁等地14℃～16℃，而西安为10℃～12℃，长沙、南昌仅为7℃。研究表明，青藏高原是北半球从赤道到两极气温日变化最大的地区，日较差比赤道大1倍左右，比北极大10倍以上。二是空气稀薄，气压低，含氧量少。青藏高原上空空气密度多在0.71—0.80千克/米^{3}之间，平均为海平面空气密度的60%～70%。因为空气稀薄，含尘量少，高空分外碧蓝，在朵朵白云的衬托下，显得格外明丽。青藏高原气压仅及海平面气压的一半，大气含氧量比海平面少40%，水的沸点降至84℃～87℃，因而初来者常有缺氧的高山反应。三是太阳辐射强。青藏高原是我国太阳辐射量最大的地区，高原全年日照时数在2200—3600小时之间，其中拉萨日照时数为3005小时，素有“日光城”之称。

4. **面积最大、温度最低的多年冻土区**

青藏高原是全球中纬度地区海拔最高、面积最大、温度最低的多年冻土区，冻土总面积约占高原总面积的66%，高原腹地深层多年冻土最早形成于晚更新世末，最厚可达80—120米。冻土地表冬季冻胀，夏季融沉，加之高原上气温日较差大，夏季正负气温频繁交错出现，表层土反复膨胀、收缩，地面物质发生冻融分选作用、冻胀作用、寒冻风化作用、热融作用等，从而形成各种奇特多姿的冻土地貌。如在平坦的砂砾质地面上，较大的块石排列成一个个石环，直径多至十几米，中间围以细小的砂土；在坡度较大的地面，一条条由平行细石块组成的石条与砂土平行相间，远望犹如田野上刚刚犁过的土垄；在以块石为主的地面上，板状块石会竖立起来，形成高20—80米的冻胀石笋，有的地方成片出现，状若碑林。此外，冻胀丘、冰锥、石海、石冰川、岩屑坡等冻土地貌，也使这个寒冷的世界具有了独特斑斓的景色。

5. **全球中纬度地区最大的冰川区**

据完成于2002年的第一次冰川编目资料统计，青藏高原在我国境内有现代冰川32785条，冰川面积44851.82平方千米，冰川储量4100多立方千米，分别占全国冰川总数的77.85%、冰川总面积的82.5%和冰川储量的79.96%，占冰川总径流量的82.3%，同时也是全球中纬度地区最大的冰川区。喀喇昆仑山是青藏高原山岳冰川最集中的地区。该山南麓长度超过50千米的巨型冰川有6条，其中最大的厦呈冰川长达75千米。我国最大的冰川音苏盖堤冰川，位于该山北翼，长42千米。珠峰地区有冰川217条，面积772平方千米，以绒布冰川为最大。昆仑山西段靠近帕米尔的公格尔山和慕士塔格山有冰川30多条，面积596平方千米。据统计，从叶尔羌河峡谷向东至东经83°30′之间的西昆仑山，现代冰川面积达8438平方千米之巨。在青藏高原腹地西西可里地区山地，发育了437条现代冰川。座座雪峰银岭披挂着条条银白色的山谷冰川，为青藏高原这个高寒的世界点缀出绮丽壮美的景观。

6. **全球湖泊数量最多的高原湖区**

在青藏高原，大小不等的湖泊数以万计，星罗棋布，总面积达

30974平方千米，约占全国湖泊总面积的1/3以上。据统计，仅西藏自治区就有大小湖泊1500多个，其中面积超过100平方千米的有35个；在可可西里地区，200平方千米以上的湖泊有7个，其中最大的乌兰乌拉湖有544.5平方千米，200—100平方千米的湖泊有3个，这些湖泊高居“世界屋脊”，海拔高程大都超过4000米。

青藏高原上的湖泊集中于内陆流域的藏北高原，且多为咸水湖。位于高原东北部的青海湖，东西长100千米，南北宽60千米，面积4583平方千米，最大湖深32.8米，是我国最大的咸水湖。湖中有5个小岛，生息着约10万只候鸟，每至盛夏季节，斑头雁、鱼鸥、棕头鸥、鸬鹚等鸣声鼎沸，飞翔雀跃，充满生机。纳木错，藏语“天湖”之意，位于藏北高原东南部，面积1940平方千米，是我国第二大咸水湖。

青藏高原湖泊发育直接受制于大断裂带，湖形规则大都与构造线方向一致，多为构造成因湖。由于湖水盐度与水深的差异，湖泊呈现出多种色彩，有浅蓝色、蓝绿色、靛青色等，有的湖泊由浅而深形成一条条色带，艳丽多彩。一些盐湖表面覆盖白色盐层，盐晶簇聚，闪闪发光，犹如美丽的宝石花。

绒布冰川

引人注目的是，随着高原的急剧隆升和气候的干燥化，青藏高原上的湖泊普遍退缩。如阿克赛钦与甜水海曾是统一的大湖，面积达1400余平方千米，是今天的7.7倍。现在甜水海已名存实亡，唯阿克赛钦湖因西昆仑冰川融水补给，还保持着较大的湖面。结则茶卡是高原考察中发现的湖面下降幅度最大的湖泊，最早的湖滨砾石层高出现代湖面280米之多。湖泊的退缩，在湖盆中形成平坦宽广的湖滨平原，有的则发育有一条条近乎平行的古湖岸堤，如邦达错有15级湖岸沙堤。

7. 奇异的自然景观

与我国东部长江、黄河中下游地区亚热带常绿阔叶林景观和暖温带落叶阔叶林景观形成强烈反差的是，地处同纬度的青藏高原则表现为高山草甸、草原和高寒荒漠的自然景观。

青藏高原垂直起伏量大，自然景观随高度变化形成的垂直带状分布异常明显。在横断山地，从山顶到山麓，有七个垂直气候带：高山寒带、高山亚寒带、山地寒温带、山地凉温带、山地暖温带、河谷亚热带、河谷热带。诚可谓“一山有四季，十里不同天”。与气候的垂直分布相对应，植被、土壤也具有明显的垂直分布特征，从山麓到山顶，植被依次为荒漠、荒漠草原、山地灌木草原或草甸草原、森林、亚高山草甸；土壤则依次为落叶阔叶林—棕壤，针叶落叶阔叶混交林—山地暗棕色森林土，冷杉云杉林—山地棕色针叶林土，亚高山草甸—高山草甸土。

“西藏江南”察隅的河谷阶地水稻田

青藏高原自然景观在垂直分布的基础上，又呈现出明显的纬度地带性。喜马拉雅山南坡为森林，以北为灌丛草原，再向北依次为高山草原、高寒荒漠和温带荒漠。

垂直地带性、纬度地带性加上经度地带性，三者相互交织，构成了青藏高原从东南向西北气候由暖变冷、由湿变干和自然景观由森林变荒漠的分布和变化。

8. 超越“生命禁区”的生命

青藏高原因其高寒、缺氧，曾被视为“生命的禁区”。其实，这里是一片充满生机的世界，许多高原特有的生物在这块高原平台上蓬勃地生长、顽强地延续着生命。

在高原腹地可可西里，高等植物有210种，分属29科89属。这里没有高大的树木，灌木也仅有小叶金露梅、匍匐水柏枝、垫状驼绒藜、西藏沙棘等少数几种，矮小的草本植物是这里的主宰者，如紫花针茅、扇穗茅、青藏苔草等。海拔5000米以上的山地，广泛发育着高山冰缘植被，即使在雪线附近也有风毛菊、棘豆、黄芪等优势植物生长。可可西里地区最适宜的生长季节只有6—8三个月，许多植物加快了生命的节律，从发芽、开花到结实，只需要2—3个月，有的甚至在20多天内即从发芽走向死亡。每当6月来到可可西里，大地仍一片荒芜，7月中却已是繁花似锦，那些植物好像是一夜之间从地下冒出来似的。到了8月中旬，匍匐水柏枝的具毛种子已在随风飘荡了。青藏高原上的垫状植物集中分布在可可西里。白色的点地梅、雪灵芝，红色的黄芪，粉红色的棘豆，黄色的虎耳草，蓝色的多刺绿绒蒿等，五颜六色，一簇簇，一团团，为荒凉的大地铺上了色彩斑斓的锦毯。

青藏高原不仅生长有许多耐寒植物，这里还是高原野生动物的乐园。在著名的藏北无人区，野牦牛、藏野驴、藏羚羊被称为“无人区三大家族”。此外还有藏原羚（黄羊）、藏狐、岩羊、盘羊、熊、狼、猞猁、鼠兔等。在藏北东部有獐子、土豹、雪猪、旱獭等。

中国科学院海北高寒草甸生态系统定位研究站的牦牛雕塑

野牦牛在地球上曾有广泛分布，可现在仅残存于青藏高原，成为青藏高原上特有的最大型动物。它的体重超过1000千克，全身黑褐色，体侧下方和腿部披有浓密长毛，适宜在严寒环境中生活。野牦牛一般不伤害人，只有人伤害它又没能致命时，才露出凶相。当然，极个别坏脾气的野牦牛发起牛性来，见人就冲，甚至连吉普车也敢顶撞。它们通常20—30头在草原上游荡、觅食，有时也会 200—300 头结成大群活动。活动时常由壮年牛担任警戒，一有响动即发出警报并带领牛群狂奔，一路烟尘滚滚，蔚为壮观。野牦牛是国家一类保护动物，值得倍加爱护。

藏野驴是青藏高原唯一的野生驴种，常常三头一群，五头一伙，甚至数十头上百头结队徜徉在蓝天白云之下，生性温驯，善奔跑，总是欢喜与汽车平行奔跑。

藏羚羊是一种非常守纪律的动物。草原上有许多细细长长的小路，便是羚羊路。羚羊每年两次往返迁徙：一次是初夏的产羔季节，一次是深秋的交配季节。安多县多玛区嘎尔曲乡嘎仓地方有条羚羊必经之路，据说成千上万只羚羊年年路过此地，不论遭到猎人多少次伏击，失掉过多少同伴，千百年来仍一成不变地在这条路上走着、走着。

青藏高原上还有众多的珍稀昆虫，仅可可西里一地就有 142 种，其中青藏高原特有种 89 种，占全部种类的 64.03%。

9. 地下宝藏

青藏高原是地球上最年轻的剧烈隆起区，构造运动强烈。1990 年我国科学家在唐古拉山以北东经 91° 35′、北纬 34° 33′ 位置，发现一巨大的地表破裂变形带。该破裂带东西走向，长度在 8 千米以

生活在青藏高原半荒漠草原上的野驴

上，宽1.5米，填埋后的深度还大于1米，并伴有地表凸起鼓包和喷水冒沙的坑孔。显然，这是一次7级以上强震所产生的地裂缝。对照地震报道，两年前在青藏高原腹地的唐古拉山区确曾发生过一次大地震，但一直未能找到地面证据和震中位置。这次发现终于解决了这一疑案。

青藏高原强烈的构造运动和频繁的岩浆活动，使这里成为我国大陆上地热资源最丰富的地区。据西藏部分地区考察，热田及水热区在420个以上。在考察过的169个热田和水热区中，初步估算总热流量为55万大卡/秒，相当于一年燃烧240万吨标准煤放出的热量。

西藏地热田的分布，主要集中在雅鲁藏布江谷地以北的冈底斯山—念青唐古拉山南坡和南部高原以及雅鲁藏布江的中上游河谷地区。这里地当亚欧板块与印度板块碰撞的缝合线位置的两侧，剧烈的岩浆活动和重熔作用，为水热活动提供了强大的热源。东西向的断裂和南北向的断裂，又为岩浆和地热流体的对流活动提供了通道，成为地热能源丰富和集中的区域。在青藏高原众多的地热田中，位于拉萨市西北90千米处的羊八井规模最大。这里海拔4200米，地表以下5米深处地温≥10℃的热异常区面积达12平方千米，其中≥30℃的有5个地段。热田内部地热多种多样，有热水湖、喷气孔、地热蒸气、沸泉、热泉、热水沼泽和泉华等。羊八井热水湖，湖面7350平方米，最大深度16.1米，水面温度44.5℃～45.5℃，湖面气雾弥漫，气柱高达60米。沸泉温度高，最高水温92℃。羊八井地热田的天然热流量为10.7万大卡/秒。以每千克标准煤的热量为7200大卡计，相当于1年燃烧45万吨煤放出的热量。如今，羊八井已建成地热蒸气发电站。

在青藏高原常常可见这么一幅奇异的景观：漠漠大地，巍巍山脉，冰峰雪岭，冰晶玉雕般的一系列冰川从山谷中伸出，而紧邻的山麓却热气腾腾，一片葱绿。冰与热共聚，实在壮美异常。

青藏高原构造运动活跃而强烈。著名的滇西—西藏弧形构造带以超基性、基性和酸性、偏碱性岩体、岩带的广泛分布为其特点。这些岩带从青藏高原向东延伸，到川西收敛并向南延展，直插滇西、滇南。这一构造带有丰富的铬、铂、铜、镍、铅、锌、金、稀有金属、云母以及钨、汞等。青藏高原还有石炭纪、二叠纪的煤田，也有侏罗纪煤田，西藏的土门煤矿就是高原上的有名煤田。

青藏高原拥有我国面积最大几乎也是唯一的海相侏罗纪、白垩纪地层，是世界上最大的油气勘探处女地。我国科学工作者在构造分析和盆地分析的基础上，采用 5 个参数对青藏高原主要盆地进行量化评价，提出了油气勘探的 2 个最佳盆地和 5 个重点盆地以及 4 个有望盆地。1955 年，在柴达木盆地率先钻探出浅层油气，1958 年又在冷湖发现并打出高产油田。这些油田的发现，为青藏高原油气资源的勘探和开发展示了广阔的前景。

（彭安玉）

羊八井地热发电站

“地球的第三极”

——珠穆朗玛峰探奇

地球上海拔高度在8000米以上的山峰有14座，海拔高度在7000米以上的山峰则有300多座，它们大多集中分布在雄伟的青藏高原上。其中，珠穆朗玛峰以其无与伦比的高度，雄踞地球之巅，与北极、南极并列，被人们形象地誉为“地球的第三极”。珠穆朗玛峰耸立于地球上最年轻同时也是最高的山脉——喜马拉雅山脉的中段，其北坡在中华人民共和国西藏自治区定日县境内，南坡在尼泊尔王国境内。长期以来，珠穆朗玛峰以其圣洁雪域和险峻雄奇，强烈地吸引着人们去探险去攀登。

在有关珠峰的探险与发现中，中国人居功甚伟。珠穆朗玛峰的发现与得名，珠穆朗玛峰作为世界第一高峰海拔高度到底是多少，从艰难的北坡率先成功攀登珠峰，中国人都做出了重要的贡献。

珠穆朗玛峰

一、珠穆朗玛峰的发现和得名

珠穆朗玛峰见于文字记载的历史可以追溯到唐朝。在公元七八世纪亦即唐朝的时候，根据西藏经典《十万宝训》，藏王下令将这里作为供养神圣的百鸟的地方，叫作“罗扎马郎”。事实上，根据我国史书记载，自7世纪后半叶以降，我国已有许多僧人由西藏南行，越过高峰林立的喜马拉雅山脉前往印度。唐道宣《释迦方志》在叙述跨越喜马拉雅山的路径时说：“又东少南度末上加三鼻关，东南入谷，经十三飞梯、十九栈道。又东南或西南，缘葛攀藤，野行四十余日，至北印度泥婆罗国。”有人根据清末译自日文的《西藏通览》，计算出在现代公路修建之前，自拉萨到印度次大陆的路途至少有八条。沿着这些通道前往印度的高僧，或许早已目睹了世界第一高峰的卓越风姿。

清朝康熙五十六年（1717），清政府派遣的测绘人员发现了珠穆朗玛峰。他们是清朝理藩院主事胜住和两位喇嘛，一位叫楚尔沁藏布，一位叫兰本占巴。三个发现人根据当地藏族的习惯，称该峰为“朱母朗玛阿林”。“阿林”是满文译音，就是“山峰”的意思。1721年，用木版印制的《皇舆全览图》，不仅标明了珠穆朗玛峰的具体位置，并且采用了“朱母朗玛阿林”这一最初的汉译名称。乾隆年间，清政府根据藏语音调又将其改译为“珠穆朗玛峰”。从此，清朝文献中一直沿用这一名称，从未产生异议，这主要是因为《皇舆全览图》乃官方地图，系皇家编制，其权威性不容置疑。由上可见，早在近三百年前，珠穆朗玛峰已为中国人所发现，并且载入地图。

然而，令人遗憾的是，《皇舆全览图》绘制之后，藏于内府，外界无人知晓，以致后来竟闹出英国人摘走发现珠峰桂冠的笑话。

在西方典籍中，我们的确很少见到“珠穆朗玛峰”或其他同音异形的名称，世界第一高峰被广泛地称为“埃佛勒斯峰”（Mount Everest），又译作“额菲尔士峰”。这是怎么回事呢？

原来，在1849年的时候，印度测量局开始对喜马拉雅山脉及其周围山地进行一系列的勘察测量。由于所遇到的一系列山峰无法立即命名，他们就分别冠以罗马数字以便区分。珠峰的编号是XV（第15）。他们在珠峰南坡山脚处设立了六个观测点，平均距离珠峰170千米以上。因为当时地形测量数据繁多而处理又完全靠手工，因此计算工作进展特别缓慢，直到1852年，他们才发现测量到了世界最高的山峰，即XV峰。1856年3月，时任印度测量局局长的英国人乌阿（Andrew Waugh）写信给英国皇家地理学会，陈述其前任局长埃佛勒斯（Gecrge Everest）对印度测量局所做的重大贡献及其个人品格，请求以他的名字命名XV峰。英国皇家地理学会接受了这个建议。这就是埃佛勒斯峰的由来。

其实，《皇舆全览图》上的定名早在1733年就已被法国人所采用。法国皇家制图官唐维尔（d' Anvilles）于该年在巴黎根据《皇舆全览图》重新制版印行，其中将珠峰音译为Tchoumour Lancma。在这本图集中，珠峰的经纬度和现代地图的数据相差无几。这一在200多年前就已被西方确认的名称很少被使用，而在19世纪中叶“发现”并命名的名称却大行其道，无疑与近代中国的衰微有关。

1951年，我国学者王鞠侯先生著文，以有力的史实雄辩地证明，珠穆朗玛峰系由中国人在康熙五十六年发现并命名，以埃佛勒斯“命名”该峰是不合适的。

1952年5月8日，中华人民共和国内务部和出版总署联合正式通报，将埃佛勒斯峰（或额菲尔士峰）正名为“珠穆朗玛峰”，从而维护了祖国的尊严。

“珠穆朗玛峰”是藏语“第三女神”的意思，是从藏文译音而来，其汉语音译为珠穆朗桑玛，简称珠穆朗玛。其中“珠穆”是“女神”的意思，“朗玛”是“第三”的意思。大约在8世纪，佛教取代了苯教，

青藏高原的牧场及珠穆朗玛峰

盛行于西藏。教徒祭祀的女神共有五位。她们是珠穆策仁玛、珠穆丁结沙桑玛、珠穆朗桑玛、珠穆党本珠桑玛、珠穆德格日卓桑玛。相传珠穆朗玛在五位仙女中位居第一，其实意为翠颜仙女，其余四位分别是掌福禄寿的祥寿仙女、掌农田的贞慧仙女、掌财宝的冠咏仙女和掌畜牧的施仁仙女。喜马拉雅山脉的五座山峰即是这五位仙女的化身。

珠穆朗玛峰位于中尼边境，其南侧的尼泊尔居民习惯地称其为“萨加玛塔”，意思是“高达天庭的山峰”。20 世纪 70 年代末，在联合国的资助下，尼泊尔在珠峰南侧建立了萨加玛塔国家公园，并被联合国教科文组织列入《世界遗产名录》。

总之，世界第一高峰的发现、正式定名以及位置正式标定于地图上，都是由中国人最早完成的。

二、世界第一高峰究竟有多高

珠穆朗玛峰作为世界第一高峰，其高度长期以来却一直扑朔迷离，没有定论。

最早公布珠峰海拔高程的是印度测量局。他们早在 1849 年即开始对包括珠峰在内的喜马拉雅山脉及其诸峰进行勘察测量，三年后宣布，珠峰高 29002 英尺，即 8840 米。这一数字是印度测量局根据六个测站测出来的平均数。但这一高度的计算并没有考虑光线在空气中的折射。因折射的影响，测量值会比实际高度略高一点。又由于测点距离峰顶较远，出现了较大的偏差。于是，在 1905 年，经过修正，又得出新的高度——29141 英尺，即海拔 8882 米。这一次修正仍没有考虑重力偏差，因此测量值偏大。印度测量局鉴于当时的技术手段无法精确校正各项误差，于是明智地公布了最初的结果——29002 英尺。

由于测量技术的限制，29002 英尺这一数值不可能精确。在后来的一百多年里，人们又对珠峰进行了多次测量。1952—1954 年，印度测量局在距珠峰 50—65 千米处建立观测点，它们的海拔从 2643 米至 4499 米不等。这一次测得的海拔高度是 8848 米（29028 英尺）。

我国对珠峰的科学测量始于 1966 年。1966—1968 年和 1975 年，中国科学院两次对珠峰进行测量。1975 年 5 月 27 日，九名中国登山队员登上珠峰，成功地在峰顶设置了一个 3 米高的觇标。科学工作者

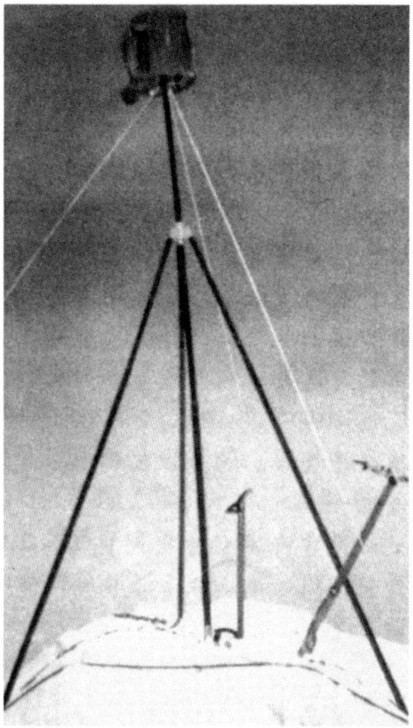

1975 年 5 月 27 日，北坡登顶成功。图为中国登山英雄在珠峰顶上树起的觇标。

在距珠峰 7—21 千米的距离内设置了 10 个观测点，海拔在 5600—6300 米之间，在连续三天时间里，他们在每天不同的时段测量了珠峰的高度。国家测量局第一大地测量队和总参测绘官员，在我国登山队员的配合下，用常规测量技术对珠峰进行连续观测，最后计算出珠峰的海拔高程为 8848.13 米（29029.24 英尺）。由于这次测量的科学性，这一数字向全世界公布后，立即得到联合国和世界各国的公认。同年 9 月，两名英国登山运动员登上峰顶，面对由中国登山队员设置的测量觇标惊奇不已，呼之为“神秘的红色物体”。

20 世纪 80 年代后期，美国学者发布了一个震惊全球的消息，他们声称，通过卫星测高法，发现珠峰并非世界第一高峰，真正的第一峰是位于新疆西南、中巴边界上的乔戈里峰。这一消息造成了国际学术界的轰动，也引起了我国的关注。为此，国家测绘局用航测的方法再次求得珠峰和乔峰的高程，结果珠峰还是比乔峰高出二百多米，即使有二三十米的误差，也不至于把“老大”变成“老二”。

1992 年 3 月，被国务院命名为“功绩卓著、无私奉献的英雄测绘大队”——“国测一大队”，又一次接到了复测珠峰高程的命令。于是，他们迅速组成精干的测量小分队，携带最精确的测量仪器，于 1992 年 6 月开始了向珠峰进军的历程。按预定计划，此次复测要在珠峰顶上竖立金属测量觇标，安放当今最先进的全球定位系统 GPS 接收机和用于激光测距的反射棱镜，届时将在顶峰和地面进行 GPS 同步观测。7 月 20 日，各测量组到达珠峰附近的测量点位。9 月 29 日下午 1 时许，意大利登山运动员在峰顶竖起了觇标和棱镜。这是最令人亢奋的时刻，GPS 仪器在峰顶，在峰下、在山南、在山北，中国人和意大利人，同时开始接收卫星参数，进行同步观测，珠峰附近的数台大地经纬仪、激光测距仪，也都照准珠峰顶上的测量觇标或棱镜！经过连续三天的测量，再经过计算机的数据处理，得出由常规大地测量技术求定的珠峰（雪面）海拔高程为 8849.22 米，由全球定位系数 GPS 技术求定的珠峰（雪面）海拔高程为 8848.54 米。取权平均值后，得出 1992 年珠峰（雪面）海拔高程为 8848.82 米。这一数据再减去珠峰顶上的积雪深度，最终得出世界之巅的海拔高程为 8846.27 米。及至 2005 年 10 月 9 日，中国国家测绘局正式宣布 2005 年珠峰高程测量获得的新数据为：珠穆朗玛峰峰顶岩石面海拔高程 8844.43 米，峰顶岩石面高程测量精度 ±0.21 米；峰顶冰雪深度 3.50 米。这项结果获得了联合国教科文组织和世界各国的承认。

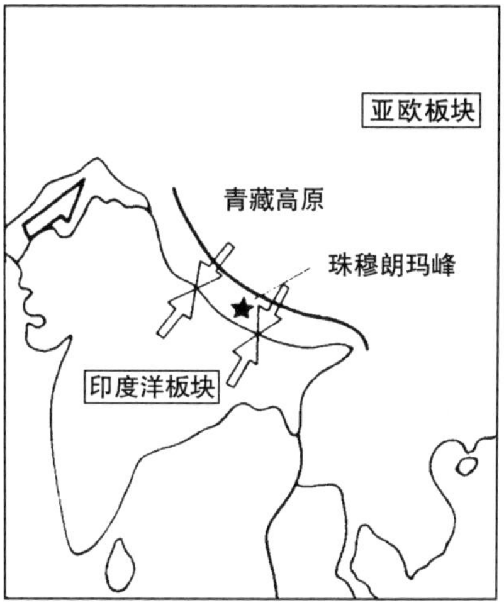

四千多万年前亚洲大陆与印度大陆碰撞示意图

三、“第三女神”的身世之谜

珠穆朗玛峰以其巍峨挺拔，雄踞地球之巅，是名副其实的世界第一高峰。然而，追溯其身世来历，她实在又可称为“大海的女儿”。

在距今约两亿年的中生代早期，珠峰所在是一片浩瀚的海洋，古地中海海水荡曳其中，锦鳞疾闪，贝蚌轻摇；岸上暖风吹拂，潮湿的气候使蕨类疯长；远处的丛林是恐龙生活的乐园。那时的地球大致由南北两大古陆构成，南为冈瓦纳古陆，北为劳亚古陆，泛大洋（古太平洋）伸入古陆，形成几个巨大的海湾，今珠峰所在那时属古地中海海湾。

时间如梭，100 万年过去了，到了中生代末期，冈瓦纳大陆已彻底解体，印支地块与亚洲大陆碰撞，古地中海在慢慢地缩小、变浅。尽管珠峰所在地区仍然碧波淼淼，但大海的女儿——珠峰，已在悄然孕育之中。在这一时期，生物界发生了一件令后人困惑不解的大事——恐龙灭绝了。

到了距今 7000 至 4000 万年的新生代早第三纪，珠峰地区成了一片温暖的浅海，海水中嬉戏着海胆、介形虫、鹦鹉螺等生物。到了早第三纪末，著名的喜马拉雅运动发生了。印度板块以小的倾角俯冲于亚洲大陆之下，造成地壳重叠加厚和地表的大面积、大幅度抬升。至距今 4000 万年的始新世末期，该区海水尽退，隆起为海拔 2500 米的大陆。到了 300 万年前的第四纪，珠峰所在地区进一步上升。因第四纪大规模的冰川活动与高寒导致的降雨，这里冰天雪地，成为一个几无生命的世界。在喜马拉雅造山运动中，伴随着板块的碰撞，雄伟的珠峰拔地而起，犹如一把利剑，傲视群山，戳破苍穹。直到今天，珠峰还在以每年平均 3.7 厘米的速度“长高”呢！

珠峰冰洞探险

四、拥抱珠穆朗玛

从地质构造上讲，珠穆朗玛峰是一个巨大的推掩构造，上部即珠峰顶部，为二叠石炭纪的石灰岩所覆盖，向北倾斜，下部为片麻岩，向南延长。现在的地貌是第三纪以来上升和侵蚀的结果。从形态上看，它是一个巨大的金字塔形的山体，向北、向东、向西都是危崖峭壁，下坠两三千米为冰川所占的谷地，险峻异常。在它的北面和南面约三千米的地方，各有一座高峰，分别称为北峰和南峰。北峰和珠峰之间的山坳称为北坳，南峰和珠峰之间的山坳称为南坳。这两个山坳，历来是攀登珠峰的腰站。

自从珠峰被确认为地球之巅后，不知有多少人想攀登上这座世界第一高峰，但直到 20 世纪 20 年代，这一美丽的梦想才开始付诸实施。仅从 1921 年到 1958 年，就有 12 支较大的登山队到此探测，最初的 7 次都是从北坡登山，但均未成功。1950 年以后，人们改由南坡攀登。1953 年，英国登山家亨特率十多名探险队员组成的“珠峰探险队”从南坡登山，其中有两人终于在 1953 年 5 月 29 日登上珠峰，他们一个是新西兰农庄主、业余登山爱好者 E·希拉里，一个是尼泊尔的夏尔巴族人、登山队员

珠峰冰塔林下的中国登山队大本营

兼向导丹增。从1921年到1953年，整整奋斗了32年，人类终于登上了“地球的第三极”。

1960年春，中国登山队队长史占春率队从北坡登山。5月24日，由王富洲、屈银华、刘连满和藏族队员贡布组成的登山小组从海拔8500米处的基地出发，在平均六七十度的陡坡悬崖前，用身体搭成人梯艰难登山。当攀至8830米时，氧气用尽。在极度缺氧的情况下，在-30℃的严寒中，他们超越生命的极限，奋力攀登。1960年5月25日凌晨4时20分，王富洲、屈银华、贡布终于从北坡登上珠峰，将五星红旗插上了地球之巅。1975年，中国登山队员再次从北坡登上珠峰。

自1953年人类第一次登上珠峰以来，已有几十个国家的登山队的六百多人享有了登临世界巅峰的殊荣。

在人类拥抱珠峰的过程中，人们也在“地球的第三极”上留下了一些不易自然分解的垃圾。这些垃圾若不清理，必将永远留在大片净土上。人类已认识到了这一问题的严重性，并于20世纪80年代中期动用巨资开始了珠峰南坡的清理工作。在北坡，我国政府及有关组织为保护珠峰的生态环境，也开始了珠峰环保大行动。由国家环保局等单位发起组织的清理珠峰北坡登山大本营附近垃圾的活动，以“世界环境日”为契机，旨在唤起人类对环境污染的危机感，珍爱珠峰这一地球上最后的净土。活动发表的《珠穆朗玛峰环境保护宣言》(1996年6月5日)表达了中国人民热爱珠峰、保护珠峰、净化环境的赤诚之心。宣言全文如下：

从五湖四海，我们来到地球之巅。不是为了宣布“征服”，而是为了寻求谅解——对自然，永不再说“征服”。

滴滴泉水从高山流下，汇集成奔腾的江河，孕育了我们的文明；而我们的“文明”，却正在污染这些伟大的河流，污染

中国登山队攀登珠峰

科考人员行走在珠峰冰胡同里

众河之源的圣洁雪域。

极目天地，反省古今，人类或许应该有所醒悟。是大自然赐予万物生机与活力，我们应该爱护和保护她，这既为我们当代人，亦为我们的子孙后代。

一个人保护环境的力量是渺小和有限的，然而，其影响却是无限的。当越来越多的人聚集在我们周围，共同高举环境保护的旗帜，向污染、破坏环境的行为开战时，我们今天“清洁珠峰”活动才更具意义。

我们只有一个地球，地球是我们共同的家园。

在这雪山之上，蓝天、白云之下，我们对地球母亲宣誓：

保护环境，造福子孙。从我做起，从现在做起。

让我们以自己的热情、智慧、勇敢、创造性和实际行动，为中国乃至全球的环境保护事业做出贡献。

（彭安玉）

“地球上最后的秘境”

——雅鲁藏布大峡谷的惊世发现

在我们伟大祖国的西南部，有一片耸入云天的土地，它就是被誉为“世界屋脊”的青藏高原。在青藏高原的南缘，盘踞着世界上最高大雄伟的喜马拉雅山脉。在奇峰兀立的喜马拉雅山脉北麓，高峻巍然的冈底斯山脉和念青唐古拉山脉以南，著名的雅鲁藏布江自西向东奔流，全长 2900 千米，其中我国境内达 1780 多千米。

雅鲁藏布江源于杰马央宗，高山雪水，汹涌湍急，一路东去，经过萨嘎、拉孜、日喀则、贡嘎、桑日、朗县，终于进入藏东南米林县境。以米林县派乡为起点，雅鲁藏布江奔腾翻滚的激流逐渐变为北东走向，几经转折，切开喜马拉雅山脉东端的山地屏障，围绕海拔 7787 米的南迦巴瓦峰，猛折成近南北走向，做了一个神奇的大拐弯后进入墨脱县境，最后越过国境线的巴昔卡，直泻印度河平原，

雅鲁藏布江剖面图

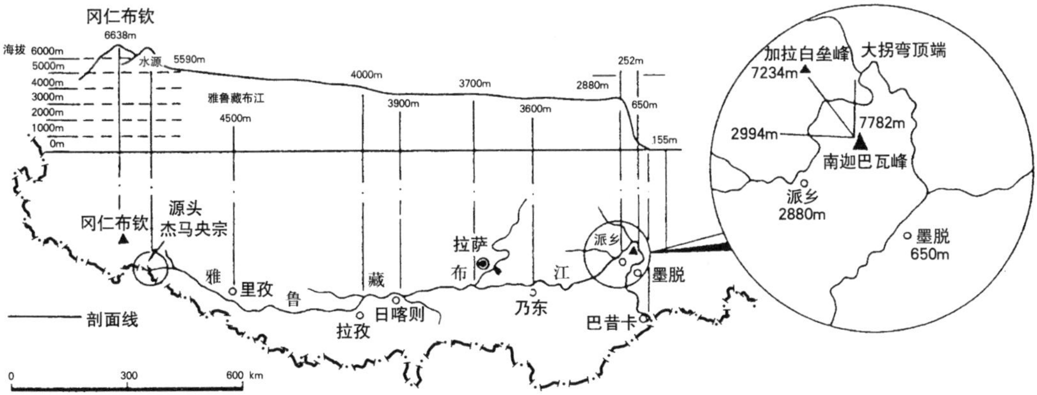

雅鲁藏布江上源宽谷中的辫状水系

注入孟加拉湾。从派乡到巴昔卡，雅鲁藏布江围绕南迦巴瓦峰形成的马蹄形大拐弯，就是闻名于世的雅鲁藏布大峡谷。它集两项“世界纪录”于一身：它的核心峡谷河段，平均深达5000米，最深处5382米，长度达496.3千米，成为世界之最。

一、大峡谷的发现和论证

雅鲁藏布江下游大峡谷作为世界之最的被发现、论证和推出，是20世纪下半叶中国科技工作者和新闻工作者共同努力的成果。

对大峡谷的考察最早可以追溯到20世纪50年代。那时，为了对修建公路进行可行性研究，西藏自治区公路局和水利厅曾组织人员从米林县派乡出发，沿峡谷深入勘察。1973年至1974年，中国科学院青藏高原综合科学考察队专门组织了大峡谷水力资源考察队，深入大峡谷考察。考察队考察了墨脱县希让—背崩—墨脱—加热萨—甘代—八玉—扎曲—通麦的峡谷河段。这是对大峡谷的首次全面考察。

我国科考队员向南迦巴瓦峰挺进

1982年到1985年，中国科学院登山科学考察队为配合国家登山队攀登南迦巴瓦峰，先后4次多学科地考察了南迦巴瓦峰和大峡谷地区，先后参加综合考察队的人员超过百人，涉及26个专业项目，队长为刘东生，副队长是杨逸畴、高登义。1991年，为解决大峡谷水道的通航和物资漂运问题，中国科学探险协会联合总后勤部、上海气垫船厂等单位，在李渤生队长的带领下，在帕隆藏布江下游和大峡谷拐弯顶端进行了考察和测试。

1993年10月，由中日两国队员组成的联合考察队在雅鲁藏布江下游一带考察时，发生了一件不幸的事故。这一悲剧却直接引发了后来的雅鲁藏布大峡谷的惊世发现。

事故是这样的：身材魁梧的日本考察队员武井义隆在大峡谷拐弯处与帕隆藏布江汇口处漂流，由于江水湍急，他刚一下水就被激流卷入江心，小艇翻了，人也被冲走。接着，他又很快被卷进水势更猛的主流——雅鲁藏布江。为了寻觅这位年仅24岁的日本队员，考察队在西藏林芝地区有关部门的帮助下，组织了三次为期一个月的沿江搜索，但仍然没有结果，不得不宣布他失踪了。

武井义隆的失踪引起了新华社主任记者张继民的关注。他想将这一事件的始末写成新闻通讯。为了积累素材，张继民找到武井义隆所在探险队的负责人进行采访，又从中国科学院地理研究所杨逸畴研究员处借来一堆资料，以便更详尽地了解帕隆藏布江和雅鲁藏布江及其周围地区的地理情况，诸如水温、水速、植被、山势等。在这堆资料中，中国科学院地理研究所杨逸畴研究员、中国科学院大气物理研究所高登义研究员和中国科学院植物研究所李渤生研究员合写的、1987年刊登在我国最权威学术期刊《中国科学》上的《雅鲁藏布江下游水汽通道初探》一文，引起了张继民的高度重视，论文中有这样一段话：

“青藏高原上的大河雅鲁藏布江由西向东流，到了米林县进入下游，河道逐渐变为北东流向，并几经转折，穿切过喜马拉雅山东

雅鲁藏布大峡谷

雅鲁藏布江大峡谷的发现者与论证者杨逸畴、高登义、李渤生与刘东生院士在一起。

端的山地屏障，猛折成近南北向，直泻印度河平原，形成了几百公里长、围绕南迦巴瓦峰的深峻大拐弯峡谷，峡谷平均深切度在5000米以上。”

当读到“形成了几百公里长”“峡谷平均深切度在5000米以上”等字句时，张继民猛地一惊，觉得这是深埋于科学家论文中的一条十分重大的科技新闻。因为在他的记忆里，被称为世界第一大峡谷的美国科罗拉多大峡谷，好像才深两三千米。雅鲁藏布江大峡谷平均5000米的深度，即使不是世界上最深的峡谷，也是中国最深的峡谷。张继民以一个新闻工作者特有的敏锐，强烈地感到，这是一个重大的地理发现！这一发现犹如一股强大的激流，猛烈地冲击着他的心房，使他兴奋得难以成眠。

随后，在张继民的积极推动下，杨逸畴、高登义、李渤生研究员在实地考察探险的基础上，在室内对1 ∶ 5万航测地形图、航空像片和卫星影像图进行科学分析和论证，确认雅鲁藏布江大峡谷以其平均5000米的深度、谷底80—200米的宽度和496.3千米的长度，应为世界第一大峡谷。

发现雅鲁藏布江大峡谷的相关新闻报道

根据科学家们严格论证的结果，1994年4月17日，张继民通过新华社向世界做了报道，引起强烈反响。中国科学院院士刘东生认为，雅鲁藏布江下游大拐弯峡谷，是当今世界上所发现的最大的峡谷。这个峡谷的发现，是20世纪末世界上一次重大的地理发现，也是中国科学家对人类认识自然做出的重大贡献。叶笃正院士认为，发现并论证雅鲁藏布江大峡谷为世界第一大峡谷，这应该是世界上一次重大的地理发现。魏春江院士强调，大峡谷在地理上和科学上具有特别重要的地位，是揭开地球周际空间变化及地球历史的关键地区之一。

二、大峡谷的命名

多年以来，以藏东南米林县派乡为入口的大峡谷，始终没有一个明确的、被公认的名称。

国家测绘局地名研究所武振华研究员对大峡谷的命名问题有深入研究。他指出，历史上关于大峡谷或雅鲁藏布江下游河段名称的说法不下 20 种。据查，在西班牙文版的《阿吉拉尔大图集》第二分册第 201 页上，雅鲁藏布江下游段被标记为“Dihang”；英文版的《哥伦比亚地名大辞典》第 513 页上作为“Dihang River”词条入选。根据这两部外文资料中所提供的“Dihang”拼写字样，中华人民共和国成立后出版的《辞海》《中国地图册》《中华人民共和国分省地图集》都把大峡谷称为“底杭峡”；而徐近之编写的《青藏自然地理资料》则称之为“底项大峡谷”，该书插图中把雅鲁藏布江大拐弯后的下游段注记为“底项”；英国人 F. M. 贝利著《无护照西藏之行》则把雅鲁藏布江下游段写成“德享河”；缩印本《中华人民共和国地图集》（地图出版社 1984 年版）中把大峡谷介绍为“大拐弯峡谷”；此外，各种俗称、俚语以及口头上的说法更多，诸如雅鲁藏布江峡谷、林芝大峡谷、墨脱大峡谷、藏布大峡谷、西藏大峡谷、马蹄形大拐弯、雅鲁藏布江大弯峡、南迦巴瓦峡，不一而足。

雅鲁藏布江上这一水流湍急的马蹄形大拐弯峡谷有如此多的称呼，既不便于书写和宣传，更不利于对这一极宝贵的自然资源的开发，亟待确定一个统一的、大家认可的正式名称。那么，起一个什么样的名字才最有代表性、才最合适呢？武振华经查阅资料，并与中国科学考察人员反复商量，考虑到历史和现实的约定俗成，以及世界上对定名的规范科学性，认为大峡谷定名为雅鲁藏布峡最为科学，能为公众和高原的主人藏族人民所接受。

那么，科学家们为什么钟情于“雅鲁藏布峡”这一名称呢？他们是有充分根据的。其一，雅鲁藏布江在中国可谓家喻户晓，藏族群众呼之为母亲河，这些年我国的广播、电视、报刊对其做了大量

航拍的雅鲁藏布大峡谷

报道，“雅鲁藏布”这一名字十分响亮。其二，从地名研究的角度说，雅鲁藏布的语源属藏语，含义健康。地名学上有一术语叫“派生地名”，用“雅鲁藏布”这一江河的专有名称，派生出大峡谷也是顺理成章的事。其三，定名为“雅鲁藏布峡”，名称的科学性也是成立的。“雅鲁藏布峡”的罗马字母对外拼写，依据藏文的正字写法也跟着确定为“Yar Lung Zangbo Xia”。藏、汉语词汇分开，按两段分写，专名与通名结构清晰明了。其四，把雅鲁藏布江上大拐弯峡谷的名称确定为“雅鲁藏布峡——Yar Lung Zangbo Xia”，符合国务院有关地名命名、更名的精神，具有广泛的社会基础和科学依据。

为什么又不称为“雅鲁藏布江峡谷”呢？这里不妨转引武振华的阐述。他说：“为说明问题先把这一名称做一分解，①雅鲁②藏布③江④峡⑤谷，并逐一解释。①雅鲁，是藏语的区域性地名；②藏布，系藏语江的意思；③江，为汉语，前面的‘藏布’已是江的意思，后面又多出一个‘江’来；④峡，‘两山夹水的地方（多用于地名）’；⑤谷，‘两山或两块高地中间的狭长而有口的地带’。‘峡’与‘谷’释义相近，作为地名在此只用‘峡’足矣，不必重叠使用峡谷二字。关于地理通名峡谷的问题，在中国地名中普遍的处理方法，是只用一个‘峡’字。如，虎跳峡、长江三峡等。上例中皆只有‘峡’字，这样用简练的文字，表达了相同、相等的信息。所以，由 7 个字组成的‘雅鲁藏布江峡谷’中，不仅可省去‘谷’字，还可删掉‘江’字。因②已有江的涵义，③也就没有必要存在了。经这样一省一删，就形成了缩为 5 个字组成，藏汉合璧式的‘雅鲁藏布峡’。”

1998 年 8 月 19 日，在全国地名标准化技术委员会主持下，“雅鲁藏布江马蹄形大拐弯峡谷科学命名学术研讨会”如期召开。各界专家、学者三十多人参加了这次会议。仅为一个地名专门举行如此规模的专家研讨会，这在中国地名界尚属首次。

1998 年 10 月 18 日，新华社发布消息，经中华人民共和国国务院批准，同意将雅鲁藏布江大拐弯峡谷命名为“雅鲁藏布大峡谷”。

“雅鲁藏布大峡谷”，一个响亮的名字！

三、大峡谷的旷世奇观

走进雅鲁藏布大峡谷，我们就如同进入了远离尘世的神秘世界，这里有无边的神秘、无尽的惊险、无比的奇观……

大峡谷地处强烈的地壳活动中心，是适应构造发育的构造弯、构造谷。大峡谷所在地区正是印度板块向欧亚板块俯冲碰撞的中心地带，东侧又受到太平洋板块的抵挡，因此大峡谷随构造转折拐弯。目前已在大峡谷中发现多处来自地壳深处的基性、超基性岩体，证明板块缝合线构造的确存在。地质资料显示，大峡谷内侧的南迦巴瓦峰出露的中深度变质岩系，经铷锶等时线法测定，其绝对年龄值为 7.49 亿年，这是迄今为止所测得的我国喜马拉雅山一侧地层的最老年龄值，相当于前寒武纪，与古老的印度地台地质年龄值相仿，它表明地质上这里是古老印度地块北伸的一部分。另据古地

南迦巴瓦峰

雅鲁藏布大峡谷水汽通道

磁测量研究，在中生代白垩纪，南迦巴瓦峰的位置相当于现今北纬13°左右的地方。显然，南迦巴瓦峰地区作为印度板块的一部分，随着陆地的漂移已北伸了近15个纬度。大峡谷地区以上升为主的地壳活动极为强烈，地震活动频繁，如1950年8月15日8.5级特大地震的震中即在该区。这一切都说明大峡谷地区是地壳能量集中释放、构造活动强烈的中心，以南迦巴瓦峰为中心的强烈隆升和大峡谷适应构造的深切围绕，形成了大峡谷地区奇异的自然景观。

大峡谷是青藏高原最大的水汽通道。所谓水汽通道，通俗地讲，即大峡谷凿开了喜马拉雅山脉和青藏高原的地形屏障，南来的印度洋暖湿气流沿此通道深入大峡谷地区。大峡谷地区大气物理测试和分析表明，沿大峡谷源源输入的印度洋暖湿气流量，竟与夏季自长江流域以南向长江以北的水汽输送量相近！水汽通道使大峡谷地区雨季来得更早，一般比同纬度其他地区早1—2个月；由通道涌进的巨量水分和热量，使大峡谷地区成为我国雨量最丰沛的地区，基本与热带热量水分条件相同；大峡谷热带山地气候带和自然带的分布，因大峡谷通道自南而北强大的水汽输送，达到了北半球水平分布的最北界和垂直分布的最高限，即北纬29度30分，海拔2000米左右。在北半球，热带气候带和自然带的分布平均在北纬23度30分，海拔1000米以下。然而，强大的水汽通道使这里的热带山地环境向北推进了6个纬度之多，大峡谷地区因此而成为名副其实的“西藏的江南”。

大峡谷浓缩了诸多自然景观。大峡谷地区高山林立，发育着全世界仅有的珍稀冰川类型——季风型海洋性冰川。令人称绝的是，这里的山谷冰川竟是游弋在绿色的原始森林之中！而有的冰川表面深厚的表碛上竟还长有植被。难怪人们常用“菜花金黄映雪山，葱茏林海舞银蛇”这样的句子，来形容大峡谷地区变幻神奇的无限风光。从南迦巴瓦峰山顶到墨脱背崩河谷，仅五十余千米、三天的路程，人们就能经历仿佛从极地到赤道那样难忘而深刻的感受。大峡谷地区河流适应构造作强烈深切，在大峡谷的核心河段，形成上百千米长的如瀑奔流。20 世纪初，英国植物学家 F.K.Ward 在藏东南考察后写道：位于大峡谷核心部位的白马狗熊到冈朗之间，距离不过 32 千米，而河床下降 683 米，平均每千米下降 21.3 米。1998 年，中国天年雅鲁藏布大峡谷探险队深入大峡谷无人区，先后发现扎绒等四组大瀑布群，其中主瀑布的高度在 30 米至 35 米，宽度在 50 米至 120 米之间。

大峡谷环境洁净，是一块绿色宝地。大峡谷内侧的墨脱地区是高原上有名的与外界隔绝的“孤岛”，峡谷核心段为无人区，没有工业污染，基本保持着原始的自然景观和生态环境，被科学家看作研究环境背景值的适宜地方。研究结果表明，大峡谷地区水质优良，土壤中元素含量保持着原始基质，大气洁净，生物中有机氯化合物残留甚微。

大峡谷是世界生物多样性最丰富的峡谷谷地。在这里，从海拔数百米的谷底，直到海拔 7782 米的南迦巴瓦峰顶，热带低山常绿半常绿季风雨林、亚热带山地常绿半常绿阔叶林、暖温带中山常绿针叶林、寒温带亚高山常绿针叶林、亚寒带高山灌丛草甸、亚寒带高山冰源和寒带极高山冰源等生态系统，沿谷坡依序分布。如此丰富的山地生态系统类型和山地植被类型，以及生物群落，堪称世界之最，因而被人们誉为世界山地植被类型的天然博物馆。无疑，大峡谷地区在生物多样性保护与生物多样性资源可持续利用上，都有着世界级的重要意义。

大峡谷是世界上水能资源最为富集的地方。雅鲁藏布江在大峡谷地区穿过两座海拔七千多米的高山谷底，围绕南迦巴瓦峰形成一个奇特的马蹄形大拐弯，山高谷深，水流湍急。从派乡到巴昔卡 496.3 千米的下游河段，河流水面高程从 2910 米急降至 155 米，天然落差 2755 米之巨，平均坡降为千分之五点五，雄居世界各大河流的首位。特别是从派乡至墨脱 212 千米的河段，两地直线距离不过 40 千米，水面高差却接近 2230 米，平均坡降千分之十点五，加上派乡附近多年平均流量为 1900 立方米 / 秒，从而使这里成了世界上水能资源最丰富、最集中的地区。据计算，大峡谷天然水能蕴藏

墨脱地区的小果紫薇

量高达6880余万千瓦，在这里可以兴建装机容量4000万千瓦的水电站。该水电站一旦建成，必将成为世界上装机容量最大的超巨型水电站。

大峡谷地区还生活着中国最后的猎人，有着特殊的文化内涵。腰插易贡短刀、手牵波密猎犬的门巴人依然生活在刀耕火种时代，溜索、独木桥是大峡谷最先进的交通设施。

大峡谷地区蕴藏着极其丰富的自然资源。这里天然林区面积广大，是仅次于我国东北和西南的全国第三大林区，著名树种有铁杉、云杉、冷杉、西藏青冈、通麦栎、墨脱楠、千果榄仁、小果紫薇、穗花杉等。一种目前在地球上分布很少的天然原生红豆杉树，也大面积生长在大峡谷腹地无人区。红豆杉中可提炼一种比黄金还昂贵的物质——紫杉醇，它对治疗癌症有特效。这里生长着有利用价值的经济植物不下千种，其中重要的药用植物有南酸枣、长果砂仁、滇翅梗五味子、西藏野茉莉、香桂、云南黄连、天麻、七叶一枝花、郁金，等等。这些药物大多仅产于西藏，其中以大峡谷地区蕴藏最多；油料植物主要有核桃、泡核桃、光核桃、破布木、马蛋果、水红木和油渣果等；纤维植物有大花瑞香、各种竹类、水麻等。大峡谷地区还拥有水獭、石貂、云豹、小熊猫、穿山甲、猕猴、红嘴相思鸟等动物资源以及大型真菌资源，誉之为“生物基因库”并不为过。大峡谷地区山高谷深，“一山有四季，十里不同天”，气候资源丰富多彩。

作为“地球上最后的秘境”，雅鲁藏布大峡谷还有很多人类未知的领域有待探秘；而在开发、利用雅鲁藏布大峡谷资源的过程中，切实保护这里原始自然的生态环境，尤为迫切与重要。

（彭安玉）

天下奇坑

——诸多“天坑”的发现与探险

走在连绵的群山之中，冷不防眼前便露出一个巨大的坑洞，悬崖峭壁如斧劈刀削般森然直立，围成坑洞的四壁，远远望去，犹如大山对着苍天张开了嘴巴。这种奇异的自然景观，民间俗称“天坑”，是大自然留给人类的神奇造化之谜。

仰面朝天的“天坑”，学名喀斯特漏斗或岩溶漏斗。在可溶性岩石大片分布的地区，丰富的地表水沿着可溶性岩石表面的垂直裂隙向下渗漏，裂隙不断扩大，从而在距地面较浅的地方形成隐伏的孔洞。随着孔洞的扩大，上方的土体逐步崩落，最后便落成漏斗。天坑主要分布在中国、俄罗斯、墨西哥、斯洛文尼亚等地。近年来，我国境内屡有天坑发现。在重庆奉节、南川，在广西乐业，在湖北宜昌、松滋，在湖南龙山、新宁，在贵州织金，在北京房山等地，一个个天坑揭开了神秘的面纱，一个个惊奇轰动了世界……

重庆奉节天坑地缝周围典型发育的喀斯特地貌

一、天下第一坑

1994年9月，中英科学家联袂在川鄂交界的万山丛中考察。当考察人员走进当时尚属四川省的奉节县兴隆镇时，他们惊喜地发现了天下第一坑

“小寨天坑”和天下第一缝“天井峡地缝”。很快，这一消息像长了翅膀，迅速传遍了世界。

兴隆镇坐落在重庆，突兀峥嵘的石乳峰矗立在它的南面。镇东数里地，有一条从海拔2000米左右的高山河谷流下的“撒谷溪”。溪水从石灰岩层流过，历经亿万年的溶蚀、坍陷，形成了一大片典型的石灰岩地貌。岩石凸露，奇峰林立，世界上最大的“天坑”和最深的“地缝”，就分布在这里。

奉节兴隆镇附近的天坑，多数洞口不过几尺见方，但也有不少洞口直径在百米以上。而无论洞口大小，全都深不可测。其中，最壮观、最神秘者，首推小寨天坑。

小寨天坑位于荆竹乡小寨村。离它几里地之外，就能听见坑底流水的轰鸣声。站在坑口，只见几座山峰之间凹下去一个大坑，深不见底，四壁垂直，一削千丈。

美国的“阿里西漏斗”曾经号称“天下第一坑”，但它的坑口直径只有330米，深70米。重庆奉节县兴隆镇的漏斗岩，坑口直径490米，深208米，国人曾把它称为“天下第一坑”。而小寨天坑，

小寨天坑

却是一颗“养在深闺人未识”的明珠。水利部勘测部门测得的一组数据让世人震惊不已：小寨天坑上口直径622米，坑底直径522米，深666.2米，总容积约为11934.8万立方米，其深度和容积均居世界首位。

坐井观天：小寨天坑底部仰视

在小寨天坑东北方的峭壁之间，有一条蜿蜒曲折的小路，绕壁而下，可以通到天坑底部。过去，这一带地野山荒，常有土匪出没，老百姓常常带上干粮，在这里住上十天半月也安然无恙。天坑俨然是一座天然的堡寨，“小寨”之名由此而来。

到了小寨天坑的底部，广阔的天空变成了一个小小的亮孔。这时候，人们才真正体会到“坐井观天”的含义，从而生出无限的感慨。从天坑底部一个高数十米的洞穴中，猛然涌出一条墨绿色的暗河。河水在乱石丛中奔流一百多米，又悄然钻进另一个幽深莫测的石洞之中。

撒谷溪不仅溶蚀出了这世间最大的天坑，而且还割裂成了又一处地球上罕见的地貌——37千米长的“地缝”。

神秘的天井峡地缝

地缝又名“天井峡”，由峡谷、消水洞和地下河构成，距小寨天坑仅四五千米，两边山崖高达数百米，森然的山脊平行延伸，迂回曲折。两者中间的谷地里，露出一道赤色的缝隙。缝隙狭窄笔直，好像一刀劈出似的。

在地理学上，地缝被称为“干谷”或“盲谷”。在石灰岩地区，由于河床有漏斗和落水洞，河流全部截入地下，形成干涸的河床，叫作“干谷”。有的河流全部消失在溶洞之中，成为没有出口的河谷，则叫“盲谷”。撒谷溪下，地缝中又有无数天坑，溪水全部转入地下，形成干谷。“天井峡”地缝延伸到迟谷槽时，在两座山峦间消失，尽头处，有一个锅底形的深坑，里面一年四季蓄有绿茵茵的水。1994 年 9 月，英国探险队员从这里下去，测得地缝的深度为 900 米，当属世界之最。

在地缝中段的峭壁下，还有一个大坑，叫作“黑眼”。一个五六平方米大的黑洞，洞壁全是黑得发亮的石头，形状怪异。丢一块石头下去，叮叮当当，响声久久不绝。1994 年，英国探险队员从这里下去，经过几天的探险，最后终因地形复杂而被迫返回。

小寨天坑和天井峡地缝古老而神秘，雄奇而险峻。它们的发现，不仅对世界喀斯特理论研究有着极为重要的科学价值，而且为三峡旅游再添新景。目前，重庆市已建成了以天坑、地缝等喀斯特景观为主要特色，同时具有山、水、林、泉、瀑、洞、峡等多种自然景观的天坑地缝国家重点风景名胜区。风景区位于长江南岸，距奉节县城仅一百多千米，景区面积达 456 平方千米。

差不多与奉节县兴隆镇小寨天坑的发现同时，在与四川相邻的湖南、湖北境内亦相继发现了两个溶洞群。

天井峡地缝风光

1994 年 7 月，湖南省新宁县崀山风景区南端的水庙建光村发现罕见的溶洞群，在 6 平方千米的狭小范围内竟分布着 5 个溶洞。其中的水神宫洞长 1850 米，共分 8 殿，可同时容纳 1 万人进宫游览。洞内遍布形态各异的钟乳石，有的如“大象迎客”；也有造型别致的龙宫，内有“犀牛洗澡”“海马腾飞”“观音菩萨”；更有那目不暇接的美景奇观，或似北方无垠的沙漠，或像圆如宝盖的蒙古包，或如“只识弯弓射大雕”的将军。尤其令人叫绝的是那架奇而又奇的“石琴”，高约 10 米，用木棒轻轻敲击，可奏出 8 种音调，余音绕宫。洞内有条暗河通达壁洞，该洞亦是潭水碧绿，深不见底，千姿百态的奇观有一千多种，诸如“雄鸡起舞”“海豹浴波”“玉象踏浪”“金猴望月”“骆驼相亲”等，堪称鬼斧神工。与地下溶洞世界交相辉映的是，崀山地面上的农民身体健壮，很少有人生病，一大把络腮胡子的老者居然能下田犁地，上山砍樵，一个个精神抖擞，红光满面。20 世纪 30 年代，著名诗人艾青在新宁执教，写下了“桂林山水甲天下，崀山山水赛桂林”的诗句。

科考队员在重庆奉节天坑地缝考察两栖动物

1994 年 11 月，湖北省松滋市又发现特大溶洞群。据有关专家考证，这一由近四十个洞穴相互联系所构成的大型岩溶实体，分布在松滋西南部的北大山森林自然保护区和洈水风景区境内的 31 个村，方圆约 286 平方千米。其中的新神洞长十多千米，兼具怪、雄、奇、险、美之风格，洞中有湖潭、瀑布、河流，气势宏伟。国内岩洞专业委员会委员、中国地质大学教授沈继方在实地考察后认为，这个奇特的洞穴群内，有形态特殊、规模巨大的化学沉积物个体或组合群体，地质成象罕见，人文内容丰富，是一个具有旅游、科研、考古、探险等综合价值的岩溶实体。

1997 年 10 月 6 日，《光明日报》报道了一个惊人的消息，在重庆市南川金佛山顶部，发现一个庞大的高山溶洞群。中国地质学会洞穴研究会会长朱学稳教授认为，这是我国探明的海拔最高的溶洞。金佛山是全国重点风景名胜区、国家森林公园，海拔 2251 米。金佛山顶的下部是一个庞大的洞穴系统。对多个山顶溶洞的科学探测发现，这些洞穴规模巨大，生成年代古老，地下四通八达。

2002 年 4 月 28 日，《楚天都市报》称，为调查地缝资源，天湖景区从 2001 年 11 月至 2002 年 4 月，历时半年考察，在宜昌境内发现了 40 个无名天坑。这 40 个天坑中，有两个与地缝相接，能向下通行 300 米以上。

湖南、湖北、重庆等地频繁发现的天坑地缝，使人们产生了这样的联想：湖南、湖北、重庆是否一洞相通？ 2002 年 5 月 5 日起，10 名中国探险家对湖南省龙山县飞虎洞进行了历时 5 天的科考探险，以求证这个湘、鄂、渝三省市交界处是否存在着一个庞大的、相互连通的超大洞穴系统。飞虎洞位于三省市交界的乌龙山大峡谷内，

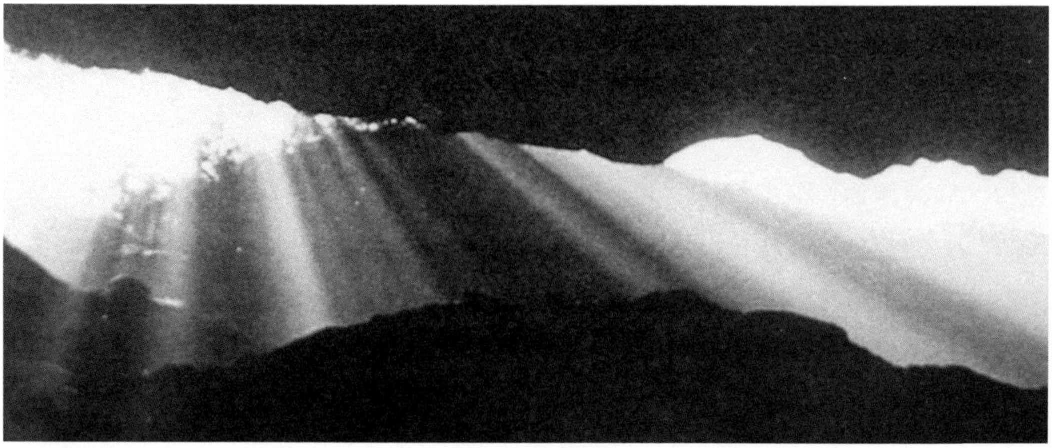

天井峡地缝：仰头蓝天一线

洞内中央大厅面积达10万多平方米，洞内最大垂直高度340米。据传，飞虎洞与数百千米外的湖北磨刀溪相通。1993年中法联合科考队探测也说明，飞虎洞与磨刀溪溶洞同处在一个平面上。当地村民介绍，飞虎洞共有4层，洞内有天然的瀑布和奔腾的泉水，溶洞深不可测，此前从未有人进去过。飞虎洞还是野生动物的乐园，有蝙蝠、盲鱼、盲虾等珍稀动物。随着科学考察的进一步深入，纵横于湘、鄂、渝三省市的超大洞穴系统，一定会撩开其迷人的面纱。

二、世界上最大的天坑群

广西西部有个乐业县，隶属百色地区，邻近贵州省，地处云贵高原南部。这里，有着世界上最大的天坑群。

一批又一批的科考队在天坑群的新发现一次次轰动世界，而最早发现乐业天坑群并发起考察的却是乐业县的一位普通农民——潘政昌。

潘政昌原是广西乐业县同乐镇龙洋村南令屯的农民。1978年，他听县里的老人说，古书记载乐业有天龙口（天坑），地下有龙宫、地下海洋、地下森林等传说，他开始对当地人称为“石围”的天坑发生了浓厚的兴趣，意识到天坑是一种极具旅游开发价值的地质奇观。

1980年，他与两位好友刘国根、杨秀祝一起成立了一个旅游开发研究会，自费考察乐业的天坑群。他们用8个月的时间走访了乐业县境内的98座大山、300多个洞穴，考察了天坑群中最大的天坑大石围和一些中小天坑，拍摄了上千张图片，记下了近百万字的考察笔记。

然而，见惯了天坑的乐业人并没有意识到天坑的价值，潘政昌的这些考察材料没有得到重视，直到1997年，他将这些考察材料向国内外研究机构和投资商广为寄发，才引起了世人的关注。1998年，国土资源部在百色地区乐业县进行土地资源调查时，首次对这个大型天坑群进行了科学考察，乐业天坑群从此名扬天下。

1999年8月，第一支由中外探险家、岩溶地质专家组成的科考队来到乐业进行考察，终于向世界揭开了这座数百万年来沉睡在大山里的天坑群的神奇面目。

2001年4月，一支由我国中科院地质、动物、植物等专家和美国、英国的探险专家组成的中外科考探险队，对广西乐业天坑群地区进行了为期近一个月的科考和探险活动。这是乐业天坑群发现以来进行的第5次大规模的科考活动。中央电视台等媒体也随队参加了科考并进行了连续跟踪报道。北京松下通信设备有限公司为这次科考探险活动提供独家赞助。此次探险，又发现4个天坑，至此，乐业天坑数量达到17个。科考专家用直升机对乐业天坑进行空中探察，发现天坑群由大石围及其附近的16个天坑组成，密集地排列在方圆20多平方千米的范围内，像一座座巨大的竖井，井井相连。此次考察有许多重大发现。如专家通过GPS地球卫星测量仪测出了大石围的准确数据：大石围的深度为613米，坑口长为东西走向600米，宽为南北走向420米，容积约为0.8亿立方米。其垂直高度和容积仅次于小寨天坑，居世界第二位。这次大规模的科学探险再一次证实，乐业天坑群是世界上最大的天坑群。

2002年3月初，广西乐业县飞猫探险队在该县幼平乡百中村考察时，在连绵群山中又发现了一个世界级的大型天坑。该天坑距附近村落8千米，位于百朗大峡谷旁，离以大石围天坑为中心的天坑群30多千米。从山顶上看，天坑像一张硕大幽深的怪嘴，坑底灰蒙蒙一片。探险队借助SRT探洞设备，花了一个多小时才成功地从坑口下垂滑行抵达天坑底部。探险队员发现，坑底分布着大片茂密的亚热带原始森林，葱翠欲滴，生机盎然，而此时坑口上面的山林已是落叶纷飞，一片萧瑟。据初步测算，该天坑深300多米，坑口约

200×300 米。这是乐业县发现的第 25 个天坑。

2002 年 3 月 12 日至 4 月中旬，由中国、英国、法国、瑞士、澳大利亚和爱尔兰洞穴专家组成的六国科考探险队，在中国洞穴专家朱学稳教授和国际洞穴协会副主席安迪·依文思先生的带领下，再一次对大石围天坑群以及地下河系统进行了全面探险考察，查清了地下河的支流和神秘的消水系统，发现了一批新的天坑、竖井及三十余种洞穴生物。朱学稳教授认为，经过探险考察，了解到地下河的一些基本情况，将有助于解决岩溶水层性质研究中最大的难题，并对水文地质学家了解岩溶含水层的性质和地下河发育规律具有重要意义。安迪·依文思先生说："中国是天坑大国，广西乐业大石围天坑群是世界上最精彩的地方，大石围地下河与黑暗、激流和险坑的危险搏斗，是我从事 40 年洞穴探险生涯中最艰难的一次。"曾经多次来到大石围天坑进行探险和采访的一位记者说："我已经是第十二次来到这里，但每次到了坑边，探头往六百多米的坑下看，都会吓得一阵发冷。"在描写大石围天坑惊心动魄的独特景观时，记者写道："大石围天坑内四壁陡峭，坑底生长着茂密的原始森林。冬季，坑底常常被地下河泛起的水雾覆盖，加之气流在坑内流动产生的巨大轰鸣声，造就了异常神秘、艰险和动人心魄的独特景观。大石围地下河河道长达一百多公里，河中有深潭、瀑布和地下潜流，河道曲折复杂，河水时涨时落变化无常，两边的石壁覆盖了淤泥，攀登时极容易掉到黑暗的深渊。地下河入口在天坑最底部。进去后完全是黑暗的世界，头灯只能照亮眼前两三米。泅渡时根本无法得知危险隐藏在哪里！有时身边听到哗哗声，可身边的水却没有流动；有时游到一条快速流动的水道上，身边却听不见水响……这是最恐怖的时刻。"

2016 年 8 月 20 日至 29 日，一科学考察组在乐业使用无人机进行科学考察，又意外发现了两个天坑。这两个天坑隐藏在群山之中，当地村民称之为"大白岩垱"和"小白岩垱"。此前，在乐业发现的天坑有 28 个，加上新发现的这两个，乐业天坑达到 30 个，堪称"世界天坑之都"和"世界天坑博物馆"。

一系列大型的科学探险，一次次深入的惊险考察，世界最大天坑群逐渐揭开了神秘的面纱。

原始森林：乐业天坑群的底部，生长着茂密的原始森林，参天的树木中最粗的直径超过 1 米。在大石围天坑底部分布的原始森林，面积达十几万平方米，居世界第一位。原始森林内的植物种类多达上千种，大部分迥异于天坑外的植物。

植物基因库：大石围天坑下面阴生植物比比皆是。阴生植物一般都相当原始，而以藻类、蕨类居多。其中已查明的有六十多棵被称为恐龙时代活化石、国家一级保护植物的桫椤，有冷杉、血泪藤树等珍贵植物，还有美丽的七叶一枝花、小簇的岩黄连、细巧的七姊妹等中药材；有株茎纤细、花朵呈淡绿色的极具研究价值的不知名兰花；树木有青冈木、黄心树、棕树等，最大的一棵酸枣树树干需三人合抱；此外，在天坑这个封闭的环境中还发现许多史前时期的珍稀植物三叶桫、野芭蕉、野芋头。广西师范大学植物分类学专家薛跃规还在天坑底部发现了一种他从未见过的可以与桫椤媲美的珍贵植物。总之，乐业天坑群的底部究竟蕴藏着多少奇花异木，一时还无法得到准确的答案。生长着各种原始植物的诸多天坑，实质上就是一个个植物基因库。

远古野生植物避难所：在大石围天坑群组成部分的布柳河大峡谷，发现了一片生态保持得非常完好的原始河谷雨林。科考探险队乘竹排顺流而下，一路可见河谷两岸树林茂密，森林覆盖率在 90% 以上，古树奇木盘根错节，大型藤蔓悬荡其中，“板根绞杀”“老茎开花”等热带雨林独有的现象，在这里并不罕见。乐业属亚热带气候，为什么会出现热带雨林现象？专家的解释化解了这一谜团：“远古时期，整个大陆的气候温差都不大，当时的植物分布也差不多，只是到了冰川期之后，气候才有了分别，广西乐业出现的热带雨林现象正说明了这里的植被比较原始，这些植被能保持至今实属不易。这么丰富的植被类型，栖息着丰富的物种，这也是人类善待自然的结果。”在布柳河谷，还发现了几种国家级的濒危物种，如任豆、顶果木等。由于地质的变迁、气候的改变以及人为的破坏，斗转星移间，远古时期的众多植物或灭绝或变异，而在布柳河，却有大批植被还保存着多样性、原生性，这对今后物种的研究和开发将会产生不可估量的重要作用。

动物王国：在大石围天坑底部暗河中，美国探险专家艾伦发现了形似鲶鱼的世界罕见鱼种——盲鱼。盲鱼通体透明，红色的血液、彩色的内脏器官、白色的骨骼清晰可见，眼睛却很小很小，这显然是长期黑暗的环境使然。由于天坑暗河中食物短缺，盲鱼很容易上钩。暗河中的盲虾没有眼睛，肢节、触角比身体长两三倍，停在水中，一动不动，十分文静。暗河中还发现了没有眼睛的小蟹、拇指大的蜘蛛，分别被命名为天坑中国溪蟹和张氏幽灵蜘蛛。其中，天坑中国溪蟹是我国迄今为止发现的唯一专门生活在洞穴中的蟹类。乐业天坑中还发现了被当地人称为“飞虎”的国家二级保护动物鼯鼠。飞虎形似蝙蝠，个头与猫差不多，脸面似狐，嘴巴类鼠，耳朵如兔，鸭脚爪，长尾巴，四肢有皮翼相连，能在丛林和悬崖间滑翔，姿态优美且落点准确，有“优秀丛林滑翔员”的美誉。由于乱捕滥猎和生态环境的恶化，我国南方山林中已经几乎见不到这种珍奇动物了，天坑飞鼠的发现实在是难能可贵。天坑内还有许多飞鸟，洞内壁间鸟窝遍布，密密麻麻。科考工作者还在乐业天坑的一个干洞内意外地捕获了一只形似树蛙的无尾两栖类动物。在黄猄洞天坑，还有不少野猪。该天坑位于乐业县花坪乡以南 13 千米处，石围深约 150 米，四面绝壁环绕。据当地老乡说，有一位养猪专业户的一头老母猪跑到山上去了，几天后又回到家，结果怀了孕，生下一窝小野猪。这位老乡怕养不活这些小家伙，就用箩筐把它们放到黄猄洞里。几年后这窝小猪发展到十几只，黄猄洞俨然成了一个天然养猪场。乐业天坑群内的动物尚有十几种，由于形态特殊，难于分类，尚待鉴定。

呼吸奇观：在从乐业县城至大石围天坑的路上，有一个极为奇特的冒气洞。考察人员从洞口扔下一些竹叶，结果竹叶不但没有掉下去，反而浮在了空中。显然，该洞中有气流不断往外升腾。冒气洞为什么会冒气而其他天坑洞穴却没有这种景观呢？原来，在冒气洞山后有一个白洞天坑，白洞天坑与相隔仅 1.1 千米的冒气洞相通，从而形成了自然界最迷人的呼吸奇观。若遇洞外温度较低之时，冒气洞冒出的气流便形成浓浓的白雾，在方圆几百米外都能看到。

布朗大峡谷：这是构成天坑群的独特地貌之一，是世上罕见的盲谷。峡谷长四千米多，与大石围底部的地下暗河相通，两侧一千多米高的山峰石壁，紧夹一线蓝天。谷中青翠如流，古树莽莽苍苍。风吹植被“唰唰”作响，鸟兽鸣和回应山崖。峡谷中有一条河，当地人称为布柳河，它是地下河的延伸。此河人迹罕至，河流两旁生长着极为茂盛的热带雨林。布柳河上有一座世界上最大的天然石灰岩桥，当地人称为仙人桥。该桥桥面厚 78 米，总桥高 145 米，桥的上部约 1 千米宽，拱孔跨度 177 米。专家实测研究认为，仙人桥的形成首先是由于河谷在这里形成了一个曲流，随着地壳的抬升，坡面变陡，河水从曲流中间穿过，不断冲刷石灰岩质的坡面，加上不断崩塌，最终形成了如此壮观的石灰岩桥。朱学稳教授认为，布柳河仙人桥是目前我国喀斯特地貌中最为独特的构成。布朗大峡谷另一引人注目之处是，峡谷中分布着数十个形态不同的大洞穴，洞穴内的钟乳石千奇百怪，其形成可以追溯到几万年乃至十几万年前。

中国最大的地宫：2001 年春，探险队员在乐业大曹天坑探查暗河时发现了一个巨大的地宫。据探查，地宫长 300 米，宽约 200 米，最高处达 260 米，体积至少在 150 多万立方米，足以放得下一个北京工人体育场。由于天坑与地下暗河相连，在天坑底下出现溶洞并不稀奇，但如此巨大的地宫却极为罕见，专家称可申报“世界自然遗产”。尤其让人惊叹的是，这个中国第一、世界第二的地下大厅，其顶部距地面仅仅 20 米，上面正好是秧林村希望小学，是一个正在形成中的天坑。地宫的发现为研究天坑溶洞的成因、构造提供了最直观的科学依据。地宫内还有一个难解的谜团：在地宫入口处发现了一处几米见方的木炭灰，灰烬堆放得十分整齐，显然曾有人在这

乐业天坑

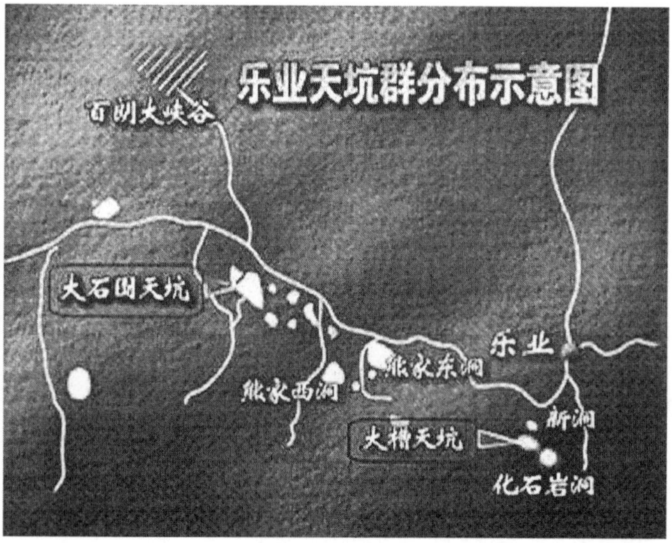

乐业天坑群分布示意图

里烤火。专家们仔细研究这些灰烬，发现它们大部分已经钙化，按照钙化度推断，至少也有几百年的历史。换言之，早在几百年前就有人发现了这个罕见的地宫并在地宫内生活过一段时间。那么，最早进入地宫的人是谁？为什么闯入地宫？后来又去了哪里？显然，地宫内蕴藏着许多不为人知的秘密。此外，在燕子天坑、甲蒙天坑，古人用作炼硝的土灶保存完好，这一发现同样令人惊诧不已。古人是怎么下到天坑内的呢？

罕见的化石宝库：广西乐业天坑群附近简直就是化石的世界。2001 年 4 月 9 日，进行天坑群科考探险活动的中外联合科考队在前往大石围天坑的途中，意外地发现了一座化石山。走在这条化石铺成的 5 千米长的公路上，专家们随手捡起一块石头，上面都留有许多保存较为完整的动物化石，时隔数亿年，通过剖面仍然可以清晰地看到动物的内在结构。据专家认定，这些化石形成于两亿五千万年前古生代晚期的白垩纪，当时这里是浅海，海水中生活着大量的腔肠动物。化石的发现对于研究古生物的地质环境很有意义，它们是华南地区由海洋变成陆地期间全部变化的极好见证物，同时也为揭开乐业天坑群的成因提供了科学依据。距化石山的发现仅隔数天，在 4 月 13 日，中外联合科考队在一些溶洞中又发现了大量大型脊椎动物的化石，这些动物的牙齿和骨骼都很大，消息不胫而走。当日傍晚，一位老乡拿着几块动物化石送到科考队，说是他在花坪乡的一个溶洞中发现的。科考队员于是连夜赶到花坪乡，结果又发现了大量的脊椎动物化石，涉及 11 种大型脊椎动物。尤其令人兴奋的是，此次还在溶洞内发现了大熊猫头盖骨化石，这是我国目前看到的最早、最完整的熊猫头盖骨化石。这一发现使得大熊猫产生的年代提前了 50 万年！此外，科考队员们还在洞穴的上层发现了许多被钟乳石包裹的蜗牛和贝类化石，这些蜗牛有鹅蛋那么大。后来，中国科学院古脊椎研究所的专家在当地做进一步的考察，又发现了两个新化石埋藏点。在天坑群地区发现如此集中、保存如此完整的古脊椎动物化石，这是极为罕见的，这些化石对研究人类起源具有重要价值。

截止到2016年8月，广西乐业境内发现的天坑已有30个之多，而且囊括了各种类型的天坑，难怪人们将乐业天坑群称为“天坑博物馆”“世界岩溶圣地”“世界级的旅游探险和观光极品”。在方圆数千米的范围内，何以密集分布着如此之多的天坑？中国地质科学院岩溶地质研究所的蔡五田和黄保健推断，这与乐业县特殊的地质构造有关。地质资料表明，乐业县的地层呈S形旋扭构造，天坑分布的地区正处于这个旋扭构造的中部，即两个反向弧形的连接线上，这个地区在地壳震荡时发生的张力最大，形成抗张裂隙。这一推断，解释了与乐业邻近的具有同样地质条件的凌云、田阳、西林等县没有天坑的原因。至于天坑群形成的时间，他们认为大约形成于300万—400万年前的新生代第四纪，此间发生了著名的喜马拉雅造山运动，云贵高原也是在这时形成的。由于乐业天坑群中最大的天坑大石围底部的原始森林中发现了与恐龙同时代的植物桫椤，所以有人将乐业天坑的形成时间上溯到6500万年前。如果是这样的话，那么在几千万年的地壳变化中，这些天坑是凭借什么作用保持原貌的呢？这实在又是一个谜。此外，乐业县境内是否还存在着不为人知的天坑？在这片神奇的崇山峻岭的下面，是否还有正在形成中的溶洞会在某一天突然崩陷，成为新的天坑？乐业天坑群，真不愧是谜的世界、发现的圣地。

（彭安玉）

第三篇

揭秘地质与地理现象

鬼斧神工塑大江

——揭开史前长江的奥秘

“大江东去，浪淘尽，千古风流人物，故垒西边……乱石穿空，惊涛拍岸，卷起千堆雪。”苏轼的这首豪放词，勾勒出一幅雄伟、壮丽的长江画卷，时至今日仍为人们所称道。

长江蜿蜒6300余千米，汇集了大小700多条河川。它每年流入大海的总水量约为1万亿立方米，占我国河流入海总水量的三分之一，相当于黄河的20倍。长江的流域面积达180多万平方千米，约占我国陆地面积的五分之一。长江文明悠久绵长，丰富多彩，与黄河文明并峙，同为中华文明最重要的组成部分。

对于长江这样一条河流，人们永远是那样地关爱；而人们对长江的探寻，自古及今，也从未停止过。比如近百年来，中外地理学家对古长江的形成问题，便做过不懈的探寻；而有关长江一些奇特景观的成因，如“长江第一弯”，则至今没有最终的结论。

一、古老的长江

对于长江的形成问题，华夏先民显然无暇顾及。在生产力低下、科学并不昌明的古代，我们的祖先也不可能得到答案。事实上，这是现代古地理学的课题。现代古地理学已经揭开了古长江形成的极为漫长的过程。

古老的长江，在地史上可追溯到距今两亿多年以前的三叠纪，那时中国大陆中部的地形与今日不同，是东高西低，现在属于长江流域的巫峡与西陵峡以西的地区，是汪洋不见边际的古地中海的一部分，当时，这个广阔的海湾还与印度洋及太平洋相通。今长江中下游南部地区亦为一片海洋。

在距今约1.8亿年前印支造山运动时，昆仑山脉、可可西里山、巴颜喀拉山、横断山脉开始出现，秦岭也逐渐抬升。长江中下游南半部隆起为陆地。古地中海的海面大规模地往西退缩，原始的云贵高原乘机崛起。但在横断山脉、秦岭、云贵高原之间的低洼处，形成了巴蜀湖、云梦泽、西昌湖、滇池等几处大水域。它们顺着高低的地势，相互间连成一线，从东到西流入古地中海。这就是流向与今日相反的西部古长江的雏形。

4000万年以后，进入恐龙繁盛的侏罗纪，其间发生了燕山运动，上游的唐古拉山脉形成，整个青藏高原缓慢上升，褶皱成许多高山峡谷，长江中下游的大别山和川鄂间的巫山等山脉隆起，四川盆地坳陷，古地中海继续向西退缩。

到了距今约1亿年前的白垩纪时，四川盆地徐徐上升，云梦、洞庭盆地下降。以巫山为分水岭，西部的古长江流入四川盆地的巴蜀湖，东部的古长江流入云梦、洞庭盆地的湘鄂湖。

在距今4000万—3000万年前的始新世，地球上发生了强烈的喜马拉雅运动。印度洋板块猛烈撞击亚欧板块，青藏高原在两大板块的挤压之下急剧隆起，古地中海消失。长江流域普遍间歇上升，其上升程度东部和缓、西部急剧，从湖北西部伸向四川盆地的古长江，溯源侵蚀作用加强，愈加向西延伸，最后切穿巫峡，“东西长

长江南京段

江”终于贯通一气，又由于地形已变得西高东低，于是汇成了滚滚东流的巨川。至此，经过漫长的海陆大变迁，早期独立发展的古长江各原型河段逐步连通，统一的古长江水系基本形成。

二、长江第一弯

劈开崇山峻岭、东流奔向大海的长江，发源于青海省的各拉丹冬雪山，融化的雪水汇聚成了长江的正源沱沱河。从沱沱河接纳当曲到青海玉树段称为通天河。当通天河流入四川、西藏交界处时，便有了“金沙江”之名。金沙江自北向南奔腾在横断山区，到了云南丽江纳西族自治县石鼓镇时，出乎意料的是，它不是到南方去找归宿，而是突然来了个一百多度的大转弯，由东南折向东北。

长江的这一大转弯地带，江边柳林如带，高山倒影，风景如画，令人心旷神怡。解放战争期间，当地名士范义田受此景陶冶，写下“山连云岭几千叠，家住长江第一湾”一联贴在大门上。范先生本以文采闻名遐迩，从此长江第一弯的美名便渐传渐远。1999 年 5 月 2 日，江泽民总书记到丽江古城考察时，亲笔题写了“万里长江第一湾”七个大字，长江第一弯之名更是蜚声大江南北。

在长江第一弯的江湾处，有一石鼓渡口，这里江面宽阔，水势和缓，适于摆渡，历来为兵家必争之地。相传三国时期，诸葛亮平定南

20 世纪 70 年代的“长江第一湾（弯）”

中，曾在此“五月渡泸”（金沙江古称泸水）。公元1253年，忽必烈又在此“革囊渡江”，一举攻灭大理。1936年4月，中国工农红军第二方面军在贺龙、任弼时、肖克的率领下，也从这里渡江，北上抗日。

然而遗憾的是，如此奇特、壮观、美丽的长江一景，几乎不见于中国古书的记载，更谈不上对其形成原理的解释了。流传至今的只有当地居民口耳相传的一些神话故事，其中在纳西族民间就流传着这样一个动人的传说。

很久以前，金沙江、怒江、澜沧江是三姐妹，她们一起在崇山峻岭中欢跃漫游，大姐、二姐一直向南奔往大海，唯独能歌善舞的三妹金沙姑娘向往东海。她到了石鼓，突然独自改变方向，向着东方流去。不料刚离石鼓不远，就被玉龙和哈巴两兄弟挡住了去路。他们决意不让金沙姑娘东去，约定轮班看守，要把金沙姑娘拦阻在脚下。聪明的金沙姑娘想起哈巴（纳西语中是“蠢笨”的意思）有爱打瞌睡的毛病，便唱起了一支又一支山歌。轻柔的歌声使哈巴听得入迷而睡着了，金沙姑娘便乘机从他的脚下冲了过去。现在虎跳峡中的十八个陡坎，就是金沙姑娘唱的十八道歌，虎跳峡尾部的三个大滩，就是金沙姑娘三声胜利的大笑。玉龙一觉醒来，见哈巴放走了金沙姑娘，一怒之下挥动宝剑，砍掉了哈巴的脑袋。所以，如今的哈巴雪山没有山峰，一直光秃秃地躺在那里，而那条大深沟里的水流就是哈巴断头时流的血。

当然，传说并非史实，然而它却充分反映了由于金沙江石鼓大转弯太过奇特，所以很早就引起了人们的注意。时至近代，从上个世纪

“长江第一弯”近景

初开始，中外不少地理学家，对于金沙江的突然转向，都有着浓厚的兴趣，进行了持久的调查与研究，并逐步形成了若干种对立的观点。

大多数学者认为，这一大转弯是由河流的袭夺造成的。所谓河流袭夺，是河流间的一种“弱肉强食”现象，河流在流动时，随着水流的不断冲刷会向下切割河床，其源头不断侵蚀分水岭，结果是源头最终“爬上”分水岭，削低山脊。其中侵蚀作用较强的水系会首先越过分水岭，将另一侧侵蚀作用较弱的水系抢夺过来。发生河流袭夺的地方，河道往往突然转弯，称为袭夺弯，长江第一弯便是典型的袭夺弯。最初，中外学者多认为是“溯源侵蚀”导致了河流袭夺。早在1912年，德帕特（D.J.Depart）在他的法文著作《云南的地质》一书中就已提及金沙江的袭夺问题。1933年，中国学者丁文江在其著作《漫游散记》中指出，古金沙江原是向南经漾濞江汇入澜沧江的（石鼓南面不远处有一条叫漾濞江的河流，源头和金沙江离得很近），后来由于地壳的变动，源头本来在四川盆地西缘的古长江，溯源侵蚀能力加强，其源头不断向西南伸展，最终把古金沙江掠夺过来，成为其上源。石鼓以下的金沙江流经3000米深的石灰岩峡谷，就是掠水的地形证明。继丁文江之后，李昌昱也提出类似的观点，但认为金沙江是经过苍山洱海，然后和红河的上源元江汇合流入印度洋的。1945年，P.米士搜集了较详细的资料，指出漾濞江所在河谷为巨型河谷，量漾濞江一小溪断无此庞大剥蚀力，认为是玉龙山的上升加速了溯源侵蚀，袭夺的时期在第四纪初期。

本书主编胡阿祥考察“长江第一弯”

同为河流袭夺说，另一些地理学家指出河流袭夺除了由于分水岭迁移，还有“新构造运动”。即在某一流域内发生局部新构造隆起，河流被阻挡，不能保持原来的流路，于是上游被迫改道，流到另一河流中去。早在20世纪30年代，G. B. 巴尔博就指出，除了河流的溯源侵蚀，川滇间的山岭上升截断古金沙江，使其改道也未尝不可。进入40年代，林文英把袭夺作用产生的因素归结于该地区断层的上升，横截金沙江南流河道迫使其转向。时振梁明确指出金沙江在石鼓的袭夺是受新构造运动的影响。苏联地理学家高尔什科夫还亲自前往石鼓附近考察，并撰文写道：“长江在云南丽江附近的急弯，也是由构造上的原因引起的。”

除了上述大部分学者所持的袭夺说，还有少数学者提出了一些新的解释。1956 年，李承三在《长江发育史》一文中写道：“丁文江等人是依地图所得，未实地考察，且未结合地质构造与冰川地形。”他指出，长江上游的宽谷并不是河流袭夺前的古河道，而是冰川侵蚀作用的产物。次年，袁复礼也撰文反对袭夺说，指出袭夺说既缺乏足够的地质构造资料，也没有足以阐明金沙江水系的地质和地貌发育资料，认为在石鼓地方及下游各地，金沙江都有突然转向的变化，满可用嵌入河曲的解释。

针对众多学者对长江第一弯形成原因的争论，著名地理学家任美锷与地貌学家沈玉昌，先后总结前人的经验成果并结合自己的实地调查，提出了总结性的论述。

1959 年，任美锷先生亲自前往云南石鼓附近地区，在经过大量的实地调查后，他在《地理学报》发表《云南西北部金沙江河谷地貌与河流袭夺问题》一文，指出金沙江袭夺的时代大致在老第四纪或中第四纪，袭夺的原因应用新构造运动和溯源侵蚀结合起来解释：一方面是由于玉龙山上升堵塞江流；另一方面，在新第三纪时，川滇间山地猛烈上升，它与四川盆地间的相对高度大大增加，使四川盆地西缘的长江溯源侵蚀大大加强；同时伴随上升运动发生了一系列的断裂，这使溯源侵蚀更易进行，因而大大有利于河流袭夺。任先生还提出了四点强有力的证据，即宽广的老谷地、明显的阶地、一系列的洼地和湖沼、河谷中的积层和古砾石。

任美锷先生

1963 年，沈玉昌先生也亲赴丽江地区，通过周密细致的考查，他发现石鼓附近并没有什么河流袭夺的痕迹，石鼓往南至剑川既不是完整的宽谷（与峡谷相对），又未发现金沙江的砾石层（若有则能证明金

沙江曾流经此地)，漾濞江与红河上源礼社河之间也未发现古河床遗迹，仅有两组断裂构造，分别作北北西—南南东和北北东—南南西走向，呈“V”字形相聚于石鼓，金沙江流至此地便放弃了原来的河道顺断层方向流去。因此他认为此大拐弯为地质学上的共轭构造，而非河流袭夺的结果。他还指出石鼓附近的马蹄形大拐弯并不是唯一的，在其支流雅砻江上也有非常类似的大拐弯。而在金沙江全程内，突然转折之处也有很多，它们都不是由河流袭夺造成的，而是受地质构造和岩石性质的影响。

进入 20 世纪 80 年代以后，许仲路、李行健曾撰文赞同沈玉昌的观点，曾昭璇、黄少敏等则又提出了一些新的观点。目前，沈玉昌先生的观点为大多数学者所接受。然而，对于长江第一弯的形成问题，毕竟至今尚未取得共识，其中的关键是各种解释、证据都不是很充分。我们期待着有更多的地质发现，以最终确定这充满神奇色彩的“长江第一弯”的真正形成原因。

三、三峡的演变

东行的长江到了四川宜宾，脱掉了金沙江的外衣，披上了川江的新装。川江一路上水势平缓，江面也逐渐展宽，但到了重庆奉节，江面又变得狭窄起来，原来是进入了举世闻名的三峡。

三峡西起重庆市奉节县白帝城，东到湖北省宜昌市南津关，全长近 200 千米。包括瞿塘峡、巫峡和西陵峡三段峡谷。其中瞿塘峡全长约 8 千米，在三峡中最短却最为险峻。巫峡全长约 45 千米，是三峡

长江三峡示意图

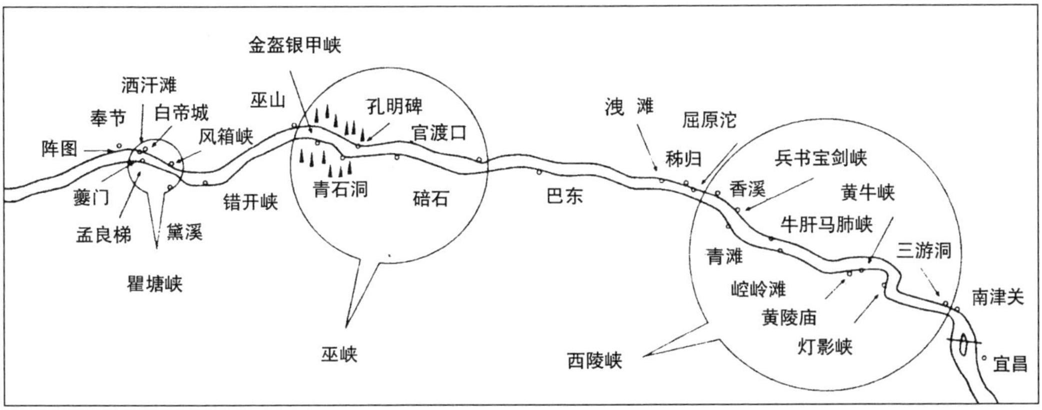

中最长的一段完整峡谷，又被称为“大峡”。西陵峡全长约70千米，由两段峡谷构成。值得指出的是，正因为西陵峡由两段峡谷构成，所以“三峡”实际应该称为“四峡”，整个的“三峡”江段，是由四道峡谷段和三道宽谷段交错相间组成的。其中第四道峡谷段从莲沱镇到南津关，长20千米。然而不知是什么原因，一直以来人们把第三道峡谷和第四道峡谷，连同它们之间的宽谷带合称为“西陵峡”，实际上这两段峡谷之间的距离比“瞿塘峡”和“巫峡”之间还要长。

三峡风光素以雄伟、险峻、壮丽著称。《水经注》中引述前人描写三峡说：“自三峡七百里中，两岸连山，略无阙处。重岩叠嶂，隐天蔽日，自非停午夜分，不见曦月。”三峡江面十道九曲，且暗礁甚多，自古船只经过此地无不谨慎缓行。

三峡有峡谷与宽谷之分，学者们发现，这和峡江经过地区的岩性有关。峡谷多在石灰岩地区，其地岩层质地坚硬，抗蚀力较强，因而河流对两岸的侵蚀能力较弱，但垂直裂隙（指在岩层中由于地质作用而产生的裂缝）比较发育，河流便趁隙而入，集中力量向底部侵蚀。随着河床逐渐加深，两岸坡谷的岩层失去了平衡，就会沿着垂直裂隙崩落江中，形成悬崖峭壁。而当河流流经比较松软、抗蚀力也较差的砂岩和页岩等地区时，河流对两旁的侵蚀作用加强，便形成了宽谷。所以在峡江段，一进石灰岩地区便成峡谷；而一出石灰岩地区，便河谷开朗，形成宽谷。

秀丽的巫峡

关于长江三峡形成的具体过程，地质地理学界曾有过以下几种解释：

其一，顺向河说。1924年，著名地质学家李四光发表了《长江峡谷区的地质并特别着重峡谷的发育史》一文。他指出，从中生代一直到第三纪初，黄陵背斜（岩层经褶皱后弯曲，向上部分叫作“背斜”）成为华西与华东两条顺向河流的分水岭。岭西之水流入归州盆地和四川盆地；岭东之水则向东流入东海。随后，华中与华东地层下降或华西地层上升，迫使西部水系全部改变流向，穿过黄陵背斜，成为连续的大江。

清代长江上的航运木船

其二，河流袭夺说。1925年，叶良辅、谢家荣撰写《扬子江流域巫山以下地质构造及地文史》一文，认为黄陵背斜东翼与西翼水系的贯通，是由于河流长期的溯源侵蚀，互相争夺，最后东坡上的河流把西坡上的河流争夺过去，使之东流，逐渐切穿了它们之间的分水岭，形成统一连贯的水系。与此同时，三峡一带地壳逐渐上升，河流跟着下切形成三峡。李承三先生、任美锷先生也支持此种观点。

其三，先成河说。B. 维里斯、李春昱等均持此说。该说认为：燕山运动后，已经有了统一的长江水系，后来巫山山脉隆起，但隆起的速度不及河流下切的速度，所以河流能保持原来的流路，穿山凿谷形成三峡。

其四，迭置河流说。G.B. 巴尔博认为：燕山运动后，三峡一带山地经侵蚀剥蚀作用，形成起伏不大近似平坦的“夷平面”，长江在这个平面上，随着地壳的再次提升而迭置下切，形成三峡。

以上诸说长期争论。随着对三峡地区地质地理状况的不断勘察与研究，目前我国学界已经形成了较为统一的看法：距今7000万年以前，在燕山运动中，川东和鄂西一带形成了巫山等一系列褶皱山脉。它们由西南—东北走向转为东西走向，地势由南向北逐渐降低。这些山脉与北面的大巴山之间，是一个东西方向的相对比较低凹的地带，古长江的峡江段，便是沿着此低凹带向东流去。而随着这一地区地壳的继续上升，河流下切愈加剧烈，最终形成了深邃幽长的长江三峡。

长江万里长，而在它那悠长的史前历史中，还有许许多多的奥秘，或者已经揭开，或者等待着我们去揭开……

（汪亮）

中华油海

——李四光地质力学理论与中国东部大油田的相继发现

我国曾长期笼罩在贫油的阴影当中。新中国建立之初，石油的短缺严重制约着共和国的工业化进程。卓越的人民科学家李四光从其创立的地质力学理论出发，坚信我国拥有天然石油的美好前景。在地质力学理论的指导下，我国终于在1959年发现了大庆油田。其后，胜利油田、任丘油田、大港油田、扶余油田、辽河油田、南阳油田、中原油田、江汉油田、苏北油田等，相继在我国东部地区被发现，中华大地，井架林立，石油滚滚，一举摘掉了“中国贫油”的帽子。

一、贫油的阴影

石油是一种高能量的液体矿物燃料，每千克石油发热量达1.1万千卡，比同等重量标准煤的发热量高出63%，是内燃机不可缺少的燃料，被人们形象地比喻为“工业的血液”。

我国是世界上最早发现和利用石油、天然气的国家。早在汉代，在陕西延安一带就发现了石油并加以开采，作为照明之用。我国古籍中，石油名称甚多，诸如石漆、石脂水、猛火油、石脑油、石烛、火井油、雄黄油等，而“石油”一名，始于北宋科学家沈括撰写的《梦溪笔谈》。

但是，一直到新中国成立前夕，我国的石油产量还很低。在现代石油开采以来的45年中，原油总产量仅为63万吨，若加上人造石油在内，也不过295万吨。南京国民政府垮台前，石油的年产量很少超过 10 万吨，全国需要量的 85%～90%依赖进口成品油——“洋油”。

那时，关于中国石油资源的远景，人们普遍抱着悲观的看法。这也难怪，多少人在中国费了九牛二虎之力找油，最后都空手而归。

早在 1915 年至 1917 年，美孚石油公司的克拉普（F.C.Clapp，中文名叫马栋臣）和富勒（M.L.Fuller，中文名叫王国栋），率领一个钻井队，在陕北肤施一带一连打了 7 口井，结果口口都是干井，白白花去了 300 万美元。那时候他们就绝望地断言：“中国将永远不能生产大量的石油。”他们还写文章从理论上阐明说：“中国大部分岩石的种类及其生成年代说明，不存在具有商业价值的石油矿藏的可能性。”

1922 年，美国斯坦福大学教授布莱克威尔德来中国调查地质，回国后在《美国矿冶工程师学会会报》上发表《中国和西伯利亚的石油资源》。在这篇文章中，他提出了所谓的“中国贫油论”，根据是：中国在地质时期缺乏海相沉积，除西藏、西北某些地区外，各时代地层都遭到了强烈的褶皱、断裂以及火成岩的侵入。他宣称：“中国东南部找到石油的可能性不大，西南部找到石油的可能性更是遥远，西北部不会成为一个重要的油田，东北地区不会有大量的石油。”从此，“中国贫油论”不胫而走，乃至成为国际上一种近乎普遍的认识。

在旧中国，国内也有一些地质学者，随声附和着洋人。如 1936 年出版的《地质评论》第一卷第六期，即有人声称：“吾国号称地大物博，而石油一矿，实甚贫乏，无可讳言，此固因调查钻探之未周，然就已知事实而论，石油之储藏量不丰，似可断言也。”也有人悲观地认为：“中国境内似无发现大规模油田，如巴古（库）油田、波斯油田、加利福尼亚油田之希望。即以小规模之油田而论，其有希望之地带亦不甚多。”这些出自所谓地质权威们的断语，浇灭了人们心头的希望。

中华人民共和国成立后，人民政府加紧了寻找石油的工作，可找了三年，只在西北玉门关一带找到了几块小油田，远远满足不了祖国经济建设的需要。后来又请苏联专家到西北等地帮忙看了一圈，苏联专家们懊丧地打扫着衣服上的风尘，一声不响。

然而，我们年轻的共和国，是多么需要石油啊！鉴于当时天然石油资源探明的储量极为有限，经济部门的同志，特别是毛泽东、周恩来等中央领导人，十分关心我国究竟有没有丰富的天然石油资源；如果没有，是否要走人工合成石油的途径？当然，人造石油不仅成本高，提炼技术也较为复杂，除非万不得已，是不能轻易走这条路的。

随着国家工业化建设的展开，石油的严重短缺，成了笼罩在人们心头挥之不去的阴影。当首都北京的公共汽车因石油紧张而不得不背着难看的大煤气包满街跑的时候，有人愁眉不展、灰心丧气地说："靠我们自己搞油，不知哪天才有指望呢！"

真的是山穷水尽了吗？

二、科学驱散了迷雾

人们期望的目光，投向了享誉世界的著名地质学家李四光。

李四光（1889—1971），湖北黄冈人。早年加入同盟会，参加辛亥革命。毕生致力于古生物学、冰川学及地质力学的研究与教学工作。李四光不信中国没有石油！他认为，一伙一伙的外国人在中国找油，用的是传统的地质学理论，方法也未必正确。美孚的失败并不能证明中国没有石油。面对"中国贫油论"的叫嚷，李四光冷静地思索着，觉得自己多年钻研的地质力学的基础理论，虽然还要用新的实践经验去修改和补充，但他坚信，依靠这套不同于传统地质学的理论，在中国找油是有一定把握的。

地质力学是李四光创立的全新的地质学理论。

那是1926年，李四光作为北京大学的代表，前往莫斯科参加苏联一个关于地质科学的会议。火车在西伯利亚平原上奔驰，越过了南北蜿蜒的乌拉尔山脉，又前进在广阔的俄罗斯平原上。李四光感到很奇怪：辽阔的大平原上为什么会耸立着这么一条巨大的、南北走向的乌拉尔山脉？它是怎么形成的？是孤立的存在还是与别的地质现象相联系？李四光陷入了沉思：乌拉尔山脉是在上古代经过一次巨大的构造运动而形成的。这一次巨大的构造运动，不会只是形成一条孤零零的乌拉尔山脉。他打开了苏联地质图，果然发现，就在乌拉尔山脉产生的同时，在乌拉尔山脉的南面，东起阿尔泰山，经过高加索，西到黑海以北，构成一条东西延伸而又向南突出的巨大弧形山系。这条东西向的弧形山系，和南北向的乌拉尔山脉，就如同搭在弓上的一支箭，组成了一个巨大的"山"字。

李四光先生

李四光进一步思考起来：虽然它们距离那么远，但产生在

相同的历史时代，那么，它们之间有没有什么联系？它们是不是在地球自转速度加快时，地壳广泛运动而产生的内部有联系的一种构造体系呢？

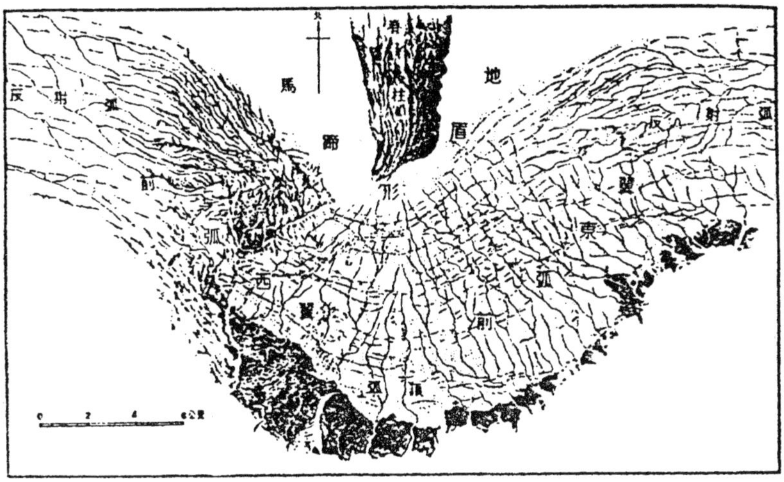

一个小规模山字型构造的轮廓

1928年，李四光一行来到南京、镇江一带调查，发现宁镇山脉是一个大致为东西走向的弧形构造，弧形的顶端向北突出。李四光想，如果山字型构造确实是地壳在地球自转速度变化中形成的一种体系，那么，这种现象应该带有普遍性。宁镇山脉的走向很像山字型构造的前弧，在它的南边，应该有一条南北向的脊柱，也就是南北走向的山脉存在。而经过调查，果然在南边找到了南北走向的茅山山脉，它与宁镇山脉组成一个山字型构造，只是方向与乌拉尔的山字型构造恰恰相反。

这以后，李四光又在全国许多地方找到了山字型构造。于是他做出判断：山字型构造是地壳表面运动时产生的一种专门类型，如果发现有南北走向的脊柱，就可能在它的东西方向找到一条大致呈弧形构造的山系；反之，如果发现了东西方向的弧形构造的山系，那么在弧顶就可能找到南北方向的山脉，成为这个山字型构造的脊柱。

受山字型构造体系研究的启发，李四光进而发现，除了山字型构造体系，地壳上还存在着其他不同形式的构造体系，如巨大的东西走向的纬向构造体系，南北走向的经向构造体系，北北东—南南西走向、如同多字型的扭动构造体系。构造体系的发现，说明地壳上的褶皱和沉降，都是由于地球自转速度的变化影响了地壳运动，从而出现了各种各样的构造体系。它们都有着自己的生成规律和内在联系。

这个结论是惊人的。李四光终于揭开了地层那厚重的帷幕，窥探了地球深处埋藏着的奥秘。

1945年，重庆大学地质系印发了李四光的《地质力学的基础与方法》，1962年，李四光又完成了《地质力学概论》。该书是他在地质力学方面的代表作，也是地质力学研究史上的一个里程碑。至此，李四光终于创立了用力学观点研究地壳构造和地壳运动规律，即地质力学这门新兴的边缘地质科学。

地质力学认为，地球上各种构造现象都是地壳运动的产物。地壳在运动中必然有一种力在起作用，这种力称为地应力。岩石在地应力的作用下会产生形变，留下波浪起伏的褶皱、纵横交错的断裂等各种构造形迹。反之，依据构造形迹的力学特征，就可以追索力的作用方式，进而探索地壳运动的方向和起源。

运用地质力学理论，李四光对中国地质进行深入分析，彻底否定了“中国贫油论”。早在1928年，李四光在《燃料的问题》一文中就鲜明指出：“美孚的失败，并不能证明中国没有油田可办。中国西北方出油的希望虽然最大，然而还有许多地方并非没有希望。”1935年，李四光在英国讲学，暗示中国东部有可能找到石油。在《中国地质学》一书中，李四光指出：“新华夏系的内陆沉降带，我们有证据认为是白垩纪内陆盆地的发展。如果在华北平原下部，钻探到足够的深度，似乎没有多大问题会遇到白垩纪地层，并且用地震的方法进行勘测时，可能揭露有重要经济价值的沉积物。”这里指的就是石油。

针对只有海相地层才有工业开采价值的油田理论，李四光指出，陆相地层也能生成石油。陆相地层在地质时期虽然没有遭到海水淹没，但有些地区却存在着面积辽阔的低洼地区，其中有的长期被湖水淹没着。所有这些低洼水域和它的周围，只要气候温暖适宜，就会有各种低等生物大量滋生繁殖。在漫长的地质时代中，陆地上大量的泥沙被带到低洼地，很快把那大量的低等生物埋藏起来，不让它们腐烂成为气体向空中扩散。又经过若干地质年代，这些混杂在泥沙中的生物体和其他有机物便会分解为石油、天然气而深埋在泥沙之中。所以，“海相”可以生油，“陆相”也可以生油。

李四光的部分代表性论著

分散在深处的石油只有集中起来，才有开采价值。石油集中的途径：一是地层某处发生断裂，把四处奔流的石油封闭到了一起；一是地层某处发生褶皱，就像拧毛巾时使水分集中起来一样，地层中分散的石油被这种旋扭运动集中起来。这些就是储油构造。

李四光进一步阐述道：在中国东部，有几条沿着北北东方向呈雁行排列的隆起，现在称为山脉，实际上是地球自转运动时形成的褶皱，是一种扭动性的构造。这一系列隆起和沉降的构造体系，叫新华夏系。在新华夏系中，有两条沉降带具有很好的储油远景：一是日本海—黄海—东海—南海沉降带，一是松辽平原—华北平原—江汉平原沉降带。这两条沉降带，在古地质史上，都曾经具备良好的低等生物繁殖条件。由于不断沉降，它们被泥沙封闭得很好，因而具有良好的生油条件。这些地带同时伴有一些隆起带，如同巨型的“多”字，说明这里的地层经过扭动运动，石油已被聚集在某些地方。

李四光对中国石油远景的分析，让人们看到了希望……

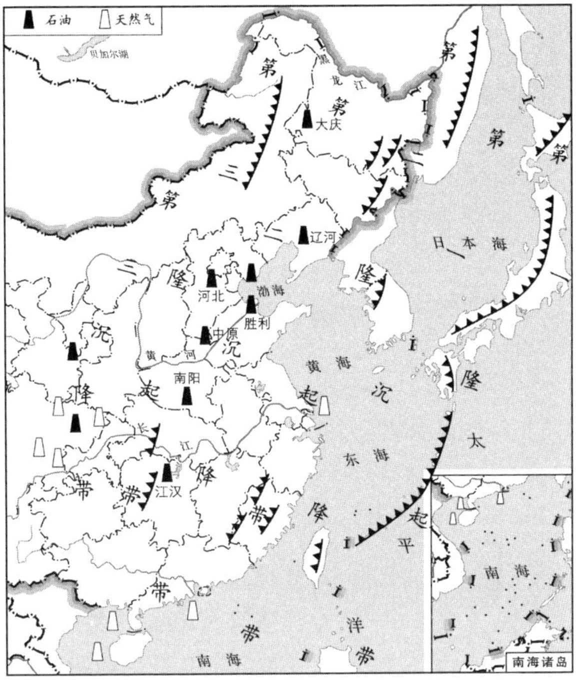

新华夏系沉降带中的油气田分布

三、中国东部大油田的相继发现

在地质力学理论的指导下，地质部部长李四光直接领导了新中国的石油普查和勘探工作。

1953 年 12 月下旬，李四光应毛泽东主席邀请，在中南海菊香书屋畅谈了我国天然油气资源的灿烂前景，提出关键是要抓紧做好石油地质勘探工作，打开偏居西北一隅找油的局面，在全国范围内开展石油普查工作，找出几个希望大、面积广的可能含油区，作为勘探开发基地。李四光的意见得到了党中央的肯定和采纳。

1954 年，地质部正式成立普查委员会，李四光明确提出要把东北平原、华北平原作为石油勘探远景最大的少数几个区域之一，重点突破。

1955 年 1 月，地质部召开第一次全国石油普查工作会议，决定组成新疆、柴达木、鄂尔多斯、四川、华北五个石油普查大队。6 月，又决定组织松辽平原踏勘组。1956年，鉴于松辽平原是一个晚近的下沉地带，其中堆积着很厚的新沉积，包括白垩纪地层以及第三纪和第四纪的疏松沉积，其中可能有含油岩系，决定组成松辽石油普查大队和112物探队，开展全盆地的石油普查工作。普查结果显示，这个盆地的中生代、新生代沉积厚度达四至五千米，白垩纪松花江群是主要生油岩系。

1957年，工业石油部的队伍开进松辽平原，与地质部并肩奋战在茫茫草原上。

1958年，石油工业部和地质部共同发出了“三年攻下松辽”的号召，并首次在吉林省扶余县前郭旗的一个钻井中，遇见厚达70厘米和50厘米的油砂岩层，还发现了规模很大又很完整、很有希望出油的大同“长垣”构造（出油后改为大庆长垣）。

1959年9月26日，石油工业部在黑龙江省大同长垣高台子，首次获得自喷工业油流，因出油的日子非常接近10月1日国庆节，黑龙江省委书记欧阳钦正式宣布这个长垣构造油田为“大庆油田”。次日，地质部在扶余构造也钻获工业油流。大庆油田的发现，是我国东部找油的历史性突破，同时也以事实证明了李四光地质力学理论的科学性。消息传来，正值国庆十周年庆典，举国欢腾，人们以不同的方式庆祝这一伟大的发现！

继大庆油田之后，我国东部地区又相继发现了一系列大油田。

胜利油田

胜利油田：位于山东省黄河入海处，是我国渤海湾地区开发的最大油田，也是仅次于大庆油田的我国第二大油田。1962年9月，石油工业部在山东省广饶县东营的深钻，突破了富集油层，高产原油连续喷出达数月之久。

大港油田：位于天津市南，直到黄骅市的渤海岸边，是一断块油田，油层深厚，渗透性能好，含硫量低，是具有较高经济价值的油田。1962年，地质部在沾化义和庄和黄骅羊三木首次发现不稳定的油流和相当厚的多层油砂。

任丘油田（华北油田）：位于冀中平原上的任丘至霸州一带，年产原油1800万吨，油田气9亿多立方米，是单井产量较高的大油田。任丘油田开发于1975年7月，是我国第一次在震旦纪古潜山层发现大油田，为我国石油勘探开拓了新领域。

辽河油田：位于辽宁省南部，南临渤海，东到鞍山，西至锦州，北接沈阳，地处辽河中下游沼泽水网地带。出油层属第三纪砂岩。早在20世纪60年代，这里就打出了高产油井，至1990年，这里的石油年产量已突破1300万吨。

江汉油田：位于湖北江汉平原偏西地带，1958年开始勘探，先后发现王场、张港、广华寺等油田。

我国石油工人在南海开采海底石油

苏北油田（江苏油田）：位于江苏省长江以北的江都、金湖、东台境内，1974年开始勘探，先后诞生了真武油田、刘庄油田、曹庄油田等。

此外，南阳油田、中原油田、扶余油田也先后在新华夏系的沉降带上被发现。河北唐海、广西百色、安徽天长乃至东海、北部湾、南海等地，也都发现了油田。

在李四光地质力学理论的指导下，我国东部地区的油田如雨后春笋般涌现，我国的石油产量迅速提高。从1965年起，我国实现了石油基本自给。1983年，我国石油产量已跃居世界第六位。

（彭安玉）

风成还是水成

——黄土高原成因探秘

黄色，似乎与中华民族有缘。黄河是中华民族的“母亲河”，黄土高原是中华文明最重要的发源地，黄海是中华先民最早认识的海域。早期的中国人认为土地是黄色的，中国九五之尊的帝王以黄色显示其地位。就连中国的老百姓也喜欢唱“我家住在黄土高坡，大风从坡上刮过”的《黄土高坡》。历史的中国、现实的中国与历史的黄土高原、现实的黄土高原之间，有着那么多的联系，有着解不开的情缘！

早期的中国人认为土地就是黄色的

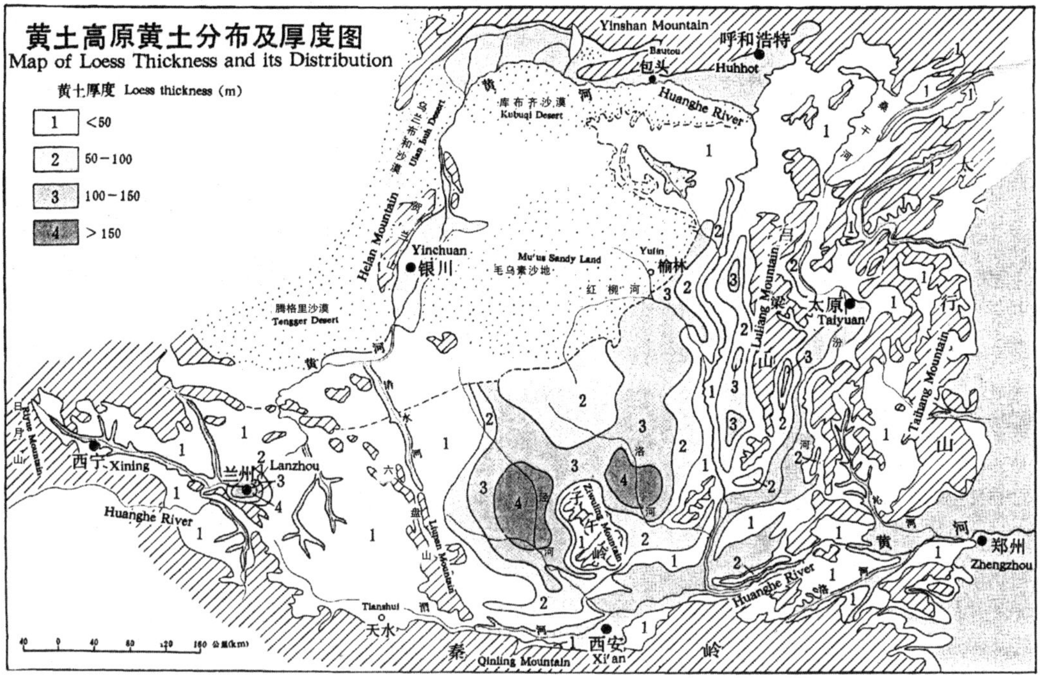

黄土高原黄土分布及厚度图

没有黄土高原，这一切的一切，便无法想象！

在中国，几乎没有不知道黄土高原的，但也很少有人真正知道黄土高原！在那浩瀚的黄土高原上，在那深埋的黄土地层里，隐藏着多少鲜为人知的自然奥秘！比如黄土高原的黄土，来自何方？如何形成？这看似平常的问题，长久以来却没有最终的答案……

一、认识黄土高原

黄土高原是我国四大高原之一，横跨青、甘、宁、内蒙古、陕、晋、豫七省区的大部或一部，面积为30多万平方千米。除许多石质山地外，高原大部分为黄土所覆盖，厚度多在50米至100米之间，最厚处甚至达到200米，故无论就黄土覆盖的面积还是厚度而言，都堪称世界之最。黄土高原由西北向东南倾斜，海拔多在2000—1000米。区域内的主要山脉六盘山和子午岭将其分为三个部分，自东而西分别为山西高原、陕甘高原和陇西高原，其中陕甘高原的黄土分布广，厚度大，地层出露完整，地貌形态多样，是我国黄土自然地理最为典型的地区。

黄土高原的地貌结构主要包括三种类型：其一，位置最高，突起于黄土覆盖层之上的岩石山地；其二，位置最低，接受新生界沉积的断陷盆地或地堑谷地；其三，位置居中，基岩上为深厚黄土层所覆盖，并为河谷分割的“塬”“梁”“峁”。黄土塬是四周为沟谷蚕食的黄土高原面；黄土梁和黄土峁是两侧为沟谷分割的黄土丘陵，前者呈长条形，后者呈椭圆形或圆形。从分布面积来看，塬、梁、峁是黄土高原的地貌主体。

在我国历史上，有关黄土高原的记载不胜枚举，而早期可追溯到大约成书于战国的《尚书·禹贡》。《禹贡》曰：“厥土惟黄壤，厥田惟上上。”此所谓“黄壤”，便是对当时雍州地区（包括今黄土高原大部）黄土的定性描述，由于黄土土质疏松，合理灌溉即成沃壤，故被推为当时最好的土壤。东汉班固在《汉书·五行志》中写道：汉成帝建始元年四月壬寅，“大风从西北起，云气赤黄，四塞天下，终日夜下著地者黄土尘也”。此寥寥数语，对黄土高原的风向、风力，以及黄土吹扬与沉降的过程做了生动的描绘。北宋沈括的《梦溪笔谈》也谈及黄土：“世间沟壑中水凿之处，皆有植土龛岩……今成皋、陕西大涧中，立土动及百尺，迥然耸立”云云，不仅论述了黄土高原的一些地形特征，还分析了其形成是为流水侵蚀所致。在历史文献中，记述最多的还是“雨土”现象。所谓雨土，即大风将西北沙漠的沙粒、黄土高原的尘土刮往中原甚至长江流域地区，风沙漫天飞舞如同下雨一般，它与现今北方地区常见的沙尘暴类似。对雨土的记载可追溯到殷商时期，以后历朝历代的史籍中皆有大量的记录。虽然古代中国人对黄土高原的认识还谈不上深刻、系统与全面，然而这些记载，为今人的研究提供了许多可贵的资料与有力的证据。

二、隆起的高原与堆积的黄土

黄土高原，顾名思义是既有黄土又为高原。对于黄土高原，通常我们所能看到的只是厚积于其表面的黄土层，黄土层掩盖着的，则是早已形成的高原基岩。人们形象地将黄土比作黄土高原的“皮肉”，而将其下的基岩比作黄土高原的“骨骼”。由此，黄土高原的形成也分为两个阶段，首先是黄土覆盖下的高原基岩的形成，之后才是黄土的堆积。

黄土高原地区在地质进程中，曾两度被洪水浸没。一次是距今四亿五千多万年的早古生代，另一次是距今约三亿年的晚古生代石炭纪。黄土高原隆起成陆，是发生在距今约七千万年前的燕山运动时期的事，也就是在这一地质时期，该地区发生了较强的新构造运动，塑造了太行山、六盘山、吕梁山的基本轮廓。这之后，黄土高原沉寂了许多年，直到地质历史进入喜马拉雅运动时期，黄土高原全区进入不断的区域性上升活动中。从上升幅度来看，高原的中低山上升幅度较大，黄土丘陵沟壑区及沙漠高原区为弱上升区。高原北部如白于山、华家岭一带上升比较强烈，南部渭河盆地为沉降盆地。到了第四纪末期，高原的基本形态已经形成，但这种北部上升、南部沉降的差异性升降运动，直到今天依然在持续着。然而，高原隆起并不意味着黄土高原的形成，促使黄土高原最终形成的主要因素还是黄土的堆积。

中国黄土的分布面积广，堆积厚度大，地层层序连续完整，是构成黄土高原的主要部分。根据地质学家的测定，黄土自下而上可分为三层，即“午城黄土”、“离石黄土”和“马兰黄土”。形成于早更新世的，即所谓的“午城黄土”，只在某些塬区，如隰县的午城、陕北的洛川等地有所出现，它是最早覆盖在高原之上的黄土层。分布在广大“塬”“梁”“峁”之上的，是中更新世的“离石黄土”和晚更新世的“马兰黄土”。离石黄土含有若干红色条带，即褐色型古土壤层，又称红色黄土，它覆盖在岩石山地之间的各种地形之上，是构成塬、梁、峁的物质主体，其形成晚于午城黄土。马兰黄土位于最上部，颜色灰黄，质地松软，厚度不大，却覆盖在所有塬、梁、峁上面，并散布在一些石质山地的坡麓甚至山顶上，其形成时间最晚。这些形态各异的黄土层，在不同的地质时期层层叠加，最终塑成今日之黄土高原。然而这些黄土来自何处？又是如何堆积于高原之上的？从19世纪初到20世纪后期，国际地理学界和地质学界围绕这一问题，展开了持续百余年的争论，争论的焦点是黄土的成因问题。

三、风成与水成之争

长期以来，由于受着资料和技术手段的限制，地质地理学家们

李希霍芬为怀庆府（今河南沁阳市）附近黄土构成河岸所作的素描

对于黄土高原黄土的形成原因，存在很大的争论，曾出现过风成、湖积、洪积、冲积、残积、冰川成因、多成因等十几种假说。其中，“黄土风成说”与“黄土水成说”影响最大，相互间的争论也最激烈。

最早提出“黄土风成说”的学者是德国人李希霍芬。早在1877年，李希霍芬就指出，黄土层是被风吹到草原区，逐渐固结和增厚成为原生黄土（通过风力搬运形成的黄土），然后为流水搬移成次生黄土（通过其他营力搬运形成的黄土）。随后，俄国学者奥布鲁切夫发展了李希霍芬的观点，提出了完整的风成假说。他认为沙漠是黄土的制造所，黄土是经过反气旋吹扬沙尘—堆积草原之上—成土作用等一系列过程形成的。他还着重指出，必须严格区分原生黄土与次生黄土，他只将原生黄土称作黄土，而将次生黄土称为黄土状岩石。奥布鲁切夫的这一划分为多数学者所接受，对次生黄土的成因也基本上达成了一致意见，故而以后发生的争论，主要围绕着黄土（原生黄土）的成因而展开。

黄土台塬

进入20世纪20年代以后，我国学者开始对黄土的成因问题进行研究，其中马溶之先生是“风成说”的早期代表人物。1944年，马先生在《中国黄土之生成》一文中指出，黄土高原各地黄土都具有以下几个特性：在同一区域内高山与低地均有分布；无冲积层次；螺类化石多层今种，同为上新统世；地形发育与上下层位之比较相当；土体以粉沙粒为主，无粗砂与细砾；矿物成分以石英与长石为主；矿物粒为尖角形；均含石灰结核，但其大小与含量各地不同。马先生认为，上述八点可以证明黄土高原之黄土为同时之风积物，其他形态上的差异，是由于各地成土作用不同所致。此说一出，立即得到了大多数学者的支持，如地质学家杨钟健、侯德封，地理学家黄秉维、罗来兴，土壤学家李连捷、熊毅等，都分别从各自的领域论证了风成说的观点。一时之间，风成说迅速风靡，直至水成说对其发起有力的挑战。

陕北的黄土平梁

“黄土水成说”其实也早已有之。19 世纪 70 年代，西方学者庞培利就提出过湖积说（水成说的一种），但此说在我国发展缓慢。直至 1956 年 3 月，张伯声先生撰写了《从黄土线说明黄河河道的发育》一文，开始明确提出“水成说”。该文从黄土线的存在说明黄河河道发育过程及黄土生成，拉开了风成与水成之争的序幕。张先生依据大量资料论证了黄土的分布并不是漫山遍野散处于任何高度上，而是分布在一定高度上。在此高度之上，只有残积土而没有黄土；在此高度之下，则黄土分布不论高低。这一定的界限即黄土线或黄土上限，它代表着盆地在过去河漫滩淤积的最高地面。文中还指出黄土分布与河谷两侧的阶地一致，这种情形证明黄土可能是河流冲积

黄土峁

张伯声先生

的产物。1958年，张伯声先生在《陕北盆地的黄土及山陕间黄河河道发育的商榷》文中，又提出了“婴年黄河”（早期黄河）的概念，认为陕北黄土物质的堆积过程，一部分是盆地周围高山岩石风化所成的粉砂质与粘土质碎屑由坡水带到涧溪，流入小河，汇集成大河冲到盆地平原。这些河流（主要为黄河及其支流）时常泛滥，形成一个广大的冲积扇并不断淤积，冲积扇淤高到一定程度，河道就要迁流，原先的泥土淤积处就会变成黄土。之后在某个地方又会形成一个冲积扇，在其上面同样是经常泛滥，不断转变成新的黄土，黄土因此越积越厚，最终形成今日之黄土高原。张伯声的观点在当时的地理学界造成了巨大的轰动，一时之间，人们纷纷对风成说改持怀疑态度，不少学者撰文支持张先生的观点。1956年9月，杨杰先生在《中国北方黄土问题》文中指出，根据李氏（李希霍芬）的意见，形成黄土的材料完全是由风力作用，从离中国极远的地方，由空中吹扬来的，这是一件不可思议的事情；而从地文、产状、化石等方面，都不能证明我国北方黄土层是纯粹的风成沉积。杨先生还进一步阐明，中国北方近期（相对于漫长的地质时期为近期）成层的沉积（冲积层、黄土层、红土层等），它们造岩的原动力主要是水，所以无疑都是河流沉积（包括湖积）。

面对“水成说”的挑战，刘东生先生在马溶之的基础上，大大推动了“风成说”的发展。1962年，刘先生在《中国的黄土》中写道：黄河中游的黄土，特别是马兰黄土，其物质是由风力搬运的说法是可以接受的。有利于此的证据是：黄土与沙漠、戈壁呈带状排列；其产状与基层地形无关；含有陆生动植物化石；结构的相似和成分的一致性；由北而南结构逐渐变细和厚度逐渐变薄；多层埋藏土壤层的重叠。据此，刘先生进一步指出，具有上述特征的沉积物的形成，很难以其他营力作用解释，只可能是由于黄土高原北部、西北部风力吹扬作用把尘土由远处吹来而形成的；在黄土中有时看见夹有基层的碎石或斑晶状的小块，这些说明它们是原生黄土遭到水的作用再堆积而形成的。刘先生的上述论断，完善了风成说的观点，形势逐渐对风成说有利。1965 年，王嘉荫先生在《历史上的黄土问题》一文中认为，历代对“雨土”的记载，是对黄土形成情景的再现，又为风成说提供了有力的佐证。而针对张伯声先生提出的“黄土线”问题，有学者指出，黄土线的高度，西端高于东端，西坡高于东坡，北坡高于南坡；黄土线分布的上限，在它以上的山坡，甚至接近 2000 米的吕梁山山顶，仍出现片状黄土。这进一步动摇了“水成说”的观点。

刘东生先生在做有关黄土高原的学术报告

面对此种情况，改革开放以后，以张天增先生为代表的新一代水成说学者，又对风成说进行了质疑。张先生在他的著作《黄土高原论纲》(1993) 中，系统总结并阐述了水成说的观点，认为黄土分布边缘地带的沙漠多系黄土及河湖堆积而成，是“就地起沙”，而并非来自远方的戈壁，“戈壁—沙漠—黄土”顺递分选沉积的说法不能成立；黄土粉尘的范围几乎遍及北半球，不可能只在黄土高原形成巨厚的黄土堆积。针对风成说提出的一些证据，张先生也一一加以驳斥，如指出并不存在黄土颗粒自西而东由粗变细规律，自北而南由粗变细只在个别盆地存在，正好是流域自上而下的分选沉积规律；近地风向受地形和四季影响无定，高空风向自西向东，风向并不一致；又黄土堆积随流域盆地的不同空间部位，自上而下地有规律分布，残留在高坡以及分水岭的黄土是以后不均匀的抬升，冲蚀破坏了原有“完整面”的结果。

在风成说与水成说争论不下之际，另一部分学者融合两派观点，提出了“多成因说”，认为黄土的形成是两种或两种以上因素共同作用的结果。1959 年，张宗祜等先生首倡“多成因说”，他们认为：我国黄土类土（多成因说将所有的黄土称为黄土类土）的成因类型依据各个地质—地理区的特点而有所不同；在划分黄土类土的成因类型时，应该将构成黄土类土的材料来源、材料堆积方式和黄土类土的形成、黄土类土形成后演化的三个不同阶段，看成一个统

张宗祐先生

一的过程。而决定成因特征的主导地质因素、地质作用，应该是区分不同成因类型的主要标志。根据上述原则，我国黄土类土可以划分为十种成因类型：冲积类型，坡积类型，洪积类型，风积类型，冰水沉积类型，湖积类型，洪积—坡积类型，冲积—洪积类型，残积—坡积类型，冲积—坡积类型。继张宗祜先生之后，1960年曾昭璇先生在《岩石地形学》一书中，又提出了“多源异相沉积说”，该说认为原地风化、风积（包括内蒙古高压区吹出气流带来的土粒）是黄土的主要来源，洪积、坡积、淤积是黄土各种堆积相，黄土是经过长期半干燥气候作用的产物。其实，“多成因说”并没有解决水成、风成之争，因为持此说的学者多有偏重，或倾向于风成说，或倾向于水成说，实际上还是风成与水成之争的延续。

进入20世纪80年代以后，任美锷等学者总结前人的观点，又为风成说补充解释了几点证据：其一，黄土颗粒的成分具有高度的均一性，这说明搬运黄土物质的主要营力非常单一，只能是风，因为黄土物质必须经风的远距离搬运才能达到高度的均一性；其二，黄土的颗粒成分在地域上有明显的方向性变化，大致从西北向东南逐渐变细，这种有规律的变化说明黄土物质是风从西北广大的沙漠地区吹来的，由于风力自西北向东南逐渐变弱，故颗粒成分也循此方向逐渐由粗变细；其三，黄土矿物成分无论种类组合还是含量分配都很均一，但其下伏基岩则多种多样，这也说明黄土物质来源不在当地，而是由风从远处运来并高度混合；其四，黄土中含有草原性动植物化石，证明黄土沉积时，黄土高原确实是一个广阔的草原；其五，黄土中有随地形起伏的多层古土壤，这表明黄土沉积是不连续的，而在沉积间断期，无论高低都发育生长了土壤。

经过刘东生、任美锷等学者的努力，目前我国地质学界、地理学界接受“黄土风成说”的学者已然居多。特别是进入20世纪90年代以后，随着科学技术的迅速发展，一些新的证据不断地被发现，更加有利于“黄土风成说”的理论。

四、仍然是谜

简而言之，“黄土风成说”即认为黄土高原上的黄土，其物质来源是西北部广大的沙漠地区，运送动力是风，虽然不能否认黄土的堆积环境是有流水作用的，但黄土高原之黄土主要是风成的。

这就是结论吗？起码到目前，我们还不能说结论已经有了。两院院士、当今中国黄土高原研究权威张宗祜先生在所著科普读物《九曲黄河万里沙》(2009) 中指出：

“对中国黄土的形成，是由东亚季风对黄土高原周边沙漠特别是新疆塔克拉玛干大沙漠的风沙搬运形成，似乎已成定论。但半个世纪以来，一些中国黄土的研究者们，又提出了许多不同的看法。新疆塔里木盆地的石油开发，为塔克拉玛干大沙漠的研究提供了非常有利的条件。最近两年来，在塔克拉玛干大沙漠的腹部施工两个不同深度（一个约 640 米，一个近 900 米）的钻孔，揭穿了从地表现代风沙到第三纪上新世连续堆积的地层。发现现代沙漠之下埋藏着较厚的湖相地层，经鉴定为近一万年来的湖泊沉积。其中保存着生存于古湖水的介形虫微体动物化石，湖相地层之下是黏土与黏土质砂的互层，总厚度达几百米，属更新世的沉积。这一最新发现说明大沙漠的形成时期是最近一万年左右以来的事件。此前塔里木盆地中主要是河流、湖泊和融雪流水的堆积物。从黄土高原以北的毛乌素沙漠、库布齐沙漠的形成时期来看，也比黄土高原形成时间晚 200 多万年。然而黄土高原的黄土堆积时间却是距今 250 万年前开始的，黄土高原的形成要比大沙漠的形成早 200 多万年。这些事实，说明

黄土高原卫星影像图
（黄土高原地形及其四邻）

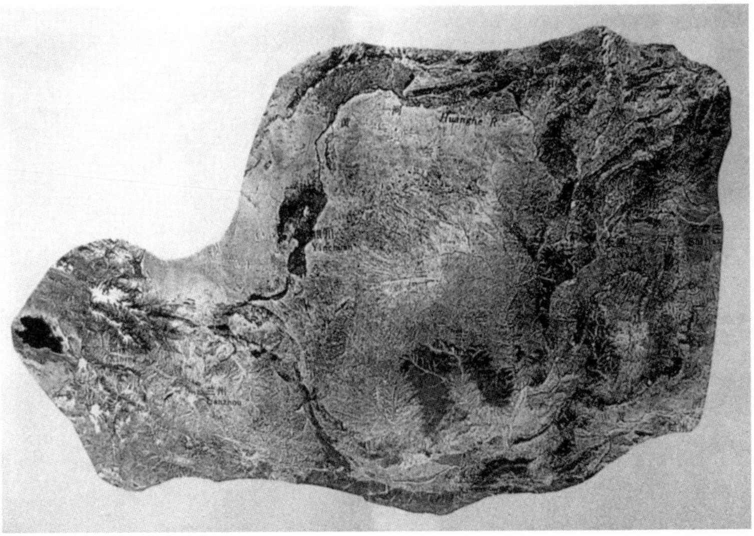

了黄土高原形成的时期要比周边大沙漠形成时期早得多。这两者之间究竟应当是什么关系，中国黄土形成是否还会有别的原因，各位读者……是否也可以思考一下呢？”

黄土高原，这构筑中华文化基础的高原，你是如何崛起的？黄土高原上连绵的黄土，这象征着中华民族生生不息的黄土，你是远方的来客，还是本地的土著？仍然是谜，仍然等待着解谜的人……

（汪亮）

植物“活化石”

——古老孑遗植物水杉等的发现与保护

我国的名贵树种之多、之奇、之古、之珍，在世界上是首屈一指的。闻名全球的三大植物“活化石”——水杉、银杉、银杏，在我国都有分布，它们是国之瑰宝，属国家一级保护植物。

一、水杉的发现与保护

水杉是我国的特产，是世界上稀有的珍贵古老孑遗植物。

据古生物学家研究，远在1.3亿年前，地球上的气候十分温暖，水杉的生长北界抵达北极地带。稍后，由于气候和地质的变迁，水杉逐渐南移。至中生代白垩纪后期，水杉仍相当繁盛，广泛分布在欧洲、亚洲和美洲，我国也有分布。进入第四纪，全球气候严寒，冰川覆盖，我国东部地区的庐山、黄山、泰山等地也发育不少山岳冰川。水杉在冰天雪地的恶劣气候环境下相继灭绝。在20世纪40年代以前，人们只在白垩纪地层中，发现有水杉化石。那时，世人公认水杉已经灭绝。

然而，奇迹还是发生了。

1941年，我国科学工作者王战、干铎在四川省万县谋道溪考察。谋道溪现属湖北省利川市，初名十二滥坝，后因溪旁山石可磨刀，遂于元朝改称磨刀溪，后又称谋道溪、谋道镇。一天，两人在谋道溪公路边，偶然发现了3株从未见识过的奇异树木，只见它们主干挺拔，侧枝横伸，树叶扁平，略呈针状、羽状排列，柔韧飘逸，颇为壮观。其中一株高约35米，胸径2.4米，冠幅22米，树龄约400年，后被命名为“利谋1号”水杉。“利谋1号”水杉是我国也是世界上最早发现的一株水杉，被人们誉为“天下第一杉”“水杉之王”，至今仍枝繁叶茂。此后，又在今利川市西南的小河乡、水杉坝一带，发现了大面积的天然水杉林。这片水杉林主要分布在以小河为中心，南北长约30千米、东西宽约20千米、总面积600多平方千米的长条形山坡沟谷地带，有母树5700多株。这里是全球水杉原种产地，号称“水杉故乡”。在这里，水杉多零星分布在山麓、山谷附近，一般海拔1000至1200米，最高可至1500米，常与杉木、茅栗、漆树、枫香、竹类等混生，构成针阔混叶林。

1946年，我国著名植物分类学家胡先骕和树木学家郑万钧一起对水杉进行研究鉴定，证实它就是1亿多年前在地球上广泛生长、后又几乎灭绝的水杉，并为之正式定名。从此，植物分类学中单独增加了一个水杉属、水杉种。水杉的发现，一时轰动全球，它推翻了“水杉已经灭绝”的结论，被誉为“20世纪的新发现”。

继谋道溪小河乡水杉重大发现之后，我国植物学家又在湖南省西北部的龙山县洛塔村发现了活着的水杉。其中一株水杉高46米、胸径4米，另一株高46米、胸径3.7米，已有300年历史。

野生状态下的水杉

水杉在国外早已绝迹，而在我国鄂西南的小河乡、水杉坝、谋道溪以及湘西北的龙山县洛塔村一带，竟能成片存活，堪称奇迹。这一奇迹的产生，得益于以下三大因素：

一是在地质史上，鄂西南、湘西北一带自中生代燕山运动上升成陆以来，再也没有受到新生代造山运动的强烈影响。因此，这一区域一直处于相对比较稳定的地质状态。

二是在地貌上，小河乡、水杉坝一带为地势低矮的山间盆地，西有九股林（海拔1895米）为屏障，北为福宝山（海拔1796米）横挡，东有奶子山（海拔1579米）、牛头山（海拔1421米）阻隔，整个地貌呈向南倾斜的马蹄形盆地。若就鄂西南、湘西北一隅而论，其北为秦岭、大巴山东西向并排阻挡，东侧有雪峰山、武陵山并列为障，第四纪山岳冰川影响较小，这里成了水杉的“避难所”，对植物的迁徙和保存形成了有利的地貌环境。

三是水杉本身的适应性极强。它耐寒、耐湿，病虫害少，生存能力不容小觑。

上述主要因素的综合作用，使得这里的天然水杉林能经受第四纪寒冷冰雪的考验而顽强地生存下来，并一直繁衍至今。

水杉的发现，为研究我国地质时期气候的变迁、古植物的分布和发展以及古地理环境的演变，提供了重要的科学资料，引起了全世界的极大关注。据叶学齐统计，仅从 1942 年至 1970 年，各国发表的有关论文和报道，就超过了 700 篇。许多植物学家亲赴利川，现场考察。1980 年 11 月，中美联合植物考察团前往小河一带进行科学考察。为了保护好鄂西南“水杉故乡”的这些植物“活化石”，1981 年 9 月，湖北省有关部门组成调查组并赴实地考察，终于建立了省重点自然保护区——小河自然保护区，旨在重点保护水杉母树林。小河自然保护区的建立，对进一步保护和培育珍稀树种具有重要意义，同时也为国内外科学家和旅游者提供了研究考察和参观游览的场所。

水杉为高大乔木，树干笔直向上，翠枝横伸，层层舒展，状如宝塔。树皮呈赤褐色，叶片细长，并随季节转换而变换出不同色彩，春夏碧绿，秋季色黄，初冬棕红。水杉花单性，雌雄同株，受精后生成近圆形的球果，种子倒卵形，生命力强。水杉树姿挺拔，可与北美红松媲美，而且生长迅速，是一种优良的用材树种，更是家前屋后理想的观赏树种。

由于保护得力，如今水杉的故乡小河一带，水杉树郁郁葱葱。这里设有水杉管理站、种子站，建有数十个苗圃、种场，年产水杉种子 2000 多斤，育苗数以亿计。美丽的水杉不仅绿化了湖北一省，而且走向了全国和世界。据中国科学院武汉植物研究所统计，我国北至辽宁，南迄广东，有 24 个省、市、自治区拥有它的踪迹；全世界五大洲的 70 多个国家和地区也先后引种水杉。

水杉还是友谊的使者。周恩来总理生前曾将水杉树种赠送给金日成，以表达中国人民对朝鲜人民的友好情谊。1978 年 2 月，邓小平赠给尼泊尔人民两株水杉树苗，并亲手种在尼泊尔皇家植物园，被尼泊尔人民称为“尼中友谊树”。美国前总统尼克松的游艇，被命名为“水杉号”。

古老孑遗植物水杉，在历经霜刀雪剑的漫长岁月之后，如今重焕盎然生机，成为“国宝”。此乃水杉之幸事，国人之幸事，人类之幸事。

二、银杉的发现与分布

银杉是水杉的姐妹树，仅在我国广西壮族自治区的花坪和重庆市南川区东南部的金佛山等地发现有残留的片状分布，在世界和国内其他各地已几乎绝迹。

1955年，我国植物学家钟济新在五岭（即南岭）之一的越城岭山脉的天平山区，发现和采集了银杉的雌雄球花标本和球果标本，发现了银杉母树、散生植物和与杉混生的小片林木。植物分类学家陈焕镛、匡可任对钟济新采集的标本进行了仔细的研究。他们分析，从该种植物的叶、芽鳞、苞鳞、雄蕊等看，应该属于松科，从其扁平、线形的叶看，与黄杉属植物颇为相似，可是叶端形状、叶肉组织、花的组织和球果的苞鳞又同黄杉属有明显区别。因此他们认定该树是松杉类植物中的一个新属，是中华人民共和国成立后第一次发现松杉类植物的特有种。根据其银白色的树冠，他们取名为“银杉”，用“华夏”作银杉的拉丁属名，用“银色的叶”作其拉丁种名。

花坪银杉

为了保护银杉，国家建立了广西花坪自然保护区。保护区位于广西龙胜和临桂两县交界处。这里有四时不谢之花，八节长春之草，故名花坪。花坪保护区海拔1200米至1800米，年平均气温12℃～14℃。这里群山叠翠、气势磅礴，茫茫林海覆盖着1.51万公顷的土地，有植物1117种，银杉只是其中一种。

花坪银杉是第四纪冰川时期孑遗的珍稀植物，是国家一级保护植物。银杉属松科常绿大乔木，单性花，雌雄同株，花为果球状，

植物中的“大熊猫”——银杉

树干挺直，分枝平展，造型苍劲浑雄，姿态俊俏洒脱。银杉根似龙爪，深深扎进石缝里，展示着不屈不挠的顽强毅力。银杉的叶子像杉木叶子一样扁平、细长，叶片背面有两行银白色的气孔带，在阳光照射下，劲风吹来，叶片发出道道耀眼的银光。

银杉是一种极为珍贵的树木，树干高大，质地优良，目前全世界为我国所独有，被誉为植物“活化石”，它同动物中的“活化石”大熊猫一样，都是“国宝”。由于距今200万年前第四纪冰川期全球性的严寒侵袭，地球上的生物经历了一场巨大的灾难，大批动植物惨遭灭绝，银杉在世界范围内也几乎绝迹。后来人们分别在法国和苏联等国发现了银杉的花粉化石和球果化石，根据化石判断，银杉还有活着的可能。于是，不知有多少植物学家、古生物学家跋山涉水，到处寻找活着的银杉，几乎寻遍了整个欧亚大陆，结果仍一无所得。可是，我国广西花坪、重庆金佛山等地独特的地理环境和古气候条件，却使许多动植物躲过了那场可怕的灾难。从1955年起，在我国广西、重庆、湖南、贵州等地，相继发现了银杉，湖南雪峰山竟保存着一片银杉林。这一奇迹轰动了全世界，银杉也变得身价百倍，世界各国的许多科学家纷纷慕名来到中国，以一睹银杉为快。1976年，中国科学院北京植物园将银杉移种北京5株。从此，首都北京也有了银杉。

目前，我国建立的自然保护区中，至少有6个涉及银杉的保护。它们是：

1978年1月1日建立的广西花坪自然保护区，位于广西龙胜、临桂两县交界处，面积15133公顷，主要保护对象为银杉及中亚热带常绿阔叶林，为国家级自然保护区。

1979年1月1日建立的重庆金佛山自然保护区，位于重庆南川市，面积41850公顷，主要保护银杉等珍稀动植物，为省级自然保护区。

1981 年 1 月 1 日建立的湖南沙角洞银杉保护区，位于湖南城步苗族自治县，面积 1620 公顷，主要保护银杉、长苞铁杉。

1984 年 1 月 1 日建立的贵州大沙河自然保护区，位于遵义市道真仡佬族苗族自治县，面积 4600 公顷，主要保护银杉及其生态环境。

1985 年 1 月 1 日建立的贵州桐梓白箐自然保护区，位于贵州桐梓县，面积 2800 公顷，主要保护银杉、珙桐等野生植物。

1987 年 1 月 7 日建立的湖南顶辽自然保护区，位于湖南省资兴市，面积 952 公顷，主要保护银杉等珍稀植物及森林生态系统。

三、银杏的特征与分布

银杏也是世界上绝无仅有的“活化石”。现今在我国仅存一个品种，其他国家早已绝迹。

大约在 3 亿年前，银杏已出现在地球上。1.7 亿年前，银杏生长十分繁盛，世界上大陆地区广泛分布。后来，由于其他植物的扩张，银杏的生存空间稍受压缩。至第四纪冰期，巨大的冰川在流动过程中如刀砍斧劈，几乎毁灭了银杏。我国第四纪冰期相对温暖的古气候环境和某些地区特殊的地形地貌，使银杏得以躲过冰川的侵袭而顽强地生存下来。

银杏为高大的落叶乔木，一般高 30 至 40 米，枝条有长有短，长枝上的叶片螺旋状散生，短枝上的叶片呈 3 至 5 片簇生状，叶子像扇形，叶脉两叉分枝。

银杏是裸子植物。裸子植物是维管植物中最先产生种子的一个类群。种子对于陆地环境具有较强的适应能力，有利于种族的繁衍。但是裸子植物的胚珠无子房壁保护，呈裸露状态，因而由胚珠发育而来的种子也无果皮包裹，这就是裸子植物名称的由来。银杏与水杉、银杉、水松等，都属于我国特有的裸子植物。银杏树雌雄异株。雄花有一总柄，上面长有很多雄蕊。在每个雄蕊下面，有一个短柄，柄端有两个彼此分离的花粉囊。微风一吹，花粉囊不停地摇动。雌花亦有长柄，柄端生有两个珠颌，顶端有一裸露的胚珠。每至秋天，胚芽发育成球状橙黄色种子，很像成熟了的杏子。银杏树生长缓慢，因体内产生一种有机酸，对病菌有极强的杀灭作用，因而较少病虫害，寿命相当长。因为生长慢，所以结果也迟。民间有“公公种树，孙子收果”之谚，指的就是银杏。正因为银杏有这一特征，所以得到了“公孙树”的别名。

在我国古代，银杏往往被种植在寺庙名刹之内。目前，我国古银杏主要分布在浙江、湖北等省人迹罕至的山区。在浙江省临安境内的天目山，有不少野生银杏。这里的银杏为中生代孑遗的稀有树种。据调查，天目山中有古老的野生银杏244株，开山老殿下方有一组“五世同堂”的古银杏，根生悬崖，盘绕峭壁，萌生的22株子孙树依偎在一起，可谓国之瑰宝。

无独有偶，在重庆市彭水县东南20千米的果园附近，有一株大银杏，基部周长16米，高35米，胸围12.2米，树冠最大直径41米，简直就是一个小小的植物园。此树主干2米以下有一蛀空的洞穴，其内神奇地长出3株小银杏树；在其周围，生长着若干小银杏，它们状如一个“世代同堂”的银杏家族。

在江苏太湖西北的马迹山，有一棵鸳鸯银杏树，树龄高达800岁，高28米，胸围8.5米。过去为一雄一雌毗邻生长，后来两树不

左：银杏
右：天目山银杏

断长粗长高，终于紧贴在一起，成为一个整体。

在山东莒县浮来山，有一棵古银杏，高24.7米，需8人才能合抱，已有上千年历史。

在湖北中部大洪山东南约80千米的安陆市境内，也有成片的银杏树。为保护这些珍贵的银杏树种，湖北省随州市在1992年建立了大洪山银杏自然保护区，面积171400公顷。湖北省安陆市早在1989年即建立了安陆银杏自然保护区，面积5600公顷。

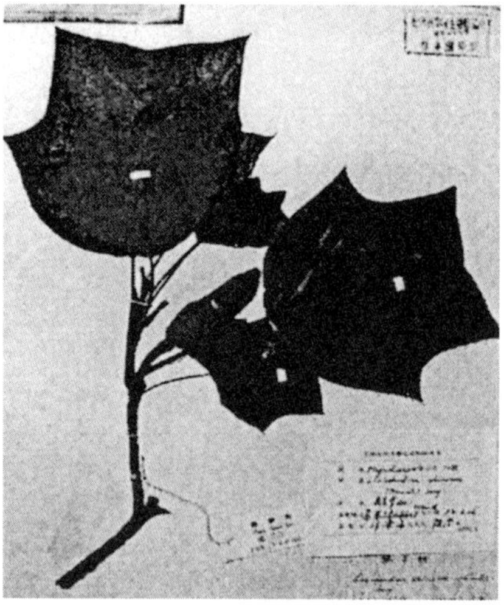

鹅掌楸标本

四、“活化石”的价值

作为活着的“化石”，水杉、银杉、银杏得到世人的珍爱。人们之所以无比珍爱这些看上去很平凡的树种，乃是因为它们太稀少太宝贵了。

其实，这些所谓的“活化石”，在中生代广泛分布在地球的陆地上，是普通得不能再普通的树种。在它们繁茂生长的同时，也有许多其他种属的树木生机勃勃。可是，在可怕的第四纪冰川期，它们大多消失了，今天我们仅能从化石上一睹它们曾经有过的风采。如浙江新昌县就曾发现1.5亿年前的古木化石群；新疆奇台亦发现有1.5亿年前侏罗纪时代的裸子植物化石——1000多株硅化木；江西宜丰县发现的一株硅化木，长23.8米，直径1米，重约60吨。四川江安县二龙口4平方千米的范围内，有自然裸露于公路两旁的硅化木128株，远看为树，近看为石，击之有金石之声，擦之可见树质细胞。这些古树名木，永远从地球上消失了。就是我们所珍爱的水杉、银杉、银杏，也在地球上绝大多数地区成了化石，唯独在我国极少数地区保留下来，这岂非万幸？岂非珍宝？其实，类似上述“活化石”的珍稀树种，在我国还有一些，诸如秃杉、红豆杉、白豆杉、鹅掌楸、台湾松、金钱松等，它们都是重点保护对象。

（彭安玉）

来自第四纪的地理信息

——庐山第四纪冰川遗迹的发现与探索

地质学家告诉我们，地球在其漫长的发展史中，曾经历过几次大冰期；而距今时间最近的一次大冰期，发生在二三百万年前的第四纪。冰期时，漫山遍野被冰雪覆盖；然后气候转暖，冰雪消融，形成流动的冰川。在国外的许多地方，如北欧、北美，都发现了第四纪冰川的遗迹。那么，中国有没有第四纪冰川呢？如果有，证据何在？

一、向外国地质权威发起挑战

长期以来，外国学者一直否认中国第四纪冰川的存在。如德国古生物学家、号称研究中国古代哺乳动物权威的德日进多次发表论文，认为中国第四纪哺乳动物多属于热带性和半热带性的。美国古气候学家巴尔博在论文中也认为，中国第四纪的气候是湿热干凉或干凉相间，根本不具备形成冰川的寒冷条件。加拿大古人类学家步达生，早在1927年研究北京周口店中国猿人化石时就宣称，北京人之所以生活在周口店，就是因为在第四纪，中国的地理位置比现在更接近赤道，猿人喜欢气候温暖的环境，所以才迁徙到中国。总之，他们异口同声地断言：中国在第四纪根本不可能有什么冰川存在。

事实果真如此吗？须知对这一问题的解释之正确与否，直接关系到中国东部地区的环境变迁及其对全球环境的影响，关系到中国东西部古气候的对比分析，还关系到对中华民族形成、迁徙及其发展的历史判断，更关系到人类对冰期气候的适应性及自身演化等重大理论问题。

面对如此重大的问题，中国年轻的地质学家李四光以其惊世发现，做出了与外国地质学家们完全相反的回答：中国东部中低山地在第四纪确实存在冰川！

那是1921年的春夏之交，李四光带领学生在河北邢台南的沙河做地质实习。一天，他在横穿沙河盆地时，望见远处有一座中等高度的孤独小山，外貌圆滑。这座圆滑的孤山引起了他的注意。他走到该山附近，发现地面上有一些奇怪的大石块。李四光感到很纳闷：这些大石块难道是从西面的太行山上滚下来的吗？如果是，也滚不了这么远啊。那么是洪水冲下来的吗？这么大的巨石，水流是无法冲到如此远的地方来的。这时，李四光的脑海中闪出一个问题：难道这是古冰川的遗迹？但他又想，从以往的一些资料看，华北地区在晚近地质时代，是一片干冷的沙漠，气温低而降雨量小，有可能形成冰川吗？如果是冰川作用的堆积物，那就很有可能在堆积物中找到冰川条痕石。他立即寻找起来，果然在不少砾石的磨光面上，找到了一处又一处隐隐约约的擦痕。他还在一块半掩半露的大石块的平面上，发现有3组不同方向的非常清晰的擦痕。他和学生们离开这座孤山，跨过一条小河，又来到一个凸出于平原地表的圆丘。在圆丘周围，李四光又发现了巨大石块的堆积。这些发现，使李四光颇感震惊，因为种种现象表明，这些大石块很可能就是冰川在运动中和消融时留下的！

大同盆地带擦痕的砾石

随后，李四光于六七月间又前往山西大同盆地进行地质调查。在大同西南约20千米的口泉附近，他发现一条东西方向延伸的山谷，长约数千米，谷底宽度比较均匀，谷身横切面呈U形。他还在谷中找到不少带擦痕的砾石。

李四光将在沙河和大同口泉这两次冰川遗迹的重大发现写成《华北晚近冰川作用的遗迹》一

文，寄给英国的《地质杂志》。1922 年 1 月，该文在伦敦发表。在文中，李四光向一些外国的地质权威发起了挑战。他指出，在第三纪末或更新世初期，华北是否曾处于极地严寒情况之下？如果那时曾经一度降到极地的气温，又是否有足够的降雨量以形成大冰流？地质学家们根据以往的资料，一般认为，整个华北在晚近地质时期是处于沙漠广布的条件下的，因此自然地倾向于否定大冰川存在的可能。但是，对这个问题仅从理论上争辩，是难以得出结果的，需要摆出确切的事实。为此，李四光明确提出："任何为了搞清这个问题的尝试，都必须在野外进行。"李四光的鲜明观点犹如平地一声惊雷，打破了中国第四纪冰川研究领域的沉寂局面，引起了国内外的重视和争论，也为我国第四纪地质的研究翻开了崭新的一页。

1922 年 5 月 26 日，在中国地质学会第三次全体会员大会上，李四光做了题为《中国第四纪冰川作用的证据》的学术演讲。他根据太行山东麓和大同盆地发现的冰川作用的遗迹，提出华北地区和欧美一样，曾经发育过第四纪冰川。

然而，李四光的真知灼见不仅没有得到响应，反而遭到瑞典地质学家、北洋政府农商部顾问安特生的嘲弄。安特生极为冷淡、轻

庐山含鄱口

蔑的态度使李四光十分惊讶。他想，安特生参加过南极探险，又来自冰川遗迹很多的瑞典，面对带擦痕的冰川漂砾，他应该十分清楚地知道其所包含的中国第四纪的地理信息。李四光暗下决心，一定要拿出更充分、更有力的证据，彻底揭开中国第四纪冰川之谜。

二、见识庐山真面目

庐山，矗立于江西九江境内的鄱阳湖畔、长江岸边，是我国东部地区的名山之一，素以云海、宝光、蜃景、瀑布、悬崖闻名于世。唐朝大诗人李白那首《望庐山瀑布》可谓家喻户晓："日照香炉生紫烟，遥看瀑布挂前川。飞流直下三千尺，疑是银河落九天。"宋朝豪放派词人苏东坡亦对庐山盛赞不已："横看成岭侧成峰，远近高低各不同。不识庐山真面目，只缘身在此山中。"然而，对于地质地理爱好者而言，更吸引他们的则是庐山第四纪冰川遗迹。

庐山第四纪冰川遗迹是李四光最早于 1931 年发现的。那年夏天，42 岁的李四光以兼任北京大学地质系教授的身份，带着学生来到庐山实习。一天，李四光登上含鄱口远眺。当他的目光从远处的

庐山五老峰

鄱阳湖畔移到近前的月轮山时，东西两侧谷地的不平常形貌，一下子吸引住了他的视线。在这海拔900多米的崇山峻岭之间，溪水日夜奔流不息之地，为什么谷地如此平缓？他寻路下到谷底，只见淡红色的黏土中，夹杂着许多大小不一的砾石，有的砾石表面还能隐约看到一些模糊的刻痕。这样的平底谷是怎么形成的？这些砾石来源于何处？砾石上的刻痕又是怎么回事？带着这一连串的问题，李四光离开了这个山谷。

庐山冰川漂砾（石桌）

以后的日子里，李四光在这一带山上经常遇到类似的平底谷。特别是牯岭西谷的一块巨石，引起了李四光的特别注意。这块石头长达一丈五尺，重量超过万斤，凌空平躺在另一块巨石之上。从周围环境看，它既不可能是山上崩落下来的，也不可能是人力搬上去的。联想到月轮山、王家坡平底谷，李四光心头一惊：这里是不是可能发生过冰川呢？如果是，将是多么令人惊异的事！因为在10年前，当他提出华北第四纪冰川时，人们总是拿干旱气候的理由反对他，那还不过是在北纬40°附近；如果说庐山发生过冰川，纬度更向南推了10度，这能不让人惊异吗？面对如此严肃的问题，李四光觉得，还必须寻找更确切的事实根据。

庐山冰川条痕石

1932年的夏天又来到了。李四光带着地质研究所的喻德渊等人，又一次来到庐山。在王家坡、五老峰、七里冲，在铁船峰下，在芦林、尚远坡、白鹤桥，李四光一行在U形谷中仔细勘察，觅宝般寻找一个又一个有力的证据。在芦林洼地，李四光仔细观察到，从东北方面来的几条平底谷都以陡急的坡度下到这里，东南是峻峭的九奇峰，西北是一条山脊。山脊被冲开一个缺口，成了芦林洼地的唯一出水口。李四光推测，芦林洼地就是公元4世纪时，桓冲任江州刺史时派人来看到的那个面积达数百亩的湖泊，也很可能是人类文明史以前若干个世纪附近高山上下来的冰块汇聚之地。在铁船峰下的一块洼地，顶部直径超过500米，深约60米，只有西北方向有一个出口，出口下面就是悬崖。

如果上述这些洼地是冰川流动刨出的U形谷地的话，那么沿着这些谷地向山下跟踪探寻，一定会有相应规模的冰川沉积。李四光又从山谷洼地下到山麓。在王家坡U形谷出口到鄱阳湖边的平缓地带、在牯岭西北尚远坡U形谷出口处、在白鹤桥平底谷下端出口处，他们又发现了规模不小的泥砾层，有的地方石砾分成了两级，表明至少发生过两次冰川，离谷口越远，砾石也越少。在庐山西北面，南边以通远村为界，西面以铁路为界，整片的红土砾石堆积在这里，形成了一个半径不小于12千米的巨大扇形。在这个扇形范围内，鼓丘和垄所显示的放射状分布，表明了山岳冰川运动的特征。

经过为时三个星期的勘察，李四光认定：庐山在第四纪地质时期，至少经过两次冰期，还可能有过第三次冰期；最老的一次冰期历时最长，随后有一次温暖而干燥的较长的间冰期；第二次冰期和间冰期都比第一次短；最后一次冰期虽然高山气候酷寒，但仅有少数冰川下到平地，历时也很短暂，可能只有数千年；此后，再也没有发生过冰川；估算最后一次冰期结束距今已达13600年。因此，庐山最后一次冰川活动的时期，同欧洲阿尔卑斯的伏尔姆冰期似乎是可以相比的。李四光综合庐山等地区的观察结果，认为中国第四纪冰川主要是山谷冰川，只有山谷冰川特别发育的地区，才有山麓冰川的发生。李四光将1932年的夏季看成是“一个幸运的季节”，把庐山称为“困惑难解和耸人听闻学说的诞生场所”，是“中国第四纪冰川的典型地区”。

三、庐山之争

1933年11月12日，李四光在中国地质学会第十届年会结束前，做了题为《扬子江流域之第四纪冰期》的学术演讲。李四光介绍了庐山冰川作用的地貌证据，诸如平底谷、U形谷、悬谷、冰斗、冰窖、雪坡和雪粒盆地等冰川地形，庐山的冰川堆积、庐山周围的冰碛物，探讨了庐山冰期的划分及时代，还就长江流域及其他地区的冰川现象和存在的问题做了说明。演讲结束后，翁文灏、谢家荣、杨钟健、葛利普、德日进、尼斯特拉姆、诺林等中外地质界著名人士，就庐山第四纪冰川问题展开讨论，他们当时大都对中国第四纪冰川持怀疑态度。李四光的《扬子江流域之第四纪冰期》一文，在《中国地质学会志》第 13 卷第 1 期上发表后，美国洛克菲勒基金会主办的北京协和医院解剖系主任、北平地质调查所新生代研究室名誉主任、加拿大籍教授步达生大发议论，认为第四纪时中国所处的纬度过低，已接近于热带，气温下降不到形成冰川的程度，而且气候干燥，没有足够的降雨量，因此庐山第四纪冰川不可能形成。

为了弄清问题，1934 年的春天，丁文江、翁文灏筹集了一笔款项，邀请英国地质学者、燕京大学地质系教授巴尔博，在天津博物馆工作的法国地质学者德日进，瑞典地质学者诺林等外国学者，和中国学者丁文江、翁文灏、杨钟健、喻德渊等，前往庐山实地考察第四纪冰川遗迹，并进行现场讨论。

庐山冰川遗迹

李四光以主讲人的身份，引领中外学者们观看了冰川遗迹，并一一讲述了自己的见解。在实地考察中，许多人对这里的奇特地形表示惊讶，但是观点并未统一。巴尔博、德日进仍持反对态度。他们以没有发现冰期生物群化石，断定无第四纪冰川存在；并认为庐山地区的泥砾堆积，是岩石碎块在潮湿情况下缓慢流动的产物，纯属融冻泥流之类。可是，瑞典学者诺林却在私下对李四光说："假如这些现象在我的家乡出现，这没有问题是冰川造成的。"这场讨论由于对方成见太深，没有取得共识。

为了将讨论进一步引向深入，李四光于 1934 年在《中国地质学会志》上，发表了《关于研究长江下游冰川问题的材料》一文。文章列举了在皖浙一带新发现的更多的有关第四纪冰川遗迹的材料，讨论了融冻泥流与冰川泥砾的区别，最后总结性地写道：

黄山名胜：猴子观海

“在更新世时全球普遍的温度下降，似乎是可以肯定的。这些事实与围绕中国低温带的存在，使得那个时候中国只可能处于寒冷的控制之下。”

四、黄山之行

1936年5月，李四光踏上了黄山考察的行程。黄山，古名“黟山”，是与庐山齐名的旅游胜地。李四光带着助手，来到黄山脚下的汤口，继又攀上海拔720米的慈光寺。在慈光寺，李四光发现了极其明显的U形谷。原来，古代冰川沿山谷下滑时，铲削力相当大，常把山谷削成深槽，谷壁陡直，谷底平缓，切面呈U形。李四光兴奋地向U谷冲去。U形谷的西侧是硃砂峰，东侧是福长岩，谷底有小溪流过。李四光在U形谷的东壁下部，发现了明显、确凿的冰蚀面和擦痕。有好几条擦痕平行排列，又大又深，长度不等，向着山谷的下方微微倾斜，反映了当时冰川流动的方向。沿着U形谷往下走，谷底堆积层很厚，有砾石、泥砾等，断断续续分布到山麓。这和U形谷相对应，完全是冰川运动搬下来的冰碛。

黄山冰川遗迹的发现，使李四光兴奋不已。因为在黄山这一侵蚀崩裂作用强烈的地区，居然有确凿的冰川遗迹被保留下来，正是长江下游某些地段确有第四纪冰川活动的典型证据。

李四光先生在工作

黄山归来，李四光怀着喜悦的心情，用英文写成《安徽黄山之第四纪冰川现象》一文，附了8幅照片，发表在1936年9月出版的《中国地质学会志》上。该文虽不足3000字，却引起了中外学者的极大注意。当时，有一位在中国教书的冰川学家、德国人费斯曼教授，读了李四光的文章大为吃惊，两次前往黄山察看冰川遗迹。回来后，费斯曼高兴地连声说："看到了，看到了"，"这是一个翻天覆地的发现"。他立即给德国的土壤冰川杂志撰文，充分肯定李四光的又一重大发现。这是外国科学家第一次公开承认李四光对中国第四纪冰川研究的杰出贡献。

五、第四纪冰川学经典问世

离开黄山不久，李四光一家住进了庐山。

为深入研究庐山第四纪冰期，李四光来到鄱阳湖畔的白石嘴。让人惊喜的是，在白石嘴，李四光在挖掘泥砾与石灰岩接触面的时候，发现石灰岩表面有极明显的冰溜条痕，还在旁边找到了另一块凹凸相合的条痕石。李四光判定，这个石块原来位于石灰岩之上，由于冰川的推动，上下相对磋磨，才形成了条痕。

在与白石嘴隔湖相望的鞋山，李四光发现了许多砂岩砾石，其中带有条痕。鞋山是由石灰岩构成的，本身不产砂岩，鞋山距庐山山麓五帝庙约15千米，中间被湖水隔开。李四光认为，如果不是冰川输送，这些砾石不可能在这里出现。这一现象，与挪威、瑞典的岩石经过冰川输送过北海而抵英伦三岛颇为相似。

这次庐山考察为庐山第四纪冰川的存在增添了新的有力证据。李四光认为："至是，中国冰期冰川现象，始得谓之确定"，"客之怀疑冰川现象者，至此可以涣然冰释矣"。

于是，李四光开始了《冰期之庐山》的撰著工作，并于 1937 年写成初稿。然而，旋因抗日战争爆发，书稿竟搁置了下来，未能付印，直到 1947 年，《冰期之庐山》才由中央研究院地质研究所专刊用中、英文同时出版发行。全书 6 万余字，附图版 16 幅，实测 1：50000 庐山冰川分布图 1 幅。书中系统地阐明了探索冰期、冰川之经过，冰川形成、发育及消亡的气候条件，冰川活动留下的遗迹特征等，对庐山的冰蚀地貌及山上、山下分布的冰积物也做了详细的记述，划分出鄱阳、大姑、庐山三次冰期和两次间冰期，并与阿尔卑斯山区的恭兹、民德、里斯三次冰期做了对比，还用较大篇幅解释了一些质疑的问题。

正如《李四光年谱》所说的那样："《冰期之庐山》，是李四光长期调查研究第四纪冰川遗迹的科学总结，为中国第四纪冰川地质学的建立，从理论到实践，奠定了坚实的基础。许多第四纪冰川地质工作者，都认为它是一部第四纪冰川学的经典性著作。"

（彭安玉）

荒原上的奇湖

——罗布泊之谜揭秘

在我国新疆塔里木盆地的东部，有一片茫茫荒原，它东到北山，西至塔里木河下游主河道以西，南抵阿尔金山山麓，北达库鲁克塔格山脉，这便是充满神秘色彩的罗布泊地区。关于古代的罗布泊地区，晋代高僧法显在其《佛国记》中有一段令人恐怖的描绘："沙河中多有恶鬼、热风，遇则皆死，无一全者。上无飞鸟，下无走兽。遍望极目，欲求度处，则莫知所拟，惟以死人枯骨为标帜耳。"至于今日的罗布泊地区，也是夏季酷热，冬季严寒，气候干旱，沙丘无垠，盐壳广布，雅丹地貌……

罗布泊地区，"谜"的世界！一个个自然、社会、历史的难解之谜，

罗布泊地区呈城堡状的雅丹地貌

楼兰故城民居遗址

充斥着这块神奇的土地。奇特的雅丹地貌，沙漠掩埋的楼兰文明，扑朔迷离的“黄河重源”说，丝绸之路的梗阻与通畅，著名的“大耳朵”影像，费解的彭加木失踪……这一桩桩一件件往事，大多没有公认的答案，而在国际学术界已经争论了130多年的“罗布泊位置”问题，更是名副其实的世纪之谜。

极度干旱的罗布泊地区是一个闻名遐迩的湖泊，也是一个十分奇特的内陆大湖。它原是塔里木河的终点湖，早在先秦时代就已见诸典籍。《山海经》称其为泑泽，《史记》称其为盐泽，《汉书》始用蒲昌海的名称，《水经注》称为牢兰海，唐代《括地志》又有临海、辅日海等异称。清代《河源纪略》始用蒙古语名称罗布淖尔，意为“多水汇集的湖泊”；这时还有罗布池、洛普池等称谓。1863年刊行的《大清一统舆图》，将清初称为罗布淖尔的塔里木河的终点湖，印成今天人们熟知的罗布泊。此后，罗布泊之名广泛地流传开来。

罗布泊迁移之谜，则是著名的国际学术公案。我们甚至可以说，一个多世纪以来，世界上还没有哪一个地理学问题，曾引起这么广泛、这么多学科、这么持久、这么影响深远的争论。世界上一大批著名的地理学家、地质学家、气象学家、历史学家、考古学家，诸如俄国人普尔热瓦尔斯基、科兹洛夫、西尼林、穆尔扎耶夫，德国人李希霍芬，瑞典人斯文·赫定，美国人亨廷顿，英国人斯坦因，日本人大矢雅彦和保柳睦美等，都发表论著，参与了这场空前激烈的争论；而在中国学术界，六十多年来，围绕着罗布泊，也是细致的考察与惊世的发现接二连三。

中外学术界争论的焦点集中于：罗布泊迁移还是不迁移？

一、未知的神秘世界

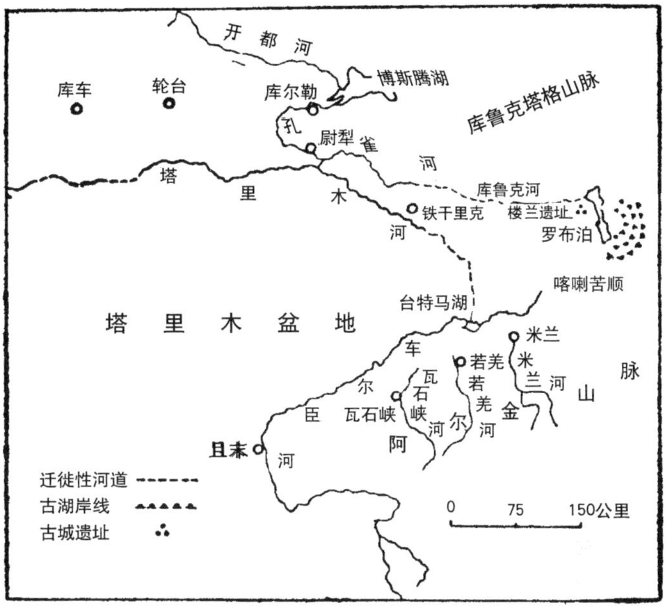

罗布泊与塔里木河水系相关图

虽然古代中原汉人早已知道在罗布泊地区有一个巨大的内陆湖泊，并在史籍上有所反映，但因不是亲眼所见，故而记载极为简略，且不乏臆测神说，甚至将泑泽视为黄河源头。在远古神话和传奇小说中，罗布泊曾是西王母的瑶池。

15、16世纪，世界文明史翻开了新的一页。在新旧世界大交替和东西方文明大碰撞的潮流面前，随着新航线的开通，新大陆的发现，形成了一个地理大发现时期。至19世纪上半叶，地球上的大部分地区经过探险与考察，地理面貌已经基本清楚。然而，亚洲大陆的腹部，特别是中国的西部和北部，对欧洲人而言还是显得那样神秘莫测。在他们的地理观念里，塔里木盆地和罗布泊地区、罗布泊大湖，几乎是一片空白。1273年，威尼斯商人马可·波罗东行经过这里，只留下了罗布沙漠的名字和有关“鬼语”之类的怪诞故事；1603年，耶稣会的鄂本笃在亚洲旅行，后病死于肃州，他留下的笔记被当地人付之一炬；18世纪60年代，乾隆皇帝派遣耶稣会教士刘松龄、傅作霖、高慎思赴新疆南路测绘时，也没有留下更多的材料。至于一些能看到的地图资料，也都是根据商贾、使节、僧侣等经行者的见闻或传闻画出的示意图。1706年，巴黎地图学家德利斯勒有一幅鞑靼地图，图上并没有罗布泊的踪影。1871年，伦敦出版的英国人肖罗伯的游记称，肖罗伯听说在塔里木河下游有一个湖泊，附近据传闻住着以鱼为食、以树皮为衣的部落；另外还有大群的羚羊和野骆驼。德国著名地理学家卡尔·李特尔在他的《地理学》第七卷中说：“至于突厥斯坦的大水系，亦即中止于罗布淖尔的草原河流，其水道及脉络如何，我们未有任何曾身临其地目睹的特殊记载，所以一般人所假设的脉络还不足以确认为无疑问的事实。”

显然，在那个年代，欧洲人对罗布地区和罗布泊的了解，还笼罩在一片迷雾之中。当时欧洲人绘制的世界地图上，这里的地形、地貌基本上是空白。

“未知”的神秘世界，必然会诱惑人们去探奇。从 19 世纪下半叶起，一直持续到 20 世纪上半叶，各国探险家接连来到这一地区，进行探险、考察、考古发掘，从而获得了一系列的重大发现。

二、普尔热瓦尔斯基的“地理发现”与“不动说”

沙俄原是个欧洲国家，但 16 世纪 80 年代之初，其势力开始进入亚洲，并迅速向东推进，不过 60 年的时间，便吞并了辽阔的西伯利亚，发展成为一个地跨欧亚两洲的帝国。17 世纪起，沙俄仍全面窥视中国边疆，觊觎中国领土，并与清政府发生了军事冲突。在第二次鸦片战争及其以后几年的时间里，沙俄使用武力和其他要挟手段，强迫清政府订立了一系列不平等条约，强占了我国东北和西北地区一百多万平方千米的领土。

普尔热瓦尔斯基

在沙俄蚕食鲸吞中国领土的同时，规模庞大、范围广泛的所谓“地理考察”随之展开。自 19 世纪 70 年代起的三十多年间，这种地理考察规模加大，其中以普尔热瓦尔斯基为首的考察队影响最大。普尔热瓦尔斯基系俄国军官，从小就崇尚自然，嗜好探险，退役后一度任图书馆管理员兼教地理课。由于热衷于地理考察，他要求调到西伯利亚去，从而走上了地理考察之路。他认为，中国北部的广大地区地位非常重要，却为欧洲人所不了解，因而他给俄国皇家地理学会打报告，希望得到资助前往中国西北地区进行地理考察。为此，他组织和领导的“中央亚细亚考察”共有 5 次之多，其中 1876—1877 年的第二次中央亚细亚考察和 1883—1885 年的第四次中央亚细亚考察都到达了罗布泊地区。

1876 年 8 月 12 日至 1877 年 7 月 3 日，普尔热瓦尔斯基首次进入新疆进行考察。在阿尔金山、罗布泊地区详细考察了几个月。他发现，由西向东流淌的塔里木河在其下游不是一直东流，而是向东南流动，并在罗布沙漠的南面形成两个湖，西部的叫喀拉布朗，东部的叫喀拉库顺，后者是塔里木河当时的终点湖，因此他称其为“罗布淖尔”。他还发现，湖泊的中部是“淡水”，四周是盐沼，这与中国史书记载的“盐泽”有很大区别。他把喀拉库顺的位置与1863年刊行的《大清一统舆图》上塔里木河尾闾罗布泊的位置进行对照，更进一步发现，两湖一南一北，纬度整整相差1度，因此断定中国的地图是错误的。

普尔热瓦尔斯基的“发现”震动了国际地理学界，因为这一系列发现极大地改变了欧洲人对这一地区地理空间轮廓的概念。在当时的欧洲地图上，从罗布泊到昆仑山，是茫茫沙海。现在，欧洲人终于明白，罗布泊就在阿尔金山山麓，这不仅把青藏高原的范围北移了3个纬度，而且改变了塔里木盆地戈壁沙漠的分布格局。正如地理学家贝姆所说：“笼罩在罗布淖尔周围的黑暗终于驱散了。我们不久便可以看到地图上这个湖的位置和实际情况一致了。而谁曾料得到这湖南面竟是一条很高的山脉？我们的戈壁沙漠的概念也要改变了。”普氏的“发现”，为其在俄国国内赢得了极高的荣誉，他戴上了地理考察泰斗的桂冠，被选为彼得堡科学院名誉院士，并由一名普通军官晋升为少将。

然而不久，柏林地理学会会长、著名地理学家李希霍芬对普氏的地理发现提出了不同的观点。他依据中国文献的记载指出：普氏所考察的湖泊，并非中国清朝地图上的罗布泊，真正的罗布淖尔应该在普氏考察发现的湖泊的北部，中国的地图没有错，普氏见到的湖泊是渭干河摆脱了它的支流地位向东南变成主要河流，流到那里在近期内所形成的湖泊；塔里木河经干旱地区后携带大量草原盐分，其终点湖应该是咸水，而不是淡水。李希霍芬在结束语中说：“无论我们怎样推崇普尔热瓦尔斯基考察罗布淖尔的工作，而普氏费了如此艰辛去寻求答案的这个问题，我们却不能认为已经得到完全的解决。”

生活在罗布泊外围的楼兰人的后裔——罗布人

对于李希霍芬的发难，普尔热瓦尔斯基迅速做出回应：如果向东有一条河流和一个湖泊，当地人应该知道并且会告诉我们的，我们沿塔里木河下游穿行，

途中连很小的一条支叉河流都未见到。如果塔里木河下游有这么一条一直东流的河流，必然逃不过我们的注意。1883—1885年，普氏再一次来到罗布泊，在芦苇丛生的喀拉库顺湖边考察了两个多月，访问了不少在湖畔生活的罗布人，更加坚定了对自己重大地理发现的信心。

普氏去世后，他的忠实助手和得意门生科兹洛夫对普氏的发现和观点持强有力的支持和维护态度，并不惜一切为普氏辩护。科兹洛夫认为，李希霍芬的观点仅仅是“在中国地图提供的资料基础上立论”，是站不住脚的。他十分肯定地认为，喀拉库顺湖是“古代的、历史的、真正的中国地理学家的罗布淖尔，因此这湖已经持续存在了几千年，并且将永远这样”。换言之，罗布泊几千年来就一直在喀拉库顺一带，而且今后也不会有什么变化。这实际上提出了罗布泊的“不动说”。

三、斯文·赫定的考察与“游移湖”理论

斯文·赫定是瑞典人，受业于李希霍芬，一生钟情于沙漠古城、瀚海戈壁的探险，是一位极具影响的探险家和地理学家。在《我的探险生涯》一书中，他有一段内心独白：“我总不愿踏着我自己的足迹退回一步。我觉得我充满一种向未知处走的不可抵抗的欲望，这种欲望克服了一切阻碍，根本就不承认世间有不可能的事情。”对罗布泊的争议，他清楚地意识到，只有在这个地区进行新的地理考察，取得新的第一手调查资料，罗布泊位置之谜才有望揭开。于是，在1896年，斯文·赫定第一次踏上了罗布泊考察之途。

斯文·赫定在新疆考察

斯文·赫定一行五人于1896年3月31日从铁干里克出发，沿着孔雀河向东南前进，走了一段路

程后发现孔雀河分成了两条，其中一条水量更大，叫伊列克河。他们沿着河的左岸走了三天后，惊奇地发现这条河泻入了一个狭长的湖泊之中。他们又沿着它的东岸行进了三天，走访了围湖居住的当地人，知道这个湖的四个湖盆分别称为阿乌鲁库勒、卡拉库勒、塔也克库勒和阿尔卡库勒。

斯文·赫定认定这个位于铁干里克东南、阿拉干东北的湖群，就是中国地图上所标绘的罗布泊，亦即李希霍芬在与普氏论战中所说的那个湖泊。他把这个发现告诉了老师李希霍芬，李希霍芬极为高兴，认为这可以证实自己的观点是正确的。斯文·赫定回到瑞典后，将自己多年来的探险成果写成《穿越亚洲》一书出版，同时又以科学报告的形式，撰写了《1893—1897 年，我在中亚旅行的地理科学成果》一书，书中辟有一章专讲罗布泊。这些成果扩大了斯文·赫定的学术影响，提高了他的社会地位，欧洲许多国家的地理学会都授予他勋章，各种荣誉接踵而至。

1897 年 10 月 15 日，斯文·赫定在俄国皇家地理学会演讲，阐述了自己在罗布泊等地的探险考察成果，结果遭到了俄国地理学家们的强烈反对。斯文·赫定明白，要战胜“论敌”，还得有更充实、更有说服力的资料，而这些资料只有通过地理考察才能得到。于是，在 1899 年 6 月 24 日，斯文·赫定开始了亚洲中部的第四次旅行，并

楼兰故地，长期的干旱与风沙毁灭了楼兰

在20世纪到来的最初日子里，从英库勒东去，沿着库鲁克塔格的南麓、罗布沙漠的北侧做新的地理考察。

这次考察是循着一条干河床进行的。这条干河床早在1893年科兹洛夫考察时已被发现。对于有一条东行的“干河”这一地理事实，斯文·赫定十分重视。他利用在当时堪称先进的测量仪器，对“干河”进行了认真的测绘，查明这条被称为“库鲁克河”的干河宽90米，深3.7至4.6米。在河床两岸，他们找到了成千上万的介壳、陶片、石斧等，目睹了河岸密集矗立着的枯干的胡杨林。如此规模的干河床，很可能是古代塔里木河的故道，河滨一定曾有人类生活过。3月28日，斯文·赫定的助手奥尔得克在迷路之中竟意外地闯进了楼兰古城，但限于当时只有两天饮水，只得相约第二年重返这一带进行发掘。

一年之后，斯文·赫定再一次来到罗布荒原。荒原景色如旧。斯文·赫定在他的学术报告《1899—1902年中亚科学考察成果》第二卷《罗布淖尔》中，曾抒写了自己在罗布荒原上的感受：“这里的景物一片死寂，就像来到了月球。看不到一枚落叶，看不到一只动物的足迹，仿佛人类从未涉足于此。”然而，就是在这片死寂的荒原上，人类曾定居于此，生息繁衍，创造了楼兰文明。此次重返荒原，就是要寻找上一年发现但未曾探访的那个楼兰古城。非常幸运的是，斯文·赫定在这里发掘获得了大量文书、遗物。这些文书显示，楼兰古城可能是公元330年被放弃的，因为文书上最后的年份正是东晋成帝咸和五年，即公元330年！

面对如此丰富而激动人心的发现，斯文·赫定对这一地区的认识产生了质的变化。他修正了自己原先认为铁干里克东南发现的阿拉干湖群是中国清代地图上罗布泊的认识，创立了有名的“游移湖”理论。

“游移湖”理论的主要内容是：公元330年以前，塔里木河一直向东奔流，注入楼兰南的老“罗布泊”，即中国地图上的罗布淖尔；塔里木河改道后，又向东南流入喀拉库顺地区的湖泊。罗布泊犹如塔里木河钟摆上挂的锤，反复地南北摆动，一个来回游移的周期约1500年。罗布泊之所以南北游移，是由于进入湖中的河水挟带大量泥沙，沉积在湖盆里，从而使湖底抬高，导致湖水往较低的地方流动。一段时期后，被泥沙抬高露出的湖底又遭到强风的吹蚀而降低，这时湖水又流到原来的湖盆之中。

也许是为了验证“游移湖”理论，1921年塔里木河由于自然和人为的原因而改道，经库鲁克塔格南麓的古代塔里木河下游故道库鲁克河干河床，向东流注罗布泊洼地的旧湖床。20 世纪初，斯文·赫定在与俄国地理学家关于罗布泊位置的争论中，通过地理考察写下了他的世纪预言："河流一定时候会回到库鲁克河河床中去。"现在，这个预言惊人地实现了。从此，"游移湖"理论以及神秘莫测的罗布泊，犹如长着翅膀的鸟儿一样，飞遍四面八方，产生了难以估量的广泛影响。

四、亨廷顿的探察与"盈亏论"

正当"游移湖"理论日益为人们所接受的时候，地理环境决定论者、美国人文地理学家亨廷顿于 1905 年至 1906 年，参加巴雷特探险队来到新疆进行探察。在罗布泊地区的考察中，他从且末到若羌，观察了喀拉库顺，然后向东到达罗布洼地的科什兰孜。1906 年 1 月，亨廷顿由这里向西北首次实现了横越罗布洼地干湖盆的艰难跋涉，再用两天半时间到达阿提米西布拉克，又经过楼兰西行至铁干里克。

在勘察过程中亨廷顿发现，沙漠中废弃的一批古代遗址，如库鲁克河畔的营盘古城、楼兰古城，都是因气候干燥、河流缩短而沦为废墟的；一些古道因河流水量不足而废弃，如楼台道；塔里木盆地边缘，一些耐旱的红柳枯萎了；罗布泊湖面因来水减少而收缩。因此，亨廷顿断定，3000 年来罗布泊地区气候日趋干旱，进而导致了罗布泊的盈亏变化。在 2000 年以前，罗布泊湖面极广，占据了古代和现代的地区；后来气候变干了，湖面收缩，仅仅占据楼兰一带的老罗布泊；目前更进一步缩小，仅占据喀拉库顺一带的极小范围。

胡杨树

亨廷顿的"盈亏论"把罗布泊的变迁过程单纯地与气候的干湿变化相联系。从本质上说，这种湖面日益缩小的变化过程否定了俄国普氏的罗布泊一直在喀拉库顺的"不动说"，而在湖泊变动的机理上又与斯文·赫定的"游移湖"理论根本不同。

五、新疆综合考察队的科学考察与“未迁说”

1956 年至 1960 年，中国科学院组织了对新疆的综合考察，先后有几十个单位二百五十多人参加。新疆综合考察队对罗布泊地区的地貌、水文、土壤、植物、风沙等进行了全面考察。1959 年 9 月 17 日至 10 月 9 日，综合考察队地貌组穿过库鲁克塔格来到罗布泊北端，考察了孔雀河下游和罗布泊北部。当时的罗布泊烟波浩渺，考察队乘橡皮船到达了北部湖区，实测了湖盆剖面，编写了《噶顺戈壁和罗布泊考察报告》，对当时罗布泊的自然特点、气候、湖盆特征、湖滨地形、孔雀河三角洲、雅丹地貌和迁移问题做了研究和分析。

1980 年至 1981 年，中国科学院新疆分院又先后组织了三次罗布泊综合科学考察。1980 年 5 月 9 日，彭加木率新疆分院罗布泊考察队进入湖区，由一个七人探路小分队自北向南纵穿罗布洼地，经喀拉库顺至米兰，再由米兰向东到库木库都克。在这次科考中，发生了彭加木失踪的不幸事件。同年 11 月 1 日，考察队从敦煌出发，由东向西从疏勒河故道进入罗布洼地，寻找彭加木的遗体，并进行第二次罗布泊考察。1981 年 5 月 10 日，罗布泊考察队开始了第三次考察。他们从马兰出发，纵穿湖盆，向南经过红柳沟至米兰，绕若羌北上台特马湖，又沿塔里木河于 6 月 16 日返回马兰。新疆分院组织的罗布泊综合科学考察，行程 5000 多千米，考察面积两万多平方千米，是中华人民共和国成立以来规模最大的一次综合性科学考察活动。

楼兰罗布泊地区的考察人员

20 世纪 50 年代后期和 80 年代初期，由科学院系统组织的罗布泊综合考察，取得了丰硕的成果。一些科学家结合 20 世纪 70 年代美国宇航局地球资源卫星发射后得到的罗布泊卫星影像，否定了斯文·赫定的“游移湖”理论，提出了罗布泊始终在罗布

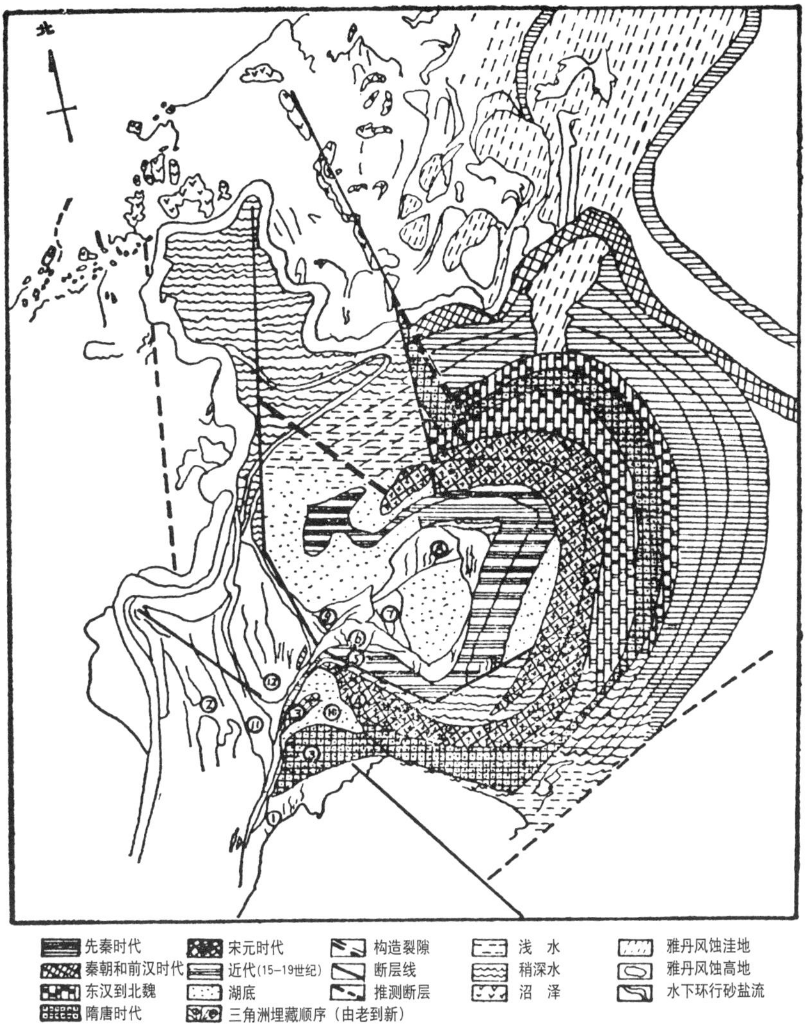

周廷儒的“罗布泊变迁图”

洼地的“未迁说”。

1978 年《北京师范大学学报》（自然科学版）第二期，发表了周廷儒教授的论文《论罗布泊的迁移》，论文认为罗布洼地是塔里木盆地的最终积水和积盐中心，罗布泊从来没有迁移到别处去，它并非“游移湖”；罗布泊卫星影像是湖岸环形堤的标志。1978 年出版的主要由周廷儒教授等参加考察工作并编著的《新疆地貌》一书，结合航拍照片分析，指出罗布泊留有 8 条湖岸堤，其中 6 条保存得非常完整，认为喀拉库顺湖下游有水向东北流入罗布泊，喀拉库顺是一个活水湖；在 19 世纪下半叶至 20 世纪初喀拉库顺存在的时期中，罗布泊同样是存在的，只是湖泊有大小变化而已，罗布洼地始终是罗布泊的“故乡”。

1983年8月26日至9月2日，中国科学院新疆分院在乌鲁木齐召开了“罗布泊科学考察学术讨论会”，新疆分院罗布泊考察队提交的论文是《关于罗布泊是否游移的问题》。这篇论文不同意罗布泊“游移”的说法，并提出了一系列的论据：第一，塔里木河、孔雀河下游入湖口处，泥沙较少，短期内不会产生大量泥沙堆积，抬高湖底，从而使湖水流向较低地方；已经干涸的湖底皆为坚硬盐壳，用钢锤都很难敲碎，不易产生风的吹蚀作用，而使湖底重新降低；第二，罗布洼地海拔高度最低，水往低处流，塔里木盆地的水流都要归入最终积水盆地之中；喀拉库顺最低处海拔788米，罗布泊最低处为778米，不可能发生罗布泊倒流喀拉库顺的现象；第三，喀拉库顺地区拣到两种螺壳，均属淡水螺壳，因此喀拉库顺湖是淡水湖，属吞吐湖性质；第四，罗布干湖盆钻探取样分析表明，洼地中近两万多年来沉积速度相似，沉积物在不同沉积层中都有水生植物香蒲、莎草等的孢子花粉，说明罗布泊一直是有水停积的，湖水从来没有离开过罗布泊；第五，C^{14}测定结果，湖底沉积物1.5米深处，是3600年左右的沉积，说明3600年以来，湖泊的沉积作用一直在进行着，而不像斯文·赫定推测的1500年左右就会形成10米以上的沉积物；第六，罗布泊卫星影像完整地记录了罗布泊的演变过程，卫星影像的“环束线”是湖泊在演变过程中，由在一个地方停滞时间长短不一而形成的厚薄不等、色调不一的盐壳所造成的，而不是历史时期湖泊演变过程中的湖岸堤。

“未迁说”一经提出，即对整个学术界产生了极为深刻的影响，一时间学术著作、报刊论述、学校教科书、科普读物等又出现了风行草偃现象，一提到罗布泊就众口一词指出该湖“并非游移湖”，对斯文·赫定的“游移湖”理论做了再否定。

六、“罗布泊游移之谜”的新发现与“迁移说”

罗布泊真的从来没有“游移”过吗？

罗布泊问题研究专家奚国金先生以自己十几年潜心研究的成果做出了否定的回答。

从研究生期间起，奚国金就立志揭开对中国西部环境有着重要标志意义的罗布泊“游移之谜”。他的硕士学位论文《罗布泊迁移过程中的一个关键湖群的发现及其相关问题》，为罗布泊的地理特征做了全新的界说。面对“未迁说”的种种证据，他冷静地提出了科学的质疑。

奚国金先生

首先，塔里木河下游巨大三角洲前缘有几块洼地：罗布洼地、喀拉库顺洼地、台特马洼地。虽然罗布洼地是最低点，但其他洼地也具有储水盆地的性质，塔里木河下游形成的湖都十分浅，所以能成为一个时期的终点湖。如1952年以后形成的终点湖台特马湖，其湖水并未流到罗布洼地，甚至连喀拉库顺地区也没有流到。

其次，淡水是塔里木河在入湖地区的特有现象，而喀拉库顺本质上是咸水湖，这在科兹洛夫、斯文·赫定等人的实地考察中已经得到证实。他们一致指出，喀拉库顺东边湖盆的水是咸的，有时甚至咸得连骆驼都不敢喝，芦苇也不生长；干涸了的湖盆地带铺满了盐，在这些地带的湖岸上也都是盐，显然，该是咸水湖、终点湖，而不是淡水湖、活水湖。至于淡水螺壳问题，它是塔里木河流水带进湖泊的。如罗布洼地的罗布泊，也有淡水螺壳发现，但谁都不会说罗布洼地的湖泊是淡水湖。

再次，罗布洼地沉积物的孢粉分析，其鉴定样品18块，统计孢粉4779粒，其中灌木麻黄及草木藜、蒿的花粉含量最高，多达孢粉总数的98.9%，这些大多是旱生、盐生的植物。因此孢粉分析不能说明湖泊沉积过程中从未偏离湖盆，反而证明罗布洼地曾长期干涸过。

最后，罗布泊卫星影像并非罗布泊演变过程的记录，也不是什么湖岸堤，而是20世纪50年代后期洪流进入洼地造成的。

否定了“未迁说”，奚国金进一步指出，在世界的干旱区，一些湖泊具有迁移的特性，而罗布泊是干旱区一个典型的具有迁移特征的荒漠湖泊；河流变迁是湖泊迁移的先导，而湖泊迁移是河流变迁的结果，塔里木河下游的河道变迁是引起罗布泊迁移的根本原因。他具体复原了罗布泊的迁移过程：汉晋时期，塔里木河进入下游地

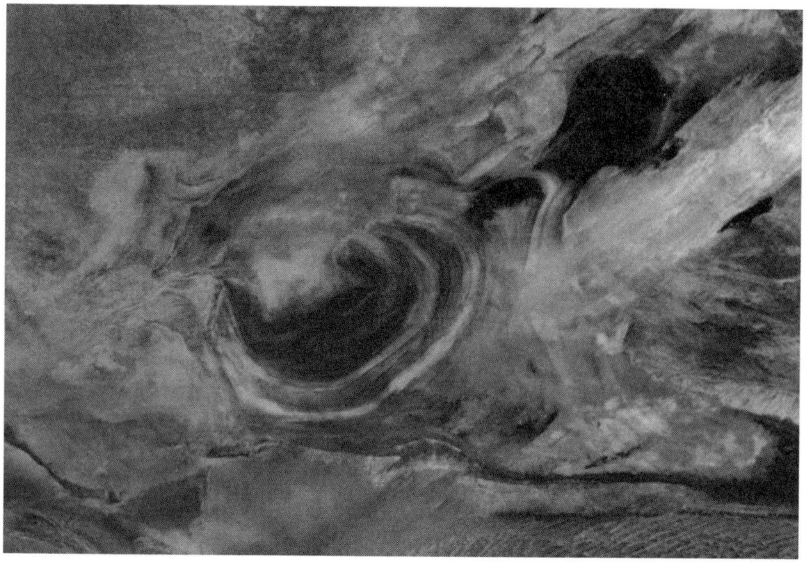

罗布泊“大耳朵”卫星影像

区，沿库鲁克塔格南麓的库姆河，东渐罗布洼地的古代罗布泊，即古籍所记载的泑泽、盐泽、蒲昌海。库姆河和古代罗布泊的存在，孕育了辉煌的楼兰古文明。后来库姆河改道经罗布沙漠西侧的“小河”流注屯城（即今米兰）北的湖泊，即《水经注》所称的牢兰海。库姆河改道后，楼兰古城无声无息地被遗弃在沙漠之中，丝绸之路的原北道随之放弃。大约在晚唐至五代之际，塔里木河下游水系再次出现巨大变动，改道后的湖泊在英苏—阿拉干一带潴留，清时称为罗布淖尔。18 世纪后期或稍晚，罗布淖尔从英苏—阿拉干一带迁移到喀拉库顺湖，19 世纪 70 年代以来，国外探险家到塔里木河下游，看到的就是这个湖泊。1921 年塔里木河大改道，经东河滩涌入孔雀河，孔雀河在铁门堡河曲发育的地方突破薄弱的河岸，改道东注罗布洼地，形成现代史上的罗布泊。1952 年尉犁县在塔里木河中游筑坝，塔里木河复入故道，终点湖在台特马湖。20 世纪 50 年代后期至 60 年代初，正值塔里木河丰水期，洪水多次涌入下游，突破台特马湖湖区，致使罗布洼地出现面积极大、水深极浅的大湖，由于洪水的作用，形成了罗布泊干湖盆“大耳朵”的卫星影像。20 世纪 50 年代后期至 60 年代初期，塔里木河下游修筑了几座水库，孔雀河上先后筑了 6 座坝，罗布洼地来水渐绝，至 60 年代中后期，广袤无垠的罗布泊终于在罗布洼地消失，塔里木河在大西海子水库形成终点湖。

据上所述，从历史时期罗布泊的迁移情况看，迁移的过程并不像斯文·赫定所说的那样，像钟摆一样在楼兰南的“老罗布泊”和喀拉库顺之间摆动，更不是什么 1500 年一个来回。罗布泊的迁移有着十分复杂的中间环节，迁移的机理和动力也并非如斯文·赫定所云。

奚国金还对著名的“大耳朵”卫星影像做出了解释。1972年美国发射的第一颗地球资源卫星，使人们看到了罗布泊的卫星影像。罗布泊卫星影像呈现一圈圈不封闭的环状条纹，形状极像一个超级“大耳朵”。这一不同寻常的地理信息对研究罗布泊迁移问题至关重要。很快，北京师范大学的周廷儒教授做出反应，判读图上的环状条纹是湖岸环形堤。这一观点也得到日本学者的认可。对罗布泊干湖盆卫星影像，奚国金进行了深入而仔细的研究。他把1：50万用航空测量资料绘制的地图，构画下湖岸轮廓线，把它套到1：50万罗布泊卫星影像图上，结果奇迹出现了，罗布泊干湖盆的卫星影像完整地、两者十分完美地吻合，全部卫星影像环状结构都落到20世纪50年代后期到60年代初期洪水所形成的大湖里。“大耳朵”的秘密似乎在不经意之间被揭开了：它不是历史时期产生的，而是20世纪50年代所形成的；它不是这一湖泊连续变迁的湖岸堤，而是20世纪50年代后期至60年代初期湖床经过洪流作用的产物。因为形成的时间十分新近，在形成后罗布泊又因很快断绝来水而干涸，所以卫星影像保存得十分完整。奚国金进一步研究指出，历史时期的罗布泊不可能持续、稳定地收缩，也就不可能形成所谓的连续变迁的湖岸堤；本区是强烈的风蚀区，历史上早期形成的东西，必然为风力作用所破坏，不可能留下如此清晰、完整的影像显示；1921年塔里木河改道以来，罗布泊在现代应形成最清晰的影像，可是在20世纪30年代和40年代通过实测明确知道罗布泊湖泊位置的地方，并没有看到与“大耳朵”融成一体的环状卫星影像显示。

中日联合探险队队员正在穿过半月形的罗布泊沙漠地带

奚国金先生的一系列新发现得到不少学者的肯定，他的科学研究被认为“对罗布泊位置迁移问题有了令人信服的新的解释”。国内外众多媒体也对他的学术发现进行了广泛的报道，做出了高度评价。

罗布泊，谜的世界；罗布泊迁移问题，更是谜中之谜。一代又一代的有志者，为揭开罗布泊的千古之谜，艰辛探索，如彭加木竟因此不幸殉难。然而，人们的努力并没有停止，笼罩在罗布泊迁移问题上的层层面纱正在揭开，相信现代科学技术最终将向世人展示罗布泊迁移的真相，彻底揭开这一谜中之谜。

（彭安玉）

沙海旋律

——破解"鸣沙"之谜

"鸣沙"是一种引人注意的自然现象。在茫无际涯的沙漠中跋涉，常常可以听到如飞机掠过天空发出的轰鸣声。这轰鸣声，有时因风而起，有时无风自作。在我国就有多处著名的"鸣沙山"，如甘肃敦煌附近的鸣沙山、宁夏中卫境内的沙坡头、内蒙古达拉特旗附近的银肯沙丘（又名响沙湾），至于内蒙古西部的巴丹吉林沙漠，更是一个特大的鸣沙区。

一、神奇的鸣沙

1. 敦煌鸣沙山

敦煌，古代丝绸之路上的重镇，中原与西域交通的门户，早在汉代即已置县。在敦煌东南25千米，有闻名遐迩的莫高窟（千佛洞），保存着4世纪至14世纪遗留的壁画、雕塑等艺术珍品；敦煌西北则有著名的玉门关，西南有阳关故址；敦煌的正南，又有鸣沙山、月牙泉诸名胜。

鸣沙山，古称神沙山，又名沙角山，距敦煌城仅5千米。它东西长40千米，南北宽约20千米，山高近90米。荒凉戈壁之上的鸣沙山，完全由积沙组成，并有一个个沙峰起伏浮沉。旧志记载鸣沙山说："其山积沙为之峰峦，山背如刀刃，人登之即鸣。颓落之沙，经宿风吹，辄复还如旧。"可见，鸣沙山早就为人发现与关注。始设于汉代的敦煌县，因其境内有鸣沙山，以至在北周时改称鸣沙县。

《旧唐书·地理志》说："敦煌，汉郡县名……周改敦煌为鸣沙县，取县界山名"；又说："鸣沙山，一名沙角山，又名神沙山。"典籍记载，每至晴朗的日子，鸣沙山沙鸣殷殷有声，如雷轰响，闻于城内。《沙洲都督府图经》称："端午日，城中士女皆跻高峰（即鸣沙山），一齐蹙下，其沙声吼如雷。"若在晚间从山上下滑，不仅鸣声震耳，还可见束束火花，转瞬即逝。而于晴日滑沙，则闻丝竹管弦之音。1991 年 5 月 28 日，敦煌市体育运动委员会组织了一次滑沙比赛，测出鸣沙的最大声音强度达到 67 分贝。

2. 中卫沙坡头

沙坡头位于宁夏中卫市西南约 20 千米处。别看沙坡头的名字土气十足，这可是有名的地方。我国西北地区重要的商品粮基地、素有"塞上江南"美称的宁夏银川平原，起点就在这里；更为出名的是，沙坡头还是我国著名的鸣沙之地，建有沙坡头自然保护区。

沙坡头的脚下，黄河奔流而过，连接内蒙古、宁夏和甘肃三省区的包兰铁路经过此地。沙坡头的西北，是著名的腾格里沙漠。腾格里沙漠东南边缘的新月形沙丘，在沙坡头紧逼陡峭的黄河河岸，其新月形沙丘一般高达 100 米。古代的沙坡头，曾是青山碧水之地。大约在西夏时期，这里出现了流动沙丘。明代，沙坡头的沙丘已相当高大，人们已无法在此居住，由中卫通往兰州、凉州的古驿路已很难行走。至民国年间，古驿路完全废弃。20 世纪 50 年代，苏联有一位叫彼得洛夫的地理工作者曾亲临沙坡头进行考察，他在考察文章中称：腾格里沙漠"在盛行西北风的影响下，自河岸节节进逼，形成很大的沙堆坡（长约 150 米，坡度为 32°），从悬崖上向黄河倾泻。沙坡坐面南北，坡面略呈中凹。坡上有很大的水泉，泉水汹涌外溢，渗入新月形沙丘中"。据说，幸运的滑沙者可以听到有如钟鼎之声的音

本书主编胡阿祥在鸣沙山下

沙坡头

乐，因而称之为“滑沙鸣钟”。

3. 达拉特旗银肯沙丘

黄河从宁夏中卫市沙坡头起，流淌在银川平原上，出石嘴山后进入内蒙古自治区境内。在磴口、五原附近，黄河由原来的近南北向一变而为东西流向，进入河套地区。在这段东西流向的黄河南岸，西起磴口黄河对岸，东至达拉特旗，分布着东西长约400千米的库布齐沙漠。库布齐沙漠的东端，达拉特旗以南25千米处，有一宽60米、高40米的沙丘，这便是银肯沙丘。“银肯”系蒙古语“永久”之意。

银肯沙丘距包头仅50千米，坐落在纵向的干河谷罕台川上。罕台川河床切入基岩约100米，其宽度约200米。河谷中缺乏阶地。高耸的新月形沙丘位于其左侧基岸上。这里的新月形沙堆在盛行西北风的推送下，进逼河床，并由风力将其推入河床中，结果就出现了一个漫长的沙堆坡，长约120米，坡度31°，坡面略呈中凹。西坡虽然迎风而立，却较为平缓。有几个较小的水泉从沙堆坡底部涌出，但水流不远，便消失在罕台川的细砂砾中。所以，这里又有“响沙湾”之称。

银肯沙丘，又名响沙湾

在银肯沙丘上滑动，嗡嗡之声立刻响起，伴带着回音，旋绕于滑沙人周围，先是低沉有如机器轰鸣的声响，继而变得高亢、雄浑起来，最后犹如喷气式飞机在头顶轰鸣，让人心惊胆战，又新奇不已。

4. 巴丹吉林沙漠鸣沙区

浩瀚的巴丹吉林沙漠位于内蒙古高原西部，总面积达四万多平方千米，是我国仅次于新疆塔克拉玛干沙漠的第二大沙漠。巴丹吉林沙漠分布着不计其数的新月形、金字塔形沙丘，以及各种形态复杂的沙山，高度一般都在两百米左右，最高者甚至超过500米。1996年初，中国科学院兰州沙漠研究所专家在考察中发现，著名的巴丹吉林沙漠竟是一个特大的鸣沙区！走进沙漠中，几乎处处可闻轰鸣的马达之声，犹如一架架飞机掠过天空。

鸣沙又名响沙、哨沙或音乐沙，多见于沙漠之中，如前述之鸣沙山、沙坡头、银肯沙丘等大致皆然。但是，像巴丹吉林沙漠这样面积如此庞大的鸣沙区，可能是绝无仅有的，因而引起了世界上许多专家的高度关注。

其实，中华大地拥有的鸣沙山，绝不仅以上几处。如新疆维吾尔自治区东部的巴里坤附近即有一座会鸣响的沙山，还有一潭会鸣响的清泉。巴里坤鸣沙山在巴里坤城东60千米，四周是一片草场，南为天山主脉巴尔库山，北为天山支脉黑山，东为白石头山，鸣沙山即在三山环抱的盆地中间；鸣沙泉，面积约数平方米，深数尺，清澈见底，四周沙山环绕，却从未被沙粒填淤，这也堪称一奇。

沙本无声，然则声自何来？

二、谜底的破解

有人诗意地称鸣沙为会“唱歌”的沙子。沙子为什么会“唱歌”？颇费思量！古人对此曾做出种种迷信的解释。

比如在响沙湾一带，当地人的说法是，很久很久以前，这里有一座大昭庙。一天，500 名喇嘛正在庙里奏乐祭祀，突然飞沙走石，整个大庙被埋于沙海之中。从此，人们就不时会听到沙丘深处发出的呜呜声，那是喇嘛们不死的灵魂发出的诵经声，击出的奏乐声！这何等凄苍！还有一种说法，说从前库布齐边缘的银肯沙丘住着两个喇嘛，他们生性诙谐，常常吵叫、玩闹。但是，一旦有人走过沙地或挖沙，他们便勃然大怒，并发出大声的吼叫。19 世纪 70 年代一位俄国探险家行经库布齐时，则曾写下这样一段话：“蒙古人怀着一种迷信和恐惧的心理告诉我们说，直到目前为止，库布齐沙漠中即令是白天也会听见嚎叫声、哼吼声，以及像死人的灵魂发出的其他各种呼喊。”

时至近现代，不少地理工作者、地质工作者，走入沙漠，踏勘鸣沙之地，努力寻求科学的答案。如俄国的普尔热瓦尔斯基曾从库布齐沙漠的西侧穿过，苏联学者 M.П. 彼得洛夫曾从库布齐沙漠的东侧穿过。我国著名科学家、中华人民共和国成立后曾任中国科学院副院长的竺可桢先生，也曾于 1959 年亲临沙坡头考察鸣沙现象。大量的科学考察，逐渐揭开了鸣沙现象的秘密。学者们发现，虽然鸣沙山分处各地，情况不尽相同，但有不少情况是一致的，换言之，“鸣沙”的出现应该具备下列条件：

第一，沙子必须运动。

当风力推动沙子运动，或者沙子受其自身机械作用影响，如一部分沙堆坡向下滑动，人从沙堆顶部向下滑动引起沙子的下滑运动等，沙子才会鸣叫。

曾有人在详细考察后写道：“沙的鸣响现象产生在刮风天气。每当此时，沙子便周期地顺坡滑下。就是天气平静，沙子寂静无声，使沙子鸣叫起来也是轻而易举的事。为此，可爬上沙堆的上端，坐下来，顺坡滑下。这时，沙子便能随着躯体的运动，开始发出低沉的吼嚎声。为了深入了解沙子鸣叫的究竟，我曾用手把沙子顺坡往下扒。沙子便也随着我双手的运动，低沉地嘶叫起来。袋囊中装的沙样，在抖动的时期，也能发出断续的响声。当我返回宿营地的时候，它甚至能断续响几个小时。不过，次日早晨，我们不震动它，它也就哑口无声。它已经筋疲力尽了。”由此可见，在风的吹拂下，或在人为的推动下，沙子相互摩擦，才会发出鸣响。简单地说，沙子只是在运动时才会“唱歌”。

第二，沙子必须干燥、发热。

沙子受太阳光辐射，接受了大量太阳能，温度逐渐增高，这时在风力的作用下，沙子就会在搬运过程中奏出特有的旋律。所以，沙子的鸣叫一般都发生在继干热天气而刮来大风的时候。太阳能是“鸣沙”的热能源。这种沙子的沙堆坡一般都是面向太阳的。观测结果证明，迎着太阳的沙子，表面温度可高达65℃～70℃。在如此干燥、酷热的情况下，沙子在风的动力作用下，不仅沙面发生鸣响，就是几十厘米的深处也会发出声音。

第三，鸣沙往往与水紧密联系在一起，或者说，巨大的鸣响必须有水。

在考察中，学者们发现了一个奇特的现象，即鸣沙的沙山、沙坡附近都有水。如甘肃敦煌鸣沙山的北侧有月牙泉，该泉清澈纯净，产铁背鱼、七里草。旧志记载说：“泉甘美，深不可测”，“四面沙龙，一泉澄澈，为飞沙所不到”。宁夏中卫沙坡头紧逼黄河岸边。内蒙古响沙湾本身就在罕台川干河谷左侧的基岸上。新疆巴里坤鸣沙山附近则有鸣沙泉。

读者或许会问：干燥的沙漠里怎么会有水泉？而且还清澄明澈，常年不涸？难道紧邻的沙山、沙坡上的流沙就填不平这小小的泉水吗？

这一难解之谜现在已被揭开。敦煌鸣沙山北侧的月牙泉，原是疏勒河的支流党河遗留下的一处古河湾，河湾基底为粉沙质泥岩，其水源来自含水层位置较高

竺可桢等在沙坡头考察

的地下潜流的不断补给。所以，月牙泉水面虽然不大，但其底部水路畅通，这成为其千年不枯的原因之一。此外，鸣沙山属金字塔沙丘，流沙有从底部向顶部搬沙的规律，滑下的沙子不久即被风吹扬到沙丘上部，所以，流沙不会填没清泉，这是月牙泉不枯的又一重要原因。

鸣沙山与月牙泉

有关治沙专家对月牙泉和南北沙山进行了多年观察，进一步揭示了鸣沙山与月牙泉的关系。原来月牙泉被夹在南北沙山之间，沙山的相对高度都在百米以上。南北沙山面对月牙泉的这一面，形状完全相反：南沙山北坡凸出，北沙山南坡凹进，在两沙山的交接处，地势较低，实际上形成了山间隘口。当沙山以外的气流从隘口进入月牙泉以后，由于特殊的地形和月牙泉区气流的影响，气流很快被分解成东、南、北三股，沿着沙山表面做离心式上旋运动，把山坡底下的流沙吹向山顶，使其降落到沙山的背后。史籍中所说的“经宿吹风，辄复还如旧”，便是指此而言。这种气流的作用，是月牙泉不被流沙掩埋的根本原因。

又如巴里坤鸣沙泉，处于沙山环绕中的空旷地带，风从山口吹进这个环山洼地，由于空气力学原理，沙子随风上卷而不下滑，出现了“沙不犯河，河不犯沙”的奇观，故此虽在沙海之中，却也清泉不湮。

沙子鸣声的大小高低，又是由其干燥表层的厚度决定的。一般而言，表层干燥沙越厚，鸣声越低，反之则鸣声越大。鸣沙山附近的泉水，实际上使干沙的厚度变薄了，因而也就加强了沙鸣的力度。

第四，“鸣沙”必须含有大量的石英，且为中粒沙和细粒沙，机械成分一致，灰尘很少。

苏联学者彼得洛夫曾在宁夏中卫市沙坡头和内蒙古达拉特旗银肯沙丘附近的罕台川河谷，选取沙质标本进行量化分析，发现在轻质矿物中，大部分为石英，其中沙坡头石英占 52%，达拉特旗更高达 62%；其次是长石，其中沙坡头占 24%，达拉特旗占 8%。长石是酸性斜长石和颗粒一致的斜长石，而且全都是风化沙粒。重质矿物主要由三组矿物组成：含有风化颗粒的绿帘石，其中沙坡头占 56.5%，达拉特旗占 36%；以钛铁矿和褐铁矿为代表的金属矿物，其中沙坡头占 20%，达拉特旗占 26.5%；普通角闪岩，其中沙坡头占 19%，达拉特旗占 20%。在机械成分上，两地的鸣沙都属于细砂类，分选性很好，直径在 0.25 到 0.10 毫米之间的沙子占绝大部分，其比例沙坡头为 95.2%，达拉特旗为 91.2%。

具备了上述四项条件，“哑沙”就会变成“鸣沙”“响沙”。1959 年，竺可桢在考察鸣沙之后，对鸣沙的形成条件有一段精辟的总结：“只要沙丘大，坡陡，底下有泉涌出，以细砂为主，矿物成分

沙漠考察队

大部分是石英，表层干燥，被太阳晒热，再经摩擦，便会发出响声来。”

那么，鸣沙究竟是如何发出声音的呢?

苏联学者罗日科通过实验，认为沙子鸣叫现象，是由不同的能的变换引起的。沙粒借石英的压电性质而发生复杂的带电过程，跟着电能又转化为弹性能，压电晶体的收缩和膨胀产生一种音响能——不减幅的音响振动。压电在电流影响下不仅成为声波的来源，而且成为超声波的来源。

通俗地讲，“鸣沙”是这样发出鸣叫的：不同风向的长期反复搬运，使沙子颗粒大小均匀，杂质极少，非常清洁，而且具有类似蜂窝状的孔洞；在特定条件下，这些细沙堆成沙丘、沙山，形成一定的坡度；大风吹拂吹扬沙子或人为在沙子上滑动，造成沙子的相互摩擦，具有独特表面结构的沙颗粒之间摩擦共振产生静电和声响；沙丘下面的泉水蒸汽和弧形沙墙形成共鸣箱，将沙粒声响放大若干倍，并向外传播。于是，各种奇怪的“鸣沙”现象就出现了。

（彭安玉）

寒武纪的圣地

——揭开地球生命诞生的惊人秘密

我们人类居住的家园——地球，迄今已有50亿年的漫长历史。地球在其最初形成的十余亿年间，一片死寂，没有任何生命。直到距今32亿年前，原始海洋中才出现了构造极其简单的单细胞菌类、藻类等极低等生物。从此，地球生命不断演变，其间经历了多次大灭绝与大演化，但直至距今5.3亿年的寒武纪早期，地球生命的记录仍是极为贫乏的，只有一些构造较为复杂的单细胞生物实体化石以及多细胞生物留下来的遗迹化石被发现，几乎没有多细胞动物的遗骸化石留存下来。然而，在5.3亿年前，在寒武纪岩层，在一个短暂的瞬间，现代生物所有门一级的早期雏形，竟“大爆炸”一般地在地球上出现了！这就是著名的“寒武纪生命大爆发”，而其确凿证据，就是中国云南澄江县帽天山——一座貌不惊人的小山包上，发现的数以万计的化石！

帽天山

一、“石头巨书”的发现

澄江动物化石群发现于20世纪80年代前期。当时，中国科学院南京地质古生物研究所研究员侯先光查阅中华人民共和国成立前我国地质科学家在澄江考察磷矿资源时所写的资料，突然眼前一亮，一行字深深吸引了他，那是何春荪教授撰写的《云南澄江东山磷矿地质》一文中的13个字，该文讲澄江帽天山“页岩内有一种低等级生物化石”。这是怎样一种“低等级生物化石”？它在生命发展史上处于哪一个环节？凭着科学家特有的敏感，带着一系列问题，侯先光离开了紫金山下美丽的古城南京，独自一人踏上了帽天山的考察之路。那是1984年的6月。

踏上云南这块土地，侯先光有一种莫名的兴奋。这里在5亿多年前，曾经是寒武纪无边无际的海洋，后来因为地壳运动而从沧海变成了桑田，又从桑田崛起为高原；这里是我国最早的人类“元谋人”发现的地方。考古学家证实，早在距今170万年前，云南已有古人类生活，直到今天为止，“元谋人”仍然是我国境内发现的最早人类；这里还是我国少数民族聚居的地方，我国55个少数民族，云南一省就有20多个。

侯先光急匆匆地来到了澄江，来到抚仙湖畔，来到帽天山下。在一般人看来，这里实在太平淡无奇了，普通的湖，平常的山，并无奇特引人之处。然而，在古生物学家的心目中，这块土地充满了吸引力。侯先光俯视着那深不可测的抚仙湖，聆听着湖水冲刷湖岸发出的哗哗声响，思绪穿越数亿年的时空，回到寒武纪。他强烈地意识到，在脚下这座貌不惊人的小山包上，或许埋藏着震惊世界的秘密。于是，他觅宝般在澄江、在抚仙湖畔、在帽天山上苦苦寻找，小心翼翼地敲打着石块。他被这里众多的生物化石惊呆了！

1984年7月1日在帽天山首先发现澄江动物群化石的地点

澄江位置及化石分布图

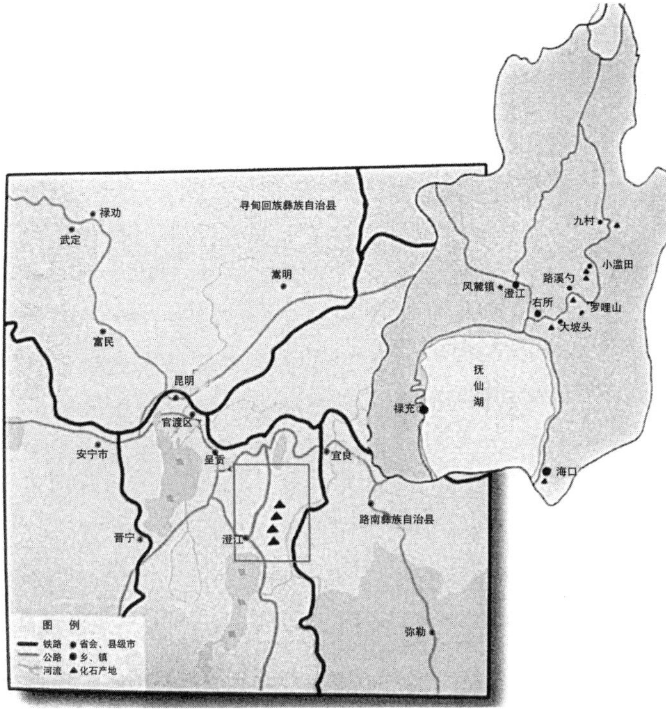

这哪里是一座普通的山包？分明是一部写满了生命进化史的石头巨书！怀着科学发现的巨大喜悦，侯先光风尘仆仆地回到南京，与他的导师张文堂进一步深入研究。1985 年 11 月，古生物学界最权威的杂志《古生物学》发表了他们合写的论文《在亚洲大陆的发现》，向全世界宣告了中国的这一惊人发现。

其后，侯先光、陈均远等十多位古生物专家又一次次地来到澄江东山，对化石点进行系统发掘和综合性的科学研究。他们在帽天山，在距帽天山十多千米外的风口哨、者底哨和小烂田等处，共采集到古生物化石 5 万块之多。这些化石分别属于海绵、腔肠、蠕形、节肢、腕足等动物门和超门。一些动物化石采出来后，由于古生物学家们从未见过，实在难以分门别类，只好用采集地的地名命名为“帽天山虫”“抚仙湖虫”“海口虫”“跨马虫”等。迄今为止，科学家们已累计发现 40 多个门类的 80 多种动物化石。

帽天山虫

显然，在 5.3 亿年前，地球生命的存在形式出现了从单样性到多样性的质的飞跃。绝大部分“门”一级动物“一瞬间”突

中美科学家在一起研讨澄江化石群

然出现在地球上，沉寂了40多亿年的地球猛然热闹起来。这里所说的“一瞬间”，实际是一个过程，这个过程虽长达200万年左右，然而相对于32亿年的地球生物史，200万年犹如一天中的1分钟！称之为“一瞬间”实不为过。然而，就是在这短暂的“一瞬间”，众多从未在地球上露过面的动物一下子出现在海洋里，它们形态各异，从只有几毫米长的微型动物，到长达2米、长着带柄巨眼和恐怖粗爪的大型怪物，今天地球上几乎所有动物的祖先，无论是天上飞的、地上跑的，还是海里游的，差不多都在那个时代出现了。包括万物之灵的我们人类在内的很多多细胞动物，可能就是从这里起跑，开始了各自的演化历程。

保存完好、栩栩如生的澄江动物化石群的发现，震动了国际古生物学界。德国著名古生物学家阿·塞拉赫称这一重大发现“就像是来自天外的信息”。1995年，世界各国科学家会聚中国，第一次以“寒武纪大爆发”为题进行国际性的学术大讨论，塞拉赫教授为此特意谱写了一曲诙谐的《寒武纪大爆发之歌》，以纪念他们因寒武纪生物群而齐聚一堂的美好时刻。时隔4年，来自中国和世界各地的科学家们再次来到帽天山这个寒武纪的圣地，进一步深入研究澄江化石群。他们中有赫赫有名的古生物学家、地质学家，有发育生物学

澄江动物化石群复原景观图

和分子生物学的权威，有细胞生物学专家，有研究海洋生物的学者，甚至连科普作家也趁机来到了澄江。这次会议的发起人和主持者陈均远先生，对此次盛会有一段精彩之论，他说："没有一个课题和讨论会可以将这么多从事不同学科领域的科学家吸引到一起，尽管研究的对象相距几亿年，从死了的到活着的，从微小的分子到完整的生命个体，但我们走到一起来了，为了共同解开生命诞生的秘密。"

澄江动物化石群的发现和研究，对于揭示地球生命的起源有着非凡的意义。正如刘祖武在1996年8月27日《文汇报》上撰文所说："1909年，科学家在加拿大发现了寒武纪中期的布尔吉斯页岩动物群化石，一时震惊世界，如今已被联合国教科文组织列为国际重要的科学遗址，加以重点保护。1947年，科学家又在澳大利亚发现了前寒武纪末期的埃迪卡拉动物群，成为世界重大发现之一。然而，这两个动物化石群在时间上相距1.1亿年，其间动物界发生的突发性变化却找不到实物依据。澄江动物化石群的发现，填补了布尔吉斯和埃迪卡拉这两个动物群之间演化的一个重要环节，揭开了寒武纪早期动物爆发性出现的奥秘。又由于这一动物化石群保存完好，分异度、层位较多，分布地区广等，其价值均在国外两个动物化石群之上，当之无愧地可称为世界古生物之最。"

二、"石头巨书"是这样写成的

令人惊叹不已的是，澄江化石群竟形象地保存了五亿多年前生物的软躯体构造。在离澄江60千米的晋宁"早期生命研究中心"标本室里，形态各异的化石标本令人目不暇接。娜罗虫化石的姿态，或卷曲，或斜躺，或平直舒展，完好地保存着它们的软躯体构造，甚至连肠道中充满的食物也清晰可见。具有网状骨皮的微网虫，每个网眼中有一个圆管构造，尤其令人匪夷所思的是，有的微网虫在死后竟然保持着立姿。水母化石则具有纤细的触手、细腻的体表和环肌。那些成群埋葬在一起的帽天山虫、海口虫，使人自然联想到它们是在一次聚会中突遇灾难的。

在正常情况下，若没有特殊的埋葬条件，动物死后很快就会腐烂，它们中只有极少数在非常特殊的情况下，才会岩化成为化石得以保存，而即便如此，得以保存的化石也多是不完整的残片，完整个体

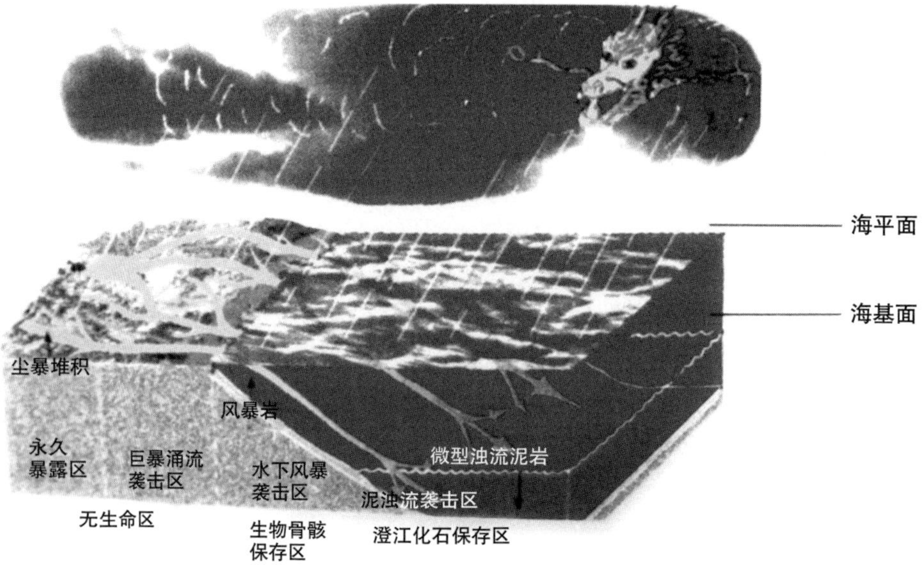

澄江化石沉积模式图

得到保存简直就是奇迹，软躯体动物更难留下任何化石记录。澄江动物化石群的形成，很偶然地得益于大风暴造成的泥流事件。换言之，大风暴造成的泥流事件，使得五亿多年前的软躯体奇迹般地保存了下来。孙敏在《中国国家地理》杂志撰文，解释了澄江化石群的成因："暴风雨过后，海岸上的泥流会沿着倾斜的海底斜坡流动，泥流所经之处吞没了沿途的生物，造成大规模的集体死亡事件。经过岁月的压缩，它们变成薄薄的化石，奇迹般地被珍藏在了石头制成的书页中。50万年中，一次次的泥流事件，一次次的风暴沉积，在云南中部的很多地方留下了厚厚的沉积页岩。在今天昆明的附近地区，从东到西，包括马龙、澄江、长虫山、岷山、海口、武定2000多平方千米的广大地域上，都分布有出露地表的寒武纪沉积页岩。目前科学家所触及的还主要是群山中的一隅——帽天山。"难怪在昆明一些孩子的收藏品中，不乏侏罗纪的恐龙、泥盆纪的鱼、志留纪的珊瑚石燕、寒武纪的三叶虫。昆明西郊一所学校的孩子们，几乎人人都有寒武纪海洋里的动物化石，因为他们的学校就建在五亿多年前的寒武纪的海底。

三、"石头巨书"挑战达尔文生物进化论

在距澄江几十千米的晋宁梅树村，有一个界分寒武纪与前寒武

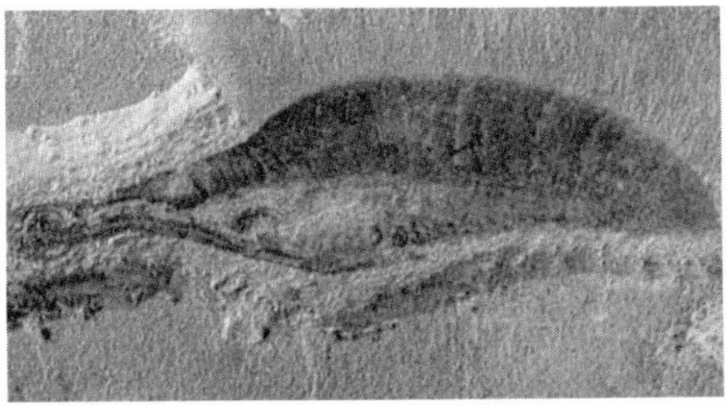

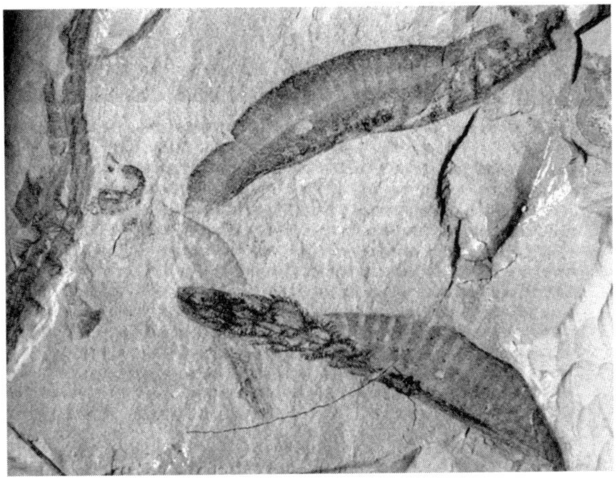

左上图：奇虾复原图
左下图：云南虫化石
右图：海口虫化石

纪的地质剖面。在这里，走很短的距离就能从前寒武纪进入寒武纪。一路上，你会看到越来越多、越来越密的小壳化石。接近寒武纪标志的地方，大块的岩面上有数不清的弯弯曲曲的遗迹化石，那是软体动物在海底吃藻类时留下的痕迹。从小壳动物群到澄江动物群，不过短短200万年，然而这却是寒武纪生命大爆发最关键的一幕，是动物多样性基本体制的伟大诞辰。旧金山大学的海洋生物学家钱锟教授认为，寒武纪生命大爆发的惊人之处，就在于Disparity，意思是“不一样”“有差异的”。各种各样、毫不相关的动物门类在寒武纪地层里几乎都有，种与种之间在外形上有巨大的差别，不同门类的动物在日后漫长的地质年代里的演化也千差万别。如寒武纪的海豆芽与我们现在海洋里见到的海豆芽几乎一点都没有变化，它靠过滤海里的微生物生存。然而，有一些动物的演变却令人惊讶，如脊索动物的始祖——云南虫，它向着不同的方向演化出了鱼类、两栖类、爬行类（包括恐龙）、鸟类及哺乳类（包括人）。澄江动物化石群以确凿的事实证明，现代动物的祖先在演进发展的某一时期，并不是“渐变”的，而是“剧变”，即在距今5.3亿年的寒武纪早期，地球生命的存在形式突然出现了“飞跃”——在较短的时间内，种类迅速增加，并以极快的速度在全世界分布开来。此外，从同一地点起跑的生物，有的走过了几亿年还是一点未变（如海豆芽），有的则演化出差异巨大的不同种类的生物，同样的时间对它们的作用则迥然不同，这也与达尔文的生物进化的“渐变”论、“均变”化形成尖锐的矛盾。

古生物学家的研究表明，5.3 亿年前的海洋中，最凶猛的捕食者莫过于奇虾。奇虾有一对带柄的大眼睛，一对分节的用于快速捕捉猎物的巨型前肢，还有美丽的大尾扇和一对长长的尾叉。它在水中游速极快，25 厘米直径的巨口可捕食当时任何的大型生物。它口中呈环状排列的外齿，对那些有矿化外甲保护的动物也构成严重威胁。总之，这是一种攻击力很强的食肉动物，其个体最大可达 2 米以上。而当时其他大多数动物平均只有几毫米到几厘米长。为什么寒武纪生命大爆发后，奇虾一出现就那么大、那么凶猛？这同样是达尔文缓慢的、渐进式的生物进化论所无法解释的。

四、“石头巨书”揭示人类进化起点

人类从何处来？这一难解之谜一直深深地困扰着古生物学家。1999 年 4 月，在昆明海口耳材村后的山坡上，科学工作者发现的海口虫化石，揭示了人类进化的起点。

在海口虫发现之前，澄江发现的最重要的动物门——脊索动物门，其中只有云南虫一个单种属。作为所有脊索和脊椎动物的共同祖先，它在被发现之初，曾被归到分类不明的生物类别，直到 1995 年，我国科学家陈均远在积累了大量标本后，才发现了它的脊索——一群富有弹性的细胞连成的支柱——从头部一直延伸到身体的后端。这一惊人发现，使脊索动物在地球上出现的历史一下子提前了 0.15 亿年。

陈均远先生

海口虫是陈均远的学生黄迪颖发现的。在显微镜下仔细观察，海口虫已有了头，上面长着眼睛；有心脏，有腹背动脉，口腔前端有口须，咽腔内有细小的齿状构造，肛门后端还有分化的尾，腮弓长出了腮丝，从而增大了与水的接触面积，提高了氧气的交换效率；更重要的是，它的神经索前端膨大出一个三分脑。这些解剖学的重要发现证明，海口虫是包括人类在内的脊椎动物演化的起点。

澄江动物群国家地质公园大门

在当今中国青岛、厦门和美国佛罗里达的海洋里，有一种生物很容易引起我们古老的回忆，那就是人类的远亲文昌鱼。文昌鱼是一种很原始的小型脊索动物，没有头化现象，脑子、眼睛尚处于很原始的状态。它们从云南虫的一支分化下来后就停止了演化，在温暖的浅海里找到了永久的栖息之所。而云南虫的另一支——海口虫，却经过亿万年的演化，告别了鳍和腮丝，长出了自由呼吸的肺和灵活行走的双腿，发展出了高级智慧。难怪著名文昌鱼专家、加州大学的 Holland 教授断言："海口虫的发现，是人类重塑地球生命历史的一项惊人成就。海口虫提供了一幅清晰而漂亮的寒武纪大爆发早期的、不容置疑的脊索动物的快照。这幅快照注定将在今后古生物学和生物学教科书中成为人们熟悉的一幅图片。"

凝视着这仅有几厘米长的海口虫，想想已处于文明状态的人类社会，我们真是感慨无限！我们感慨生命进化的无穷力量，感慨澄江这片寒武纪的圣地，为世人揭开了人类进化的起点。

（彭安玉）

沧海几度变桑田

——埋藏于黄海深处的地理发现

黄海是我国大陆东部的半封闭型大陆架浅海，平均深度仅 44 米，介于中国大陆与朝鲜半岛之间，北起鸭绿江口，南至长江口北角与济州岛西南角连线，面积约 38 万平方千米。海底地势由西、北、东三面向中央及东南方向倾斜，平均坡度仅 0° 01′21″。黄海海水因受黄河、长江的影响，含沙量大，加上水层浅等原因，呈浅黄色，“黄海”之名即由此而来。

古黄海海盆形成于六七千万年前，在构造上属于东亚华夏构造体系的沉降带，大致位于舟山群岛—济州岛一线以北和渤海以东，西缘则扩展到今苏北、安徽、浙江的平原地区直至太行山麓，面积远远超过了现代黄海海盆。古黄海海盆中有众多河流注入，又承接了大量的降水，形成了水浅、辽阔的淡水湖——“黄海湖”。黄海湖的湖面不断变化，随着水量的增加而扩大，又随着水量的减少而缩小甚至干涸成陆。那时的黄海湖，是淡水鱼虾群聚的世界。

大约在距今 10 万年前，全球气候明显变暖，冰雪融化，洋面迅速上升，东海海水终于涌入黄海湖，于是名副其实的黄海出现了。10 万年以来，黄海时而波涛汹涌，浊浪滔天，时而海水退尽，成为一望无际的大平原，几番海进海退，几经沧海桑田之变。

上述这些重要海洋地理信息的获取，得益于埋藏在黄海深处的一系列重大地理发现。

一、有孔虫化石

有孔虫是一种原始的微体古生物，整个身体仅由一个细胞构成，却是一个庞大的家族，其成员有1000多属4万多种。有孔虫只能生活在海洋里，其种属分布随着海水的深浅、冷暖、咸淡而变化，一旦脱离海水，它们即无法存活。因此，有孔虫是一种典型的指示海洋环境的微生物。海洋的边界扩展到哪里，哪里就有大批的有孔虫出现；哪里发现众多的有孔虫，哪里就是海洋的世界。

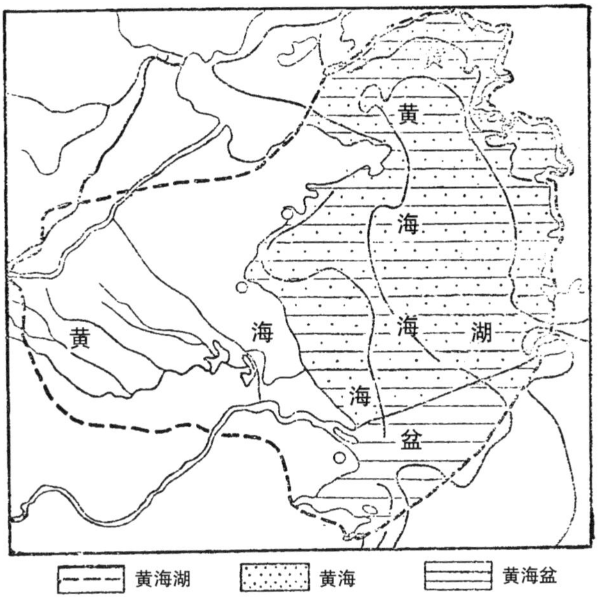

黄海湖、黄海海盆、黄海的边界图

幸运的是，古生物学家在苏北南通、盐城、连云港等地的大量钻孔岩蕊中，发现了很多有孔虫的化石。它们埋藏在距地表20—100多米的深处，距今10万—7万年。在苏北发现的有孔虫化石，大小只有几分之一毫米到几毫米，重要的种属有奈良小上口虫、施罗德假轮虫、霜粒希望虫、结缘寺卷转虫、压扁卷转虫、缝裂希望虫、亚三刺星轮虫、毕克卷转虫等。这些有孔虫大多喜欢生活在浅海环境中。而由这些有孔虫化石，能够勾画出一条准确的古海岸线。埋在古岸线里的有孔虫化石表明：10万—7万年前，淡水

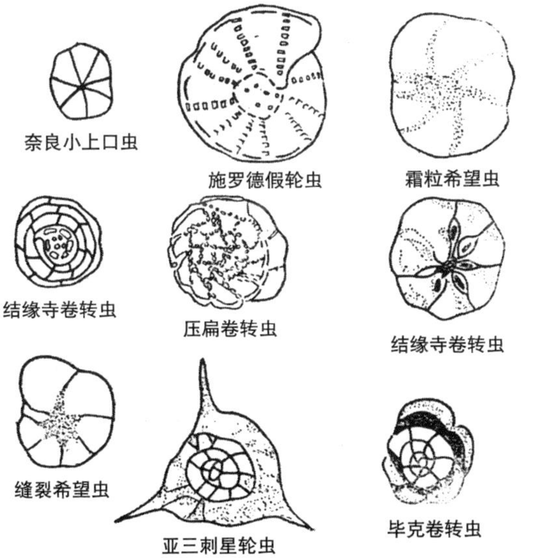

距今10万—7万年的有孔虫化石

渤海湾西岸平原的贝壳堤

黄海湖消失了，代之以与东海、渤海乃至浩瀚的太平洋连为一体的茫茫黄海；当时的黄海海面比现在高，黄海西侧海岸线直抵南通—盐城—连云港一线，此岸线以东、现代岸线以西的平原沃野，当时都被海水淹没着，成为黄海的一部分；海洋生物如有孔虫等取代了淡水的湖泊生物，沉积物也以海洋中的泥沙为主。

渤海湾西岸平原的勘探表明，这里在10万—7万年前是一片汪洋，3万年中堆积了几十米厚的泥沙，泥沙中有许多贝壳，特别引人注目的是骨螺、依萨伯利雪蛤、笔螺、榧螺等。目前这些喜暖的海洋生物生活在浙江温州以南的海域。渤海湾西岸骨螺等暖海生物的发现说明，距今10万—7万年前的黄海处于温暖潮湿气候区，其海洋气候环境与现代东海南部及南海十分相近。

二、海底泥炭

1977年，“曙光号”“东方红号”海洋调查船在黄海进行海底沉积物的取样工作，首次在七十多米水深的海底发现了泥炭，这引起了国内外的普遍关注。因为在此之前，日本、美国以及韩国等，都曾先后在黄海进行过考察和研究，然而他们并未发现黄海的泥炭。

此次在黄海发现的泥炭厚度不一，最厚者有0.5米，最薄者仅3

厘米，均为黑色，点火即燃，最后留下灰白色灰烬。泥炭中有机质含量十分丰富，一般可达30%—40%，主要由植物残体组成，植物的茎叶清晰可辨。经 C^{14} 同位素测定，这些泥炭的年龄大于或等于3.6万年，估计为4万年。

大海波涛之下何以出现由陆上花草树木形成的泥炭呢？莫非4万年前，黄海真的是沧海变成了桑田？科学家们的研究证实了这一判断。

原来，距今4万年前进入了全球最后一次冰期的早期，欧洲称为玉木早冰期，我国称早大理冰期。这次冰期起始于7万年前，结束于4万年前。此间的3万年，气候严寒，降雨减少，降雪增加，许多入海河流因严寒而冻结成冰，失去了往日流往海洋的滔滔气势，而海洋水体因蒸发量大大超过补给量，海平面急剧下降，海域大大缩小，许多曾被海水淹没的地方，此时相继裸露成陆。属于大陆架浅海的黄海，也正是在这个时候，因海水的退出而枯竭，从波翻涛涌的汪洋大海，变成了一马平川的黄海大平原。

海水退出后，黄海大平原的地下水位仍然很高，所以平原上湖沼遍布。当花草树木等植物老死后，其遗体便在沼泽内堆积起来。由于低温与水体停滞，植物残体得不到细菌的充分分解，植物体的木质素和纤维素得不到彻底破坏，逐渐转变为腐殖质、腐殖酸，后经泥沙覆盖即成了泥炭。

黄海泥炭的发现无可置疑地说明，在距今7万—4万年期间，黄海曾裸露成陆，黄海大平原上长满了盐蒿、滨藜、香蒲、野菊花、芦苇等陆地植物。

三、古长江河床

20世纪70年代末，科学家们在黄海进行精密的水深测量时，吃惊地发现了沉入海底4万年之久的古长江河床。古长江河床在漫长岁月里虽然遭到泥沙的掩埋，但河床形态仍然依稀可见。古长江出南京后不是沿着今天的走向向东南注入东海，而是由南京向东北流至今苏北弶港附近注入黄海海盆。古长江流经黄海海盆的中心部位，穿过济州岛最后注入冲绳海槽。古长江的长度约为七千千米，较今日长江长出六百多千米。

4万年前的古长江，长度大大超过现代长江，原因何在？我们知道，注入大海的河流一般不可能侵蚀切割到海平面以下，河流总是高于海平面，这样才能百川归海。所以，河床的形态在河流进入海区时便消失了。换言之，长江的长度直接受到海岸线位置的制约。4万年前的古长江明显变长，与早大理冰期来临时气候变冷、海面下降、海岸线后退紧密相关。徐家声在《黄海十万年》一书中对此做了精彩的描绘："在距今7万年时，早大理冰期开始，黄海海面下降，发生海退，黄海的水深越来越浅，水流、波浪作用也逐渐减弱，以至完全消失。古长江带来的泥沙沉积在黄海平原上，三角洲迅速向前推进。黄海海面下降引起古长江侵蚀作用的加强。古长江活跃地向前推进。黄海岸线后退到哪里，古长江跟着推进到哪里。黄海的岸线越退越远，古长江越伸越长。当黄海完全裸露，岸线后退到济州岛附近时，古长江也很快前伸到济州岛附近，最后突破了济州岛一线，越过济州岛及男女群岛汇入了冲绳海槽。"

过去人们总以为长江一直是东流注入东海的，古长江河床的发现终于使人们确信：长江并不永远流注东海，它在4万年前是先流入黄海的领地，拐了一个弯以后再注入东海的水域。

在距今4万年以后，早大理冰期结束了，气候再次变暖，海面也在冰雪融水的推动下不断上升，上涨的海水又一次淹没了裸露的黄海大平原。古长江开拓的六百多千米河床，也随之沉入海底。4万年以来，因泥沙的不断掩埋，淹没在黄海中的古长江河床，就如同一条年久失修的古道，面貌逐渐模糊起来。尽管如此，它却是古长江形态的可靠依据，是它，为我们留下了黄海裸露成陆的又一佐证。

黄海海底泥炭的面世，古长江河床的惊人发现，一再向人类揭示着黄海沧海桑田的巨变：黄海不是永恒的海，在黄海的发育史上出现过长达3万年之久的苍茫大地，黄海也曾有过土壤肥沃、植物繁茂的流金岁月。

四、一条蜿蜒百里的贝壳堤

1977年春天的一个夜晚，黑幕笼罩着茫茫黄海，唯有"曙光号"海洋调查船的满船灯火在黑暗中闪烁。调查船的振动活塞取样管不时地把一管一管的海底泥沙样品取上船。船上的科研人员在灯下仔细地观察分析着样品。突然，青灰色的柱状泥沙样品中有一段露出乳白色的光泽。这是怎么回事？把柱状样品切开一看，原来这段样品尽由贝壳组成，贝壳层的厚度达 30 厘米！这一发现让他们激动不已。后来，在山东半岛成山头以东及其以南海区，在海州湾以东等地，又多次发现含贝壳层的柱状物；还发现取得贝壳层的地点，水深都为 70 米，贝壳层在海底的埋藏深度也基本相似，都深入海底 2.5 米左右。这些贝壳经 C^{14} 测定，距今大约 4 万年。显然，在距今 4 万年之初，在如今黄海的 70 米等深线附近，曾发育过一条蜿蜒百里的贝壳堤！

组成这一贝壳层的主要贝壳种属有十几种，诸如各种牡蛎、文蛤、兰蛤、白樱蛤、稜蛤、多型核螺、泥蚶、毛蚶、笋螺等。若从壳体的数量来看，各种牡蛎的贝壳无疑占有绝对优势，它们是贝壳层的主要组成者，是形成贝壳层所属软体动物群中最大的家族。在这个家族里，主要成员有壳体酷似和尚帽子的僧帽牡蛎，有壳体为长椭圆形的长牡蛎，有壳上装饰着致密鳞片的密鳞牡蛎等。

牡蛎只能生活在水深 0—10 米的潮间带和滨海地区，那里盐水的盐度适中，岸边水流活跃，水体经常更新，牡蛎生活所需的氧气、食物和石灰质充足。海水深度超过 10 米，牡蛎摄取营养、获取光照便困难起来，盐度也显著增加，等待牡蛎的只能是死亡的厄运。

百里贝壳堤的发现显示，在距今 4 万年的时候，早大理冰期刚刚结束，全球气温开始日渐回暖，海水上升，开始漫入黄海平原，海岸线不断向西推进，抵达如今 70 米等深线的海区，那里是只有 0—10 米水深的滨海浅水环境，海底粉沙又很适于多种牡蛎匍匐、固着和掘穴，因而牡蛎家族兴旺一时。后来海面继续抬升，海水继续西进，70 米等深线地区大量繁殖的牡蛎等因为环境的恶化，大量死亡。岁月流逝，一块块坚硬的牡蛎贝壳堆积成了厚厚的贝壳堤。百里贝壳堤的存在告诉后人：4 万年前黄海大平原开

牡蛎的贝壳

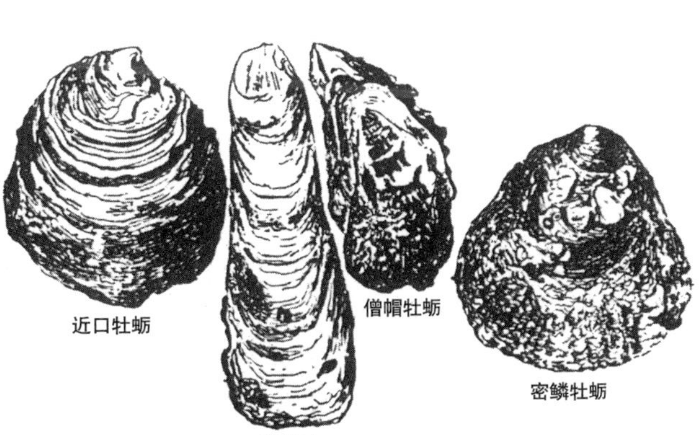

杭州湾以北沙质海岸变迁图

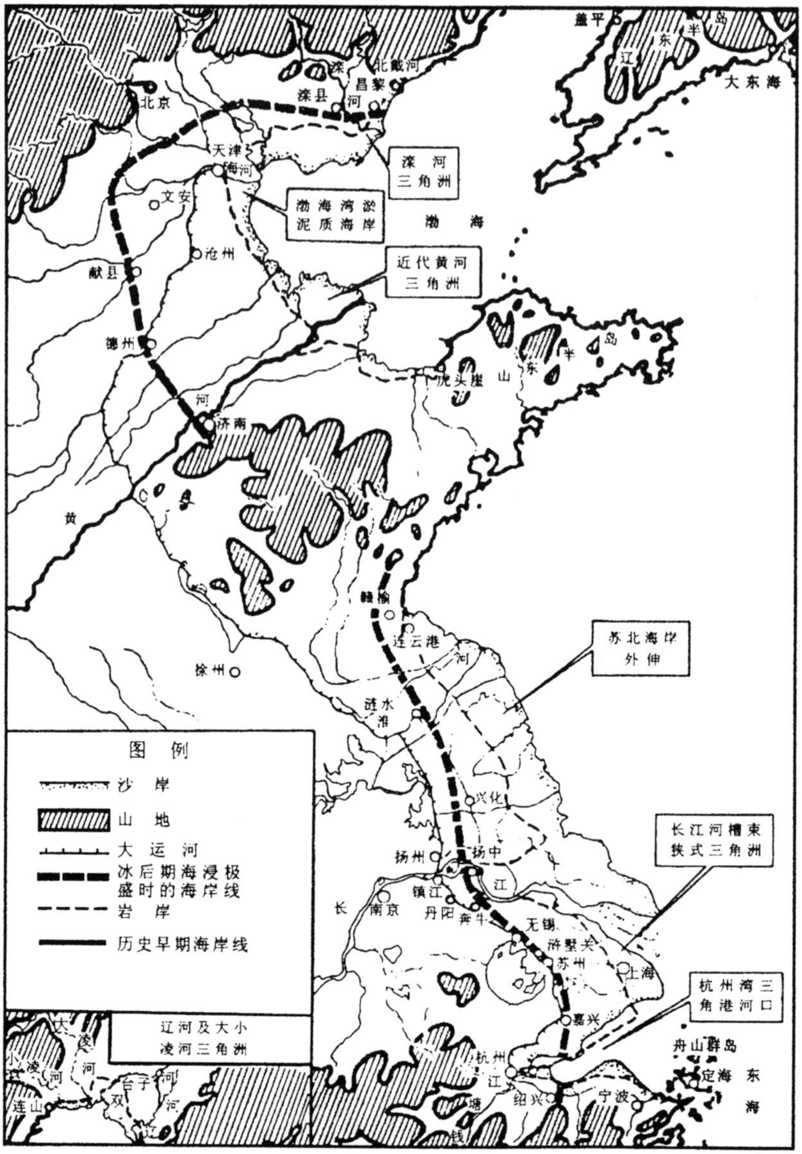

始了海水入侵的新时期，海水由浅到深，黄海浪激潮颠的大海壮观，取代了距今 7 万—4 万年期间出现的平原千里的自然风光，桑田变成了沧海。

在距今 4 万—3 万年期间，黄海西海岸终于推进到了今日苏北平原的兴化—淮安—灌云一带，而现在这条古岸线已距黄海 100 千米之遥。此间黄海之壮阔不难想象。我们知道，世界上所有海洋的水体都是相通的，它们有着高度极为一致的海平面。黄海海域扩展到兴化、淮安一带，是不是当时全球海面因气候变暖而大大抬升了呢？根据对生物化石和古海流变动情况的研究，当时黄海的温度比现在低。既然如此，那么距今4万—3万年的黄海水域理应比现代水域要小，何以适得其反，那时的海域反而比现代黄海的海域广阔得多呢？原来，苏北平原自第三纪以来一直处于下沉状态，5000万年来，这里的沉降速度时快时慢。在距今4万—3万年时，黄海西岸的苏北平原下沉十分迅速，以至低于黄海海面，于是海水涌入，很快把地势平坦、高差很小的苏北平原淹没于惊涛骇浪之中。

五、黄海古黄河—古长江三角洲

黄河和长江现今是两条完全独立的水系。可是，研究者们发现，在今天苏北平原沿海形成的苏北浅滩即人们称为五条沙的北侧，有一个并非今日河流形成的巨大三角洲。在这个巨大的三角洲上，通过水深测量，在看不见的海底发现了古长江和古黄河河床。这两条河床虽然长期以来遭到泥沙掩埋，但河床形态仍然较为清晰地被保存下来。

从埋藏古黄河河床的位置可以发现，古黄河入海位置较今天明显南移，即不是在山东注入渤海而是在苏北流入黄海。古黄河的南迁，古长江的北移，使得古黄河三角洲和古长江三角洲相互联结，成为一条统一的水系。正是这条庞大而又复杂的水系，塑造了巨大的古黄河—古长江三角洲。这个巨大的三角洲以现在的海州湾、长江口为侧边，呈三角形向东扩展至黄海60米等深线，其范围远远超过了现代黄河和长江三角洲。

古黄河—古长江三角洲是如何形成的呢？科学家们的研究解开了其中的奥秘。

黄海在距今3万—1.2万年期间，受到全球最后一次冰期中极端寒冷气候的影响。那时全球气候酷寒，冰川广布，世界洋水体蒸发量大大超过补给量，海平面大幅度下降，最大下降值达到150米左右。属大陆架浅海的黄海最大水深不过100多米，平均水深仅40多米，因此在这次海退过程中完全干涸成陆，变成了天寒地阔的大平原。海平面的大幅度下降和黄海的陆地化，破坏了河谷纵剖面的平衡。为了达到新的平衡，古黄河、古长江加速了拓展新河床的进程。在地形平坦、土质疏松的三角洲上，古黄河及古长江河床迅速下切并向大海延伸，于是产生了新的三角洲，生成了新的分汊河道，而新的分汊河道又致力于三角洲的新扩张。三角洲在向前推进的过程中，还不断地向两侧扩大范围，使得古黄河、古长江三角洲逐渐靠近，最后终于联结成一体，形成面积巨大的古黄河—古长江三角洲。

在冰期时代黄海裸露成陆背景下形成的统一的古黄河—古长江三角洲水系，在后来全球气候转暖时，又被上涨的海水所淹没，成为深埋于海底的水系。在波浪、泥沙长年累月的作用下，统一的水系逐渐变得支离破碎，河谷形态也日渐模糊。与此同时，巨大的古黄河—古长江三角洲本身，在被上涨的海水淹没之后，也被海流或潮波冲刷、改造、破坏。在潮流的作用下，巨大三角洲的西部被改造成今天的辐射状沙洲，一条条沙坝以弶港为中心向外辐射，成为海上航行的危险地带。

巨大的古黄河—古长江三角洲，雄辩地证明了黄海曾因气候严寒和海平面下降而出露成一个大平原。只有在这个大平原上，古黄河和古长江才可能形成巨大而统一的三角洲。

值得一提的是，在冰天雪地的严寒岁月里，居住在华北平原上的古人类在追逐野兽的过程中，来到黄海大平原上，又在无意之间越过了干涸的朝鲜海峡、对马海峡，来到日本的九州；差不多同时，又一批中国的华北原始人类从我国东北北上，跨过干涸的鞑靼海峡，经库页岛，再越过同样干涸见底的拉彼鲁兹海峡来到北海道。我国华北原始人类在开辟至日本的这两条道路的同时，也把中原地区的原始细石器文化带到了日本。于是，中日文化交流的源头，从某些学者认定的秦汉时期，上推到了至少一万年以前，这也可以说是文化地理上的一个重大发现。

古黄河—古长江三角洲

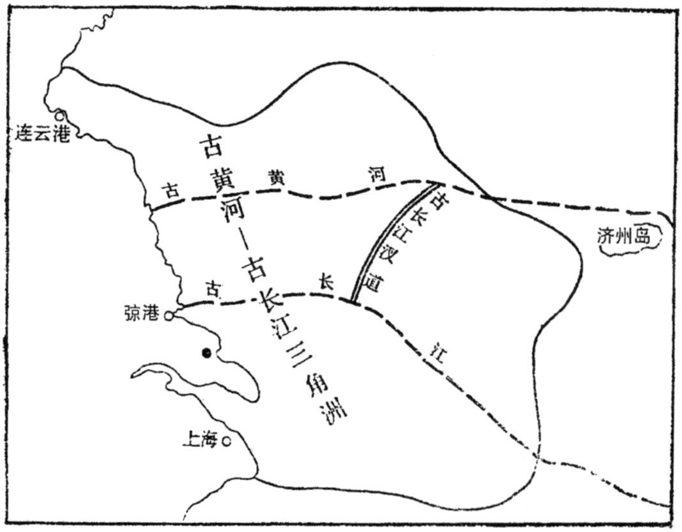

六、现代黄海的出现

大致从距今 1.2 万年开始，第四纪最后一次冰期结束，全球进入了冰后期，气候逐渐转暖，冰雪消融，海面又开始回升。约在距今六千年左右，海侵达到了最大规模，前次冰期时出露成陆的黄海平原几乎全被海水淹没了，中日之间在冰期时形成的陆上通道中断。当时，苏北平原，北起赣榆，南经海州、灌云、涟水、高邮、扬中一线，全部为海水淹没，长江入海口退到了扬州、仪征附近。

从距今六千年左右开始，海面趋于稳定。黄河、长江每年挟巨量泥沙输入黄海，填海造陆，海岸线又逐渐向东推移。

历史时期，黄河尾闾南北摆荡。当黄河南徙，从苏北平原注入黄海时，苏北一带的海岸线就迅速外伸，黄海不断向东退去。公元 1128 年，黄河南下夺淮入海。此前，淮河口尚在阜宁附近的北沙。1128 年黄河的一支南下夺淮入黄海、1495—1855 年下游全部注淮入海之后，苏北平原北起海州湾、南至古长江三角洲，都是它的泥沙沉积范围，河口三角洲前缘直抵黄海中部，即相当于现在 20 米等深线附近。1855 年铜瓦厢大决口之后，黄河改由山东利津注入渤海。从此，苏北沿海泥沙锐减，巨大的黄河三角洲在波浪作用下遭到破坏，海岸线复以每年几十米到百余米的速度迅速后退。

在长江口，由长江带来的泥沙不断淤积，河口三角洲也不断东伸，海岸线不断东移，直到现在，海岸线仍在不断向海推进。

（彭安玉）

封闭的海面

——太湖生成之谜

“云山已作歌眉浅，山下碧流清似眼。”中国古代的诗人总喜欢将湖泊比作人的眼睛，这不仅是因为湖泊的形状与人的眼睛有相似之处，更是因为对于大地来说，湖泊是充满生机和灵气的大地之眼！

我国是一个湖泊众多的国家，面积在一平方千米以上的天然湖泊就达2800多个，总面积约8万平方千米。其中，淡水湖泊面积为3.6万平方千米，占总面积的45%左右。这些湖泊比较集中地散

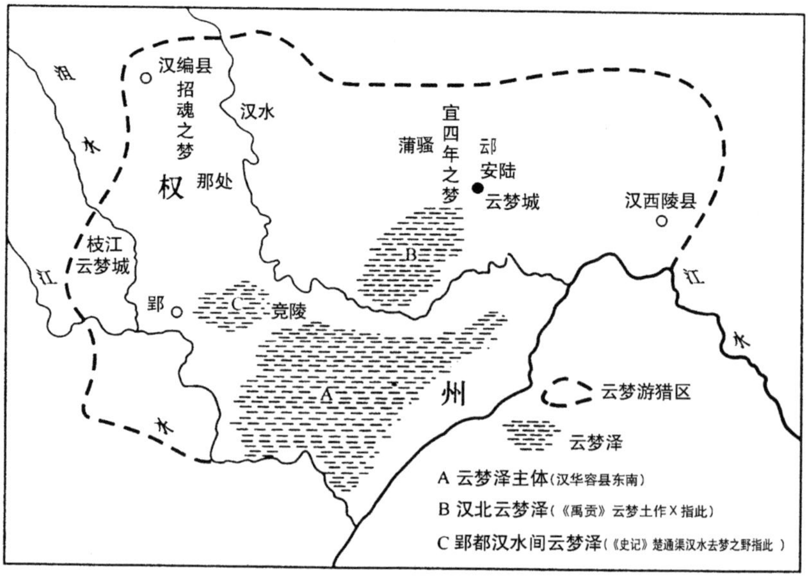

古云梦泽位置图

布在五个区域里，即东部平原湖区、青藏高原湖区、蒙新高原湖区、东北湖区和云贵高原湖区。虽然同是湖泊，但每个湖泊各有其性格特征。无论是它们美丽的外表，还是它们的形成原因，抑或是它们在数不清的年代里经历的沧海桑田，它们总会有些独特之处，吸引着人们的目光，激发起人们探求的兴趣。比如说，同样是大自然的产物，可在历史长河中却经历了不同的变化，有的湖泊自古及今，依然风姿绰约，有的湖泊却发生了巨大的改变，更有甚者，在不知不觉中湮灭了。那昔日的“八百里洞庭”，数十年前还是我国最大的淡水湖，如今却已支离破碎，其冠位让于鄱阳湖。又如云梦泽，春秋战国时期还是“方九百里”，可到了汉代，有些地方日益缩小淤浅而成为沼泽，当年曹操赤壁战败，“引军从华容道步归”时，就经过这里。唐宋时，著名的“云梦泽”基本消失；到了清及民国时期，江汉平原上只分布着两百多个浅小的湖泊群，正是古云梦泽被分割、解体而残留的遗迹。再从湖泊形成原因来看它们的不同：有的湖泊是由于地质构造运动而形成的，有的湖泊是由于地震、山崩、火山熔岩流等堵塞河道而形成的，还有的湖泊是冰川融化的结果。对于湖泊的形成原因，人们也总是带有各种各样的好奇。刚开始时，或者由于受到各方面条件的限制，人们的认识会不全面，但是随着研究的深入，认识会不断地完善，而这种不断完善的过程，又往往充满了各种各样的出其不意。

这里让我们对太湖形成原因的探索过程，进行一番简单的回顾。从回顾中，可以了解到对于太湖形成原因的不同说法，更能感受到探索的艰难与发现的喜悦。

一、“前世”太湖是泻湖

太湖古名震泽，又名笠泽，它位于长江口南侧坦荡的太湖平原上，湖泊面积2400多平方千米，仅次于鄱阳湖和洞庭湖，而居于长江中下游五大淡水湖的第三位，也是我国第三大淡水湖。太湖南北长近70千米，东西平均宽34千米，最大宽度约56千米；湖面海拔3米左右，平均水深不及2米，是一个典型的平原浅水型湖泊。

关于太湖的记载，最早见于《尚书·禹贡》：“三江既入，震泽砥定。”这句话的意思是：原本来自天目山及宜溧丘陵的古苕溪和古荆溪等河流的来水，通过太湖地区之后分别经由三条江河汇入长江和东海，于是震泽（即太湖）也就比较稳定了。到了北魏时期，郦道元在《水经注》中称：“吴为泽国，其薮具区，其浸五湖，又曰震泽，曰笠泽，即今太湖也。”在这里，郦道元对古太湖的方位和不同名称做了大致的描述。其他如《越绝书》《太平寰宇记》等方志、总志都对太湖有一些零星的记载，唐、宋以后更是涌现出一批有关太湖水利的专书。然而，众多的古籍大部分只是对太湖的名称、方位、实体状况以及水利等做了描述，大体没有涉及对太湖形成原因的探讨。一直到了科学昌明的现代，对太湖形成原因的研究才不断深入，提出了一系列饶有趣味的不同观点。

包孕吴越的太湖是怎样形成的呢？在太湖周围地区流传着这样两个传说。传说在很久很久以前，太湖原本是一块平原，方圆千里。这块平原的西南部，群山逶迤，树木葱茏，神龙出没其间。有一天，众多神龙一时兴起就一起下山游玩，顽皮的龙儿们在平原上嬉戏，吐水而成湖，这就是太湖了。又有传说云，古代太湖是一块平原，平原上面有一个山阳县。有一年，洪水泛滥，来势汹汹，很快就淹没了山阳县。全县沉入水底，就成了今天的太湖。而在太湖北面突然涌现出的一块陆地，就是今天的无锡城。传说毕竟是传说，显然不会是真的，但是拨开那层神话迷雾，透露出了原始的、朴素

“太湖绝佳处，毕竟在鼋头”

的、混沌的太湖成因的信息，给了今天的人一些启示。

20世纪30年代，著名地质学家汪湖桢、丁文江最早对太湖的形成原因提出了自己的看法。在题为《太湖之构成与退化》(1936)的文章中，汪湖桢、丁文江指出：原本，长江三角洲地区的湖群是一个与海相通的大海湾，后来扬子江和钱塘江逐渐向东延伸，把部分海面环抱于内，等到了最后，这一片被环抱起来的海面就变成了内海。后来又随着内陆地区山上水流的注入，海水逐渐被稀释，海水的盐分逐渐消失，咸咸的海水变成了淡淡的湖水，太湖就这样形成了。汪湖桢、丁文江的观点奠定了太湖泻湖说的基础。与此同时，著名气象学家和地理学家竺可桢也提出了太湖是泻湖的观点，认为古太湖原本是海湾，因为长江泥沙堆积而形成沙嘴，并与钱塘江北岸沙嘴相接，围成了一个泻湖，后来由于泥沙不断淤积，海岸线向东逐渐推移，泻湖逐渐变成了与海洋相隔的大大小小的湖泊，太湖就是这些分散杂陈的湖泊群的主体。

中华人民共和国成立后，在围绕太湖的整治和开发方面，做了大量的工作。一些学者在广泛调查的基础上，进一步丰富了“泻湖成因说”的内容。1959年，陈吉余等学者在《长江三角洲的地貌发育》一文中指出：大约在6000年前，被长江南岸沙嘴和钱塘江北岸沙嘴包裹下的太湖地区，由最初的海湾形态逐渐成为泻湖，进而由泻湖变为与海洋完全隔离的湖泊。与此同时，为了给“泻湖说”提供佐证，研究人员对太湖地区进行了大量的实地勘测工作。他们用 C^{14} 来测量长江三角洲的古海岸线，发现6000年以来，长江三角洲的古海岸线曾长期维持在今天的常熟、太仓、淞江、金山沙坝的外侧。这种地理特征不仅使得该沙坝的西侧洼地有可能受到海水的侵袭而具有“泻湖”的某些水文地理特征，而且有可能使沙坝西侧的洼地被淤塞以及洼地中的水被冲淡而成为淡水湖群。经过进一步的研究发现，太湖地区有些地方的沉积中含有海相生物化石的夹层，有些地方还找到了埋得并不深的牡蛎壳层，有些地方的泥炭具有向泻湖型泥炭过渡的某些地球化学特征，以及太湖地区的多处古文化遗址曾被高海面洪水淹没，太湖周围还有以“潮河”“潮桥”等“潮”字命名的地名等。这一个接一个的实证，给持“泻湖说”的学者们提供了大量的证据。它们都说明，很久以前的太湖地区确实曾浸泡在海水之中。在此基础上，杨怀仁等在《全新世海面变化与太湖的形成与演变》

（1985）一文中，甚至推算、归纳出了太湖地区遭受海水入侵的次数和时间。他们指出：太湖地区先后遭受过五次海水入侵，时间分别是距今9700年前后、8300年前后、7000年前后、5500年前后以及3500年前后，其中，距今7000年前后的那次海水入侵曾使太湖地区与外海完全沟通。在那个时候，海水逼近今天的丹阳—溧阳—吴兴一带的丘陵和黄土岗地，形成了规模不小的海湾，一派巨浪滔天！

经过广大学者的不断研究，“泻湖说”逐步完善起来。“泻湖说”总体上认为：太湖形成于全新世最高海面时，当时，太湖平原受到广泛海侵，形成了一个大的海湾。以后由于长江口南岸和钱塘江北岸两大沙嘴不断增长，这一海湾逐渐被封闭，成为泻湖，太湖及其周围的湖群就是由海湾—泻湖演变而来的。然而，科学远不是这样简单！它总是在对立中不断前进与发展的，大量的考古及地质发现，又带给人们一个接一个的谜团！

二、接踵而来的发现

1974年，人们在毗邻太湖以东的澄湖湖底，发现了数百口古井，不仅如此，还在井中清理出新石器时代至宋代的各种文物达1200多件！面对这些文物，人们马上就提出了这样的问题：湖底怎么会有这些东西呢？这个问题还没有解决，新的发现接踵而来。大约在同一时期，考古工作者还在太湖部分地区发现了新石器时代古脊椎动物的化石及汉唐时代的文化遗址。如在太湖东部的吴江黎里乡的乌金漾湖荡底面以下3—4米处和以南的吴兴县菱湖底，都先后发现了亚洲象、纳马象、剑齿象等的骨骼；太湖以西的滆湖湖底，发现菱齿象化石，这些动物所生活的时代大约距今5000—10000年间。此外，在对马家浜文化层（距今6000—6700年）、崧泽文化层（距今5500—6000年）、良渚文化层（距今4000—4500年）及商周文化层（距今2500—4000年）等各个时代的文化遗址的发掘中，发现了各种石器、黑陶、古稻谷、动物骨骼以及各种编织工具。发现，一个接着一个；疑惑，也是一个接着一个地摆在了人们面前。但有一点是可以肯定的，那就是，早在6000多年以前，古人就已经在这里繁衍生息了！当这些考古发现公之于众后，人们不禁又产生了一个疑问：既然在很久以前，古人已经在这里居住了，那么，太湖又是什么时候形成的呢？这些资料是不是证明太湖“泻湖说”又是不可靠的呢?

另外，据北宋水利学家单锷在《吴中水利书》中记载：“锷熙宁八年，岁遇大旱。切观震泽水退数里，清泉乡湖干数里。而其地皆昔日丘墓、街井、枯木之根，在数里之间。信知昔为民田，今为太湖也。太湖即震泽也。以是推之，太湖宽广，逾于昔时。”这段史料说明在公元1075年干旱时，太湖水曾经干涸，湖底出现了古街道、古墓地。

地质考古学家针对太湖湖底地形开展的测量与钻孔工作也揭示了一些现象。他们在湖滨及湖中打了一系列的浅钻和深钻，从这些钻孔里提取了大量的沉积物进行分析，同时还对湖底40米以上的沉积地层进行了探测。测量表明，太湖湖底十分平坦，湖中既没有深槽，也没有浅滩，基本上是一个平坦的湖底平原；这个平坦的湖底基本上是由坚硬的黄土物质组成的，湖底大多数地方覆盖着褐黄色粘土，土质较硬，局部地区土质松软，地势低洼。令人惊奇的是，在湖底还发现了大小不等的古河道与洼地！这些发现似乎在暗示：太湖形成的原因远比人们想象的要复杂!

三、太湖非“泻湖”说

考古与地质的众多发现带给人们新奇，但同时，又使人们陷入一种困惑当中——这万顷碧波究竟从何而来？是上帝的心血来潮，还是没有来由的“天上之水”？当然，严肃的科学不是浪漫诗人的幻想！对泻湖说持怀疑的学者们根据上述发现，分别提出了不同的观点，归纳起来主要可分为构造成湖说、三江堰塞成湖说、陨石冲击成湖说三种。

所谓“构造成湖”，是指湖盆洼地本由局部地段的地壳在构造运动中发生沉降而形成的。成都地质学院编著的《动力地质学原理》(1978)一书认为，世界上大湖的湖盆几乎都是由内动力地质作用形成的，太湖也不例外。太湖位于中国东部地壳沉降带内和大平原上，湖中的岩岛是地壳沉降前的山峰。持这一学说的学者们认为，太湖地区的剥蚀夷平面在早更新世时期强烈的断块差异运动中发生了分裂，太湖四周的大小断块相对上升，古夷平面的海拔从100米左右上升到了200米左右，而太湖湖区构造沉降成为湖盆，虽然这个湖

两千年前太湖水系略图

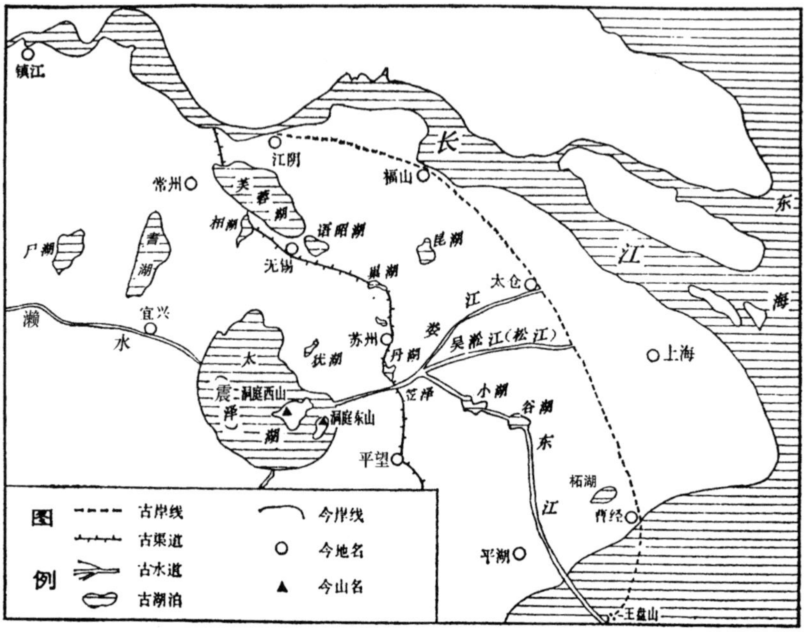

盆不是一个严格构造封闭的湖盆（黄弟藩《长江下游三大淡水湖湖泊地质及其形成和发展》，1965）。又孙顺才等在《太湖》（1993）一书中，回顾太湖地区地质构造研究的最新成果，认为在中生代中晚期的燕山运动中，太湖地区曾经发生过断裂活动，断裂将湖区分割成棋盘格式的大大小小的断块；后来又在新生代喜马拉雅运动中，太平洋板块向欧亚大陆板块俯冲，发育了一系列断陷盆地，太湖盆地就是位于那些小规模的、分散的断陷盆地之上。

“三江堰塞成湖说”指的是三条江河被淤积堵塞，太湖因此形成。这里提到的“三江”就是《禹贡》里“三江既入，震泽砥定”所言的三江，即东江、娄江和吴淞江。概括起来，“三江堰塞成湖说”认为，发源于天目山和宜溧丘陵的河流，从西部向太湖洼地区汇集而来后，分别向东偏北注入长江，或向东偏南或向南注入杭州湾，由于当时的海面和长江河口段水位不断上升以及沿海沙堤的发育，这三条河流的河口逐渐被淤塞，进而导致太湖洼地区积水成湖。比如三江中的吴淞江出口原本很宽，北宋时期还宽达 10 千米，后来由于泥沙淤积与人工围滩造田等原因而不断变窄，现在的吴淞江已经宽不到 0.5 千米，有的地段甚至不到 45—50 米了。至于娄江和东江的出口，则在唐代就湮废了。

在众多的考古发现中，学者们也为“三江堰塞成湖说”找到了依据。例如1955年大旱，在吴江县西南已干涸的太湖湖底发现了古井和古建筑，古井里面还有黑陶片等。1986年，在吴县太湖湖底挖出了战国时代的方井和汉代的井栏圈。诸如此类的发现还有很多，这在前文中也已经提到了。据此，学者们认为：这一系列的考古发现充分说明，太湖湖区的大部分在新石器时代及历史时期的早期曾长期出露为陆，这些低洼地积水成湖的时代很晚。有的学者推算西太湖的历史不过2000年左右，而东太湖不过1500—1000年而已。另外，根据太湖及其周围地区的地质钻孔资料，不同时代泥炭层的分布说明太湖湖区及太湖周围洼地平原区的河湖水位，自中全新世以来是不断上升的。上升的原因，一是由于海面的上升及其引起的近太湖的长江河段水位的上升，二是由于太湖距海不断变远，入海江河不断增长以及淤塞，导致太湖湖区泄水不畅，进而引起水位上升、湖面不断扩大。不仅如此，学者们还在湖区探测到古江河沟谷。他们发现：东太湖北部湖底河道西自小梅口方向经西太湖而来，向东接吴淞江上口；东太湖南部湖底河道与现代的太浦河相通。太湖向南还有经湖州东到杭州东入杭州湾的埋藏古河道。这些让人们不得不推测，今天太湖地区的这些湖泊，很可能就是那些纵横交错的古河道水位上升、水面扩展又互相并合形成的。

还有一种观点，是“陨石冲击成湖说”。也许是从太湖西侧湖岸及南侧湖岸均呈圆弧形受到了启发，于是有学者怀疑太湖湖盆会否原本是个大陨石坑。在无法想象得出的年代以前，从宇宙中飞来了一块很大的陨石，这块陨石以惊人的速度向地球冲来，“轰”的一声巨响之后，原本平坦的地层被撞出了一个形如马蹄的大坑，这就是太湖。有的学者（如傅成义、俞锦标等《太湖三山岛击变岩的发现及其意义》，1990）在经过周密的调查后提出：在太湖岩岛上发现了被陨石撞击的直接证据，例如湖中三山岛上的击变岩。但是，至今也没有学者能确定该陨石撞击发生的具体年代。

四、捍卫“泻湖说”

面对其他学说的质疑，持泻湖说的学者们仔细而又深入地分析了相关资料，进一步完善了泻湖说。

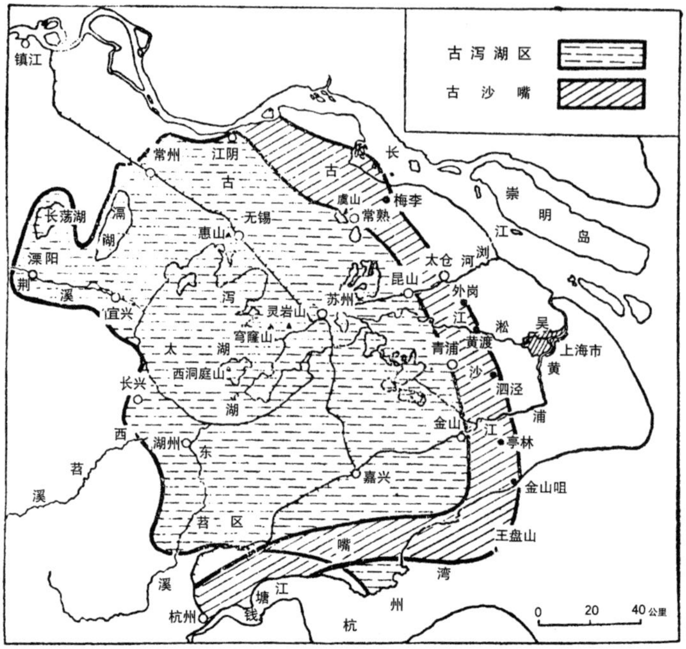

古太湖的形成

他们认为：就地质而言，太湖处于江南蝶形洼地的中心，这种特殊地貌是构造运动和海洋营力共同作用的结果。现代太湖就是在蝶形洼地的基础上，由于海面上升而形成泻湖的。

1991年，华东师范大学地理系的洪雪晴先生写了一篇题为《太湖的形成和演变过程》的文章，从多种角度论证了太湖是泻湖的观点，并且对太湖的演变做了较全面的阐述。作者认为：大约从9000年前开始，地球上气候变暖，海面不断上升，海水沿着太湖西部低谷不断进入太湖地区。据地质考古发现，太湖地区有一座大岛山叫马迹山，在这时海水就已经沿着谷地到达了马迹山附近。一些考古资料表明，太湖海湾这时已现雏形。又过了很长一段时间，气候变得更加暖热，海面又继续上升，海水再一次侵入太湖，湖泊面积进一步扩大。到了距今7000年左右时，海面的高度已接近于今天的海面高度，汹涌的海水肆无忌惮地冲击着太湖平原的低洼地带，一路咆哮着向更广阔的地带冲去。太湖周围除丘陵山地之外，大部分都遭到海水的浸淹，变成了一片汪洋。就这样，太湖平原大部分的地方变成了古泻湖。

在海水的不断冲击下，海浪带来了大量的泥沙和介壳残骸，这些物质在海岸周围层层堆积，当海潮退去之后，星罗棋布的湖沼群出现了。渐渐地，太湖海湾变成了一个半封闭的海湾。又长江和钱塘江所挟带的大量泥沙不断在河口地段堆积，逐渐形成了两大古河口沙嘴。随着时间的推移，长江口南岸和钱塘江北岸两大沙嘴相对伸展、相连，终于使其间开旷的海岸封闭起来。自此，太湖开始与大海隔开，最终成为一个封闭的古泻湖，一个封闭的海面出现了。太湖形成后，湖泊面积有过几次扩大。湖泊的扩大淹没了人类活动的痕迹，但曾经存在过的事实最终还是会被人们发现。

太湖风光

迄今为止，对于太湖的形成原因，人们的认识还不能统一。但是，有几点已经成为大家的共识：首先，太湖位于构造运动的沉降陷落带上；第二，太湖曾经多次受到海水的侵袭；第三，现代太湖湖区在全新世早期曾是河网侵蚀切割的丘陵地；第四，在全新世中期，太湖地区被沿江沿海的沙堤带围堵成大片大片的积水洼地，并一片片地发育湖泊、沼泽和泥炭；最后，全新世晚期几千年以来，太湖地区及太湖湖区地下水位和地表水位不断上升，同时多量泥沙淤积，淹没或掩埋了多处古文化遗址和中全新世以来的沼泽泥炭。值得一提的是，在这些不同的观点中，太湖成因的泻湖说为相对多数的人所接受。如1999年中华书局出版的120万字的《中国太湖史》的“前言”即指出，太湖“是长江和钱塘江下游泥沙堰塞古海湾而造成的巨大的淡水湖泊”。

古人曾用“平湖万顷碧，峰影水面浮”来形容太湖。美丽的太湖，山环水抱，远远望去，山外有山，湖外有湖，碧波银浪，“虽然无画都是画，不用写诗皆是诗”。而在这美丽的平湖峰影之间，又隐藏着多少充满魅力的谜团！而要想真正地解开这些谜团，还需要我们不断地去思索，去想象，去探究！

（李欢）

沧海变明珠

——西湖形成的原因

近百年前，年轻的气象学家、地理学家竺可桢来到杭州，他登高望远，发现“水光潋滟”“山色空蒙”的西湖三面环山，它的东边经过杭州城和一片平原，最后与东海相连。看到这番情景，竺可桢的心中当时就产生了一个疑问——西湖是怎么形成的？经过仔细的观察，他推测西湖的前身是一个泻湖。自此之后，关于西湖成因问题的讨论逐渐升温，愈来愈热。在人们的眼中，西湖再也不只是“山川秀发，景物华丽，映带左右，自唐以来，为东南游赏胜处”，也是一个难解的谜！

一、西湖“泻湖说”的提出

竺可桢先生

追寻西湖的形成原因，竺可桢先生实际上并不是第一人。人们对于西湖的探讨，可以说是其源亦远，其流亦长。

据史书记载，早在唐宋年间，就有人经过实地考察和推断，认为西湖是由海湾演变而来的。当时的人们，既没有先进的技术和手段，也没有完善的科学方法，尽管如此，他们勇于探索的精神还是值得我们称道的。的确，面对能引起人们无限遐想的西湖，那丰富的想象在不知不觉中就会涌现。这大自然的神来之笔究竟是如何画上的呢？

1909 年，日本学者石井八万在《东京地质学杂志》发表《浙江杭州附近地质调查概报》，文中就西湖的成因提出了一种观点，认为西湖和日本的中禅寺湖一样，都是由于火山岩阻塞而形成的。这种“火山说”显然与西湖的真正成因相去甚远，但从现有资料来看，却是近代最早提到西湖成因的。

时隔十来年后，竺可桢先生最早运用科学原理解释了西湖成因，提出了“泻湖说”，从而拉开了西湖成因科学讨论的帷幕。1921 年，竺可桢对杭州以及西湖进行实地考察，他仔细地勘察地形，做了大量的收集和整理工作，最后将这些资料汇成了文字。同年，竺可桢在《科学》杂志上发表题为《杭州西湖生成的原因》的文章。他指出：西湖的南、北、西三面均为山所围绕，只有东面是一个冲积平原（杭

西湖旧影。时间大概在民国初年。

州就在这个平原上)。与其他的冲积平原一样，这个冲积平原也是由河流所带来的沉淀积成的，是钱塘江所成的一个三角洲。让我们做一番合理的想象来追想当时的情景：在钱塘江初成时，一切冲击土还未沉下来时，现在杭州所在的地方还是一片汪洋，西湖也只不过是钱塘江江口左边的一个小小的湾儿。渐渐地，钱塘江的沉淀把湾口塞住，这小小的湾儿就变成了一个泻湖。在文章中，竺可桢还从钱塘江沉积速度，推断出西湖形成的年代大约在12000年前，并客观地指出："西湖若无人工的浚掘，一定要受天然的淘汰。"这篇文章述史不多，论证的方法却是科学的。文章发表后，仿佛是在平静的湖水里投下了一颗巨石，立刻引起了人们的广泛关注。在学术界，关于西湖成因问题的探讨立刻火热了起来。

1924年，章鸿钊先生游览杭州。湖光山色之中，章鸿钊泛舟西湖，在西湖上小住了两天。在游玩的同时，他也没有忘记关注西湖成因问题。一番研究之后，章鸿钊发表了《杭州西湖成因一解》。他认为西湖形成于汉代，其形成受两方面因素的影响。一方面是海潮的影响，即"潮力之所向"。人们普遍认为，在西湖的形成过程中，钱塘江起了重要作用。当钱塘江从西往东汹涌澎湃而来时，带来了丰富的泥沙等沉积物，这些沉积物在西湖东部平坦的地方堆积起来，逐渐淤积成了一条长堤。这一条在漫长历史年代中形成的长堤将西湖海湾围成了一个椭圆形的湖泊。另一方面，根据史籍记载，从三国到明清时期，西湖水位变化不定，经常泛滥。有时是由于堤塘损坏而造成的，但大多数情况还是海潮冲坏了堤塘使得海水灌入。海水灌入又引起西湖水位的上升，即"潮上而湖没，潮下而湖见"。所以，章鸿钊认为，西湖主要是由于海平面的升降而形成的。这种"海平面升降说"给人们带来了新鲜感，听起来也很有些道理。虽然看似与竺可桢的泻湖说不同，但实际上是对泻湖说的进一步补充。

二、西湖"泻湖说"的完善

在前辈科学家对西湖成因问题研究的基础上，陈吉余、汪品先、吴维棠等学者又先后从不同的方面对西湖"泻湖说"进行了论证。

从20世纪40年代开始，陈吉余先生先后发表《杭州湾地形述要》(1947)、《杭州之地文》(1948)、《钱塘江河口沙坎的形成及其历史演变》（陈吉余等，1964）等文，运用海岸发育理论来解释西湖的形成。大致是说，在西湖海湾形成后，海水淹没的范围很广，甚至到了灵隐山脚下。海风呼啸，海水用力拍打着山石，山上的人家开门就可以见到海，正是“楼观沧海日，门对浙江潮”。而在海湾的东边有两个岬角，叫作宝石山和吴山。这两个岬角慢慢发展，逐渐延伸，直至最后互相交接在一起，将西湖拥进了自己的怀抱。这样，西湖就与大海隔绝开来，变成了一个泻湖。这种见解在当时无疑是新颖而又合乎情理的，所以被很多人所接受。

西湖形成示意图

1977 年，为了解开困扰人们多年的西湖成因之谜，浙江省水文地质队的同志们开始了细致的地质考察工作。他们在西湖湖滨打钻取样，对样品进行了认真的分析，最后得出结论——西湖是泻湖。在显微镜下，地质队员发现这些从钻孔中取出来的微体化石能够真实地反映古西湖的演变过程：在钻孔的最下层，除了沙砾外，没有发现任何化石，这说明当时这里只是一片山地，西湖还没有形成；在沙砾层上一层的化石中，人们发现了几种有趣生物的化石，这几种生物只能在半咸或微咸的水中生存，这证明西湖此时已经是一个泻湖了；再往上一层的化石中，又发现了二十多种生物，有趣的是，这些生物大多“身材瘦小”，而且还有较特殊的生活习性，它们只能生活在盐度较大的水里，所以，如果有人尝尝这时的西湖水，那味道一定是咸咸的。这些证据证明：这时的西湖还不是一个湖泊，而是一个海湾；再往上所发现的化石证明，西湖这时是微咸水的泻湖；最上层只发现有淡水湖泊的化石群，说明这时的西湖已经和大海完全隔绝，湖水完全变淡，沧海最终变成了明珠！在显微镜下的这些化石真实地反映了西湖发育的整个过程，为西湖“泻湖说”提供了充足的证据。紧接着，1979 年，汪品先等发表《从微体化石看杭州西湖的历史》，在上述地质发现的基础上，论述了西湖从泻湖变成淡水湖泊的过程。到了 1983 年，吴维棠所撰《从新石器时代的文化遗址看杭州湾两岸的全新世古地理》，则从新石器时代遗址考古方面阐述了西湖“泻湖说”，对它进行了完善。

本书主编胡阿祥与陈桥驿先生在敦煌莫高窟

值得一提的是，在众多持泻湖说的学者中，有一位学者根据史籍考证，阐述了西湖的发育演变与杭州城市发展之间的关系，还指出了西湖之所以保存至今、众废独存的原因。这位学者就是著名历史地理学家陈桥驿。

一般说来，湖泊都是短寿的，往往会因为泥沙淤积而变浅成为沼泽，再逐渐消失，比如云梦泽。西湖也不例外。据史书记载，历史上西湖曾有不少次程度不同的淤积，面积也曾变小。那么，为什么西湖没有消失呢？其实，简单地说，答案就是竺可桢先生说过的“人定胜天”！人为的疏浚和治理造就了今天的西湖。下面举几个具体事例，在历史的长河中，这些例子只不过是沧海一粟，却足以说明问题。唐代，著名诗人白居易因得罪了皇帝，被贬到杭州当刺史，他上任后发现当地夏秋两季多旱灾，于是就命人修筑了一条湖堤，从而将西湖分成了上湖和下湖，此举对西湖胜景的形成起了重要作用。到了五代时期，吴越国王钱镠认为“无水即无民”，就设置了一千多名“撩湖兵”，专门打捞西湖里的杂草，“撩湖兵”们日夜疏浚，使得西湖在吴越时期始终碧波粼粼。正是因为这样，后人才用“留得西湖翠浪翻”的诗句来赞美钱镠。在西湖的治理上还有一个人也是功不可没，他就是宋人苏东坡。面对面积日益减小的西子湖，素来热爱大自然美景的苏轼感到痛心疾首。于是，他向朝廷上了一封题为《乞开杭州西湖状》的奏折，力陈治理西湖的重要性，并发动群众疏浚西湖，使得原本已经淤塞了一半的西子湖重新恢复了旧貌。以后几乎历朝历代都很注意对西湖进行治理，这才使得西湖这颗明珠众废而独存。

1987年陈桥驿先生发表的《历史时期西湖的发展与变迁——关于西湖是人工湖及其何以众废独存的讨论》，就是以上面这些史实为依据，说明西湖在由泻湖变成淡水湖泊后，又经过了人工治理的过程，才成为今天的西湖。陈桥驿并且认定，在唐代白居易修筑湖堤后，西湖已经变成了一个人工湖！陈桥驿关于西湖问题的看法，对

"泻湖说"是一个很好的补充。

三、对西湖"泻湖说"的异议

西湖苏东坡纪念馆

关于西湖的成因，还有几种不同于"泻湖说"的观点。除了上文中提到的"火山说"，主要还有两种，即"潮沼或盐沼说"（如王宗涛、顾嗣亮、吴静波《西湖的成因、发育及年龄》，1997）和"河口湾说"（如徐建春《杭州史地新探》，1990），这两种观点基本上是对泻湖说的否定。

"潮沼或盐沼说"认为西湖的前身是潮沼或盐沼，该说认为："大约结束于一千八百多年前的沼泽化或陆化过程，是西湖发育的一个转折点，在此之前，古西湖的形成、发育和消亡，与全新世早、中期海侵所形成的海湾有密切的关系。但西湖不可能是一个典型的泻湖，因为迄今尚未发现有封闭泻湖的沙坝实体。西湖的前身应该是潮沼或盐沼。"该说的主要依据是在西湖以东的地层中，没有发现沙坝。为什么没有沙坝就不会是泻湖呢？根据《牛津英语辞典》的解释：泻湖有两种，一是"被沙坝或砾石坝与海隔开的咸水或半咸水区"，二是"由环礁封闭的类似于湖泊的水域"。持这种观点的学者认为，西湖如果是泻湖，那无疑属于上述第一种泻湖，而如果没有沙坝，就不会将海湾与大海隔绝开来，自然也就形成不了泻湖。那么，西湖有没有沙坝呢？学者们从三个方面进行了论证。第一，查阅大量的地图，发现从西湖北面的宝石山到南面的吴山一带，并不存在高出西湖的沙坝。第二，分析西湖海湾东边的两个岬角，发现北侧海岬宝石山的基岩是晚侏罗纪英安质熔结凝灰岩，这种岩体既抗压又抗蚀，不可能产生大量沙砾物质；而南侧的吴山的基岩是石灰纪灰岩和白云质灰岩，这种岩体也很抗压，也不具备产生大量粗颗粒物质的条件。既然连沙砾都没有，那沙坝又怎么会形成呢？如

吴山东麓地质年代形成的海蚀台阶

果说钱塘江会带来沙砾，那也只会在中、上游沉积下来，到了西湖这儿也只有一些细细的粉砂了，而这些粉砂是不能形成沙坝的。俗话说“巧妇难为无米之炊”，没有物质材料，沙坝从何而来？第三，从地质方面看，杭州地区平原的组成物质大多不是粉沙就是淤泥，找不到任何坝状沙体的存在。

据上，该说认为，西湖海湾被封闭起来的可能性并不大，西湖的前身不是一个由沙坝封闭起来的典型的泻湖，而是潮沼或是盐沼。大约在距今一千八百年前，西湖地区可能发生过海侵或经受过特大风暴潮的侵袭，海水重新涌入，这才变成了一个湖泊。

“河口湾说”则认为西湖同杭州其他的湖泊一样，是杭州湾的河口湾废弃之后形成的。他们推断，“在距今 7000—6500 年以前海平面较高的时期，杭嘉湖平原的西侧与山地丘陵交接处，有一从太湖往南经湖州、德清、余杭，在杭州一带汇入杭州湾的河口湾……后来，随着苕溪、钱塘江所挟泥沙的沉积作用，特别是钱塘江喇叭口在距今 6000 年以前的形成，涌潮出现，从而使沿江比内陆高隆，使得从太湖往南到杭州附近汇入杭州湾的河口湾变窄淤浅，并随着杭嘉湖平原东南地区地形的不断增高而改向往北流入太湖，并逐段湮废”。而西湖就是这条假想河流河口湾湮废后留下来的湖泊。

以上两种观点虽然有一定的理由，但都有值得怀疑的地方，都不能较全面地解释西湖的形成原因。“潮沼或盐沼说”认为没有沙坝就不可能形成泻湖，但是，泻湖也可以由沙漫滩来形成。西湖以东的杭州城区确实不存在明显的沙坝，但是在西湖以东与钱塘江之间（即今杭州城区）的地层下，是一片沙漫滩。又“河口湾说”只不过是一种推断，没有足够的依据服人，比如从地形看，现在苕溪北流入太湖，如果当时确有河从太湖流向杭州，地形变化绝不会在一千多年间使水位差发生如此剧烈的变化，即使有也应当有所记载，毕竟是“河水倒流”。

四、符合西湖历史发展的“综合说”

近年来，关于西湖的成因，为人们所普遍接受的是“构造湖盆—泻湖—人为治理综合说”（如沈耀庭《杭州地质演变历程》，1992；阙维民《杭州城池暨西湖历史图说》，2000）。这种观点综合了自然和人为两种因素，比较全面地反映了西湖发展的整个历程。

“综合说”认为，在第四纪海侵时，海平面上升，南、北、西三面环山、东临杭州湾的西湖盆地被海水淹没而变成了一个海湾。这个海湾，西面经受了西湖群山水流的冲泻与冲刷，在西湖中央的底部淘出了一个凹陷；东面遭受携带大量泥沙的海潮的冲击；在西湖湾口区，水流与潮流碰汇滞流而形成水堆，由于流速减弱，挟沙力渐小，水流与潮流所挟带的泥沙沉积下来，逐渐形成西湖湾口的水下沙洲，这片沙洲就成为今天杭州城区的基址。又这片沙洲在距今2600年左右出露成沙漫滩时，西湖才成为一个泻湖。然而，此后年复一年的海潮仍然袭击着原为沙漫滩的杭州城区，在高潮位、大潮汛的年代，海潮甚至会将整个杭州平原城区（杭州的城区在宋代以前，山麓、平原各占一半）淹没，海水灌入，西湖成为一片汪洋。直到吴越钱镠筑捍海堤之后，西湖与钱塘江涌潮才最后被隔绝。正是历代杭州官民防海抗潮、筑堤浚湖的长期不懈努力，才使西湖最终形成，逐渐定型、稳

《杭州城池暨西湖历史图说》编著者阙维民

定，而这也成为“人定胜天”的有力证明。

事实上，西湖的成因除了自然因素，人为因素也占据着相当重要的地位。在从唐宋至今的一千多年里，杭州城市周围地区许多面积比西湖大得多的湖泊，都因人为的围湖造田而逐渐湮废。唯有西湖，由于杭州城市发展的特殊性（如市民的生活饮用水，市内运河水源等），城市居民的日常生活，以及各类城市经济活动，越来越依赖西湖淡水的供应和西湖水域的维护，西湖终于得以长期保存至今。我们可以说，西湖的形成与延续，是自然和人为双重因素相互作用的结果，缺一不可。大自然使得沧海变明珠，而一代代的人通过辛勤的劳动，使得这颗明珠越发熠熠生辉，更加光彩照人！

（李欢）

“母亲河”的身世

——历史时期的黄河与谭其骧的重大发现

展开一幅中国地图，任凭你是仔细观察还是无心一瞥，都不会漏掉她——傲踞我国北方、被尊为“百川之首”与“四渎之宗”的黄河。从久远的年代开始，黄河就与我们这个民族的历史结下了不解之缘，黄河之水渗入每个中华儿女的血脉之中，而在中华儿女的心目中，黄河也绝不只是一条气势恢宏的大河，她更是一个跳动着强劲脉搏的伟大生命，是一位哺育千千万万中华儿女、塑造我们民族灵魂的不朽母亲。我们依恋黄河，赞美黄河，同样，我们也好奇于她久远的历史，对她的身世以及其间留下的种种谜团满怀着探寻的冲动……

一、黄河以及对黄河的记载与研究

矗立在甘肃兰州黄河边的象征性雕塑：黄河母亲

黄河，这个可以牵动每个中华儿女的名称，在西汉初年就开始见于记载。汉高祖刘邦在分封功臣所发布的封爵誓词中说：“使黄河如带，泰山若厉，国以永存，爰及苗裔。”这是黄河名称见于文献的最早记录。在历史时期，黄河的安危与否直接关系到当时的社会经济，因而古人很早就开始了对黄河的关注和研究。早期可以追溯到公元前2世纪的史学名著《史记》，作者司马迁曾经参与汉

"天下黄河一壶收"：黄河壶口瀑布

武帝堵塞瓠子口河决的工程，写了一篇《河渠书》，其主要内容就是关于黄河的，此举也开创了我国正史撰述河渠水利专篇的典范。到了东汉，班固在他的《汉书》里也专门写了一篇《沟洫志》，因为西汉时期河患严重，所以这篇《沟洫志》主要记述了从汉武帝到西汉末年黄河的决溢、改道、治理以及对一些治河方案的讨论。此后，历朝历代的正史也多有河渠志一类的专篇，而且内容也多是以黄河为主。鉴于黄河如此重要，很多学者开始对黄河的历史进行专门研究，出现了一些专著。在这些专著中，集大成者当数清代胡渭的《禹贡锥指》。到了近代，更有岑仲勉《黄河变迁史》以及黄河管理委员会的《人民黄河》等专著。这些著作丰富了人们对黄河的认识，启迪了人们的思维，也引发了一系列围绕黄河的讨论。

现代学者普遍认为，有文献可考的黄河历史大约有三千年，而又大致以唐朝中叶为界，分为前后两个时期。前期黄河史曾出现过马鞍形的变化，后期则是河患愈演愈烈，直到 20 世纪 40 年代。关于后期的黄河史，虽然头绪纷繁，资料也像乱麻烂账，但只要细细翻阅、慢慢梳理，还是可以弄清楚的。也正是因为资料丰富，所以后期黄河史没有多少疑团。让人们充满疑惑的是前期的黄河。前期的黄河相关资料缺乏，总共也不过《尚书·禹贡》《山海经》《汉书·沟洫志》《水经注》等几部书。这些书古今学者们都翻熟了，要想在前人的基础上有所创新和突破，实属不易，非要慧眼独具不可。而且，对前期黄河的许多问题，古今学人往往众说纷纭，莫衷一是。显然，对这些问题达成科学而又统一的认识是必要的。然而究竟谁能解开这一个个谜团呢？我国著名历史地理学家谭其骧先生就在这方面为黄河史研究做出了重大贡献，他将人们领上了对这段黄河史正确的发现之路！

谭其骧，字季龙，籍贯浙江嘉兴。1911 年 2 月 25 日出生于辽宁沈阳，次年回嘉兴。1926 年进入上海大学社会系学习，1927 年转上海暨南大学中文系，次年转外文系，旋转历史系，1930 年大学毕业后进入北平燕京大学研究生院，师从顾颉刚。1932年研究生毕业。1950年以前，谭其骧先生历任燕京大学、北京大学、清华大学、浙江大学、上海暨南大学等校讲席，先后为讲师、副教授、教授，并曾协助顾颉刚先生筹办中国现代学术史上第一个专事研究历史地理的学术团体“禹贡学会”，主编《禹贡》半月刊。1950年谭其骧先生任复旦大学历史系教授，直到1992年8月28日去世。在复旦大学的四十多年间，谭先生主编了划时代的八巨册《中国历史地图集》，建起了至今在我国仍然力量最强的历史地理学科，当选为中国科学院地学部委员。在我国历史地理学界，谭其骧、侯仁之、史念海被亲切地称作“三巨头”。

谭其骧先生

谭其骧先生的学术贡献是广泛的。就历史地理方面来说，谭先生研究的是过去的地理，做的是复原过去的工作，却关系到今天的生态环境、防灾减灾、国土整治、经济开发、文化建设和学术繁荣，关系到黄河、长江、海河、运河、太湖、洞庭湖、鄱阳湖、渤海湾、上海沿海的未来。其中，关于黄河的研究，是谭先生历史自然地理研究中的一颗硕果。

二、大河东去路几条

从司马迁的《河渠书》到清代胡渭的《禹贡锥指》，再到现代黄河史研究巨著岑仲勉的《黄河变迁史》，都有一个相同的观点，即有史以来至西汉黄河下游形成以前，只有一条固定的河道，也就是《禹贡》里的大河。讲黄河历史都要从《禹贡》讲起，对《山海经》却不加注意，甚至认为它只不过是荒诞不经之言，只能作为谈资，登不了“大雅之堂”。在这种思想意识的支配下，人们往往不注意《山海经》里隐藏着的有关黄河下游河道的相当丰富而具体的资料，更别说去仔细研究了。1975年，谭其骧先生凭着其对学术特有的敏感和犀利的眼光，发现了《山海经》中的这一秘密，历经深入的考证，1978年，谭先生在《中华文史论丛》上发表《山经河水下游及其支流考》一文，勇敢地对西汉以前大河故道只有《禹贡》一条这个千年不移的结论提出了有力的挑战。

在这篇文章中，谭先生第一次提出了先秦时代除了《禹贡》大河，还存在一条流路比《禹贡》大河更清晰的《山经》大河。这条《山经》大河，流经今太行山东麓至永定河冲击扇南缘折东流至天津地区入海。这一发现在史学界和地学界引起了巨大的反响，邹逸麟先生认为其价值不亚于天文学上一颗新慧星的发现！它动摇了两千年来先秦时期只存在《禹贡》大河一条的定论，使这一段黄河史有了重新改写的必要。

在《山海经》的《山经》中，关于黄河只有“昆仑之丘，河水出焉，而南流，东注入无达”“积石之山，其下有石门，河水冒以西流”这么简单的几句话，河水故道的具体情况却不清楚。在文中，谭其骧先生将《北山经》中注入黄河下游的支流一一考证出来，并加以排比，再以《汉书·地理志》、《水经》和《水经注》时代的河北水道予以印证，经过这样的细细描绘，一条《山经》大河故道便跃然纸上了，就连河水下游的支流也显示得清清楚楚。谭先生指出：《山经》时代黄河下游河道在宿胥口以上和《汉书·地理志》大河相同；宿胥口以下走《汉书·地理志》邺东故大河，这条故大河在汉时除中间一段是当时的清河水外已无水；今曲周县东北以下走《汉书·地理志》漳水；今巨鹿县东北以下，隔一小段《汉书·地理志》无水地段，接着走《汉书·地理志》信都故漳河；今深县至蠡县间一段《汉书·地理志》无水；在今蠡县南以下走《汉书·地理志》滱水入海，下半段也就是《水经》的巨马河。

山经河水下游及其支流图

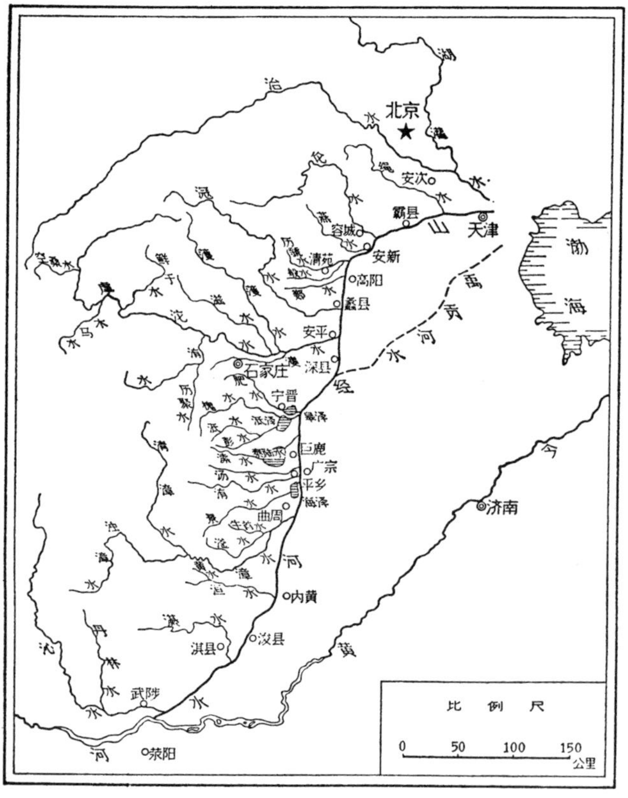

谭先生这精当的语言，把久远年代里母亲河的模样，展现在她的后世儿女们面前，使我们对母亲河的地理发现与认识，向前迈进了实质性的一大步！作为性

情中人的谭先生，在他的《长水集》“自序”中说到这篇文章时，也是那么的情绪化：“这是我的一篇得意之作。古今学者讲到汉以前古黄河全都只知道有一条见于《禹贡》的河道，谁也不知道还有其他记载。如今被我从《山经》中找出这么一条经流凿凿可考，远比《禹贡》河水详确得多的大河故道来，怎不令人得意！”

但是谭先生对于黄河的研究并没有因为得意而止步，他进而考虑另一个重大课题：西汉以前的黄河河道究竟是怎样的？黄河河性又是怎样的？谭先生继续潜心研究。1980 年，针对纷繁复杂的这些问题，谭先生完成了《西汉以前的黄河下游河道》一文，发表于 1981 年的《历史地理》创刊号上。

三、锁住“黄龙”的战国大堤

清代学者胡渭创立了一种说法，他认为班固《汉书·沟洫志》所载王莽时大司空掾王横所引《周谱》里的“定王五年河徙”一句，是西汉以前黄河唯一的一次改道，同时也是黄河历史上的第一次改道。这种说法影响极大，此后两百多年直至如今，很多学者都采用其说，几乎成了不变的定论。谭其骧先生对此持怀疑态度，觉得无论从历史学还是从地理学角度来说，这种说法都是讲不通的。

谭先生认为，上古记载疏阔，发生过的历史事件没有记载下来的一定很多，就算记载下来了，也有很多文献因为散佚而没有流传下来，怎么能够仅凭《周谱》里的一句话，便断定这就是上古黄河史的全部记录，从而认为西汉以前黄河只改道过一次呢？再说，从地理学的角度看，黄河中上游干支流经过一块几十万平方千米的黄土高原，虽然上古时期黄土高原的森林植被比今天要茂盛得多，但它流经的毕竟是世界上最大的黄土地带，河水含沙量是不言而喻的，否则《左传》所引的“俟河之清，人寿几何”就不可理解了。黄淮海平原就是由以黄河为主发源于黄土高原的河流共同塑造的。不能设想一条含沙量很高的河流在没有人为控制的条件下，能几千年安流而不改道！因而，认为有史以来至西汉初年黄河下游只有周定王五年一次改道，实在是说不通的。谭先生的反驳合理而且有力。

在《西汉以前的黄河下游河道》这篇总结性的文章中，谭先生以历史文献记载为基础，以考古资料为实证，用一支妙笔，将西汉以前黄河发展的脉络清晰地勾勒出来。这篇文章主要解决了以下三个具体问题：

一是证明西汉时期大河（即《汉书·地理志》大河）并不是西汉时期才形成的，而是春秋前期已经存在的大河下游。因此，先秦时期曾经出现过三条流路比较明确的大河，即《山经》河、《禹贡》河、《汉书·地理志》河，而并非只有一条《禹贡》河。

二是解决了黄河下游全面筑堤的时间问题。在众多的考古资料中，谭先生发现，从新石器时代经历商周直到春秋时代，河北平原的中部一直存在着一大片极为宽广的空白地区。在这一大片土地上，没有发现过这些时期的文化遗址，也没有任何见于可信的历史记载的城邑或聚落。直至战国时期，这一带才出现了一些城邑，如高阳（今县东）、安平（今县）、昌城（今冀县西北）以东，武城（今县西）、平原（今县南）、麦丘（今商河西北）以北，鄚（今任丘北）、狸以南，东至于平舒（今大城）、饶安（今盐山西南）十多个城邑。虽然这些城邑分布得不是很密集，但至少不再是空白了。为什么河北平原中部在春秋以前长期存在的一大片空白，到了战国会消失呢？谭先生认为其原因在于黄河两岸堤防的修建，使得洪水不能再肆意横流，人们在此居住有了一定的安全感。谭先生说，《汉书·沟洫志》记载，西汉末年贾让在他的《治河三策》里提到，“堤防之作，近起战国”，从策文看来，贾让说的堤防已不是指保护居民点的小段河堤，而是指绵亘数百里的长堤，就是在河北平原上黄河下游东岸的齐堤和西岸的赵魏堤。但贾让没有说清楚起于战国的什么时候。那么究竟是在什么时候，黄河下游有了这些河堤呢？谭先生仔细翻阅了文献资料，在《水经·河水注》中，有一段文字引起了他的注意。书中记载，公元前358年时，河水有一条决流从汉白马县（故城今滑县东南）南通濮、济、黄沟，后来“金堤既建，故渠水断”。谭先生据此判定，在公元前358年还没有河堤。接着，谭先生又据《史记·赵世家》，公元前322年齐、魏伐赵，赵决河水灌之，齐魏因而罢兵，断定当时已经有了堤防，可见齐、魏、赵之间也就是河北平原的堤防之作，约当起于战国中叶，即公元前4世纪40年代左右。认清这一点，对于黄河史的研究至关重要。因为，平原地区的河流完全处于自然状态，而经过人工筑堤，河性会有很大的变化。战国中叶筑堤以后，黄河下游河道便从任意泛滥转为以堆积为主，这是黄河河性的一大转折。谭其骧先生将文献记载与考古资料完美地结合在一起，证明了其发现的合理性，同时，也给后来的研究者以极大的启示。

三是指出了唐代以前“河”就是黄河的专称、正称。《汉书·地理志》《水经》里所记载的河北平原上有十几条称为某某河的河道，这只能解释为这些水道或其一部分曾经是黄河或其岔流的一部分，后来黄河虽然离开了这条水道，河的称呼仍然保留了下来。比如说清河，原是黄河下游的干道，后来发生改道，不再以黄河水为水，而改以内黄以南的洹、荡等水为水，于是浊流变成了清流，故而称清河。

在文章的最后，谭其骧先生得出了一系列重要结论：汉以前至少可以上推到新石器时代，黄河下游一直是取道河北平原注入渤海的；黄河下游在战国筑堤以前，决溢改道是屡见不鲜的事情，只是因为当时河北平原中部人烟稀少，荒芜寥落，黄河改道对于人民生活的影响很小，因而为一般古代文献记载所不及；见于《周谱》记载的周定王五年那一次“河徙”，是汉以前唯一被记载下来的改道，但决不能说事实上汉以前只改过这一次道；黄河下游河道，见于先秦文献记载的有《禹贡》河、《山经》河两条，见于《汉书·地理志》、《汉书·沟洫志》和《水经注》的西汉河道，所谓西汉河道其实始见于公元前7世纪中叶，并且是春秋战国时代长期存在的河道，至于《禹贡》《山经》两河则形成较晚，目前无法决定两者的先后；春秋战国时代黄河下游可能有东（《汉书·地理志》河）、西（《禹贡》河、《山经》河）两股长期并存，叠为干流，而以东股为常；战国筑堤以前，黄河下游曾经多次改道，但黄河流经每条河道的确切年代已不可考；约公元前4世纪40年代，齐与赵、魏各自在河的东西两岸筑堤，从此《禹贡》《山经》河断流，专走《汉书·地理志》河，沿袭至汉代。如此等等，这些发前人所未发的结论，揭开了唐代以前黄河史上的种种谜团，带领人们走出了黄河历史的迷宫！

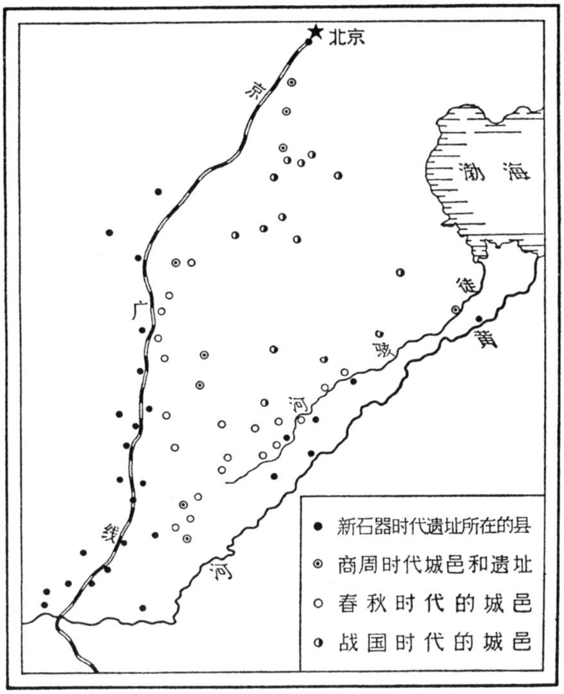

先秦各个时期河北平原城邑与文化遗址分布图

四、揭开“王景治河，千年无患”之谜

数千年来，奔腾激荡的黄河以善淤、善决、善徙而著称于世。据不完全统计，从先秦到民国的3000多年里，仅黄河下游就决溢了1593次之多，大的改道有26次。每当决溢时，黄河就如同脱缰的野马一般，横冲直撞，尽情地宣泄着桀骜不驯，展示着强悍暴躁，在学界，有人因此戏称黄河为“父亲河”。黄河的大水到来时，“屋倒人离散，风生水浪滔”；而大水离去后，“但见屋瓦留沙痕”，决溢的黄河水冲走了生机，留给两岸人民的是忧患与恐惧。然而，难道几千年来生生不息的黄河一直是这样“无情”的吗？不了解黄河史的人或许会认为是这样的，可令人费解而又饶有兴味的是：在这漫长的3000多年的时间里，黄河曾有过两次长期的安流。第一次是从战国中期筑堤后到西汉文帝时，安流了一百多年；还有一次就是从东汉明帝时王景治河到唐代中期，这一时期黄河竟然安流了八百多年！

对于第一次安流，我们姑且先放在一边，单看汉唐之间的黄河安流八百余年。为什么这条“脾气暴躁”的黄龙一下子会安静下来，并且时间还长达八百多年呢？要想一下子解答清楚这个问题，并不是件易事。我们还是先将目光锁定在公元69年至70年——一个特殊的历史年代吧！

据《后汉书·明帝纪》，永平十三年(70)四月诏曰：“自汴渠决败，六十余岁。加顷年以来，雨水不时，汴流东侵，日月益甚……议者不同，南北异论，朕不知所从，久而不决”云云。就在明帝“久而不决”苦恼之际，有人推荐了“辟司空伏恭府”“能理水者”的王景。于是，在永平十二年（69），明帝命王景同将作谒者王吴一起，主持治理黄河。王景，字仲通，祖辈原居琅邪郡不其县（今山东即墨西南）。其祖上有人好道术，以善观天象知名。受家学的影响，王景自小就广览群书，喜好天文术数，“沉深多技艺”。王景是如何治理黄河的呢？《后汉书·王景传》记载道：永平十二年“夏，遂发卒数十万，遣景与王吴修渠筑堤，自荥阳东至千乘海口千余里。景乃商度地势，凿山阜，破砥绩，直截沟涧，防遏冲要，疏决壅积，十里立一水门，令更相洄注，无复溃漏之患”。永平十三年夏，这项治河修渠的浩大工程大功告成，王景本人也因治河有功而受到明帝的嘉

奖，“三迁为侍御史”。王景治理后的新河道，就是后来北魏郦道元《水经注》和唐代李吉甫《元和郡县图志》里所记载的大河。在这条新河道里，黄河之水渐渐地平静下来，而这一“静”就是八百多年。于是，在治理黄河的历史上，就有了“王景治河，千年无患”之说。

然而，黄河的“千年无患”仅仅只是因为王景的治理吗？什么样的工程能够高明到如此地步，竟然能保黄河八百多年不出大事？如果这个问题的答案是肯定的，那么何以自唐朝中期以后，黄河一次又一次地决溢？如果答案是否定的，那么谜底又在哪儿呢？长期以来，这个谜团就像是一组难以破译的密码，萦绕在人们的心中，成了研究黄河史的学者们面临的一道无法逾越的障碍。带着这个谜团，我们再次将目光锁定在另一个特殊的年代，这就是 20 世纪 60 年代初。

1962 年，谭其骧先生最终揭开了这个谜团。其实，早在 1955 年的 4 月 9 日，谭先生在地图出版社所做《黄河与运河的变迁》的学术报告中，就指出了黄河安流的问题。谭先生将黄河有史以来的变迁分成了唐以前和五代以后两个时期，这在上文中已经提到了。谭先生认为，在前一时期里，黄河基本上决徙次数少，利多害少；而后期决徙频繁，而且是越闹越凶，害多利少。发生这种变化的原因，是整个黄河流域内森林、草原的逐渐被破坏，沟渠、支津、湖泊逐渐被淤废。但是，就在前期里，黄河出现了一次引人注目的长达八百多年的安流，这一安流局面是如何形成的，谭先生当时也没有找到答案。

值得指出的是，过去研究黄河史的学者，习惯于把各个时期黄河灾害轻重的原因，归结于时世的治乱和防治工程的成败，这是与史实不符的。乱世未必多灾，治世却常常有决溢泛滥；归因于治理工程的成败，更加不可思议。难道数千年来工程技术是在退步吗？难道元、明、清时贾鲁、潘季驯、靳辅等人主持的治河工程，反而不如东汉的王景？这些问题，萦绕在谭先生的心中……

时光荏苒，日月如梭，转眼之间，几年过去了。在这几年里，谭先生一方面研究着海河水系的形成与发展、《汉书·地理志》的价值、上海地区的成陆年代等问题，另一方面仍不懈地探索着黄河的变迁史，广泛查找、收集有关的文献记载和考古资料。终于，在 60 年代初，谭先生找到了王景治河后黄河安流的真正原因所在。1962 年初，谭先生所撰《何以黄河在东汉以后会出现一个长期安流的局面——从历史上论证黄河中游的土地合理利用是消弭下游水灾的决

黄河中游河谷图

定性因素》一文，发表在《学术月刊》第二期上。这是一篇具有丰碑意义的宏文。在文中，谭先生解答了黄河安流八百年的原因，揭开了“王景治河，千年无患”这一千年之谜！

古语云“文以载道”，谭先生用丰富的史料，精彩地阐明了自己的观点。他将唐代以前的黄河史分成了三个历史时期：殷商时代起到秦以前；西汉时期；东汉以后。在第一期长达一千几百年的时间里，关于黄河决溢、改道的记载很少，其原因一者在于上古记载缺略，再者则是人民大多“择高地而居”，虽有决溢也不会造成灾害；另外就是当时森林、草原、湖泊很多，不太容易决口改道，除非是遇到特大洪水。到了西汉时期，黄河就开始“动荡不安”起来。对于这一时期黄河的决溢改道，史家多有记载。谭先生认为，史家对于黄河的重视，本身就证明了这一时期河患的严重，否则，史家是不会关注黄河的。谭先生研究的重点是东汉以后的第三期，即从东汉王景治河直到唐代中叶黄河“平静”的这八百年。在简要介绍了前人关于这一问题的不同观点之后，谭先生用大量的笔墨，阐明了黄河安流的根本原因，归结为一句话，就是黄河中游土地的合理利用，是消弭下游水害的决定性因素！也就是说，“王景治河，千年无患”的主要原因，其实不在王景，而在于人们对黄河中游土地的合理利用。

在那扑朔迷离的八百年里，生活在黄河中游的古代先民们既没有强大的经济实力，也缺乏先进的技术支持，现今时髦的环保意识就更谈不上了。而八百多年的黄河史，也总不能仅用几句话就简单了事。怎样才能解释清楚呢？证据又在何处？谭先生出其不意地从黄河中上游黄土高原居民成分和土地利用由农转牧的变化入手。对此，大多数人可能会觉得不可理解，而谭先生的高明、独到之处就在于此。谭先生认为，东汉以后大批游牧民族入居泥沙来源最多的黄河中游的黄土高原地区，原来的农耕民族内迁，黄河中游的生产方式由农耕转为畜牧，许多土地退耕还牧，次生植被开始恢复，水土流失相对减轻，下游河道来沙减少，河道的淤积速度减缓，决溢次数就必然减少了。再加上当时下游河道存在很多岔道和湖泊，可以分泻水沙，洪水到来时又起着调节水沙的作用，减轻了黄河干流的负担，黄河下游遂出现了长期安流的局面。

谭先生的这一结论应该说是坚强的，尽管该时期黄河下游河道相对稳定，可能还有其他一些因素，比如魏晋南北朝时期黄河下游河道两岸土地荒弃颇多，灌木杂草丛生，对固堤有一定作用；下游河道入海比较顺直，水流迅急，可将泥沙大量输送入海，有一段时间可能冲刷超过堆积；还有海平面下降等因素，也在其中起着一定的作用。但最根本的原因，还在于黄河中游黄土高原地区经济生产方式与居民成分的变化。

读着谭其骧先生的文章，我们仿佛看见了一幅幅黄土高原的历史画卷在面前缓缓展开，我们看见了古代先民众人拓荒的热闹场面，听见了游牧民族急促的马蹄声与牛羊惬意的欢叫……历史真是有意思，当初，黄土高原你来我去的当事者们，是不会想到他们脚下那滔滔东去的黄河水会与他们、会与黄河两岸是农田还是牧场有什么联系！而黄河安流八百年，因为成了王景的功劳，王景在大众的心目中，也就几乎可以与大禹相比了！

谭其骧，这位逝世后有“文化神州”之誉的爱国学者，怀着对黄河深深的感情，客观、细致、科学地研究着我们“母亲河”的历史，解决了唐代以前黄河历史上一系列悬而未决、颇有争议的问题，其史学价值和现实意义不言而喻。比如对于黄河的治理，早在1962年谭先生就提出了在黄土高原亟待实施的“四化”措施，即山区园林化、沟壑川台化、坡地梯田化、耕地水利化。在十年动乱中，这成了谭其骧反对毛泽东“以粮为纲”的罪状，然而，历史终究给出了答案，近年来，黄河中上游退耕还草、封山育林，正成为政府实施的政策与措施。而对于今天的我们来说，值得珍视的绝不只是谭其骧取得的具体科研成果，更是隐藏在这些成果后面，他那漫长而又充满希望的探寻之路！

（李欢）

见证生命演变的历史

——追寻中国珍稀动物历史变迁的足迹

如今，我们只能在云南的西双版纳、海南的热带雨林和季雨林内，寻觅到为数不多的长臂猿。可是，历史时期在长江流域及其以南地区的森林里，长臂猿却广泛存在而且数量可观。唐代诗人李白“两岸猿声啼不住，轻舟已过万重山”的诗句，反映的就是彼时长江三峡地区的这一自然景观。那么，历史时期有巨大分布变迁现象发生的动物是否仅限于长臂猿呢？当然不是。自历史走来的野生珍稀动物，几乎都经历了空间分布的变迁，甚至其自身也伴随着历史一道演变。

研究动物空间分布的变迁及其自身的演变，是历史地理学的重要领域之一。著名地理学家侯仁之先生曾指出：历史动物地理与历史植物地理的研究，是“研究历史时期自然环境演变的必不可少的部分”。而揭示中国历史上珍稀动物的变迁过程，仿佛就是诠释“谜”的过程，那些诠释者，就是解“谜”的人。

一、“谜”与解“谜”的人

体格雄壮的亚洲象，历史时期的生存北界远至北纬 40.1° 的北京、河北一带，而现在则移至北纬 24.6° 的滇西南地区了。

北纬 35° 到 38° 之间的渭河两岸，于汉代尚有野生犀牛生存；在历史时期，长江流域曾是野生犀牛活动的主要场所；19 世纪前的岭南地区仍有野生犀牛分布；云南地区的野生犀牛则是近 20 世纪中叶才退出历史舞台的。

在历史时期，扬子鳄家族的势力遍及今天山东、河南、浙江、广东、安徽、江苏、湖北、湖南等地的广大范围，而现今扬子鳄只能偏安于苏、浙、皖三省的一隅。与扬子鳄同族的兄弟马来鳄，历史上在今天的广东、广西、海南、福建、台湾等地曾过着“定居”生活，现在这些地方已经难以见到它们的踪影了。

自历史走来的中国野马、野驴、野骆驼，都是在进行过“西部运动”后才寻觅到今天休养生息的“家园”的。而在这一过程中，野马和野驴甚至进行过长达30个经度以上的“远征”。

麋鹿，在历史时期的中国分布极其广泛。内蒙古、河北、北京、天津、山东、河南、安徽、江苏、上海、浙江、江西、湖南、湖北、四川、台湾、广东、陕西、山西和辽宁等二十余个省、市都曾发现它们生活过的痕迹。20世纪初，麋鹿在中国却完全绝灭了，直到20世纪50年代才又从英国引进恢复。

历史上我国有1166个县级单位有虎分布，但是近百年来虎的分布区域急剧缩小，截止到1950年，全国只有509个县级单位有虎分布，华北亚种只剩下1/4，华南亚种减少了一半以上。

历史时期我国有200多个县级单位有棕熊分布，现在却剧减至20多个，主要残存蜗居于东北北部和西北北部一带。

如此等等。其实，发生巨大历史变迁的野生珍稀动物又何止上述几种？历史时期我国的野生动物，无不经历了分布范围逐渐缩小、种群和数量不断减少、有的甚至种类灭绝这样的过程。造成这种变迁的原因是什么？这一切又是怎么发生的？此类问题不仅仅属于猎奇者的疑惑，明了其原因与过程，对于今天也极具现实意义。

文焕然等著《中国历史时期植物与动物变迁研究》书影

毋庸讳言的是，在我国，对于上述这些属于历史动物地理范畴的野生珍稀动物分布变迁的研究，起步是比较晚的，只是近三十年来的工作才能谈得上系统的研究。即便如此，我们还是在这一领域取得了令人欣喜的成就，并站在了国际学术界的前沿。而在研究者当中，文焕然与何业恒可以说是取得成就最大的两位。

文焕然，湖南益阳人。1943年毕业于浙江大学史地系。同年以优异成绩考取了时在浙江大学任教的我国现代历史地理学奠基人之一谭其骧先生的研究生，并得到竺可桢、胡厚宣等先生的关怀和指导，曾任中国科学院地理研究所历史地理组负

何业恒先生

责人。文先生在我国森林植被分布变迁领域做出了开创性的贡献，曾先后对内蒙古、青海、新疆、两广南部、南海等地的森林以及华北西部的竹林、北京的竹林、河南博爱的竹林分布变迁做了探讨，我国历史地理学界的辉煌巨著《历史自然地理》卷中的“历史时期的植被变迁”一章，就是由文先生与陈桥驿先生合作撰写的。文先生的研究还深入到了历史气候领域。20 世纪 50 年代，他出版了中华人民共和国成立以来第一本历史气候变迁方面的专著《秦汉时代黄河中下游气候研究》。文先生还是我国历史动物地理研究的奠基者，20 世纪 80 年代初以来的十几年间，对扬子鳄、马来鳄、孔雀、鹦鹉、野象、野生犀牛、大熊猫、野马、野驴、野骆驼、长臂猿等的历史分布及其变迁做过精深的研究。

何业恒，湖南宁乡人。1939 年考入湖南师范大学的前身——国立师范学院史地系，其时，导师为著名地图史学家王以中（庸）先生。20 世纪 50 年代初入中原大学历史系研习一年。1956 年调入湖南师范学院地理系，随即于华东师范大学进修两年。其间，他受到了著名地理学家李春芬先生的指点，并树立了献身历史地理学的志愿，但机缘蹉跎，这一愿望长期未能实现。1979 年春，何业恒应邀前往中国科学院地理研究所，与文焕然合作进行中国森林和野生动物变迁的研究，由此拉开了他从事历史地理学研究的序幕。在北京短短的 15 个月时间里，他与文焕然先生合作，先后完成了 15 篇高质量的学术论文。回到长沙后，他即专心致志地埋头于历史地理学的研究。在 20 世纪 80 年代初的几年里，他立足于湖南的空间范围，先后主持或撰写了《湖南珍稀动物的历史变迁》《湖南森林的变迁》等论著；80 年代末叶起，他逐步将研究内容集中于珍稀动物，并将空间范围扩大到全国，陆续出版了 5 部专著，其中《中国珍稀兽类的历史变迁》（1993）包括了大熊猫、金丝猴、长臂猿、亚洲象、野生犀牛、麋鹿、白鳍豚等 32 种国家一级保护兽类，《中国虎与中国熊的历史变迁》（1996）论述了 6 种虎和 4 种熊，《中国珍稀兽类（Ⅱ）的历史变迁》（1997）论述了猕猴、穿山甲、小熊猫、水獭、野麝等 37 种国家二级保护兽类，《中国珍稀鸟类的历史变迁》（1994）探讨了褐马鸡、绿孔雀、丹顶鹤等 31 种珍稀鸟类，《中国珍稀爬行类两栖类和鱼类的历史变迁》（1997）则复原了马来鳄、扬子鳄、鳄蜥、蟒蛇、玳瑁、大鲵、中华鲟、文昌鱼等55种珍稀动物的分布变迁。

二、解“谜”人的发现

研究珍稀动物的历史变迁，首先必须解决好这样一个问题——历史时期的动物物种与现今的动物物种是否不同？也就是就珍稀动物的区域分布来说，历史时期与现今是否有差异；就动物自身的演变来说，怎样将动物现在的物种复原到历史时期？

1. 野生动物区域分布的历史性

对于野生动物的区域分布历史时期与现今是否有差异这一问题，文焕然与何业恒等人通过对大量考古发掘资料的利用给出了解答。

首先，文焕然与何业恒从长江流域的典型遗址即余姚河姆渡遗址着手研究，发现距今六七千年前的河姆渡遗址中出土的动物遗存，有猕猴、红面猴、青羊、梅花鹿、麋鹿、水鹿、赤鹿、犀、亚洲象、虎、黑熊、水獭、大灵猫、小灵猫、鹤、扬子鳄、无齿蚌等四十余种，这要比现今丰富得多。

河南淅川下王岗遗址与安阳殷墟遗址是文焕然与何业恒研究黄河流域的两个典型，经过研究，发现前者有猕猴、黑熊、大熊猫、豹、虎、苏门犀、亚洲象、斑鹿、水鹿、狍子、苏门羚、孔雀属、鳖属、龟科等三十多种动物遗存，这可以证明距今6000至3000年前（从仰韶到西周），下王岗附近的动物物种与现今有很大的不同；后者发掘的动物遗骨、遗齿中，有狐狸、乌苏里熊、鲸、黑熊、竹鼠、獐、梅氏四不像鹿、圣水牛、扭角羚、猴、亚洲象、犀牛、貘等，而且据殷墟出土的部分卜辞记载，当时猎获的动物有鹿、麋、麑、兕、象、虎、狼、豖、犬、猴、雉等，这说明与现今的野生动物物种相比，三千多年前的殷墟一带，野生动物物种区域分布要丰富得多。

在长江流域和黄河流域以外的地区，历史时期野生动物的分布变迁也存在区域差异。譬如在今河北阳原县丁家堡全新统地层发掘出的动物遗存中，就有狢、亚洲象、野马、披毛犀、马鹿、原始牛、厚美带蚌、巴氏丽蚌、杜氏蚌、黄蚬及圆旋螺等动物，而这恰恰可以说明距今三四千年前的夏末商初，华北地区北部的阳原县丁家堡水库、桑干河谷一带的动物，与目前迥然不同。

由此可见，距今六七千年到三千多年前，从华北地区北部到华东地区的杭州湾南岸的广泛区域内，野生动物资源远较现今丰富多样。因此文焕然与何业恒很自然地得出了这一认识：区域的野生动物分布发生历史性变化，如四不像鹿、犀、貘等在我国已经绝迹；野生动物的分布自身出现区域变化，如象、大熊猫、孔雀、水鹿、梅花鹿、扬子鳄等虽然没有灭绝，但在分布区域上却发生了很大的变化。

2. 野生动物的自身演化与分布变迁

文焕然与何业恒研究发现，不仅陆地上的动物，空中的动物和水里的动物，自身演化也都是极其显著的。它们的演化不仅仅限于分布区域的变迁，还包括物种自身的进化或退化。就目前研究得比较清楚的野生动物物种来看，大熊猫、麋鹿、野象、野马、野驴、野骆驼及扬子鳄、绿孔雀等物种的变迁，无疑具有典型意义。以下举例说明之。

（1）大熊猫

憨态可掬的大熊猫，是我国特有的野生珍稀动物。它现在仅分布于四川盆地西北边缘的山地，以及与之相邻的陕南、甘南一些地区。可是，历史上的大熊猫不仅分布状况与现今相比有很大差别，其生存状态与现今也有很大不同。

历史上大熊猫的称谓繁复多样。文焕然与何业恒发现，在古籍中大熊猫曾有过貊、貘、貔、貔貅、白豹、白熊等诸多名称。东汉许慎的《说文解字》还对大熊猫的形态及分布区域进行了描述——“貘似熊而黄黑色，出蜀中”；东晋郭璞的《尔雅注》甚至对大熊猫的生活习性做了生物学上的注解：“貘似熊，小头，庳脚，黑白驳，能舐食铜铁及竹骨。”由此可见，先民们对大熊猫的观察与认识不但极早，而且相当仔细、深刻。

大熊猫的巨大变化绝不仅仅限于学名，历史时期的大熊猫无论是形体习性还是分布区域，与现今相比都有很大的不同。通过对广西柳城县巨猿洞、广东罗定市狗尾塘、四川巫山县大庙龙骨坡以及陕西洋县金水河口等地所出大熊猫化石的考察，研究者们发现在距今约 240 万年的更新世初期，大熊猫主要活动于华南、广西一带的小范围内，体型也比现在小得多，更重要的是，当时大熊猫属于弱肉强食的肉食性动物，这也就是古生物学家所称的大熊猫小种。只是到了距今约 70 万—10 万年更新世中期，大熊猫才开始由肉食性动物向植食性动物转化，这主要是因为竹林繁茂、食物来源充足。也正因如此，这段时期内的大熊猫无论是体形还是个体数量，都获得了空前的发展，分布空间也急剧扩大，从囿于华南、广西的一隅，发展到长江流域的四川、云南、贵州、湖北、湖南、江西、安徽、浙江，并远至珠江流域的广西、广东，以及福建等省区的广大范围内，甚至长江以北的秦岭地区，更北的西安、山西、北京等地，也有大熊猫的零星“足迹”，这也就是古生物学家所称的大熊猫巴氏亚种。大熊猫究竟是在什么时间、怎样完成从肉食性动物向植食性动物的转变的，目前还不甚清楚，但据 1978 年湖北省西部保靖县武陵山发现的属于早更新世晚期的武陵山亚种，可以看出它们明显小于巴氏亚种，而大于大熊猫小种，是由大熊猫小种发展到大熊猫巴氏亚种的过渡类型，也就是从肉食性动物进化到植食性动物的过渡类型。无疑，这一发现对于搞清大熊猫由肉食性动物向植食性动物的转变，具有重要价值。但是，从距今约 10 万—1 万年前的晚更新世经距今约 1 万年的全新世至今，大熊猫的分布与变化已经没有先前的迅猛势头了，基本上呈现出走“下坡路”的衰竭态势。晚更新世的大熊猫化石仅于广西、广东、湖北、山西等地有少量发现；全新世以来的新石器时代，大熊猫的遗骨，只在湖北的建始、河南的淅川等地有些微出土。这些证据足以说明大熊猫“家族”的整体衰落，非但“势力范围”缩小，就是“人丁”数量也不是很旺了。这可能是由于人类开发的影响，它们的生活环境从山地亚热带逐渐上移到山地暖温带，并不断从平原低地和丘陵高原中消失，最后只残存于少数山地。

历史时期大熊猫分布变迁图

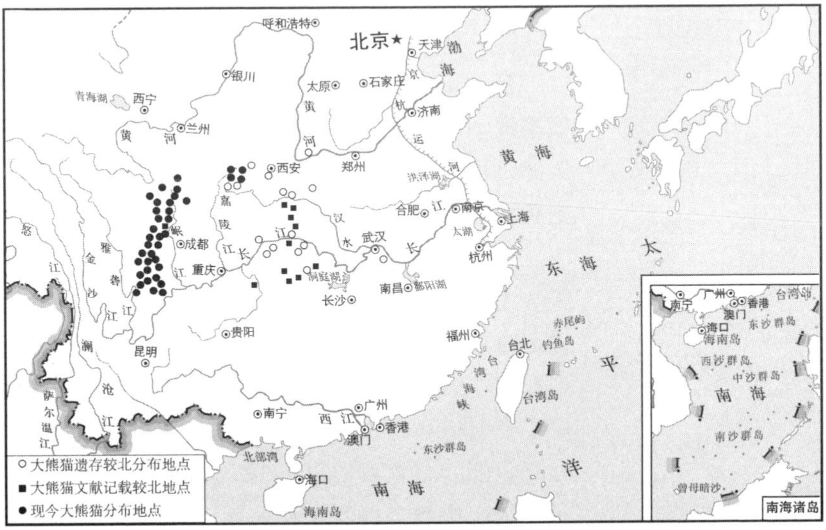

新石器时代以后，大熊猫又是怎样退出其原有的“势力范围”直至现今的“居所”的？历史时期江南和长江中游是否还有大熊猫分布？这些问题，过去一直不明确。传统的认识是在新石器时代以后，非但长江中游地区的大熊猫“族群”已经“无存”，就是在江南地区也业已“荡然”了。那么事实是否真的如此呢？根据对明清时期鄂西、湘西北、川东一些方志的查考，文焕然和何业恒惊奇地发现：湖北的竹山、巴东、秭归、长阳，湖南的大庸及四川的酉阳等县的一些山地，一直到18世纪或19世纪尚有大熊猫分布的记载。又1965年，西安南陵遗址中发掘出一具保存完整的大熊猫头骨；汉代司马相如《上林赋》中提到当时关中皇家园林上林苑饲养有大熊猫；晋代常璩在《华阳国志·南中志》中，言及西汉时云南西南部的哀牢族和东汉初的永昌郡有貘（大熊猫）的分布，这些又足以证明长江中游和江南以外确有大熊猫分布。此后，何业恒通过对方志资料的进一步探索，发现历史时期大熊猫的分布范围远较他们此前的发现广泛，在19世纪末甚至直到20世纪，我国不少地区仍有大熊猫存在！

（2）麋鹿

与大熊猫相媲美的又一珍稀动物麋鹿，因喜欢生活在沼泽中的习性，而被称为“泽兽”。此外，它尚有“四不像鹿”和“大卫鹿”的“绰号”：前者是指其尾似马而非马，蹄似牛而非牛，角似鹿而非鹿，颈似骆驼而非骆驼；后者主要是因为它于1865年被法国神甫大卫介绍到欧洲，所以就以大卫的名字为其定名。

历史时期麋鹿在我国的空间分布极其广泛，北起内蒙古巴林左旗富河沟门遗址，南达浙江余姚河姆渡遗址，在内蒙古、河北、北京、天津、山东、河南、安徽、江苏、上海、浙江等省、市、区都有野生麋鹿遗骨层的发现。

历史时期我国的麋鹿“家族”非常兴旺。殷商至战国是麋鹿家族势力发展的鼎盛时期。1944年，胡厚宣根据甲骨文的记载，发现武丁时期一次猎获麋鹿200头以上就有两次。《逸周书·世俘解》提到在武王伐纣后，武王狩猎时获得麋鹿达5235头之多。《春秋》鲁庄公十七年（前677）甚至把“多麋”列为灾害之一。战国时期，今湖北中部的麋鹿数量也不少，所谓“荆有云梦……麋鹿满之”。三国时，魏明帝曹睿曾把荥阳（今河南荥阳市东北）一带千余里划为禁猎区，成为狼、虎、狐、麋鹿等野兽群游生息的地方。

1900年，八国联军将北京“南海子猎苑”饲养的麋鹿群洗劫一空，这也宣告了人工饲养的麋鹿在我国的灭绝。那么，野生麋鹿在我国究竟何时灭绝？一般认为华北地区是在西汉以后，而长江流域则是在晚于西汉千年左右的唐代。实际上，野生麋鹿的灭绝时间比一般看法似乎要晚得多。通过对方志材料的研究，文焕然与何业恒发现：清康熙《诸城县志》卷九谈及明朝正德四年（1509）“县东北境多麋”；咸丰《青州府志》卷六三引旧志，正德九年（1514），安丰、诸城“多麋”，这说明16世纪初，山东中部偏东地区还有麋鹿群的存在。光绪《围场厅志》卷首《巡典》，康熙五十八年清圣祖称：“自幼至今”，“用鸟枪弓矢”，猎获“麋鹿十四”。这说明17世纪甚至19世纪，华北地区仍有麋鹿分布，当然，数量较之以前是大大减少了。至于长江中游地区麋鹿的灭绝，时间也相差不多。康熙《南昌郡志》卷三《舆地·物产》中有麋的记载；《古今图书集成·方舆汇编·职方典》卷1150《襄阳府物产考》引《府志》：兽属有麋鹿；同治《续修永定县志》卷六《物产》也记载有麋，可见从17世纪到19世纪，今江西、湖北、湖南境内还有野生麋鹿出没。后来，他们又进一步发现，某些地区甚至直到20世纪初野生麋鹿还没有灭绝。

（3）野象

现代象仅分布于亚洲和非洲的狭窄地区，但在地质历史时期，它的分布范围却极其广泛，遍及澳洲以外的全部大陆；而且种类繁多，据目前的发现来看，至少在400种以上。其中我国的象类至少有50种，并几乎遍布各省区。

传统的看法认为在有文字记载的历史时期，亚洲象在中国境内已经灭绝。所以当20世纪30年代河南安阳殷墟发现野象遗骨时，有人就认为殷墟象骨的象，是从现在产象的东南亚输入的。然而，甲骨文中有猎象、获象、驯象、使象和用象祭祀的记载，这些象应该是当地周围野生的象。中华人民共和国成立后，通过野生兽类调查，云南西南部还有野生亚洲象的残存。这些都证明历史时期亚洲象已在中国灭绝的说法没有事实根据。

我国境内的亚洲象现今只在滇南的盈江县、沧源佤族自治县、西盟佤族自治州、景洪县、勐腊县以南的部分地区有所分布，历史时期的分布范围是否也是如此？文焕然与何业恒通过对考古、地理、

北宋皇室每年要在皇宫宣德楼前举行盛大的车骑演象活动，以烘托歌舞升平的气氛。

动物、文物、甲骨文、金石等方面资料的研究，发现在我国北起河北阳原盆地，南达雷州半岛南端，东起长江三角洲的上海马桥附近，西至云南高原盈江县西的中缅国境这一广阔的区域内，均有亚洲象繁衍生息。

既然亚洲象在历史时期的分布是如此广泛，那么它又是怎样演变成今天这样的分布格局的呢？文焕然与何业恒发现，野象的分布北界有一种阶段性南移的趋势。起先，他们将这一过程划分为三个阶段：距今六七千年前至距今2500年前左右的第一阶段，亚洲象的“势力范围”以殷（今河南安阳市殷墟）一带为最北界；距今2500年左右到公元1050年左右的第二阶段，其“势力”的北界已经退缩至秦岭、淮河一线；以漳州、武平象洞、始兴、郁林一带为北界则是第三阶段，时间大约从公元1050年左右到19世纪30年代。后来，经过进一步的研究，文焕然发现虽然三阶段的划分大体上没有错误，但是就某个阶段内部的短时期来说，还是存在着很大的反复。基于这样的认识，文焕然更新了原先的阶段分法，将历史时期野象北界的阶段演化一研为八：①公元前5000多年至公元前900多年的时段内，野象分布的最北界为阳原盆地及黄河中下游地区，这也是迄今为止发现野象化石的最北地区；②公元前700多年及其以前的200多年内，长江流域为最北地区；③公元前700多年以后的500多年间，最北地区已经退至淮河下游干流近海南北地区；④公元前200年后的780多年内，野象分布的最北地区又恢复到长江流域；⑤公元580多年到公元1050年，野象分布的最北地区变化不是太大，大体上处于长江上、中游及浙江中南部、福建中北部山地丘陵地区；⑥从公元1050年到公元1450年左右，最北地区再缩至闽南、岭南大陆部分地区；⑦由公元1450年左右至公元1830年稍后，雷、横、廉、钦地区及云南高原南部地区为其东、西边界；⑧公元1830年稍后至今，最北界逐渐从上述地区移至今日的分布格局。文焕然的八阶段说，可谓对我国境内野象的历史分布及其变迁，做出了比较准确的宏观鸟瞰。

(4) 孔雀

孔雀“衣着”华丽、气质雍容、举止文雅，是深得人们喜爱的野生珍禽。孔雀的品种很多，分布于我国的主要是绿孔雀。

我们的先人对孔雀认识很早，远在将近2000年前的《异物志》中就对孔雀的优美体态进行了系统的描述；南宋末期的《建武志》中谈到孔雀喜欢居住在“高山乔木之上”“卧沙中以沙自浴”的习性。

目前，我国的孔雀仅“蜗居”于云南西南部地区，历史时期是否也是如此？文焕然与何业恒发现历史时期孔雀分布范围远较现今广阔，长江流域及其以南地区，甚至远至西北塔里木盆地都有关涉到孔雀的文献记载。

由于孔雀的分布具有区域集中、点状分散的特点，所以，对于孔雀分布范围的演变，不能像亚洲象那样，进行长时段的阶段划分，而只能分区研究。文焕然与何业恒正是从这个宏观角度着眼，将孔雀分布范围的演变划分为三片区域：

首先，长江流域，即今长江中下游、四川盆地、云南东北一带。距今五六千年前，在秦岭东南端天然森林与开阔草地灌丛的接触地带有野生孔雀分布，河南淅川下王岗遗址的第九文化层中，即发现孔雀属的遗骨。约相当于今湖北、湖南等地的楚国在距今两千年前也有野生孔雀分布，《楚辞·大招》中就有“孔雀盈园”的描述。《长阳县志》《辰州府志》等方志材料中甚至记载了湖北、湖南地区在18世纪中叶以前尚有野生孔雀分布。晋左思《蜀都赋》的“孔翠群翔”(孔，孔雀；翠，翠鸟)则说明3世纪末四川盆地有野生孔雀。《后汉书》与《华阳国志》也对云南东北一带产野生孔雀予以记载。不过，此后的长江流域有关野生孔雀的活动基本上就缺乏记载了。

其次，岭南地区，主要指今天的广东、广西。这里的野生孔雀分布，大致可以划分为六个不同的地带，即粤东、粤中、云开大山及其附近地区、桂北、桂西南、桂东南。岭南地区关于孔雀的历史记载很早。《汉书·南粤传》记有公元前179年，南越王赵佗遣使上书献“孔雀二双”。南粤甚至以孔雀的羽毛装饰门户，这在桓宽《盐铁论·崇礼》中有记载。广西地区还将孔雀捕获制成美食腊肉，宋代范成大的《桂海虞衡志·志禽·鹦鹉》、周去非《岭外代答·禽兽门·孔雀》对此皆有记载，这也说明从西汉到南宋，孔雀在岭南一带是常见的飞禽，而且容易猎获。明清时期，在岭南地区的方志中，颇见孔雀活动的记载。虽然岭南历史时期孔雀分布极其广泛，但这一地区的孔雀均先后灭绝了。其灭绝的总趋势是北早南迟、东先西后，也就是说两广北部、中部地区较南部为早，广东较广西为先，平原丘陵较早，山地较晚。广西东南的六万大山与十万大山之间的灵山县一带的野生孔雀，直到20世纪才趋于灭绝，这也是该区域孔雀最后灭绝的地区。

再次，云南西南地区。该地区是我国野生孔雀分布历史最为悠久的地区之一。在红河哈尼族彝族自治州（蒙自、河口以北）、思茅地区、西双版纳地区、临沧地区、德宏州、怒江傈僳族自治州（泸水市东）一带，目前仍有绿孔雀分布，但是历史时期的分布范围要比现今广泛得多。《华阳国志·南中志》载永昌郡（东汉永平十二年，即公元69年置，大体上相当于今大理白族自治州、保山地区、临沧地区、德宏傣族景颇族自治州及西双版纳傣族自治州等地）有孔雀分布，《南中志》还记载了从蜀汉到晋，永昌郡博南县的孔雀“二月来翔，月余而去”的迁徙特性。此后的唐代茫蛮部落（明为芒市，今德宏州治所）在《蛮书》中，元代的金齿百夷诸路（包括今云南保山市怒江区、德宏州首府芒市、镇康、永康、德宏州梁河县及其西南部地带、德宏州陇川、瑞丽二市及潞西市所属的遮放镇）在《元朝混一方舆胜览》中，均有野生孔雀活动的记载。明清方志对本区野生孔雀的分布仍多记载，如元江、镇沅、景东、凤庆、保山一线以南、以西地区都产野生孔雀。现今该地区仍有野生孔雀活动，但是已经呈现出明显的衰竭萎缩态势了。

（5）扬子鳄

扬子鳄是我国特有的珍稀动物，数量极为稀少。扬子鳄还有“猪婆龙”“土龙”等绰号，与生活于北美密西西比河流域的密西鳄是同一家族的“兄弟”。虽然近六七千年来，扬子鳄曾在黄河下游、长江中游及浙江南部山地丘陵等地的广大区域内积极“开拓”，但目前只能在安徽、浙江、江苏三省交界的一隅偏安了。

自历史走来的扬子鳄是如何一步步地退出原有的“家园”，并形成今天这样的“居住”格局的？由于扬子鳄是亚热带变温动物，适应低温能力差，所以其分布范围的扩大与缩小应该同历史时期气候的寒暖干湿变化一致。据此认识，文焕然把历史时期扬子鳄活动范围的伸缩划分为三大阶段：

第一阶段，从7000多年前至公元200多年。这期间，我国气候总体来说较为温暖。《夏小正》提到扬子鳄“二月”（公历3月）出蛰，说明当时黄河流域下游气候比现在暖和。而黄河下游、山东半岛一带的气候环境条件也很适于扬子鳄的栖息。因此，这一阶段扬子鳄分布的北界在黄河下游南部。由于气候转寒，到了4000多年前，其分布北界已经南移至山东泰安大汶口一带了。

扬子鳄

第二阶段，公元200多年至19世纪中叶。由于气候转冷，河湖沼泽减少，人口增加及其对扬子鳄栖息地的破坏，再加上人类的捕杀，黄河下游的扬子鳄趋于灭绝。而长江中下游广大地区适于扬子鳄的生存，且人口较稀少，以此，扬子鳄的北界南移至长江中下游及浙江中部山地丘陵地区。这在魏晋至明清的古籍中均可找到佐证。

第三阶段，19世纪中叶至今。由于19世纪中叶以后，帝国主义势力的入侵，长江流域船舰往来频繁，再加上人们的捕杀、沿河水利工程施工和围湖造田等，破坏了扬子鳄的栖息地和生存环境，扬子鳄的分布范围急剧缩小，数量骤然减少，仅存于苏、皖、浙三省交界地区。

三、揭示谜底，寻求保护

我国的野生动物资源十分丰富，种类也多种多样。仅据迄今为止的发现来看，全国有鸟类1200多种，占世界鸟类种数的14%；兽类40多种，占世界兽类种数的12%。而我国的陆地面积只占世界陆地总面积的6.5%。为什么会是这样？

历史时期，我国的野生动物资源较之现在，数量更加庞大，种类也更多样。白云悠悠，千古依然；鸟兽虫鱼，则历尽变迁。为什么会有这些变迁？我们今天又该如何保护这些鸟兽虫鱼？

1. 多种多样的原因

与我国相比，同纬度的欧洲和北美动物种类要少得多。古生物学家认为，从地质时代的第四纪以来，与我国同纬度的欧洲和北美由于寒冷和大陆冰川覆盖，许多动物相继灭绝了，而同时期的我国只有一些高山冰川，受寒冷的影响程度较小，结果使得一些动物的“活化石”如大熊猫、扬子鳄等残存至今，这可能是我国动物物种较同纬度的欧洲和北美丰富多样的主要原因。

复杂的地理环境也是造成我国野生动物物种丰富的原因之一。我国幅员辽阔，自东迄西、从南而北的各地有着不同的自然条件，因而也就造就了各地不同的极具区域色彩的物种类型。以与动物密切相关的植被类型来说，由沿海递进到内陆，依次出现蓊郁的森林、辽阔的草原和别具风情的塞外荒漠；同是森林，由南到北，由热带雨林到寒温带针叶林，情况又大不相同。不同的植被类型自会孕育不同物种的动物，而相应的野生动物，也自会迁居到适宜的自然环境中去繁衍生息。

2. 历史变迁的成因

历史时期的自然环境与现今有很大的不同，历史时期野生动物的生存与分布也自然与现今有很大差异。倘若能搞清它们相互之间的影响及其变迁规律，无疑对于当今的生物资源调查、农业区划制定、自然资源和环境保护等有很大的借鉴作用。近几十年来，我国历史地理学者正是出于这样的目的，致力于我国历史时期动植物地理分布及其变迁的深入研究。研究结论显示：大多数动物的地理分布，都经历了一个由北向南推移、或从分布广阔转向分布窄小乃至灭绝的过程。

动物的地理分布之所以表现出这样的演变规律，文焕然与何业恒认为主要原因有三：

首先，“釜底抽薪”的环境变迁。如同鱼离开水就不能生存一样，所有的动物只能生存于一定的环境中；环境变了，它们自然也会跟着变。以安阳为例，殷墟出土的动物遗存和卜辞记载表明安阳当时的环境与现今大不一样。野象、犀牛、貘是热带或亚热带动物，

中国近五千年来的气温变化曲线图

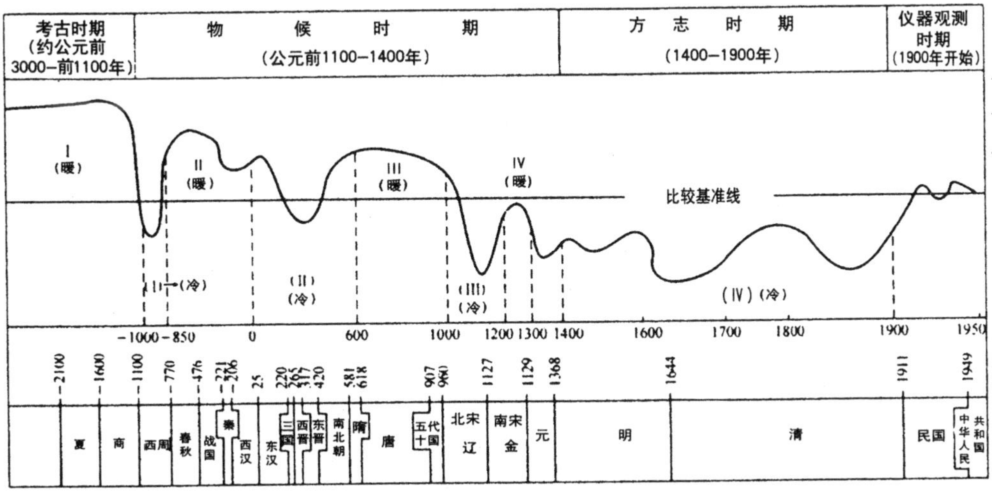

野生水牛、竹鼠等只适宜在温暖的环境中生存，这些动物的存在，说明安阳一带的气温，在殷代远比现今温暖。麋鹿古称“泽兽”，离开沼泽，它就无法生存；象、野生水牛乃至犀牛等同样不能作无水生存。这些动物的存在，反映出当时安阳附近还有一定量的湖泊沼泽。虎、豹、熊等是森林动物；竹鼠主要生活在竹林里；鹿是草原动物。这些动物的存在，反映了当时安阳附近非但有森林和竹林，还有草原。湖沼与森林的大量存在，也说明当时当地的气候远较今天湿润。而正是这种温暖湿润的气候，使得当时象、犀等野生动物能够在黄河下游优容自在地栖息繁衍。但是西周以后，随着气温的逐渐降低，外加华北地区人口不断增殖，山林逐步被砍伐，湖沼也逐步淤塞，野生动物的生活环境因此日益恶化，从而相继迁徙或消失了。

其次，“物尽其用”的人类捕杀。在原始时代，狩猎和采摘是人们的主要谋生手段，野兽是人们肉食的主要来源；后来，犀角、羚羊角、鹿茸、麝香等开始在医药上被利用。无节制的需求，客观上加速了人类对野生动物的捕杀。例如唐代今川、黔、湘、鄂四省交界地区土产或土贡犀角的15个州（郡），由于长期地、经常性地捕杀，到北宋以后，野犀相继灭绝了。孔雀和鹦鹉现在都是名鸟，而唐宋时代在岭南一带，孔雀成了腊味，鹦鹉成了腌藏的佳肴。中华人民共和国成立后，虽然对野生动物的保护做了许多工作，但由于乱捕滥猎，许多野生动物资源还是遭到了严重的破坏。例如青海省海西蒙古族藏族自治州，1959—1960年共捕杀野驴7万多匹，经过十多年的严格保护，到1973年也只有4000余匹。青海省玛多县在1960年一年内，猎捕野驴6900匹，使过去因野驴多而得名的“野马滩”（俗称野驴为野马）变成了无“马”滩。正是这些人为原因，使许多野生动物遭遇家破族灭的灾难。

最后，“物竞天择”的自然选择。属于衰亡种的动物，由于不能适应新的变化了的环境，不得不接受“物竞天择，适者生存”的规律，而为自然所淘汰。以犀牛这种很笨重的动物而言，繁殖能力极低，孕期400—500多天，每胎仅产1仔，即使是在外界条件适合的情况下，发展也非常缓慢。如果遇到突变的气候，自然难以生存。大熊猫的食物高度特化（专食箭竹等），食物消耗量大（成年兽每只每昼夜吃嫩竹15—20千克以上），繁殖能力低下，加之失去凶猛兽类的切割能力（上下裂齿退化），以及进攻性器官的退化所导致的自身保护能力的下降，都表明大熊猫是处于衰亡过程中的物种。

3. 补救的办法

珍贵的野生动物资源，一旦枯竭就不会再生，那么，如何挽救这些濒临灭绝的动物呢？这是人类的当务之急。

从野生动物的分布变迁与社会发展的角度来看，首要的任务是保持生态平衡。中华人民共和国成立之初，为了加快国民经济的建设与发展，我们曾高呼过“喝令三山五岳开道，我来了”“我们不能等待自然的恩赐，我们应向大自然索取”这一类“过热”的口号，其结果是动物多样性被破坏。动物多样性被破坏，又打破了动物之间现实存在的生物链，并由此引发生态的失衡。因此，要维护并重建生态平衡，必须减少对一些资源性野生动物的掠夺，保持好动物的多样性，维系好它们现实的生物链。

维护良好的生态环境，首先要保护好野生动物的“家园”。保护好野生动物繁衍与安息的家园，不能仅仅着眼于某种某类动物本身，而应放眼整个生态系统的建设，即尽量减少人类对大自然的干扰和破坏，保护好森林、草原等植被，清洁大气和水源，使得天、地、人关系融洽，如此，地球上的各类“居民”才能安然生息、和谐相处。

建设自然保护区，完善法规，加强对偷盗野生珍稀动物行为的打击力度，也是我们采取的有力措施。中华人民共和国成立以来，对于野生动物的保护，我们做了不少工作，比如普查野生珍稀动物资源，营建自然保护区，颁布一系列旨在保护野生动物的法律、法规等。2002 年，已经被列入国民经济和社会发展规划、为期 50 年的“全国野生动植物资源及自然保护”工程正式全面启动，这是野生动物保护领域的标志性成果。这项工程的实施，将拯救一批国家重点保护的野生动物，扩大完善和新建一批国家级自然保护区、禁猎区和野生动植物种源基地，恢复发展珍稀物种种源，最终形成以自然保护区、重要湿地为主体，布局合理、类型齐全、管理先进的自然保护区网络，从而基本实现野生动植物资源的可持续利用和发展。

毁林开荒

人类之所以对野生珍稀动物过度索取，不仅仅是“物以稀为贵”可获暴利这一因素，它们独特的药用或食用等价值，是其遭到“饕餮”之徒“垂涎”的主要原因。而扭转这一局面，除了法制的严惩，还应加强宣传和教育。譬如，2002 年 1 月 26 日，在北京奥林匹克饭店拉开帷幕的，由中国野生动物保护协会、东方美食家学院、《东方美食》杂志联合举办的，旨在“珍爱自然，拒烹珍稀野生动植物”的“首批绿色厨艺培训大使暨百万厨师签名”就是一项持续时间长、教育性强、影响大、成效显著的活动。

保护野生珍稀动物，还离不开科学研究，离不开国际间的合作。加强生理生化及遗传学等方面的研究，采用人工驯养等科学手段来挽救一些濒临灭绝的野生珍稀动物，都是行之有效的措施。我国对扬子鳄、大熊猫等野生珍稀动物成功实施人工培育，就是很好的例子。同时，还要加强国际间的联系与合作，真正使维护与重建和谐生态的工程成为全人类的共识与任务。1972 年“世界人类与环境大会”后，环境与发展成为人类普遍关注的话题。世界第一个国际环境公约《濒危野生动植物国际贸易公约》于 1973 年正式签署，这是国际社会协调一致行动的结果。目前，该公约已经有一百六十多个成员国，直接参与或关注的非政府组织达一百七十多个，在保护野生动植物资源方面取得的成就及享有的权威和影响举世公认，已经发展成为当今世界最具影响力和成效的环境保护公约之一。1992 年，联合国在巴西里约热内卢召开了世界环境与发展大会，发表了《里约宣言》，签署了《生物多样性公约》等一系列国际公约，可持续发展的理念与行动，至此已成为人类社会发展的基本模式和基本原则。

地球只有一个，这唯一的地球，不仅仅是万物之灵人类的家园，也是万物的家园，是丰富多彩的植物的家园，是纷繁复杂的动物的家园，只有在这生物共有的家园里，我们人类才不孤独……

（邢东升）

第五篇

地理发现的未解之谜

谜团从生的故事

——徐福东渡

徐福东渡，是流传于中、日、韩民间脍炙人口的掌故。从战国时期起，中日两个民族就开始了各种交往，历史上日本的经济、文化诸多方面，都受到了中国的影响。徐福东渡的传说，就是在这样一个历史背景下产生的。

在我国的史书中，对徐福东渡，确有明确记载，而中外众多与之有关的史迹，也赫然在目，相应的出土文物，则更是有目共睹。特别是在今天的日本文化中，中国早期文化的遗存，仍然十分厚重。而《史记》在我国历史典籍中无与伦比的崇高地位，以及作者司马迁所享有的"良史之才"的声誉，无疑为徐福其人其事，更增添了"一言九鼎"的砝码。因此，所有的一切，似乎都已下了定论：徐福东渡扶桑，并在那里定居生活，乃是真真切切。

徐福画像

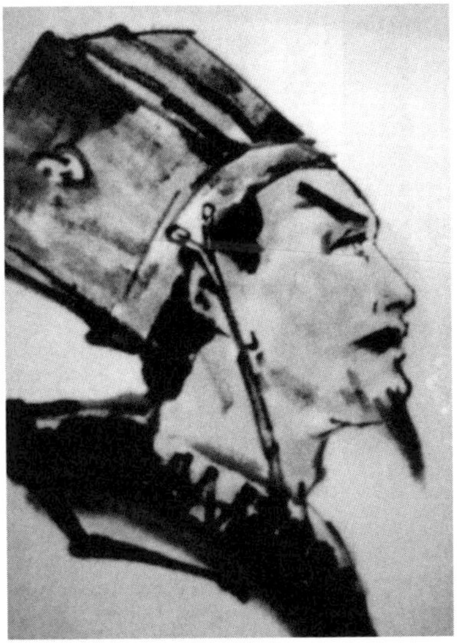

然而且慢，实际上，作为历史上的一个真实人物，与徐福有关的史料的匮乏，给探究整个事件的始末造成了困难。特别是后期的记载又往往演绎失实，尽管言之凿凿，毕竟属于传说的范畴。所以，关于徐福东渡中的若干细节，包括徐福东渡有无其事，徐福东渡去了哪里，徐福东渡的目的，徐福东渡的路线、启航港、登陆处以及徐福的故里究竟在哪里，等等，学术界仍是众说纷纭，莫衷一是，几乎没有定论。在一些问题上，认同说和反对说双峰并峙，公说公有理，婆说婆有理，好像都很有道理，但缺乏“一锤定音”，都难以折服对方。因此，徐福东渡，引出了一个谜团丛生的故事。

一、是奉旨寻求，还是暗藏玄机

公元前221年，秦王嬴政结束了战国割据局面，平灭六国。在天下初定的局面之下，秦始皇为了“以示强，威服海内”，宣扬他统一四海的功德，曾四次到沿海巡视。不仅如此，他还屡屡派方士徐福挂帆远征，跨海东渡。

作为一代杰出的政治人物，秦始皇既不完全相信鬼神，亦不完全相信永生。不过，想借助药物求得健康长寿的愿望，还是在这位帝王心中驻足，蓬莱、方丈、瀛洲“三神山”，令他心旌摇荡、心驰神往。据传，徐福之行，就是为秦始皇寻求他心中的神山，以助他益寿延年。然而，徐福是“泥牛入海无消息”，一代君王没能等来徐福带回海上三神山的喜讯，就命归西天了。

历代君王的帝陵，均是“坐北朝南”，以图吉利，唯有秦始皇陵独树一帜，“坐西朝东”，为何如此？大概就是为了盼望东渡未归的徐福吧，他是至死也不甘心！

徐福东渡的千古之谜，历来引人遐想，人们不禁要问：一介方士，为什么漂泊大海，远走他乡？谜面既有，谁都想知道谜底。

徐福，生于公元前255年，本名议，字君房，齐地琅邪人。公元前219年，徐福在他36岁时，携3000童男女入海求仙。然而，世间哪有仙山可觅？所以，徐福只能是空手而归。公元前212年，一起骇人听闻的“焚书坑儒”事件，使四百多名儒生和方士惨遭杀戮。徐福虽未罹难，但也受到严重警告，史书中曾记有“徐市（徐福又作徐市）等费以巨万计，终不得药，徒奸利相告日闻”之类的话。

尽管徐福因入海无功而受到谴责，但他既然能说服秦始皇，组织规模宏大的远洋船队，并管理指挥数千人渡海，这说明他不仅能说会道，而且颇为精明善变，否则他难逃杀身之祸。要知道入海求药不得，是欺君之罪，脑袋是要搬家的。

好在徐福的脑瓜灵，他在皇上面前又编织了一套“入海求神药，数岁不得”的原因。仅仅过了两年，秦始皇居然又相信了他所说“蓬莱药可得，然常为大鲛鱼所苦，故不得至，愿请善射与俱，见则以连弩射之”的话，遂遣男女三千人，资之五谷种种百工而行。徐福终于找到脱身的借口，再次渡海寻觅，结果，他得“平原广泽，止王不来”，是一去不复还。

徐福所到的“平原广泽”究系何处？以至于他“止王不来”？这就成了历史之谜。

司马迁的《史记》，是最早也是最为详尽披露徐福东渡的史书。不过，作为一代史公，司马迁绝难料到，以记载徐福东渡为发端，竟然抛出了一个千古之谜，引发后人丰富的想象和深邃的思考。其后，历代不少史书和方志转述记载不绝，如《汉书·郊祀志》《汉书·伍被传》《三国志·吴志·孙权传》《后汉书·东夷列传》以及《三齐记》《括地志》《太平御览》《太平寰宇记》《山东通志》《青州府志》等。尽管也不乏参考和旁证价值，但所载内容大多源于《史记》而大同小异。更有甚者，添油加醋地加以渲染，徒增了不少神话传说的成分，给徐福东渡涂上了一层神秘乃至荒诞的色彩。

蓬莱仙岛图（局部）

同样在日本，公元七八世纪以后，记述徐福的文献很多，如《神皇正统记》《罗文山集》《异称日本传》《同文通考》《纪伊续风土纪》《和歌山县史迹名所志》《日本名胜地志》等。另外，还有不少研究徐福的专著，如《徐福》《徐福来日历史事迹》《徐福东来传说考》《徐福的风俗信仰在日本生根》等，从不同方面阐述了徐福与日本之密不可分的关系。

到了近现代，有关徐福的研究尽管时冷时热，有褒有贬，时断时续，但总的趋势是日益深入，在探索、争论中时有新的突破，对徐福东渡也做出了公正的评价，肯定了徐福东渡日本之事的可能性。况且中日两国一衣带水，朝鲜半岛突出其间，经由朝鲜北部东渡者不乏其人，而由山东半岛经朝鲜南部东渡者亦有之。

徐福等人入海寻求三神山，正是当时山东沿海一带的商人，在战国时就开始的海洋商业活动。而海上求仙之说也并非始自徐福，《史记·封禅书》载：“自威、宣、燕昭，使人入海求蓬莱、方丈、瀛洲”，可以推想，在徐福之前，也许曾有人到达过“三岛”，所以，徐福等人才知道海外有三神山，满怀寻求圣地的热望。到了秦代，这充满幻想和魅力的海外世界，更引起了一些人去寻求东方天国的渴望。在秦始皇的帮助下，徐福等所带领的海洋探险队，便一批批地东航了。

徐福东渡的动因，目前学术界有这么几种说法。一是徐福避祸说。他为了摆脱秦始皇的暴政，巧妙地借海神所求提出“百工”、“五谷”、童男女的要求，为“止王不来”做准备。二是反对秦王苛政说。秦苛政使得反抗的浪潮分成两股，一是揭竿而起的农民起义，一是大量移民海外，所谓海上仙山，正是避秦理想的“世外桃源”，徐福东渡就属于后者。三是寻仙采药说。寻仙采药，以求得延年益寿，长命百岁。四是行骗图利说。他利用了秦始皇迫切想得到延年益寿之药的心理，欺骗秦始皇，得到巨资相助。五是秦始皇开发海外说。秦始皇对开发中土四边有宏大的设想，对东、南、北各方采取了不同的对策。六是徐福开发海外说。当时我国沿海的一些商人，企图打通与日本诸岛之商业通道，与之相应，徐福亦有开辟海外之念头。七是对付“外越”说。上古时期，由于地理变迁，当时居住在宁绍平原的古越先民大规模转移，其中有一支迎水而进，向沿海岛屿和海外流徙，分布在今舟山群岛、台湾、澎湖列岛及日本列岛。楚灭越后，越人再次大规模转移。“外越”人擅长航海，善于水斗，因而发展成一股强大的海上力量。早在春秋时，他们便利用其海上优势，配合越国经常骚扰吴国。而今，秦朝对他们同俗共源的“内越”兄弟进行征服和迫害，自然使他们与“内越”同仇敌忾，不断从海上登陆骚扰。因此，秦始皇派军征伐“外越”，徐福东渡打的是求仙的旗号，实为从军事上对付“外越”。

几多“东渡”说，听起来似乎都蛮有道理。不过，由于“证据”不足，对徐福东渡之因一时还很难辨析。但从徐福第一次“东渡”归来的“伪辞”分析，有一点很值得注意，即徐福说海中大神索要“名男子若振女与百工之事”。这令人感到费解。作为卓有法术、千年不死的神仙，需要童男童女陪侍尚可理解，而需要五谷种子、造作工匠却是为何，难道他也食人间烟火不成？从这一点分析，似乎又找到了答案，其得平原广泽而止王不来，很像是早有预谋，暗藏玄机！俗话说“伴君如伴虎”，徐福虽然逃过一劫，但谁能保证他免遭“二度劫难”？这一点，徐福大概不会不知。与其坐以待毙，不如“三十六计走为上”，只要能远走异乡，始皇帝也就鞭长莫及了。

因此，尽管徐福东渡应是多种原因促成的，但综观徐福的种种举动，特别是徐福提出携带五谷种子和百工出海，其目的还是很明显的，就是要在异地辟土安居，而原因则是害怕受到皇帝的诛戮，毕竟他第一次求仙不得，已埋下了不安定的因素。要知道，秦律猛如虎，秦始皇更是以“刑杀为威”，而世上又无长生不老之药可寻，被问罪是迟早的事。所以，徐福东渡，确有假公济私之“二心”。如果事实真的成立，徐福也算是一代豪杰，连纵横捭阖的始皇帝都给蒙了。当然，这还必须进一步求证。

二、船队驶向“日出”之国

对于徐福东渡日本之事，20世纪初，中日学者对秦汉史和海上交通史做了大量的研究，人们根据地下文物考古资料旁征博引，对徐福是否到了日本，大致做了肯定。但是，也有人怀疑徐福东渡日本之说，他们认为，汉唐时代的史书对徐福东渡的去向并没有弄清楚，为什么这之后的人倒认定是去了日本呢？而且越写越具体，其想象力大大超越了前人，这多少令人怀疑。

到了20世纪50年代，中华学人对这一问题的研究，已不再停留在徐福东渡上。香港的卫挺生撰写的《日本神武开国新考（徐福入日本建国考）》一书，根据我国的史籍古物、古钱及徐福在日本的行踪等，以地理、时代等方面的十大巧合，证明“昔日中国的徐福，就是日本开国第一代神武天皇”。他认为，日本开国与徐福建国的事迹有诸多“一致”之点：

第一，地理符合。徐福王国有“平原”和“广泽”；而东海各岛中，有平原和广泽者，只有日本本州。

第二，时代符合。徐福是秦汉之间的人物，神武天皇遗物的三神器——秦代的白铜镜和汉代环头大刀，足以证明神武天皇也是秦汉时代的人物。

第三，舟师符合。神武天皇东征时使用舟师，这也就是徐福取得秦始皇征发令而征发渡海船队的驾驭者。

第四，少男少女符合。徐福凭借征发令，征发数千少男少女渡

海。而神武天皇东征时，亦拥有男女兵士。

第五，五谷百工符合。神武天皇东征途中，驻屯军队数年，是为制造兵器、贮备食粮和制造舟楫，而此则赖以徐福带来的五谷之种、各种工匠和器具才能成功。

第六，政治思想符合。徐福出生在秦统一以前的齐国，秦灭齐设郡县后，他在大陆居住不过一年，他的政治思想当然不是秦汉的郡县制度，而是秦以前的封建制度。神武天皇建国后，在大和施行的政治制度也是那种封建制度。

日本阿须贺神社内的徐福宫

第七，愚民政策符合。秦始皇焚书坑儒，是统治人民思想的愚民政策。神武天皇将秦汉时代的镜和剑当作神器，采用秦汉以前的政治制度和祭祀制度，又不使用中国的文字和语言，显然这是禁止诗书和百家之言的一种手段，这也是愚民政策。

第八，神话符合。齐国的祭典，除了各国诸侯共行的“社稷五祀”（金、木、水、火、土），还有特有的“八神”：一曰天主，祀天齐；二曰地主，祀泰山梁父；三曰兵主，祀蚩尤；四曰阴主，祀三山；五曰阳主，祀芝罘；六曰月主，祀莱山；七曰日主，祀成山；八曰四时主，祀琅邪。而依据日本神话，金神降临日向，娶大山祇神（地主神）之女，生四子：火明命、火进命、火折命和彦火火出见尊。这正是一日四时主神，与琅邪所祀一年四时主神相同。这里提请注意的是，徐福正是琅邪人。

神武天皇父名彦波潋武，与徐福之父猛同名；而且其祖父，与徐福故乡琅邪山所祀四时主神符合。如此之巧合，绝非偶然。

第九，年代符合。据《神武本纪》，第八年正月在大和（邪马台）橿原神宫即王位，其即位元年当是纪元前203年。

第十，地下考古符合。日本考古学将日本古代文化分为明显不同的两个类型：一是岛上固有文化，学者称为“绳纹式文化”；另一个是由外部侵入的“弥生式文化”。后者与中国大陆秦汉间文化完全相同，较日本列岛固有的绳纹式文化先进数千年，它是徐福向日本列岛移民时带入的，地下的出土文物可以为证。

没有想到的是，该书传入日本后，虽遭到一部分日本学者的反驳，但仍有一些人表示支持，包括像昭和天皇之弟三笠宫这样的皇室成员，他主张将此书翻译成日文发行。数年后，三笠宫批评日本的古代史是“不足信赖的”，坚信徐福即是神武天皇仲田玄，并就此进行了长期的调查研究。他在1975年5月致“香港徐福会”成立大会的贺词中说，1950年以来的调查，已达到“徐福是我们日本人的国父一个结论”。随着此说的影响扩大，终于在1977年，《日本神武开国新考（徐福入日本建国考）》一书由罗积穗和冲田也两人译成日文出版，更名为《神武天皇——徐福传说之谜》。

台湾的彭双松先生也是因一时兴起而“走火入魔”，成为徐福研究之卓有建树的先锋。他从两个方面进行了努力：一是搜集研究日本古书《古事记》《日本书纪》以及日本第一流的有关考古学、人类学、语言学、古代航海技术、文化、历史等著作，同时也参考了我国的古书；一是从1975年起至1981年，先后八次赴日本，直接到有徐福遗迹及传说的地方去访查，获得了相当丰富的第一手资料。1982年，他发表了《徐福即神武天皇考》一文，大胆地提出“徐福就是神武天皇”。

日本和歌山县的徐福墓

彭氏认为，徐福在2200年前确实到了日本。他在日本九州“伊万里”的地方登陆，这里至今还有“秦津”的地名。在进入“筑紫平野”的路途中，经过武雄，登上附近的黑发山，1966年在黑发山麓发现“阿房宫朝砚”即为证明。徐福在该地的中心佐贺驻屯九年，后来又绕回九州岛到了高千穗“日向”地，此处就有“徐福岩”的遗迹。后又在今和歌山县新宫之地逗留了三年之久，而此地更有徐福宫与徐福墓。再其后他到了“伊势湾”腹地，进入内陆“橿原”。徐福终老之地相传为富士山麓，在日本《宫下古文书》中就有富士山腹的徐福墓示意图。

彭氏证明徐福就是神武天皇的理由共有九点。第一，徐福、神武天皇两人东征有许多共同点。第二，在神武天皇东征路线上出土的有明刀货（秦统一前流行于燕赵的货币）、安阳布货（始皇十一年至二十六年秦币）。第三，金立神社《由绪记》载：该社是“神武之朝振兴之创设”。说明奉祀徐福的金立神社是2200年前创立的。徐福是2200年前出海到佐贺的，该社奉祀徐福，不就是说“神武”就是“徐福”吗？第四，日本古书载神武天皇是由“日向之国”出发东征，徐福亦在日向停留然后由此东征，所以在此地留有“徐福岩”，此又表示徐福极有可能是神武。第五，神武天皇曾停留三年的“远贺川岗水门”发现的陶器、铜剑等，相传是徐福由大陆带过去的。当时日本尚未有金属。第六，神武天皇东征时使用大弓箭，而徐福曾向秦始皇要大弓。第七，说徐福得平原广泽为王，山东以东海中岛屿，有平原广泽的仅有日本。第八，日本人类学家金关博士对北九州一带“绳纹人”及“弥生人”遗骨的研究表明：由绳纹时期进入弥生前期时，其身材忽然增高，其后慢慢变矮，又回复到绳纹人的身高。目前日本平均身材最高的是畿内的地方，畿内人的身高与前期弥生人的身高非常接近，甚至相同。徐福在北九州住了九年，后率队东征，前往畿内，在此地称王。徐福一行的到来，一时使北九州之绳纹人的身高增加了，但他们后来迁往畿内，所以畿内人的身高不久又回复原样了，而徐福大队人马永居之畿内，则始终保持着身高的优势，直到现在。第九，日本开国神话与齐国诸神话有许多相同之巧合。

彭氏还指出，徐福在日本各地的遗迹有56处，传说有32件，古书记载有46项。日本皇室中所秘藏的三种开国神器，均不属于日本原物，而是由秦国带去的。因恐惧秦始皇派兵追讨，徐福在日本建国采取秘密的方式，自然不能袭用秦国的衣冠和文字，不得已而制造出一种神话。而日本《古事记》及《日本书纪》的作者，又篡改了神武天皇建国的时间，将其提前了450年，有意与徐福东渡日本的时间错开，这使得日本古代历史更加扑朔迷离。

1984年，彭氏又出版了《徐福研究》一书。该书强调，2200年前发生了九州岛西北部之“弥生文化”——稻作农耕、金属文化、新式土器之制造——极有可能是徐福带给日本民族的珍贵礼物。他进一步推断，徐福东迁与神武东征竟然有37项之相同或类似，这应验了两千多年前在日本岛同时发生的“两件大事”，实为同一人所为。

在日本方面，相当于我国的宋元时代，日本熊野就有了徐福祠、徐福墓。南宋末年即公元1279年，中国名僧祖元禅师去日本，他献给徐福墓的诗为："先生采药未曾回，故国山河几度埃。今日一香聊远寄，老僧亦为避秦来。"

尽管如此，有关徐福东渡的问题，在日本还是十分忌讳的话题。主要在于"徐福即神武天皇"这一史实是否成立，换言之，不承认这一事实，似无法解开日本开国神话之症结。日本自宇多天皇始至龟山天皇止，9位天皇先后主祭徐福达88次之多，直到明治维新以后，这种主祭才告中断，更讳言"徐福来朝"。

应该说，在徐福问题的研究中，港台学者对徐福东渡进行了积极的探索，这是可取的。但上述两位学人据有关史籍，认定徐福到日本之后成了统治那里的王，甚至把徐福和神武天皇视为一人，这种立论很是玄妙、更是大胆。那日出之国的臣民，乃是我堂堂中华之徒子徒孙，果真如此，那实在是让国人大为过瘾。不过，我们需要大胆设想，更需要小心求证。应该说，上述论点的臆断成分较多，有些牵强，因而遭到不少学者的非议。主要依据是：第一，当时的日本处在氏族社会向阶级社会过渡的阶段，在日本列岛上尚未出现统一的政权，虽然各地已有小国出现，但尚未超出部落联盟阶段。日本出现统一全国的国家政权，大约在公元4世纪末。显然，在西汉初期以前，日本还没有出现区域性的国家政权，更没有出现一统天下的国家政权。在这种情况下，当然也不可能有什么国王而言。第二，神武天皇传说的最早记载，见于8世纪初成书的《古事记》和《日本书纪》，而这两本书中关于日本早期天皇的史迹记载，可信度极差，不能作为历史研究的凭证。因此，把徐福与神武天皇混为一谈，不仅不利于徐福问题的深入研究，无形中还给徐福的形象增添了虚无色彩。把传说中的神武天皇附会于徐福，进而把徐福（神武天皇）作为统一日本的英雄加以讴歌，是与历史事实相悖的。传说有历史的影子，但绝不是历史。

日本最早对徐福其人其事表示认可的要算《神皇正统记》一书，书中在孝灵天皇一条中记载有："四十五年之卯，秦始皇即位。始皇好神仙，求长生不死之药于日本，日本欲得彼国之五帝三王遗书，始皇乃悉送之，其后三十五年，彼国因焚书坑儒，孔子之全经遂存于日本。"该书出版后，对日本学者影响很大，其后，兴起了对徐福事迹的考证和研究，论述也很多。徐福这个名字，对许多日本人来

日本佐贺县“徐福上陆地”木制标柱

说并不陌生，日本列岛从南到北有徐福的遗迹和纪念地多达一百多处，和歌山县新宫市的徐福墓和徐福祠、九州佐贺县奉祀徐福的金立神社和徐福登陆处遗址，以及徐福碑、徐福丘、徐福岩……，并且流传着许多动人的传说和风俗。

面对港台以及日本的学者在徐福研究方面所取得的卓著成果，中华人民共和国成立以来的中国大陆学者却大都保持缄默。究其原因：一是只把它当作一种“民间传说”，无确凿史料可据，恐劳而无功；二是徐福乃一方士，入海求仙药，事涉荒诞，缺乏学术研究价值；三是史籍记载不详，况且还蒙上一层“神仙思想”的迷雾，怀疑是历史的虚构。因此，对于徐福之研究，几近空白。实际上，在两千多年前的秦汉时代，经济文化尚十分落后的情况下，能留下像司马迁《史记》中所明确记载的这一历史珍闻，其本身就很宝贵。正因为如此，中日关系史研究专家汪向荣先生曾说：“如果我们认真地从中日关系史和日本古代历史发展过程来加以观察、探讨，那么就可以发现，对这一传说不能轻加否定”，“徐福东渡，留住日本不还的传说，是有一定根据的”。

当然，有关徐福的研究，也并非“一无所有”，早在1904年梁启超发表的《祖国大航海家郑和传》中，就涉及徐福东渡一事，只是未做专论。其后的1916年，陶亚民在《地理杂志》发表的《徐福事考》，开创了徐福东渡专题研究的先河。遗憾的是，该文除了引证一些资料外，几乎没有作者自己的新观点，而且写得相当简略。直到1934年，《师大月刊》发表了王辑五的《徐福与海流》，才有了像样的徐福研究专论。该文广征博引，其间闪烁着作者智慧的观点，读后令人耳目一新。此外，几位秦汉史专家在其历史著作中对徐福和徐福东渡做了公正的评述，如著名秦史专家马非百教授在所著《秦集史》中，就有完整的徐市传。著名历史学家翦伯赞的《秦汉史》、著名历史学家范文澜的《中国通史简编》，也都对徐福做了介绍。

三、由“神”变为人

20 世纪 80 年代以来，我国学人在这一方面的研究开始兴起，陆续发表了一些有关徐福东渡日本的文章，这些成果把徐福研究推向了一个新阶段。

历史上既有徐福其人，就必有其诞生之地。但是，一些有志于徐福研究的人，翻遍史籍，也未能查找到其出生之地的记载。难道徐福乃一天外之人，抑或为大地所孕育？这不免使人怀疑历史上是否有徐福其人。就在“踏破铁鞋无觅处”时，江苏省在 1982 年开展的地名普查工作中，在该省的赣榆县金山乡发现了一个名叫徐阜村的村庄，经多方考证，发现这里正是徐福的故里。历史长河，沧桑多变，这个被湮没和遗忘了两千多年的重要历史人物的故里遗址终于被发现，徐福从此也由“神”变为人。

这是我国首次发现有关徐福的历史遗迹，也是中日关系史上的一个重要发现。1984 年 4 月 18 日，《光明日报》史学版发表了罗其湘、汪承恭的《秦代东渡日本的徐福故址之发现和考证》一文。文章一经披露，即引起了国内外学者的极大关注。如果把 20 世纪 30 年代王辑五、50 年代香港卫挺生和台湾彭双松对徐福的研究，看作是该研究领域第一次、第二次突破的话，那么徐福故里的发现便是第三次突破，而该文的发表则是这次突破的标志。经过充分的酝酿准备，1986 年，首次江苏省徐福研究学术讨论会在徐福的故里赣榆县举行。这次学术讨论会对徐福东渡可能性的看法是一致的，认为两千多年前我国已具备远涉重洋的条件，东渡不是无稽之谈。次年，全国首届徐福学术讨论会在徐州开幕，会上，从多学科发表了徐福研究的最新成果。会后，我国大陆公开出版的第一部徐福学术论文集问世，它对提高我国徐福学术研究的水平和促进国内外学术交流，起到了重要的推动作用。可以说，第三次

江苏赣榆徐福村

突破是至今最大的一次突破，有前所未有的广度、深度和热度。

当然，对徐福故里也存有争议，是诸说并存。特别是东部沿海几省，几度出现了“徐福热”，有好几地为争夺这位历史名人，大打笔墨官司。于是，徐福的生地由原来的仙籍，转眼变成了一出几处。由于司马迁只讲了徐福为齐人这一句看似笼统的话，今人就上演了争拉徐福做老乡的热闹场面。除了上述赣榆说，还有几说。一是琅邪说。其根据是秦琅邪郡治在今山东胶南琅邪镇。《辞海》《中国人名大辞典》等“徐福”条都说：“徐市（福），琅邪人。”徐福先后两次见秦始皇也都是在琅邪，如果他不是琅邪人，就不会在此面见皇上。琅邪附近还有众多的徐福传说遗迹。一是山东平度说。《平度州志》、《莱州府志》、民国版的《平度县志》，都记载有徐福社、徐福乡之称谓。至今演变为徐福村的，就位于今山东平度市香店东南，该村旁边有秦始皇东巡驰道遗址。一是山东黄县（今龙口市）徐乡说。其根据是《汉书·地理志》有徐乡，《齐乘》说徐乡“盖以徐福求仙而得名”。徐乡原名士乡，因徐福求仙而改名徐乡。黄县城东门叫登瀛门，城东绛水河畔有一登瀛村，传说徐福东渡瀛洲（日本）时，就是从这里集结童男女开始启航的。

由于徐福乃一介方士，以屡试不验的方仙道为业，其行为诡秘难测，居止漂浮不定，所以就连太史公当时也只能识其国籍，而不详其郡县乡里。虽然有史册可据，有陈迹可依，但还是给后人带来不小的麻烦。这使得学者们臆测、误断，甚至囿于地方本位主义和历史背景等原因而背离了历史的本来面目。

徐福无分身之术，所以，他只能感情专一地隶属一地。这里，我们还是选择了徐福故里为赣榆说作为主线加以阐述，因为这一说得到国内外史学家较为普遍的认同。

徐福村（徐阜村）位于今赣榆区金山镇南一千米处，现今分为两个自然村落，北为后徐福村，南为前徐福村。整个徐福村，很少有徐姓的居民，据说是因为徐福东渡后，恐其采药不成遭到灭门之灾，故而徐姓人士纷纷逃匿亲戚家中，并改为韦、王、刘等姓氏。所以，至今这一带尚广泛流传着“韦、王、刘一家”之说，而“韦、王、刘、徐”也互不通婚。在徐福村南 2.5 千米的大港头，就是传说中的徐福出海处，曾经挖出大片海淤和多件秦代文物，还发现了春秋时的布币。

徐福村发现后，有关人员纷纷从文献、文物和传说等几个方面，对徐福村是否即秦代方士徐福的故里进行了论证，认定徐福村就是徐福故里，其可资的凭证有这么几点：

地方史乘方面。徐福出生于秦统一前，经历了从战国到秦两个时代。徐福籍贯为何处？据《史记》记载，徐福是齐琅邪人。那么秦以前的赣榆是否属齐地，秦以后是否又属琅邪郡？在郭沫若主编的《中国史稿地图集》和谭其骧主编的《中国历史地图集》中，都有明确的答案：战国时赣榆属齐地，秦时属琅邪郡。这样，徐福故里是赣榆和《史记》所载徐福是齐人以及主要活动在琅邪，就相吻合了。尽管据《汉书·地理志》所载，认为赣榆县建制最早始于西汉而非始于秦，然而，近年来在陕西秦始皇陵西侧出土的秦赣榆刑徒墓中瓦当，其中有“赣榆距”“赣揄得”字样，这说明赣榆县最早的历史建制应始于秦。

徐福村及其附近出土和发现的文物证实了这里曾是秦代村落。在徐福村发现的古文化遗址中的出土文物表明，它的时间下限一直到汉代，诸如汉代赣榆县故城盐仓城遗址、汉代庙台子文化遗存、汉代大台子文化遗存、汉代大温庄木椁墓葬群等多处。

搜集到徐福故里关于徐福东渡的一些特有传说。这类特有传说固然不是历史，却常常是历史的最好注脚。譬如，有徐福在北边的下驾沟向秦始皇献药的传说，还有徐福村进贡榆树的传说。此外，诸如徐福在白兔庄造船和大港头出海试航、徐福出海前和到达日本后留下的十字石、徐福庙和徐福八亩地的传说，等等，不一而足。

方志、家谱是正史资料不可多得的重要补充。在明清两代编修的与赣榆有关的方志中，已查出有徐福村、徐福社等记载的有：嘉庆元年《赣榆县志》、嘉庆十六年《海州直隶州志》、光绪十四年《赣榆县志》。而在清乾隆十年续修的《张氏家谱》、乾隆四十二年修的《王氏谱》、乾隆四十九年续修的《壹纪堂·后徐福·韦氏支谱》中，留下“徐福村”“后徐福”“徐福社”“徐福河”等有关地名达十余处之多。这些，都是考证徐福村的重要文献资料。

至于徐福村的演变，这里有引述的必要。徐福的家乡起先叫徐福村，到了汉代，徐福的宗族几乎不剩一人。其后，都是一些陆续从外地迁此的徐姓人氏，他们为了纪念徐福，便延续徐福村之名。到了清代，赣榆县进士周萃元在重修赣榆县志时却把“徐福村”改成了“徐阜村”。原来，当年祖籍外乡的周萃元兄弟赴京赶考时还是穷秀才，当地的徐氏族人不仅较为富有，而且有些权势。其中，朱汪村就有个姓徐的武官，独霸一方，他听说周氏兄弟赴京赶考，便故意刁难。没想到，周氏兄弟两人一应中榜，从此步入仕途。其后，周萃元因病辞官回乡，归县后由他重修赣榆县志。他想起当年那位徐姓人士的霸道行径，便愤然改“徐福村”为“徐阜村”，同时在该县的地图上也没有标出它。这样，“徐福村”便淹没在历史的烟尘中，但在人们的记忆里却依然保留着。

历史记载，客观存在；民间传说，事出有因；地方志和家谱，更具体留下了徐福村名的珍贵记录。三者的内容，在这里得到了“统一”。

四、在蛛丝马迹中寻觅

徐福东渡，引出谜团多多。由于史籍记载不详，因而说法各异。从寻觅徐福故里，到启航地点，再到东渡路线，以及童男女的数量、安置，等等，一环套一环，剪不断理还乱。无奈，也只能顺着他的故里，一点一点地寻求蛛丝马迹。

琅邪山横亘于黄海之滨，琅邪台雄踞山上。据《越绝书》和《吴越春秋》记载，公元前473年，越王勾践攻灭吴国之后，为取代吴国的统治地位，便来到当时的齐地琅邪。为建立新的霸业基地，他在琅邪山上建琅邪台。秦始皇平灭六国后五次出巡全国，其中两次

秦始皇迫切想得到延年益寿之药，东巡琅邪郡时，乃举行拜海神活动。图为秦始皇当年拜海神的神道遗迹。

行经赣榆地界，三次到琅邪，并在勾践筑台的遗址上另筑新台。就在那一次次秦始皇乐而忘归之时，“齐人徐市等上书，言海中有三神山，名曰蓬莱、方丈、瀛洲，仙人居之。请得斋戒，与童男女求之。于是遣徐市发童男女数千人入海求仙人”。公元前210年，即秦始皇三十七年第三次到琅邪时，徐福又说，“蓬莱药可得……愿请善射与俱”。所以，徐福东渡是秦始皇东巡郡县的直接结果。秦始皇在这里留下了众多遗迹，有三柱山、秦王碑、磨剑石、秦山、下驾沟、秦山岛、秦王柱、秦东门等十几处，探其名之出处，都是有典有据。可以肯定地说，秦始皇巡游全国，对沿海地区“情有独钟”，这除了为其歌功颂德，背后似有隐情，这就是每一位君王得天下后最想要的一件东西——长生不老。作为求仙采药的方士，徐福以满足秦始皇的这个心愿为契机，终于脱身海外。

徐福出海，似乎已成定论。但究竟从哪里征得那么多童男童女？又如何安置？惜乎史料记载不详，求证颇有难度。好在一些方志留下了一丝可稽的线索。

在渤海湾边的河北省沧州地区黄骅市，有个秦代古城卯兮城。民国五年《盐山新志》载：“高城东北有卯兮城，秦始皇遣徐福发童男女千人至海求蓬莱，因筑此城，侨居男女，号卯兮城。”该地区还发现了一个古“千童县”，古为齐地，是西汉所建古老县城。同样据《盐山新志》载：汉高祖五年（前202）曾以秦之徐福率千童男女侨寓此邦，而于此置千童县。唐《元和郡县图志》载：“汉千童县，即秦千童城，始皇遣徐福将男女千人入海求蓬莱，置此城以居之，故名。”

汉高祖五年建千童县，与秦代方士徐福最后一次出海时间仅仅相隔九年，而千童城又是因徐福率千名童男女准备东渡之事而得名。秦去汉至，若无徐福东渡，则必无千童县之设。此外，海口还专设一个柳县，“为具衣食舟楫”，让千童男女“侨居以待”，“而后浮海”。

关于徐福所率童男女之数目，自古就有记载，如司马迁的《史记》、西汉东方朔撰《十洲记》、五代后周义楚和尚所著《义楚六帖》、唐代戴孚的《广异记》、宋代的《太平广记》等，但说法各有不同，大致有童男女各五百、各一千、各一千五、各三千和数千人之说。如何解释？后期以讹传讹的成分较多，而时间较早的记载应相对可靠。《史记·秦始皇本纪》说的是第一次东渡的数字，数千童男女。而《史记·淮南衡山列传》记的是第二次东渡的数字，三千童男女。

综合考虑，前后两次相加应是五六千人之众。

徐福从何处扬帆出海？史籍中有明确记载，这就是徐山。徐山是个山势平缓的小山头，海拔才三十多米。为什么徐福的出海地点选在徐山呢？因为徐山有许多出海的便利条件。首先，它地处胶州湾的西岸，地势平坦，交通便捷，背靠小珠山，前有薛家岛之屏障，无风浪之险。其次，山的北坡地势开阔，打造船只和集中人马都很方便。再则，徐山之南有灵山卫，古名安陵，是战国时期齐国的海上交通门户，有较为丰富的航海经验可资借鉴。

徐福在上书秦始皇时，有“请得斋戒与童男女求之”之说，那么究竟有无其事？又是在何处斋戒的？仔细寻求，发现在琅邪湾中，有两个小岛，一个叫斋堂岛，原名鸡龙山，因秦始皇遣徐福率童男女入海求仙药，童男女在此斋戒，故名之；另一个叫沐涫岛，据说徐福率童男女来此岛上，时当初夏，海水滚烫，就用海水淋浴，故名。

此外，在青岛崂山还有个徐福岛，岛上有个登瀛村。小岛虽是弹丸之地，却是古代的一处胜境。相传，当年徐福就是在这里集中童男女，登船东渡瀛洲，故名登瀛村。

从上述徐福留下的难以泯灭的足迹中，我们似乎可以追寻到他东渡的脚印——徐福从徐福村出发后到了琅邪山，在山上幸会秦始皇，得以上书言事，并奉命征发童男女入海求仙。于是他在河北沧州附近的渤海湾一带，征集到千名童男女，驻足丱兮城。嗣后，徐福在青岛附近的胶州湾找到了“徐山”，这儿紧靠海边，正好安置童男女。他们一边熟悉海洋生活，一边操练船事。在东渡之前，徐福又将童男女分期分批用船载到琅邪湾中的沐涫岛去淋浴更衣，并到斋堂岛去斋戒数日。接着带领童男女和百工约三千人离开徐山，暂住徐福岛上待

琅邪湾

航，最后终于离开登瀛村，踏上了去往瀛洲的艰险之路。

以上有关徐福东渡的启航点，是一个比较合理的推断，但它只是一家之言，而并非“众口一词”。对于这一问题，至今说法不一，有日本方面的广东沿海说（《每日新闻》和《佐贺新闻》于1980年4月金立神社创建2200年，即徐福上金立山2200年纪念大祭期间发表的专题报道认为，徐福东渡启航点可能在广东沿海，主要依据是现在广东口音多浊音，与九州相似），中国方面的秦皇岛说（罗其湘等）、宁波或普陀山说（梁嘉彬）、胶州半岛成山头说（钱启民等）、琅邪台徐山说（罗其湘等）、离徐福故乡不远的古骆车河（现龙王河）入海口说（罗其湘等）、秦东门孔望山说（阎孝慈）等。

但是，研究人员经实地考察，认为徐福两次东渡，启航点都应在琅邪沿海一带，一在胶州湾的徐山，一在海州湾的岚山头至秦东门一带。有关徐山，前面已说到，而海州湾同样具备良好的启航条件，徐福故乡赣榆离岚山头、孔望山只有几十千米，徐福对于秦东门的地理形势和航海条件应更为熟悉，故而选择岚山头至秦东门一带启航东渡，是顺理成章之事。问题是，能否判定这就是徐福东渡具体的启航处呢？根据调查获得的最新资料，终于有了结果，这个古代叫作游水的地方即古纪鄣城，它位于今赣榆汪口东北海中，历史上曾是出海口。纪鄣城位于赣榆东北，和徐福村同居游水北岸。游水当年曾是吴越通往今山东、河北的要道。因此，以徐福村一带为准备作业区，游水入海口做起航地点，极有可能。

徐福东渡需要准备庞大的船队，需要大量木料。而在游水入海口附近、距古纪鄣城西北三里的赣榆区柘汪镇大王坊村的地下，曾出土数以千计的古代木料，有的已经被锯开，有的还完好。尽管这一现象颇为奇特，也很难做出更为合理的解释，但是否就一定是徐福为准备东渡所遗留之物，一时尚难定论。不过，游水的水深条件很好，口内河宽，便于船队候风。且上游有许多大的城镇，物资供应充足。同时，这里距徐福村又不远，来往联系也很便捷。

前此提及徐福故里有好几说，但若把上述内容串在一起加以考察不难发现，作为当时著名的方士，徐福要宣传神仙方术、长生不老之道，其活动的地域相当广泛，据载遍及燕齐沿海一带。所以，他生活、居住过的地方肯定有多处，上述几处也许就是因此而留下了诸多传说遗迹，这是很自然的事。睹物思人，徐福也就“花落几家”。不过，徐福故里肯定只有一处，其他地方应是徐福足迹的见证地。这就像一个人的祖籍和他的出生地、一个人的生地和久居之地，亦如一个人的墓和其衣冠冢一样，从形式上看颇有相似之处，但性质不同。当然，另外的几处，有的在徐福东渡的过程中，扮演了重要角色，从这点上来说，其意义又不可低估。

下面再谈谈有关徐福东渡的路线及归宿。一般说来，古代由中国大陆去日本有两条路线：一是沿着大陆及朝鲜半岛近海航行，抵达日本；一是横渡黄海直达日本。而徐福东渡，估计不会走“第三条道路”。北路即从琅邪沿海向东—胶州半岛成山头—朝鲜半岛西海岸南端—对马海峡—日本九州，而渐次向日本本州腹地行进；南路即从琅邪沿海向南，顺着苏北沿岸一线南下，到北纬 32 度左右，折向东转入对马暖流北上，抵日本九州。

从地理位置上看，中国和日本之间还有一个突出其间的朝鲜半岛，它自然成了中国和日本之间来往的渡桥。在造船和航海技术不发达的古代，人类多是利用海水的流向渡海的。后人沿袭了这一做法，当时从中国经朝鲜到日本海沿岸地区，就有一条利用日本海流来渡海的航路。如何判定徐福东渡的路线是前者，还是后者呢？《济州岛是徐福东渡的第一站》一文的作者罗其湘提出了是后者的观点。其论据为：其一，司马迁《史记》所述海上三神山（蓬莱、方丈、瀛洲）中的方丈山，据考证就是韩国的济州岛；其二，徐福船队在济州岛北部的朝天浦登陆时，在其岩石上刻下“朝天石”三个大字，之后，徐福又沿着岛岸航行，在南部西归浦海岸崖壁上又刻下“西市过此”（即徐市过此）的航海标志；其三，济州岛至今还流传着“秦始皇使节落伍”的开岛传说；其四，济州岛上岛民祭神所设的祭坛、五谷贡品等和山东琅邪沿海一带祭祀神灵的仪式相同。当然，这条航路沿途海岛相望，可就近避风和补充淡水，行程非常安全，古时中国船只多行此路，徐福当然也步其后尘，而决不会“跟着感觉走”。

成山头

关于徐福东渡的归宿，司马迁只是在书

中简单地介绍了徐福的入海事略，而对他的东渡走向与止住之地却语焉不详，遂使几千名漂洋过海的中华儿女，也随同徐福一起，失去了最后的踪迹。如此一来，经不起想象空间的诱惑，理智的思维随之纵横驰骋，信马由缰，于是乎诸说纷纭，大体上有这么几种：

韩国济州岛西归浦海岸

一说是止于日本。《史记》是我国史籍中最早提到徐福入海所止处的，但没有明确为何处。其后，无论是我国的史书，还是朝鲜和日本学者所著之书，都明言徐福是在日本登陆。史料中所提及的从平原广泽到亶洲、夷洲，尽管名称不一，实际上都是指日本海岛。

一说止住日本尚难确证。中日关系史知名学者汪向荣就曾著文说："关于徐福其人、其事，根据《史记》等史籍作者的治史严谨、取材翔实等各方面的情况看来，是不容有所怀疑的；但是作为原始资料的《史记》《汉书》《后汉书》等的记事，并没有将徐福入海的事和当时称为'倭'的日本列岛相连，应该说，承认徐福其人其事是一件事，而对其一行是否到了日本列岛，在那里'止王不来'又是一件事，不能相混。前者不容有所怀疑，而后者却需谨慎，在没有取得确证之前，不能有所结论。"

一说是并未出海，仍驻留于中国沿海岸边和沿海岛屿。罗元贞于 1987 年 9 月 29 日发表在《深圳特区报》上的《徐福到过日本吗》一文说：徐福等率领的童男童女数千人曾下海求仙人、仙药，但第十年，他仍在原地，并出现在秦始皇面前，说仙山"不得至"。是年，国中有乱，秦始皇绝不可能再派徐福出海。这数千人，既不能出海，就只能停留在我国千百里的海岸及各个港口，以及沿海大小岛屿上，并逐步向内陆移居。

一说是止住朝鲜。韩尚奎于 1987 年著文称，根据司马迁《史记》中所述，徐福之船队"从山东的芝罘继续向海的西面行驶"，徐市（福）率领的船队很可能在到达今天的朝鲜之后靠岸，并在那里定居下来。因为从地理位置来看，朝鲜正好在山东芝罘一带沿海地段的西北部，而日本则在东北部。同时，秦代的科学技术很落后，造船业也不发达，不足以让徐福等人自由地乘船往返于中日两国之间。

一说是去往美洲大陆。1983 年 8 月 27 日《北京日报》刊载的李成林所著《徐福东渡至何方——美洲与中国(五)》一文指出：据《三国志·吴书·吴主传》的内容分析得出，徐福等数千人所到达并繁衍到“数万家”之多的“平原广泽”，无疑是在东海（太平洋古称东海）的“绝远处”，那显然不是日本。最早记述倭国（日本）的《后汉书》，也把亶洲与日本区别开来。在汉字中“洲”是“州”之更大者，非指一般海岛，而含有“大陆”“大岛”之意。因此，他认为这个亶洲是指大洋彼岸的美洲大陆。当时为何把彼岸的大陆称为亶洲呢？这是因为美洲大陆形状似“亶”字，以其形而名之。

五、不灭的心灯

由于徐福东渡存在着特殊复杂的历史背景，以及限于种种历史条件，故而古今人们对其东渡的启航处和归宿，言人人殊，各有所据，众说杂陈，令人常有如坠入云里雾里之感。因此，司马迁《史记》中所指与徐福东渡去向有关的几个地方，究竟是指何处，就至关重要。

第一个是“三神山”。鉴于徐福以求仙之名，借机入海远航，旨在躲避苛政，开拓移民，因此所谓“三神山”在今日渤海之内的这种可能性，似应排除。其时，秦王朝所控制的范围，已广及今朝鲜半岛。所以，徐福船队之终止，无论是在渤海海峡的庙岛一线，还是在渤海湾一带，都无法摆脱遭受追缉之虞。由此推断，“三神山”之区域，应在今日黄海之中。不过，“三神山”不乏相关的传说，在《列子·汤问》《汉书·郊祀志》《史记·汉武帝本纪》《山海经·海内北经》中都有相关记载，但各有不同。最近偶尔翻阅《圣王肇业》一书，发现该书作者王顼独辟蹊径，通过对书中“仙山”特征的分析，认定徐福寻找的“仙山”，不过是北冰洋漂出的巨大冰山。入春伊始，冰裂之后，顺着寒流南下漂浮。因此，“三神山”既不是陆地，也不是岛屿，而是未融化的冰山。“不识庐山真面目”使得“一叶障目”，从而演绎出一个富有童话色彩的答案。

第二个是“平原广泽”。在当时东部海洋的岛屿中，面积较大并称得上是“平原广泽”的，仅有当今的菲律宾群岛、台湾岛和日本列岛三处。鉴于菲律宾群岛和台湾岛均在黄海水域之外，剩下的就唯有日本了。

第三个是“亶洲”。对其位置的判断并不统一，有将其看作吕宋岛的，有将其认作海南岛的，也有将其认作日本列岛的。不过，据有关史料的记载分析，亶洲是前两者的可能性不大，剩下的也只能是日本列岛了。而《圣王肇业》一书的作者更是确切地指出：“其所指，似乎是日本列岛本州岛的中部，那儿是传说中徐福祠、墓的所在。”

再者，在日本，无论是出土的考古文物，还是有关遗迹和传说，都把徐福与日本紧密联系在一起。种种历史迹象表明，至少就现存事实而言，徐福止于日本之说比较充分和可靠。

总的说来，徐福东渡后的这一时段，我们看到日本社会所呈现出的这样一种不争的事实：由绳纹时代跨入弥生时代；从穴居时代进入有家有坟墓的时代；从采集渔猎的石器时代进化到从事农耕和使用金属的时代；由母系制度过渡到父系制度。这种变化，对于日本社会发展的进程而言，用“翻天覆地”“前所未有”“划时代”这一类词来形容绝不为过。而在这之中，来自外界的影响是巨大的、深厚的和极为典型的。追根究源，据日本一些学者的观点，日本列岛开化的内因是次要的，主要是受外来影响即中国文明的影响。以此推断，这里不仅不能排除与徐福东渡之因果关系，甚至颇有“舍我其谁”的意味。换言之，徐福东渡，是以黄河流域为中心的华夏文明，对外传播和认知的一次尝试，它在有意和无意间、自觉与不自觉中获得成功。在日本国的历史、文化、语言、宗教、风俗、神话等诸多方面，我们都清楚地看到了这一点，这就是它闪烁着中华文明之光，传承了中华文化之道。

综上所述，我们何尝不希望看到这样一种结果：正是因为有了徐福东渡，日本国获得了一次重大的社会历史发展契机。如果不是如此，那“日出之国”的今天将会如何？我们不敢设想。如果真的是那样的话，徐福东渡的意义将更加深远，它不仅是一次特有的地理大发现，而且是一次区域性的人类大变革。

然而，我们也不可妄自尊大，头脑依然要保持清醒，绝不要在想象中徘徊，在回味中满足。面对现实，我们只能说，有关这一史事，还远远没有到下结论的时候，最后的历史答案，还有待于更进

日本佐贺市徐福长寿馆

一步的考证和探索。

长期以来，徐福被当作一位神秘的人物而载入史册或流传民间。不论徐福的目的为何，他所开拓的规模空前的东渡事件，称得上是中国历史上最早的、有组织的“海外移民”活动，客观上起到了传播中国文化的作用，开创了我国从大陆走向海洋，从中国走向世界之先例。

鉴于徐福东渡年代久远，中外史书中史实与传闻佚事混杂不清，若明若暗，因此说法不一，争论不停。不过，虽然那些谜团尚未破解，但是，先贤今哲的探幽析微，为后人走出了曲径，点燃了一盏心灯。相信随着研究的深入，徐福东渡的真相，必将逐渐明晰。

（韩文宁）

天涯何处“耶婆提”

——是中国人法显发现了美洲?

大凡被称为“世界之谜”的问题，总是在研究者和读者中具有经久不衰的魔力，中国人发现美洲这一问题，亦是如此。

这可以说是一个沉重的命题。说它沉重，是因为美洲的发现者可谓人所皆知，所有书本上都白纸黑字而且毫无争议地写道：意大利航海家和探险家哥伦布于1492年“发现”了新大陆，而新大陆指的就是美洲这片神奇的土地。因此，如果真是中国人“发现”了美洲的话，那预示着至少在时间上否定了前者，当然也就改写了历史。若真是这样，那是何等的美妙，堂堂中华又为人类做出了一大贡献。相信当中国人为此欢呼雀跃、引以为豪之时，恐怕欧洲人就不那么好受了，毕竟这一荣誉，具有划时代的意义。地理大发现，带来的不只是欧洲的繁荣，更使得整个人类进入一个新时代。所以，提出这样的问题，是很严肃的，不能带有丝毫的浪漫主义遐想。没有可信的确凿证据，何以能证实中国人发现了美洲?

这又是一个轻松的话题。说它轻松，是因为历史给我们留下了诸多不解之谜，常常是只有谜面而无谜底，亦真亦假，真假难辨，谁也说不清。当然，你可信其有，亦可信其无，关键在于你怎样看。总之，能有机会在史海中遨游，猜谜似的享受着一种思维乐趣，也是轻松自得。

不过，无论是沉重还是轻松，是真的发现还是有待考证的“发现”，这都是一件值得关注的事。

好在这个问题最早并不是由中国人提出来的，而是由一位法国

1492 年 10 月 12 日哥伦布发现之陆地（巴哈马群岛）

汉学家倡言的。早在 1761 年，法国汉学家德·吉涅在向法国文史学院提出的研究报告《中国人沿美洲海岸航行及居住亚洲极东部的几个民族的研究》中，提出了这一新奇的“中国人最早发现美洲”说。这样，我们也就轻松了许多，至少肩上的担子不再那么沉甸甸的。

从 20 世纪初开始，我国学者加入古代中国人到达美洲的讨论之中，并且随着时间的推移和新史料、新物证的发现，这场讨论愈演愈烈，赞成者和反对者兼有，双方各抒己见，观点是泾渭分明。

第一次讨论开始于 20 世纪初，盛行于 30—40 年代，到中华人民共和国成立前告一段落，肯定说盛行。清末地理学家丁谦由史料分析入手，间接质疑了西方学者考证不深，根据传闻之谈，妄下结论之说。民国初年，大学者章太炎对“中国人发现美洲”说产生了兴趣，他根据中国史籍，独辟蹊径，提出了在慧深之前的另一名僧人法显发现西半球的新说。1941 年，朱谦之出版了《扶桑国考证》一书，再次论证了中国僧人发现美洲是“决不可疑”的。至此，国内学界对这一问题的论争暂趋平静，“中国人发现美洲”似乎已成定论。

第二次讨论开始于 20 世纪 60 年代，反对说占据上风。1961 年 9 月，《北京晚报》发表了马南邨（时任《人民日报》总编邓拓的笔名）的《谁最早发现美洲》等三篇短文，指出中国古人所谓的“扶桑”便是指墨西哥，以此来说明中国人民和美洲各国人民的友谊是源远流长的。他的几篇短文发表后立即在学术界引起反响。北京大学哲学系教授朱谦之再次发表了《哥伦布前一千年中国僧人发现美洲考》一文，重申了自己的观点。这之后，不少史学研究者对此产生了兴趣并深入研究，发现问题很多，此说难以令人信服。于是，从反方向立论的文章开始出现，代表作就是北京大学历史系罗荣渠的《论所谓中国人发现美洲问题》。他对中国正史中多次提及的“扶桑国”，从地理位置、物产、社会组织和风俗、佛教和慧深、考古学和人类学的材料等五个方面进行了考察，对长期以来国际学术界的这场论争做了完全的否定。

第三次讨论是从20世纪80年代开始的，两说并存，各执己见。1983年，罗荣渠再次发表了《扶桑国猜想与美洲的发现——兼论文化传播问题》一文，用新的方法和资料充实了他在60年代的论证，基本上廓清了笼罩在“中国人发现美洲”问题上的迷雾，彻底否定了寻找“中国哥伦布”的可能性。进入90年代以来，随着学者们研究视野的扩大和美洲新文物的发现，中国人最早到达美洲的说法再次盛行。持肯定论的人，绕开了“慧深”和“扶桑国”这两个研究障碍，把研究重点再次前移，提出了两种代表性的说法：一是殷人发现美洲说，再一就是法显航渡美洲说。1992年，《人民日报》记者连云山出版了他潜心研究多年的专著《谁先到达美洲——纪念东晋法显大师到达美洲1580年兼纪念哥伦布到达美洲500年》，详细地提出并论证了东晋高僧法显航渡美洲到达墨西哥说，声称最早发现美洲的不是哥伦布，而是生活在他之前一千多年的中国僧人法显。此论一出，《中国青年报》等数家报刊以《谁先到达美洲》为题做了长篇报道，一时颇为轰动。许多人由此相信，历史上真正发现美洲的不是哥伦布，而是中国僧人法显。

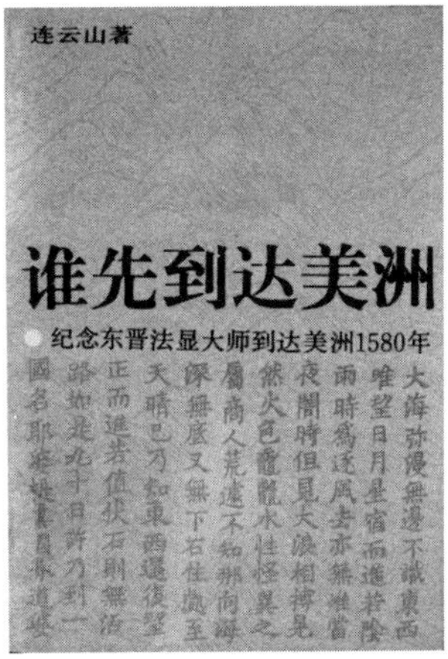

连云山著《谁先到达美洲》书影

当人们沉浸于法显发现美洲说之中并引以为豪之时，四川联合大学的张箭接连发表文章，对连云山的法显航渡美洲说，大胆地提出了质疑和批评，并由此得出结论：“法显航渡美洲”纯系子虚乌有，美洲古代文明发展与旧大陆各文明民族的文化传播毫无关系。

争论还在继续，事实尚未真相大白，因此，不论法显到达美洲是有是无，还是让我们沿着时光隧道，去探询一下一千五百多年前这一历史的足迹吧。

一、“西天取经”引出的千古之谜

法显，约生于公元337年，约卒于422年，山西襄垣人，一说临汾人。俗姓龚，早年出家为僧。法显生活的东晋时代，是印度佛教传入中国后刚刚盛行之时。但最初，佛经不全，僧人活动和传教等也无戒律可循，难免各行其是，很不规范。加之印度佛经基本上无书面文字经文，全凭口述耳听而代代相传，因此传到中国时已相当失真，以讹传讹大行其道。所谓“一个和尚念一本经”，应该说是比较准确地道出了当时佛教界的状况。

作为中国高僧，法显当然不满，而要解决当时这种混乱的状况，必须从治本做起，取得真经，直接译为中文，这样才真实可靠，佛教也才有可能在中国存在和发展。

法显当时虽年近六十，但他下定决心要到天竺（印度）去求取真经。公元399年，法显结伴十人自长安出发，蹚沙漠，越昆仑，到达中亚，然后再向东南，途经当时西域和中亚三十国，历经四年，于公元402年4月到达印度。

法显到达北印度后，才知道佛经在佛教发源地的印度已历千年之久，它没有书面文字的经文，仍是靠“师师相传”。不得已他又前往中印度和东印度去访求，终于找到了几部完整且错误较少的佛经。由天竺人口授，他用梵文记录，再整理成文。

在印度八年，法显得到了中国所没有的六部约百万言的重要佛经，他是“衣带渐宽终不悔”，历经数年将其逐一抄录完成，并于公元410年由加尔各答乘海船到师子国（今斯里兰卡）。师子国是当时中国和罗马帝国（古称大秦）海上贸易的中介港，是中国海船往来的必经之地，所以法显准备来此搭乘回国的海船去广州。

法显在师子国住了两年，公元411年9月，他登上了一条从罗马帝国返航回中国的船只。这个季节，印度洋和太平洋的季风转为西南风和西风，正是适合师子国东航回广州的风向。如果沿着这条传统的、熟悉的航道航行，在穿过马六甲海峡后，即可到达新加坡，然后再转正北方向稍稍偏东，沿中国南海行进，不日即可抵达广州。孰料，这艘船下水仅二日便因大风浪而船体漏水，一时船上是惊慌失措，而法显更是焦虑不安，毕竟他带有自己千辛万苦寻访到的六部佛经在身。情急之下，他念起了佛经，乞求我佛保佑平安无事。不知是否真的是他感动了上天，漏洞很快就被堵上，小船化险为夷。于是，他们的船又扬帆航行了十数日，在一个小岛停靠检查了一下后便继续东航。

然而，天有不测风云，不知是方位出了问题，抑或什么其他原因，总之，船只没能按回国的正常路线航行。这之后，他们再也找不到一个岛屿停靠，而是一连航行了90多天，到达了一个被称为耶婆提的国家。在耶婆提，法显一行住了五个月之久，于次年春乘船返回中国。经过四个月的航行，终于在公元 412 年到达山东青岛崂山，安全抵达中国。

问题就在于这一不经意的天灾，抑或是人为因素所致，莫名地给后人出了一个难解的谜面。多少年来，多少人为之努力，试图解开这个谜底，但至今尚无定论。

晋法显西行图

二、“扶遥万里”耶婆提

耶婆提为何国？这是本文重要的一环，因为它是来自东方的中国人是否发现美洲的关键所在，确定它的归属，无疑是打开这一谜底的钥匙。近百年来，无论是由于外国人的误断，还是由于中国人的失误，总之，它造成的种种迷雾，使世人无从得见庐山真面目。

耶婆提在何处？有关著作说法不一，注释不同，或曰爪哇，或曰苏门答腊，或曰加里曼丹。尽管说法不同，但都没有超出这三地而另有他说。而其中，又以爪哇说为主流。考察此说的源流，第一个提出的也就是首次将《佛国记》译为英文的英国学者萨缪·比尔，其后，中外论著皆宗其说。

比尔采用的是考古中常用的“拟音法”或“对音法”，即先将耶婆提的汉语发音拿去，然后在印度梵文里寻找发音相近的地名，于是找到一个“雅洼打帕”，再拿这个词的发音在法显回国经过的区域内寻找发音近似的地方，于是就这么找出一个发音相近的爪哇。耶婆提即爪哇这一“经典”之说，便应运而生。

不可否认，拟音法或对音法的使用，具有重要意义。但这要结合其他要素一起综合考察，才能最接近历史事实。毕竟，航海中的可变因素太复杂、太多，只有这样，才能最大限度地得出符合历史事实的推断。显然，比尔忽略了这一点，他对法显东航的其他全部事实未做专门研究和大量考证，单凭一般“对音法”就推断耶婆提即为爪哇，多少有些牵强，或许这也就是爪哇说的失误之处。

比尔的爪哇说，对后世影响甚大，后人多直接继承下来，这导致将不定之论变成定论，颇有“谎言说一千遍就成真理”之嫌。

18 世纪中期，西方史学家在研究世界史和早期美洲史时，就肯定了早在哥伦布之前，中国人已经到达美洲。这是因为美洲大陆的地壳变动学、人种学等考古资料，多方面显示出业已存在的这一史实。这就促使他们从中国史书中寻找根据，进一步佐证他们的观点。因为，这不单是中国人的一件大事，也是人类文明发展史上的一件大事。

尽管中西方交往历史悠久，但不可否认，当时语言文字方面的交流，还存在相当大的难度。西方史学家绝大多数不懂中文，他们只能从有限的翻译成西文的中国书籍中寻找蛛丝马迹。《梁书》第三卷上正好记载有慧深到达扶桑的有关内容，于是他们似乎找到了答案。问题不在于中国人能否在哥伦布之前到达美洲，而在于慧深所到之处——扶桑，是否就是美洲？一时众说纷纭，长达一百多年之久的大辩论便由此发端。由于语言的关系，当时处在清朝的中国史学家同样也不识西文，因而对外部世界发生的这一事件全然不知，失去了一次极好的参与机会。以至于西方争论了一百几十年，这一问题仍旧扑朔迷离。其结果，发现美洲第一人的桂冠，仍旧戴在哥伦布的头上。一纸封条，就这样将历史尘封。

直到 1863 年，法、英两国的学者分别将《法显传》（即《佛国记》）译成本国文字，这才使得西方史学界有了较为深入了解和认识法显的机会。于是，法显先于哥伦布到达美洲一说，便由法国学界于 1900 年前后最先提出。当时我国近代著名的学者章太炎及时注意到西方学者的这一研究进展，并发表专论支持此说。

不幸的是，这一研究成果未能引起很大反响，很快就偃旗息鼓。究其原因，与近代中国的衰败不无关系。在中国被任意宰割、欺凌和鄙视的那个时代，突然冒出中国人法显先于哥伦布发现美洲这一石破天惊之说，大有长中国志气、灭欧洲列强威风的态势，这显然与时代“不合拍”，怎能让它“横行”一时？当然，这

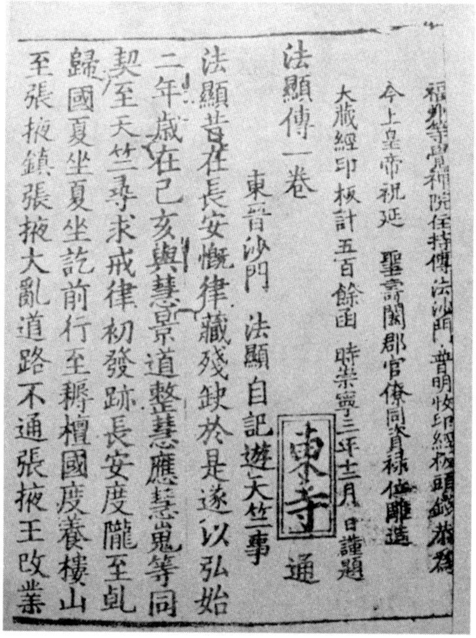
《法显传》书影

福州等覺禪院住持傳法沙門普明收印經板頭錢恭為
今上皇帝祝延 聖壽闔郡官僚同資祿位雕造
大藏經印板計五百餘函 時崇寧三年十二月 日謹題
東寺 通
法顯傳一卷
東晉沙門 法顯自記遊天竺事
法顯昔在長安慨律藏殘缺於是遂以弘始
二年歲在己亥與慧景道整慧應慧嵬等同
契至天竺尋求戒律初發跡長安度隴至乾
歸國夏坐夏坐訖前行至耨檀國度養樓山
至張掖鎮張掖大亂道路不通張掖王段業

一研究成果本身亦有许多不足，论据和论断有误，无法就法显“首到”美洲做出科学而合理的解释，令人难以信服，这也是原因之一。

前述所及，尽管爪哇一说有着很大的影响力，但似乎经不起推敲。不论法显是否到过美洲，但就他的行程时间来看，耶婆提绝非爪哇之国。从航程来看，由师子国的科伦坡到广州，全程为3070海里。按法显当时所乘船只的航速，单程30日左右可到，至多50日，法显船上所带50日的干粮就是明证。而师子国科伦坡到爪哇的距离是1800海里，正常情况15日左右可到，最多不超过20日。但是，法显所乘的船整整航行了105天才到达耶婆提。而这期间，除了第十五日曾停靠一小岛检查船只外，其余104天都是在海上航行。因此，单从航行时间来看，船只不是原地打转，而是持续航行了105天，如果是爪哇或加里曼丹的话，显然无法解释。

不仅如此，从地理位置来看，爪哇国所处的海域是岛屿比肩，如果船只是行进在这一航线上，那途中必定会遇见诸多小岛，也一定会停靠以便补充给养，这应在情理之中。可是法显所乘的船只，竟然在长途航行中没有找到一个可停靠的小岛而一直在大海中连续航行，自始至终是“无依无靠”。

再者，从史书上得知，公元前3世纪印度阿育王势力进入印尼，改变了印尼社会的发展进程。阿育王奉佛教为国教，并在对外扩张中大力推行，以此进行同化征服，其后，印度各王朝都一如既往。因此，从公元前3世纪的阿育王时代到法显去耶婆提的公元5世纪初，佛教已在这“千岛之国”流行了七百多年。可是，法显在耶婆提所见到的事实却是大相径庭，正如他所说的“其国外道，婆罗门兴盛，佛法不足言”。他在那里住了五个多月，没有寻到一点佛教的踪迹，难道真是“只缘身在此山中”而“不识庐山真面目”？

因此，从上述几点来看，说耶婆提就是印尼的爪哇，解释不通。无论是从地理特征、气象特点、海洋特点，还是从航程和社会情况来看，都不能得到一点合理的解释。换言之，法显所到的耶婆提，绝非爪哇或加里曼丹。

三、“耶婆提”与“阿卡普尔科”

既然耶婆提不是亚洲的某个岛屿，那是何处？如果说法显曾经到过美洲，那弄清楚耶婆提所对应的确切地点，则是全部问题的要害。

有人提出说，法显离耶婆提时记载方向是“东北行，趋广州”，可见他所到的耶婆提在广州西南，即便耶婆提不是爪哇或其他地方，那也未必就是美洲。何以说就是在美洲？如在美洲，法显必须横渡太平洋，这又有何根据？

这个问题提得好，的确如此，耶婆提不是爪哇，也不能说就一定是美洲的某个国家。因此，我们有必要从法显所记载的全部事实出发，去做一个恰如其分的评判，以便得出科学的结论，给世人一个交代，还历史本来之面目。应该说，法显的记载是很具客观性和真实性的，因为他并不知此行会发生什么变化，更不知此行会成为千古之谜，他只是根据实际行程做一个全面的记录，因而绝无可能玩弄文字游戏。因此，他所记载的航行时间、气象、海况日程、险情发生和处置等航海要素，是真实可靠的。通过分析，我们大概能够理清法显西行的路线，而读者从中也能辨析内容的可信程度。

在小岛停靠休整后，船只继续向东航行。尔后，便相继出现了不为所见的情况，法显是这样描述的：“大海弥漫无边，不识东西，唯望日、月、星宿而进。”这说明原来是有边的，可以看到四周或某一方位的陆上岛屿之类识别物，现在什么也看不到了，没有边际，显然，这已深入太平洋深海航行了。

“当夜暗时，但见大浪相搏，晃然火色。”这是只有在深海中航行才能见到的海上景观，它是一种海洋物理现象，是大浪撞击而发出的光。这应是在深海中航行的又一佐证。

接着，航行中所见“鼋、鼍水性怪异之属”，这可能是见到了在近海或浅海中少见或见不到的大鲸鱼、大鲨鱼、大海豚等深海动物，它们不断地在船边或附近游动，甚至追逐着船只。

再接下来，“商人慌遽，不知那向”，“海深无底，又无下石住处”。随着船只的不断前行，感觉越来越不对劲，因此，商人甚是惊慌，不知船现在的位置在何处，也不知航向哪里。于是，他们抛下石锚，打算把船停住，看看情况，可是，即便把锚缆放尽，也是深不着底，显然海很深。

至于船行的方向，法显记录得非常明确，“至天晴已，乃知东西，还复望正而进。”这指向何处，显然就比较清楚了。不可能向南，也不可能向正北，更不可能回头向西，皆为风向所不容。而只有向东，或东北向，至北纬“黑潮带”，是唯一可行之路。

“乃到一国，名耶婆提。”这是什么地方？根据法显所乘船只航行的航向、风向、风速、海况、航程以及未见一岛等诸多情况，特别是这一百多天的航行时间来推断，所到之处，当是在地球的另一端。具体位置，大致应在墨西哥南部到洛杉矶的范围之内，而尤以墨西哥海岸的阿卡普尔科的可能性为最大。这里海流平缓，登陆较易，古代和明清时代的中国船只都在此登陆。

中南美洲各国的地名，大多是 15 世纪西班牙人入侵后以西班牙语命名的，只有墨西哥保留印第安地名最多。在古印第安读音中，阿卡普尔科即为耶卡婆尔，法显所记的耶婆提，极有可能就是耶卡婆尔的转音。由于当时译音极不规范，同一地点有不同译名这一现象应是较为普遍的。所以，一地数名并不奇怪。

当然，确定是否到达美洲，还要有航海行程作为佐证。按世界交通图上两地的距离推算，从师子国的科伦坡到墨西哥的阿卡普尔科为 1 万多海里，而法显由师子国到该地的总航行为 105 日，按当时帆船在顺风下日航程为 100 海里左右计算，航行里程共计 10000—11000 海里，这大体符合。

综上所述，无论是从航程、季节风向，还是从登陆地的地名上来说，法显所到之处耶婆提，极有可能是墨西哥的阿卡普尔科。

四、法显“首到”美洲

必须指出的是，1500 年前中国人有关世界的概念，和我们现代人差之千里。当时中国人对世界的认识是：北至卫青、霍去病伐匈奴的大漠和苏武牧羊的北海（贝加尔湖），东至倭国（日本），西到甘英欲至的大秦（罗马帝国），西南是天竺和师子国（印度和斯里兰卡），正南方稍偏东是阇婆国（爪哇和苏门答腊）。世界也就这么大。

当时中国人已知，广州在师子国东北方，所以回广州必须东北行，因此，法显所乘的船只能按照已知的地理概念行事，这是不言而喻的。

辅之以哥伦布发现美洲一事，亦可说明当时人们地理概念的缺乏。意大利人哥伦布于 1492 年 8 月 3 日带三条帆船共 87 名水手，从西班牙的巴伦西亚港出发，带着西班牙国王致中国皇帝国书，前往中国。经过两个多月西航，于 10 月 12 日到达巴哈马群岛。随后，他又三次到多米尼加、波多黎各等中美和南美沿岸国家做考察。哥伦布去中南美洲即他称为西印度群岛的次数之多、时间之久，都是法显不能相比的。

但是，哥伦布始终不知道自己所到的是一块新大陆，坚持认为自己所到的地方是印度，当地土著是印度人。每次向国王报告或向社会宣布，他都坚持说他到了印度。因为在哥伦布的脑海中，根本就不存在美洲新大陆这一概念，只知向西航行就是他已知的印度和中国，他至死都不知发现了美洲。

美洲这一地理概念和地名，哥伦布在世时根本没有，所以，不但哥伦布本人不知，全世界的人都不知。美洲这一地理概念和地名，是其后另一位名叫阿美利加·维斯普奇的意大利人定下来的。他于 1499—1502 年间三次参加西班牙人到美洲的“探险”活动，在返回欧洲后绘制了地图，并于 1503 年出版了《海上旅行故事集》，断定这个地方不是印度，而是一块不为人所知的处女地。遗憾的是，当时没有人相信他的论断。过了 5 年，即到 1508 年，有一位日耳曼地理学家马丁·瓦德西姆首次承认了这个事实。鉴于新大陆没有名字，很不方便，于是便以阿美利加的名字来命名，并简称为美洲。又过

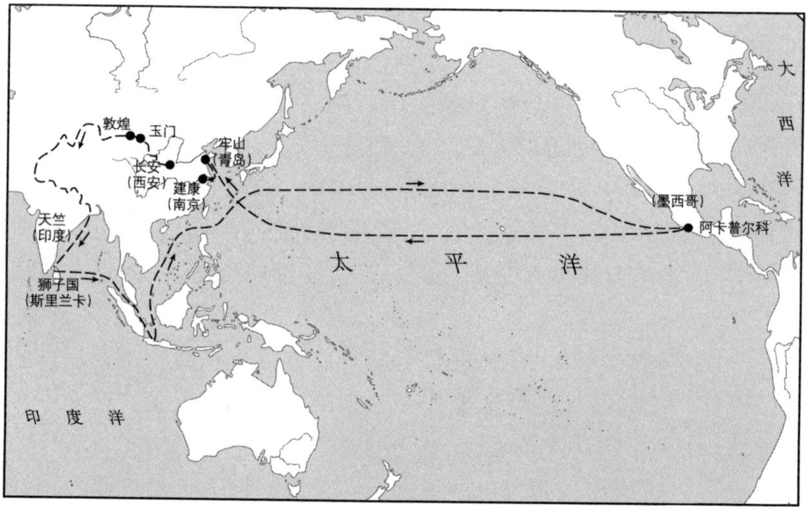

法显东航大海往返太平洋示意图

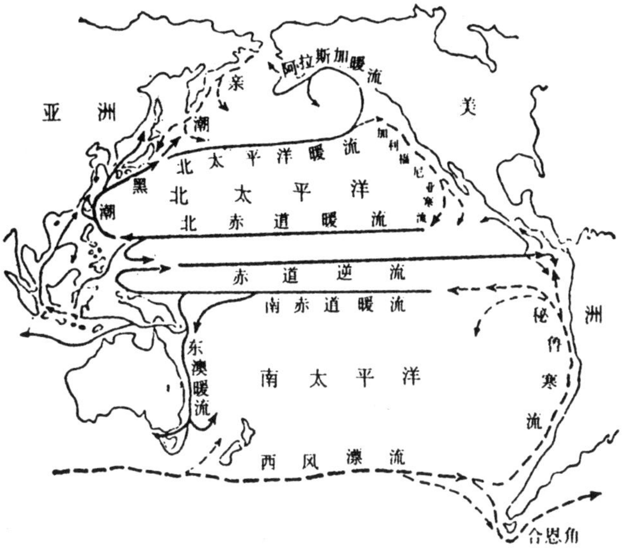

太平洋洋流系统

了四十多年，这个地名总算被欧洲人接受，不过当时还仅限于南美洲。又过了十多年，南北美洲才被统称为阿美利加洲，从此才有了美洲这个地理概念和名词。

由此可见，哥伦布到过美洲四次达13年之久，可他至死也不知到达的是一块新大陆。因此，仅仅停留了5个月的法显，不知道到达的是一块新大陆也是情有可原的。

尽管法显记载“东北行，趣广州”，可这只是计划，而不是实航记录。俗话说“天有不测风云”，在海上航行，受天气和巨浪等作用和影响是很大的，同时古代科技相对滞后，海上定向全靠天文，白天看日落定东西，夜间观星座认南北。指南针虽为中国发明，但当时只能用于陆上，应用于航海则是北宋年间的事。因此，法显所处的公元5世纪，航海还是靠天定向，很难确保航线的准确无误，偏离航线则是常有的事。加之航海中需要具备一些科学知识，诸如大气环流学、海洋气象学等，全然不知，出错也就在所难免。如果船行进在海上，遇上暴风，或者连日阴雨、大雾等，日月、星辰皆不见，根本就无法定向。大海无边无际，更是不辨东西。在这种情况下，只能任由风浪主宰。

正因为如此，法显一行在离开师子国后必定是穿越马六甲海峡，在新加坡转东北这一传统航道上行进。只是船只在进入南海至巴林塘海峡时风云突变，在大风和由西向东的海峡海流作用下，被迫改变方向，逐渐向太平洋深海航行，于是就有了105日这令人不解的“长途奔袭”。

前此提及，中国人到达美洲，并非始于公元5世纪初的东晋法显，此前已有中国人渡海到达美洲，法显之后则更多。不同的是，法显留下了早期中国人到达美洲和返回中国相对完整的航海记录，以及反映当时美洲社会情况和经济情况的部分信息，因此，他从这个意义上说是“首到”。

五、绝不是“盲人摸象”

真相就像一枚硬币，单有一面是不完整的，甚至是片面的、不真实的。以上，只是单方面的考证，为了进一步证实法显乘船到达美洲，不仅可能而且是完全可以做到的，这里我们再依据自然和人文地理，结合太平洋海洋和大气环流的一些科学知识，以美洲和中国考古发现的部分事实为旁证，以达到兼听则明的效果。

在美洲，考古学已经肯定，美洲印第安人不是土生土长演进而来，而是从别的地方迁移到美洲大陆的。各国学者经长期研究，一致肯定印第安人是蒙古人种，也就是黄种人。他们的祖先是在一万五千年至两万年前从亚洲东北部经白令海峡陆续迁入的。不过，这不是迁入美洲的唯一途径，主要还是依靠渡海迁移。从亚洲东部的沿海乘木筏下海，沿着千岛群岛、阿留申群岛、阿拉斯加半岛这样一条半圆航道漂渡过去。上述一连串岛屿如同一条项链，相距不是很远，这使得逐岛漂流较为容易。这样一直沿海岸线迁移，直到中南美洲的温暖地带。这种原始的逐岛漂流方式，是较为可取的。

亚洲东部和东北部是什么地方？正是现今中国的东部和东北地区。20 世纪中期，在山东省章丘和泰安一带的考古发掘中，发现了距今六千年前的人类住所，这就是著名的龙山文化和大汶口文化遗存。其中，所出土的一批生产和生活用具，在辽东半岛、黑龙江两岸、朝鲜、日本和北美地区都有发现。考古学者认为，这样精致的工具和陶器，不可能在世界各地同步制造出来，一般只产于一地，是由产地的人迁移别地所遗留的物品。这表明存在着一条太平洋中部航线，是亚洲东部人迁移美洲的证据。他们是沿着北太平洋常年西风带和由西向东的海流，顺风顺水航海迁移的。

印第安人的陶器（左）和中国黄河流域出土的陶器在形状、花纹上极其相似。

同样，在浙江余姚河姆渡发现的一个六千年前的人类居住遗址，其出土的用具和陶器，在南太平洋波利尼西亚、夏威夷和秘鲁、厄瓜多尔等地也有发现，据此又可以得出，还存在着另一条太平洋南部航线，他们

也是沿着赤道暖流和逆流航海渡过太平洋迁到美洲的，这是亚洲东部人迁移到美洲的又一个证据。

上述只是从自然和人文地理的角度，阐述了法显是完全有可能到达美洲这一观点的。下面，我们将通过对拉丁美洲的实地考察，进一步阐明这一问题。

1962 年，美洲考古学家、历史学家、委内瑞拉教授安东尼奥·莫雷诺·维亚弗兰卡发表研究报告说，在早期的印第安人定居美洲后，公元前 1400 年和公元 700 年先后又有两批亚洲东部移民来到美洲。他们带来了高度的文化，对美洲文化的发展起了重要的推动作用。这一结果，导致中美洲的前奥尔梅克文化和奥尔梅克文化的兴起，形成了中美洲真正的文明。它对古典的玛雅文化的兴起，产生了很大影响。既然前有殷商时代，后有唐朝，中国人能横越太平洋渡海到美洲，那么，法显到达美洲，似乎也就不足为奇，毕竟前有古人，后有来者。当然，即便前无古人，法显难道就不能创造奇迹吗？在人类文明发展史上，不是曾有过许多第一个“吃螃蟹”的人吗？法显当属其中之一。

更有趣的是，1981 年 10 月 12 日，美国《华盛顿邮报》发表了一篇杰伊·马修斯的报道：“在加利福尼亚海域的考古发现证明，在哥伦布之前，中国航海家已经到达过美洲。”这家报纸还说，这将迫使教科书被改写。

本来，美国是将每年的 10 月 12 日定为“哥伦布日”的，在这天，各地都要举行各种活动来纪念哥伦布这位“新大陆的发现者”。但此后美国不再举行这项活动，流传许久的这个纪念日就此取消了。很显然，此事不是孤立之举，它多少反衬出了法显西行所具有的特殊意义。

如果说在美洲沿岸发现的中国船只所用的石锚是实物证据的话，那如下一些作为文物和文字的旁证，也很具典型意义。秘鲁曾发掘出一座金属铸造的神像，上铸有“武当山”三字；在墨西哥境内，也曾掘出不少汉人的古碑、古钱、古雕刻；玻利维亚发掘的人形象石像上刻有类似汉字的古文字；巴拿马一块古代的碑上刻有“萨基摩尔”，古汉字与之相同；加拿大西海岸发现刻有中国篆文的石柱，等等，不一而足。这说明中国古代文化很早就渗透到美洲大陆，而以上所存诸实例，在时间上远远早于哥伦布到达美洲，距今

奥尔梅克文化中的巨石头像

至少有二三千年的历史。

当然，要横跨太平洋绝非易事，没有经得住狂风暴雨和惊涛骇浪的船只，就无从谈起。长期以来，西方学者中流行着一个似乎已成定论的观点，那就是历史上的中国不是一个航海国家，中国人不善造船，更不善航海。中国更多的是一个农业国度，从远古时代起，中国人就被束缚在土地上耕作，完全不像欧洲那种处于半岛之上和从事航海事业的国家。因此，中国的远洋航行 3 世纪才开始，13 世纪才得到充分发展。这种见解在西方是非常普遍的。

然而，他们不了解，早在公元前一百多年的汉武帝时代，中国远洋海船就已开始频繁航行于南太平洋和师子国、印度南部海港和印度西海岸地带了。班固所著《汉书·地理志》中就详细记载了从中国番禺（广州）、徐闻、合浦港出发，经中国南海和马来半岛，过苏门答腊和马六甲海峡，经斯里兰卡到印度南部各地的地名、风土人情和距离，等等。

中国固然是一个大陆国家，但同时，又有着从南到北漫长而又曲折的海岸线。如果再从中国的人文地理和社会风貌考察，自古以来，中国大部分人口就生活在太平洋沿海地带和直通大海的大江大河两侧。《汉书》表述中国东部的古代情况时说，“巢山潜海，厥区

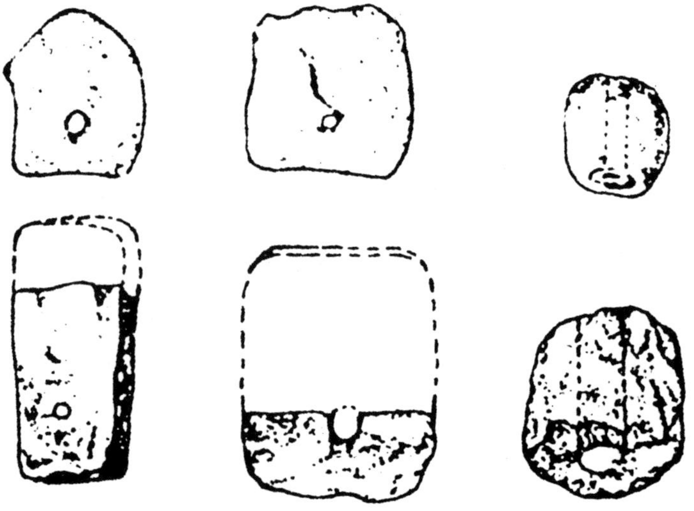

在美洲发现的石锚（下）和中国古代的石锚（上）

九族”,《越绝书》中则说“以舟为车,以楫为马,往如飘风,去则难从”。这些都表述了中国是航海国家和航海民族。因为上古时期农业不发达,居住在中国大陆的中华民族,主要以海洋捕猎为生,以海上活动为主,应该说是一个驾舟逐波的民族。同样,中国的造船技术历史悠久,设计先进,运载量大,坚固耐用,航海技术也同样优秀。直到明末清初,中国造船和航海技术仍一直保持着世界领先地位。以上两点足以表明,海洋是中国人熟悉的朋友,而造船也曾经是中国人的长项。

再说说《山海经》这部书,大家对它一定不陌生,它是我国最古老的一部地理著作,书中蕴藏着相当丰富的远古信息,号称“中华第一奇书”。在这部书中,“五藏山经”中的《南山经》《北山经》《西山经》《中山经》,范围已经囊括了中国全部山川、河流、湖泊,其山系和湖泊走向、名称、矿产和动植物在中国大陆都能一一对号入座,唯有《东山经》所述内容,在中国是“死无对证”。正因为如此,清代著名学者毕沅在其《山海经新校证》中对《东山经》多无注释,他说“《东山经》其山水多无可考”。

有趣的是,美国女博士墨茨却破译了《山海经》的记录。她是一位律师,喜欢对各种疑难问题穷追不舍。在研读了《山海经》之后,她突发奇想,试着在地球另一端的美洲按图索骥,逐一进行考察、印证和分析。结果查验出美国中部和西部的几座山脉,居然与《东山经》记载的山川风貌、地理人情和物产习俗等要素相吻合。这实在是太神奇了,难道中国人真的有千里眼,连远在万里之遥的美洲大陆也能尽收眼底,一览无余?或者说,中国人有着特异功能,能够洞察一切,遥感到异地的山川风貌?实际上,这显然是不可能的,但如果不是经过实地考察、精确测量,又怎能得到有关数据?对此似乎很难做出合理的解释。除非是这位美国学者想出名,不是凭空捏造,就是异想天开,但事实并非如此,墨茨博士是一位非常严谨的人。所以,我们不能认为《山海经》“完全是荒诞无稽之谈”。关于《山海经》的传说,虽然可能掺有附会的成分,却仍包含历史的真相于其间。正因为如此,《几近退色的记录》一书作者,也就是上面这位墨茨博士,对《山海经》推崇备至,曾说“对于4000年前就为白雪皑皑的峻峭山峰绘制地图的刚毅无畏的中国人,我们只有顶礼膜拜了”,她相信,“多年来使我们迷惑不解的若干问题,会从这些古老的中国文献中得到答案”。她认为，“中国人至少在公元前 2200 年的某一时期就曾来到美洲，直到公元 5 世纪，他们定期前来”。如果说中华祖先就有拓荒美洲的经历，那么公元 5 世纪法显到达美洲，也就不足为奇了。

以上列举的较多事实，皆说明法显所处的时代，无论是就造船、航海技术和经验，还是预测和规避灾害性气象等诸多方面来看，中国船只到达美洲和再返回中国都不存在太大问题。

我们还想再举一例，在历史上，“马尼拉中国大帆船贸易”曾很有影响。它是明朝万历初年，中国商船队与占领菲律宾的西班牙人以及欧洲其他国家的商人之间进行的一项贸易活动。有关这一贸易的具体内容，这里不赘述，但其中一点细节颇值得珍视。这就是在该贸易成交后，货物一般不另装船，而是仍由原来的船只继续载物横渡太平洋，运到墨西哥（当时叫新西班牙）的阿卡普尔科出售，然后再返回中国的山东等地。每年，中国船只都是这样三点一线，周而复始，前后长达三百年。这表明，古代中国船只到达美洲，已是一件很平常的事，似无多大障碍。

六、子虚乌有的“沉重”

对于上述“定论”，持反对意见者也不乏其人。他们指出，中国与拉丁美洲阻隔重洋，相距遥远，自有文字记载的历史以来，一直到哥伦布发现美洲，迄今未发现有过直接的交往。这两个地区之间的接触与联系的建立，是近代欧洲殖民主义兴起的产物。同样，美洲作为一个历史地理概念出现在中国的文献中，是明清以后的事情，明季清初，随着西方传教士的来华，中国学者才间接了解到在遥远的大洋彼岸存在着另一块大陆。

不过，这里必须提请注意的是，他们所指的直接交往，应视为有一定规模、有组织的活动，甚至是官方所为。估计像法显这样的偶遇，恐怕不会被看作直接交往的例证，因而不属此范畴之内。所以，这并不能证明中国人法显没有到过美洲。

总的说来，由于“取证困难”，所以一定要把法显到达美洲求证得一清二楚，仿佛“小葱拌豆腐”那样清白，不敢说今后能否做到，至少现在还做不到，这多少影响到法显到达美洲的可信度。当然，有关“法显到达美洲”之说的论据，其间有时也掺杂着一点主观色彩，甚至也有“假想立论”之嫌，或有或无，不过只是加以求证而已。毕竟，如能证实法显到达美洲之事，从大的方面讲，这是改写历史，从小的方面说，也是个人一个了不起的贡献。这等成就，不啻电影界的奥斯卡奖，科学界的诺贝尔奖。因而，有时又难免在求证中穿凿附会，不能说是“语不惊人死不休”，至少也有先入为主的成分。

正因为如此，有人对法显到达美洲之说持反对意见，四川联合大学历史系张箭副教授就是一位反对说的中坚，他发表了一系列相关文章，很有分量。他在《世界历史》1997年第2期《论所谓“法显航渡美洲”说》一文中认为，“法显航渡美洲”纯属子虚乌有之事。其理由是：这个结论并不是“符合科学的”，主观臆断的成分太重，主要表现在断句上的错误，如法显记载中提到的“如是九、十日许”变成了“如是九十日许”，这一误差，导致了判断上的失控，它大大拉长了法显航行的日程，这样似乎就证实了法显所到之处，至少从距离上可以看作是在大洋彼岸的一处地方，因为只有这样，才需如此的航程时间。其次，是航向和航线问题，也就是在理解法显记载内容上出现偏差，根据什么可以断言法显一行过新加坡后即东南行后转东北航行，再沿南海北上？从法显的记载来看，到耶婆提前，他没有丝毫的东北行、北行之意。而在无名小岛停靠补漏后，“于是复前”并非就一定是代表继续东航，也有可能是指继续前进的意思。至于“至天晴已，乃知东西，还复望正而进”这句话，何以见得不是指拨正航向向前进，不能向南或向北，而只能向东呢？果真如此，法显紧接着说的“若值伏石，则无活路”这句话又做何解释？因为太平洋深海区域几乎没有暗礁、浅滩，而东南亚海域则多险阻。再则，并不能肯定法显所乘船只是在无奈的情况下被季风吹向东方，偏离传统航道而漂到美洲的。实际上，当时中国的帆船已能够使用硬帆随时灵活调节，使帆斜移，利用风吹斜帆的推进分力，在船舵配合下克服横漂风力，按预定航向前进。最后，则是航行速度上不合逻辑。如果法显一行是在菲律宾北端的巴布延群岛停靠补漏后，才向东进入太平洋驶向美洲，那就意味着从师子国驶抵菲律宾只用了15天时间。而从师子国的科伦坡到菲律宾马尼拉的实际距离为3200海里，平均日行达213海里，这样的速度是惊人的，至少在当时无法达到。不仅如此，在以后的90天里，却只航行了7060海里，同一条船同一班水手，在同样顺风的情况下，前后两段航程的航速之比几近三倍，这就很难做出解释了。

神秘的耶婆提究竟是何处？这是解开法显是否到达美洲的焦点所在。由于法显对停留了五月有余的耶婆提国只记载了短短的22个字，这就给判定带来相当的难度。故要综合各种文献记载、地理情况、航海历史和风土人情来确定耶婆提的方位、地点。许多中外学者认为耶婆提在印尼的爪哇，其理由和根据是在公元前后成书的印度史诗《罗摩衍那》的第四篇《猴国篇》中，曾提到东方有一座盛产黄金的岛，号称“金地”，叫雅哇德维帕。后演变为爪哇德维帕，继之简称为爪哇。亚历山大的托勒密在他的《地理学导论》一书中提到过该地，我国的《后汉书·安帝本纪》及《西南夷传》等，也有其说。因此，耶婆提应是雅哇德维帕的简称。

张箭等人还对肯定说所列举的法显一行在菲律宾以东的太平洋深海航行的四条有力证据表示怀疑。他们根据法显所乘船只的大小得出，在这艘船上，观测者的最大视距为17.65千米。因此，只要以船为圆心，以此为半径的圆圈里没有岛屿、海岸，便会出现“大海弥漫无边”的情况。因此，不一定是在太平洋深海处，即便在印度洋海域中，也完全可能出现同样的情况。所以，不能以此作为判断法显船只是在太平洋深海中航行的标准。深海海水受激而发光之现象，并不是太平洋深海区所特有，在北印度洋水域、东南亚海域也很普遍。不仅如此，海水发光的起因，不只是海浪撞击所产生，也有是海中的发光物或细菌引起，诸如磷光或某些藻类，而这在热带海域最为常见和强烈。至于“怪异之物”，法显不是海洋生物学家、航海家，他无法辨别，但这并不表明一定就是生活在太平洋海域中的动物，如鲸鱼，其活动地点也可以是在黄海、渤海等浅海、近海，而不仅仅属于太平洋深海。而“海深无底”这句话，其深的标准为多少？据推算，法显所乘船只其锚缆至多为150米，用这样长度的锚缆去测，很显然，不及水底的海域并不限于太平洋深海，包括印度洋在内，大部分水深都在1000米左右，即便较浅处也有200米。所以，所谓四条有力证据并不能证明法显一行已是在太平洋深海处航行。

包括张箭、祝注先、薛可翘等人在内的一部分否定说者认为，肯定说所论证的包括105日的航程、气象特点、长时间未遇一岛以及不符合当地的宗教状况这四条理由，也是站不住脚的，究其原因，主要出在断句错误而造成的误导。实际上如果航期不是105日，而是24—25日或34日的话，那结论就大相径庭了。而在24—25日或34日的航期中遇到一场“昼夜十三日”的大风，又很符合该海域的气象特点。至于未遇一岛，也可以理解为未靠一岛，因为在余下的9—10日或19日的航行中没有必要再停靠了。对于宗教问题，实际上当时印尼、爪哇流行的正是婆罗门—印度教，这从当地发现的4世纪的石碑所记载的内容中可以获取，直至法显旅行之后，佛教才确信可考地传入爪哇、影响印尼，法显所说“其国外道，婆罗门兴盛，佛法不足言”就验证了这一点。

持肯定说者不仅认定法显到达美洲，而且确信耶婆提即墨西哥的阿卡普尔科。其理由有三：一是阿卡普尔科是古印第安地名，古印第安读音为“耶卡婆尔”，故耶婆提极有可能是耶卡婆尔的音转。二是105日的航期和一万多海里的航程是符合的。三是法显所说的“婆罗门兴盛”，不是指婆罗门教及其教士，而是指婆罗门种姓，即上等人，是酋长制部落社会的意思。对此，否定说者逐条给予“批斥”，认定如果稍加分析，就会发现问题不少。其中有两点尤为重要，一是耶婆提、耶卡婆尔、阿卡普尔科三个专有名词发音迥异，缺乏共性，不存在音转讹变或拼写异体化的基础和可能。二是阿卡普尔科直到1531年才被西班牙人发现，1550年开始有人定居。这就是说，在16世纪以前，它还是一块未被开垦的处女地。至于“婆罗门”是指什么，很显然，是指婆罗门教。因此，耶婆提根本不可能在美洲，墨西哥的“阿卡普尔科”之说是穿凿附会，根据不足，甚至是臆断。

正因为如此，张箭在《评“法显航渡美洲”说的理论和方法》一文中认为，“法显发现美洲”之说，在理论和方法上都存在较大缺憾和谬误，主要表现在两大方面。一是受“文化传播论”的影响，认定在北美发现的上古时期的一些石器和陶器，不可能在世界各地同步制造出来，一般都只产于一地，是由产地的人迁移别地带来的用品，进而推断自六千多年前，中国和美洲就保持着密切的海上联系。既然如此，法显到达美洲似乎也就名正言顺了。但是，东半球的四大文明古国能够独立创造、同步发展自己的文明，西半球的人为何就做不到？事实上，学界经过考察已经证明，科学同性现象一般不可能是传播的结果，至少在当时的情况下做不到。从社会发展史的角度来看，人类社会历史是“一个十分复杂并充满矛盾但毕竟是有规律的统一过程”。因此，美洲古代文明发展与旧大陆各文明民族的文化传播毫无关系。二是在“方法论”上不够严谨，多采取实用主义之做法，对于否定说者，一概排斥，而对于肯定说者，则一再引证，以支持法显航渡美洲之说。

张箭在《法显时代的印尼爪哇岛宗教》《法显乘船的国籍、数量、乘员和航经的海区》两篇文章中还列举了好几条理由，以说明肯定说的不是，它们包括：阿育王笃信佛教是真，但据阿育王铭文，他皈依佛教后，对当时的所有印度教都是一视同仁的，并未使佛教处于独尊的地位；印尼佛教的鼎盛时期应在8、9世纪；在“太平洋深海航行”的“有力证据”，同样可以应用于印度洋；肯定说以自己的意志，给法显设计了一条航线：凡是没有岛屿或陆地的地方就一直向东，凡是有岛屿或陆地的地方就要避开，目标直指美洲。

美国《国家地理》杂志1991年10月刊发的1491年前哥伦布时代美洲“印第安”文化专号中，公开了几幅轩辕黄帝族的历史文物，从而证明5000年前部分中国人已经移民美洲。这幅《轩辕黄帝族酋长礼天祈年图》即为其中之一。

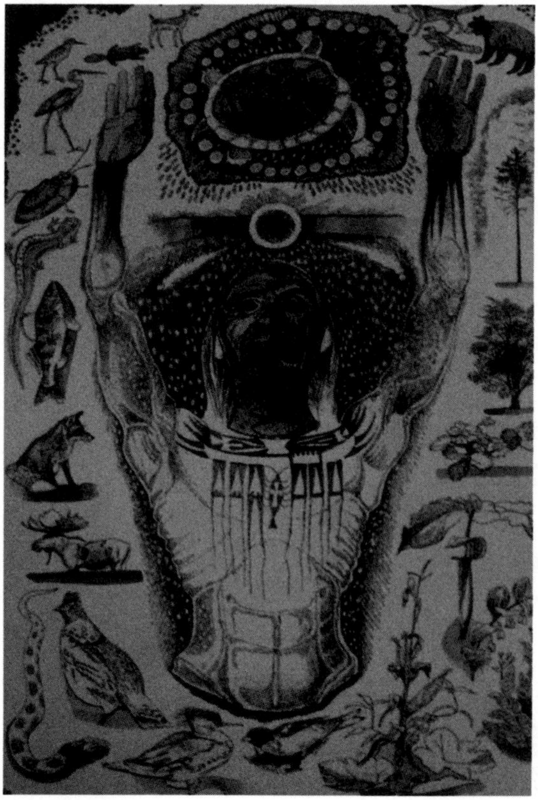

上述诸多事例从另一个角度表明，我们将看到一个截然不同的答案，即“法显到达美洲之说”，极有可能是爱情中最痛苦、最不幸的“单相思”，是典型的“一厢情愿”。我们突然发现，“法显发现美洲说”，又像一个充满传奇色彩的童话。

当然，话又说回来，法显到过美洲是一回事，发现美洲又是另一回事，毕竟，“中国人法显首先发现美洲大陆”和哥伦布“发现新大陆”的意义并不等同。这主要表现为：哥伦布到达美洲是官方所为，是有意识地去探险和开辟发财的新航路；而法显到达美洲只是个人的经历，是不经意的偶遇。哥伦布“发现”新大陆，带动了一个大航海时代的到来，欧洲因此而进一步兴起，并由此改变了整个世界；法显到达美洲，并未引起国人过多的关注，更没能促使中国进一步走向海洋。在中国这样一个传统的国度，由多种原因所致，法显到达美洲之事，绝无可能与有着深刻背景和影响的事件联系在一起，这注定了他只能接受这样一个事实：既算不上什么创举，更谈不上什么划时代的意义，只是到达过美洲，仅此而已。

正因为如此，阐述法显到达美洲这样一个事实，与欧洲人哥伦布到达美洲之举，并不是互相对立，势不两立，更不是要推翻一个而重新推出一个。此举的意义在于，它立体地呈现了人类文明史上交相辉映的壮举，它是人类发现自然、征服自然的一次伟大实践，是东西方对人类文明发展分别做出贡献的具体例证。

不知是哪位哲人说过，“科学停步的地方，想象力就开溜了”。但是，与历史握手，科学有时也束手无策。正因为如此，大千世界，才有这么多难解之谜。尽管法显到达美洲这一问题至今仍然扑朔迷离，真假难辨，但对于在大学里学习历史的学生们仍是一个训练思考的好题目，对于社会上的广大读者也是一个颇具吸引力的“新闻”话题，而对那些具有丰富想象力的人来说，更是一个开动思维的极好命题。

有关“中国人发现美洲”的争论，至此虽告一段落，但随着新史料、新物证的发现，必将会再起波澜。历史的真相就是在一波又一波的争论中逐渐明晰的，当然，也可能将永远是个谜。因为这个谜底，或许已随同法显一道，消失在一千五百多年前的历史尘埃中。

（韩文宁）

结语：寻找契丹

——世界的“地理大发现”

如所周知，我们现在习称的所谓“地理大发现”，指的是从15世纪中后叶到17世纪末叶，为了发展新生的资本主义，欧洲的船队出现在世界各处的海洋上，寻找着新的贸易路线和贸易伙伴。在这个过程中，欧洲涌现出许多杰出的航海家，他们发现了许多为当时的欧洲人所不知晓的国家与地区。然则促发这样的“地理大发现”的契机是什么呢？不妨说两个欧洲人寻找契丹的故事。

第一个故事是哥伦布寻找契丹。

克里斯托弗·哥伦布（Christopher Columbus，1451—1506），意大利热那亚航海家。哥伦布航海，“发现”了美洲“新大陆”，这被推为“地理大发现”中首屈一指的重要事件，它拉开了欧洲殖民美洲的序幕。

有趣的是，其实哥伦布航海的首要目的地，原来并非美洲，因为他根本就不知道有这块大陆的存在，而是他从《马可·波罗游记》中知道的契丹。

马可·波罗（Marco Polo，1254—1324），13世纪意大利威尼斯的著名旅行家和商人，1275年来到中国，游历中国17年，并且担任了元朝的官员。1295年马可·波罗回到威尼斯后，次年在威尼斯与热那亚的海战中被俘，他在狱中口述了大量有关中国的故事，由其狱友鲁思梯谦（Rustichello da Pisa）记录成书，这就是1298年问世的《东方见闻录》，现在习称《马可·波罗游记》。在这部游记中，马可·波罗称中国北部原金朝的疆域为“契丹”（Cathay），称中国南部原南宋的疆域为“蛮子”（Manji），又说契丹和蛮子加上西藏、西域、云南等区域，都是元朝大汗忽必烈的领域，“忽必烈汗是元朝第一个皇帝成吉思汗正统的和合法的后裔，是鞑靼人合法的元首”，“忽必烈汗的版图比他以前的几个大汗更加广大而辽阔，国势也更强大”。

《马可·波罗游记》书影

关于马可·波罗为什么称中国为“契丹”（Cathay）、“蛮子”（Manji），是个相当复杂的问题，这里不做讨论，有兴趣的读者可以参阅胡阿祥著《吾国与吾名：中国历代国号与古今名称研究》（江苏人民出版社 2018 年版）第三十一章“Cathay：多民族国家的再次证明”。至于《马可·波罗游记》中盛赞的契丹与蛮子发达的工商业、繁华热闹的市集、宏伟壮观的都城、舒适的生活、清明的政治，描写的黄金遍地、美女如云、绫罗绸缎应有尽有那样仿佛人间天堂的景象，自然激起了一代又一代欧洲人的憧憬和向往，也强烈地激起了欧洲人的好奇心和占有欲，并对以后的“地理大发现”产生了直接影响。即以哥伦布为例，1492 年 8 月 3 日，哥伦布就是带着西班牙国王斐迪南二世致契丹“大汗”的国书以及两份空白的国书，抄录了朋友保罗·托斯康内里向他介绍契丹国的复函，率领 80 多位船员，分乘三艘帆船，从西班牙巴罗斯港扬帆出发，以寻找契丹国为目的，开始了艰苦的远航，并在 70 天后的 10 月 12 日到达中美洲的巴哈马群岛。为了寻找契丹，却阴差阳错地发现了美洲，并进而对近现代的世界历史产生了无可估量的影响，这真是历史的有趣之处。

哥伦布登上新大陆

第二个故事是鄂本笃寻找契丹。

不同于哥伦布由海路寻找契丹却意外发现了美洲，110 余年后，葡萄牙传教士鄂本笃（Benedict Goës，1561—1607）通过陆路寻找契丹，并最终证实了传闻中的契丹就是当时明朝统治的中国。有关这次寻找的过程，鄂本笃去世后，意大利传教士利玛窦（Matteo Ricci，1552—1610）依据鄂本笃日记整理而成的《访契丹记》（收入张星烺编注、朱杰勤校订《中西交通史料汇编》第一编第六章，中华书局2003年版）中，有明确的记载：

昔威尼斯人马哥孛罗尝著书详记契丹国事，名震欧洲。惟世代湮远，人已忘之。甚有谓为寓言，世间确无此国者。耶稣会神父之居莫卧儿朝廷者，尝致书于居住印度西部之同事人，叙述回教徒传说。谓契丹国更在东方，位于莫卧儿王国之北。此虽旧事重提，而实新闻也……神父利玛窦自支那国京城迭次致书印度诸同事，谓契丹（Cathay）乃支那帝国之别名。惟在莫卧儿朝中诸神父，来函所见，全然相异。皮门塔对于两说，初则怀疑不决。继则偏信莫卧儿诸神父之函。盖诸书已明言契丹各地，有回教徒甚众，而支那无该教之踪迹也。再支那业已证明向无基督教，而回教徒身历契丹境者，皆言之确凿，契丹有基督教也。亦有谓契丹与支那为邻国，因之误传，支那即契丹也。故皮门塔等会商决定，派人探访，以释群疑，兼寻与支那有否短捷交通路线也。

利玛窦与明朝大学士徐光启

派出的探访契丹国的人选，就是当时久居印度莫卧儿帝国、会说波斯语、熟悉内陆亚洲风情的鄂本笃。鄂本笃受命后，乔装打扮成亚美尼亚商人，“长衣缠头，腰挂弯刀，背负弓与箭筒，蓄须发甚长”，并携带着许多货物，混在一个500人的商队中，于1603年3月从印度莫卧儿帝国陪都拉合尔（今属巴基斯坦）正式起程，开始了他的探访契丹之旅。

走走停停中，1605年初鄂本笃行进到察理斯（今新疆焉耆县），遇到从契丹归来的一支回教徒商队，商队中人告诉鄂本笃：

往契丹国都城北京，与耶稣会教士寓于同旅舍内，其人告鄂以神父利玛窦及其同伴诸人详细情形，确实无误。鄂至此时，始恍然大惊，所欲探访之契丹国即支那也。

商人悉皆回教徒，在北京与耶稣会士同居三月之久，故能详言诸教士之情况也。诸教士献呈契丹皇帝钟表、乐琴、图画及欧洲方物。北京贵人皆礼遇教士，皇帝亦常召之入宫晤谈。其语真伪参杂，不可尽信。又能详言所见诸教士之面貌，惟不能告其名也。中国向例，外人入境，皆须依其俗，更改名字，故回人不得知也。商人又出示鄂葡萄牙文字纸一张，在旅舍扫屋时所得，留为纪念，携归示人，并将告以葡人如何能入中国也。此纸亦耶稣会教士某所书。鄂本笃等闻此诸语，心中大乐。契丹者非他，乃支那帝国之别名。其国都，回教徒所称为康巴路（Cambaul）者，乃即北京之别名。事已证实，毫无疑窦。

尽管已经“毫无疑窦”了，鄂本笃还是想着去趟北京，见见诸位教中的朋友，于是他继续一路向东：

由哈密行九日，抵支那国北方之长城。此城世界著名。停留处曰嘉峪关（Chiaicuon）。在此休息二十五日，以待是省总督之回音，可否入。至后总督覆音许入，于是起身。行一日而抵肃州（Sucieu），在此闻得北京及其他以前所知各地名。至是时，鄂本笃心中最后怀疑始全去，契丹（Cathay）即支那（China），同地而异名而已。

鄂本笃到达肃州（今甘肃酒泉市）的时间是1605年底。遗憾的是，由于信息不畅，鄂本笃一直没有联系上北京的教友，加上贫病交加，1607年4月鄂本笃竟然病逝于肃州。

据上所引鄂本笃的《访契丹记》，有四点值得我们特别注意：

首先，鄂本笃受命探访契丹，仍与《马可·波罗游记》有关。马可·波罗描述的富足而奇特的契丹国，既让欧洲人无限向往，也让不少欧洲人将信将疑。其实就在马可·波罗当时，很多人即不相信他的《游记》。马可·波罗临终时，朋友们要求他为了灵魂的安宁，取消《游记》中说的“一些似乎不可相信的事”，马可·波罗却答复：“我还没有说出自己所见所闻的一半。”而与这样的疑信参半相联系，许多欧洲的航海家开始了通过海路寻找契丹的历程，哥伦布就是一

鄂本笃画像

例；鄂本笃则另辟蹊径，改由陆路寻找，并以生命为代价，最后取得了成功，证实了马可·波罗口述的契丹，就是当时称为China的中国明朝。

其次，17世纪初时，域外已经习称中国为China，Cathay（契丹）只是China的别名、从前的称谓，否则，鄂本笃的探访就是多余的了。

其三，Cathay（契丹）就是China，当时的中亚人以及在中国的西方传教士都是清楚的，而在印度的西方传教士以及欧洲人那里，对此却存在争论。

其四，与明朝史实相对证，16世纪以后的明朝，西北直辖领地确至嘉峪关而止。

无论如何，哥伦布寻找契丹，阴差阳错地发现了美洲；鄂本笃寻找契丹，身临其境地进入了中国。这两个故事，都可谓彰显了“契丹”亦即其时的中国之无限魅力。其实，类似这样的寻找或探索契丹的故事，还有许多，姑引忻剑飞著《世界的中国观》（学林出版社1991年版）第五章第一节的一段以见大概：

> 寻访契丹国，成为一件时髦的事情。1497年，葡萄牙航海家达·伽马为寻求契丹，发现了绕好望角而至印度的航路；1436年，英国人喀博德（John,' or Giouanni Cabct）为寻求契丹，由英国第一次向大西洋西北航行，到达加拿大海岸；1558、1559年间，英国探险家詹金生（Anthony Jenkinson）及约翰生（Johnson）兄弟，为寻求往契丹的通路，由俄国陆路东行，直达布哈拉（Bokhara）城；1602年，葡萄牙人鄂本笃（Benoit de Goëz）为寻访契丹，由印度阿格拉城（Agra）北行，不幸客死中国边境。所以，有一位外国教授曾说：“探寻契丹（Cathay）确是冒险界这首长诗的主旨；是数百年航行业的意志灵魂。”这段历史的方法论意义更在于：“凡可以震动世界的伟业，无不从梦思幻想而来，古时因寻‘哲人石’，为后世化学打了基础；现代的航行地理学者实导源于当时探寻契丹的热诚。”

然则这样一段过往的历史，真是留给我们今人无限的反思：因为寻找《马可波罗游记》中那仿佛人间天堂的“契丹”与“蛮子”，促发了以欧洲人为主角、以新航路开辟为主要内容的“世界地理大发现”；而经此“世界地理大发现”，走向世界、走向中国的欧洲，搭上了经济富足、国力强大、资本主义发展的快车；相形之下，“被发现”的“疑似”契丹的美洲与“真正”契丹的中国，则成了被掠夺、被宰割的对象，并且失去了走向世界的先机，同时也被迫起而应之，开始了巨大而深刻的全面转型。即以中国而言，反抗殖民主义、争取民族独立、追求民主共和，成为19世纪40年代以来强劲而又伟大的主旋律，正是在这样的主旋律中，中国完成了从“睡狮”到“醒狮”的奋起，并正走在从“醒狮”到“雄狮”的征程上。而具体到本书的主题“中国地理大发现”，其实也不例外，百余年来，以中国人为主角，内容涵盖地理视野的拓展、地理认识的深入、地质与地理现象的揭秘与还原等诸多方面的“中国地理大发现”，同样精彩纷呈，既令人于过去目不暇接，更让人对未来充满期待……

北京故宫铜狮子

（胡阿祥）

增订本后记

大约是在2002年秋季，山东画报出版社傅光中先生提出了本书的选题意向，并约我承担主编任务。经过9个月的努力，及至2003年6月，我定位为“高级普及读物”的《中国地理大发现》书稿完成。作为集体智慧的结晶、同人合作的成果，《中国地理大发现》由本人设计大纲、拟定篇目、约请作者、修改定稿，并选配了大部分的图片；江苏行政学院彭安玉教授承担了较多的写作任务，南京大学韩文宁、刘志刚（现任职于常熟理工学院）、李欢（现任职于新安晚报社）、汪亮（现任职于南京旅游职业学院）、胡正宁、邢东升（2016年4月24日去世）诸君参与了撰稿。

《中国地理大发现》大陆简体字版书影

2004年1月，装帧精美、开本大方的《中国地理大发现》出版，而出版之后所获得的社会反响之良好乃至学界同仁之肯定，给了我们以极大的欣慰：2004年1月至今，本书的简体字版已印刷了5次，印数达到了20000册；台湾繁体字版（圆神出版事业机构究竟出版社）、韩文版（李翼熙译，光一社）也先后于2004年12月、2007年10月问世；又2017年11月起CCTV-10首播的8集系列纪录片《百年地理大发现》（鸟之谜，风吟大漠，问天冷暖，黄土天书，远古奇花，青藏崛起，地心烈焰，我们的祖先），我与彭安玉教授既参与了创意策划工作，该片的内容也颇多取资于《中国地理大发现》。近期，

“新亚文化”多次约请本人录制“喜马拉雅”音频节目“中国地理大发现”约百集。想来，当初我们出于一种强烈的责任感，要为“中国地理大发现”正名、要彰显中国人的地理大发现成就、要改变社会大众对此的忽视甚至漠视的初心，可谓得到了广大读者的高度认可与社会各界的积极回应。

左：《中国地理大发现》台湾繁体字版书影
右：《中国地理大发现》韩文版书影

2018年7月，我在“山东卫视”担任《国学小名士》节目嘉宾期间，已经转岗到齐鲁书社担任总编辑的傅光中先生与我晤谈，再次诚挚邀请我承担《中国地理大发现》的修订任务。能有机会重温旧作，对于已近“耳顺”之龄的我来说，自是一桩可以借此发发感慨的赏心乐事，于是我愉快地答应了。近一个多月来，我先是委托彭安玉教授通读了全书，勘正了十多处有欠准确的地方，我又利用差旅、听会乃至生病卧床等各种杂碎的时间，通读一过，做了近百处的文字修改与行文润色，并增补了“‘其推论何等渊微’——战国邹衍的大九州说与‘赤县神州’”、“‘蓄清刷黄保漕’的插曲——探寻淮源”（与淮阴师范学院张文华合作）、“结语：寻找契丹——世界的‘地理大发现’”三篇，而成此《中国地理大发现》增订本。

增订既毕，再不嫌重复地略言我们对“中国地理大发现”的几点认知：

其一，本书提出了“中国地理大发现”的概念，其内涵界定为：“中国地理大发现”指以黄河流域为中心的华夏文明对自身与周边地理环境的探索和认知，指以中土为中心的中原文明对自身与域外地理环境的探索和认知，指文明社会对前所未知的地理世界的探索和认知。当然，这绝不意味着被“发现”的地理世界中文明的缺乏，也不意味着轻视或贬低新“发现”地区、新“到达”地区的文明或文化。

其二，在具体撰述内容的选择上，我们将古往今来的中国人因着种种情形所取得的与自然地理、人文地理有关的重要成果，都纳入了“中国地理大发现”的范围之内。正是这些“中国地理大发现”，汇集、凝结成了我们今天所拥有的地理认知。而为了方便阅读，我们以“前言：中国的‘地理大发现’——旨趣与说明”开宗明义，以“结语：寻找契丹——世界的‘地理大发现’”推扩升华，并将选定的31个专题，归纳为相互勾连的“地理视野的拓展”“地理认识的深入”“揭秘地质与地理现象”“回眸古老的地理世界”“地理发现的未解之谜”五篇，从而共同彰显着那些事实重大、影响深广的中国地理大发现。

其三，我们肯定了西方人在中国地理大发现方面取得的诸多成果，同时又指出：由于种种原因，这些西方人的地理大发现往往难以真正深入，继踵其后的中国学者、探险家，则大多最终获得了全面的认识与正确的结论。

其四，我们反思了中国缺席所谓世界“地理大发现”的原因，正如张箭先生所指出的，诸如软弱而短暂的远航动因，狭隘的大地观，传统地图的缺陷，重陆轻海的观念和探险取向，地理条件和地缘政治的制约，优越的经济地理状况的负面作用，都是值得注意的一些方面。

其五，我们明确了中国在“地理大发现”领域的地位及其变迁：首先，无可讳言，近世以来我们一度落后，但毫无疑问的是，我们不仅曾经长期居于先进的行列，而且正在进入先进的行列；其次，中国的富裕、文明、发达，激起了欧洲探险家冒险远游的热情以及开辟新航路的欲望，从而成为诱发世界“地理大发现”的直接动因之一。

最后需要强调说明的是，“中国地理大发现”的内容极为丰富，本增订本所形诸文字者，既远非中国地理大发现的全部，也大体未及涵盖2003年以来的“新发现”。然则我们所寄望于读者诸君者，关键还是“见事，见人，见精神”，即知晓这些地理大发现的来龙去脉，记住这些地理大发现的缔造者，传承这些缔造者们孜孜不倦、坚韧不拔的探索精神，从而丰富与完善我们自身，奉献我们的心智于广袤无垠、气象万千的中华大地，进而续写“中国地理大发现”的华章……

胡阿祥

戊戌年甲子月丁酉日

2018 年 12 月 31 日

记于南京仙林三栖四喜斋

图书在版编目（CIP）数据

中国地理大发现 / 胡阿祥，彭安玉主编．-- 增订本．-- 济南：齐鲁书社，2019.10
（“大发现”书系）
ISBN 978-7-5333-4137-4

Ⅰ．①中… Ⅱ．①胡… ②彭… Ⅲ．①地理—中国—通俗读物 Ⅳ．①K92-49

中国版本图书馆 CIP 数据核字（2019）第 148960 号

中国地理大发现（增订本）
ZHONGGUO DILI DAFAXIAN
胡阿祥 彭安玉 主编

主管单位	山东出版传媒股份有限公司
出版发行	齊魯書社
社　　址	济南市英雄山路 189 号
邮　　编	250002
网　　址	www.qlss.com.cn
电子邮箱	qilupress@126.com
营销中心	（0531）82098521 82098519
印　　刷	山东临沂新华印刷物流集团有限责任公司
开　　本	720mm × 1020mm 1/16
印　　张	27.5
字　　数	537 千
版　　次	2019 年 10 月第 1 版
印　　次	2019 年 10 月第 1 次印刷
印　　数	1-3000
标准书号	ISBN 978-7-5333-4137-4
审 图 号	GS（2019）2857 号
定　　价	65.00 元